# 船山遺書

第八册

读四书大全说（下）
四书稗疏　四书考异
说文广义

〔清〕王夫之　著

中国书店

# 目录

## 读四书大全说（下）



## 四书稗疏



## 四书考异



## 说文广义

# 读四书大全说（下）

# 读四书大全说卷八·孟子

## 梁惠王上篇

### 一

龟山云"《孟子》一书，只是要正人心"，此语亦该括不下。向圣贤言语中寻一句作纽子，便遮蔽却无穷之理。以此为学，博约之序已迷；将此释经，纰戾不少。到不可通处，又勉强挽回搭合去，则虽古人之精义显相乖背，亦不惜矣。

如将"正人心"三字看得阔，则尽古今有德者之言，谁非以正人心者，而何独孟子？如以孟子之自言"我亦欲正人心"者以为据，则彼所云者，以人心之陷于杨、墨之邪而不正也，故以距杨、墨者正之。七篇之大义微言，岂一一与杨、墨为对垒哉？孟子说心处极详，学者正须于此求见吾心之全体、大用，奈何以"正人心""心"字盖过去？所云欲正之人心，则是仁义充塞后，邪说之生心者尔。若《大学》言"正心"，自是天渊。《大学》之所谓心，岂有邪说害之？其云正，亦岂矫不正以使正耶？

《大学》夹身与意而言。心者，身之所自修，而未介于动，尚无其意者也。唯学者向明德上做工夫，而后此心之体立，而此心之用现。若夫未知为学者，除却身便是意，更不复能有其心矣。乃惟如是，则其为心也，分主于静，而见功于欲修之身，较孟子所言统乎性情之心且不侔矣。

孟子云“存其心”，又云“求其放心”，则亦“道性善”之旨。其既言性而又言心，或言心而不言性，则以性继善而无为，天之德也；心含性而效动，人之德也。乃其云“存”，云“养”，“苟得其养”。云“求”，则以心之所有即性之善，而为仁义之心也。

仁义，善者也，性之德也。心含性而效动，故曰仁义之心也。仁义者，心之实也，若天之有阴阳也。知觉运动，心之几也，若阴阳之有变合也。若舍其实而但言其几，则此知觉运动之惺惺者，放之而固为放辟邪侈，即求之而亦但尽乎好恶攻取之用；浸令存之，亦不过如释氏之三唤主人而已。

学者切须认得“心”字，勿被他伶俐精明的物事占据了，却忘其所含之实。邪说之生于其心，与君心之非而待格谓之心者，乃“名从主人”之义。以彼本心既失，而但以变动无恒，见役于小体而效灵者为心也。若夫言“存”，言“养”，言“求”，言“尽”，则皆赫然有仁义在其中，故抑直显之曰“仁，人心也”。而性为心之所统，心为性之所生，则心与性直不得分为二，故孟子言心与言性善无别。“尽其心者知其性”，唯一故也。

是则龟山之语病，诚有如朱子所讥者。龟山于此言心、言性，以辟欧阳永叔无本之学，亦诚有功斯道。然其歧心与性为二，而以邪说者蔽、陷、离、穷之心，人君一暴十寒之心，同乎君子所存之心，又浸入于异端觉了能知之说，则甚矣言道者之难也。

## 二

云峰分“心之德”“心之制”为体，“爱之理”“事之宜”为用，如此读先贤文字，只在他光影边占度，何曾得见古人见地来！朱子为仁义下此四语，是札心出血句，亦是笼罩乾坤句，亘古今之所未喻，与彼说出，却以体用发付去，鲁莽可恨！

说性便是体，才说心已是用。说道便是体，才说德便已是用。说爱是用，说爱之理依旧是体。说制便是以心制事，观朱子利斧劈将去之喻自见。利斧是体，劈将去便则是用。如何不是用？说宜是用，说事之宜便是体。事是天下固有之事。乃其大义，则总与他分析不得。若将体用分作两截，即非性之德矣。

天下唯无性之物，人所造作者，如弓剑笔砚等。便方其有体，用故不成，待乎用之而后用著。仁义，性之德也。性之德者，天德也，其有可析言之体用乎？当其有体，用已现；及其用之，无非体。盖用者用其体，而即以此体为用也。故曰“天地絪缊，万物化生”，天地之絪缊，而万物之化生即于此也。学者须如此穷理，乃可于性命道德上体认本色风光，一切俗情妄见，将作比拟不得。

## 三

“礼者仁之余，智者义之归”，此如说夏者春之余，冬者秋之归一般。以天道言，则在变合之几上说，却不在固有之实上说。故可云夏者春之余，而不可云火者木之余；可云冬者秋之归，不可云水者金之归也。《太极图说注》中分五行次序作两支，一、水火木金土。二、木火土金水。学者须与他分明。孟子此所言仁义，大都在发用上说，故朱子得以其余者归统礼智。若以固有言之，则水火木金土之序，以微、著为先后。而智礼，文也；仁义，质也。文者迹著而撰微，质者迹微而撰著：则固并行而无衰王之差矣。

《孟子》七篇不言礼，其言乐也，则云“今之乐犹古之乐”，此语大有瑕。大率多主质家之言，是他不及孔子全体天德处。颜子亲承孔子，亦不尔也。

## 四

觉轩以“而已矣”与“何必”之辞为斩钉截铁，大不解孟子语意。人君之当行仁义，自是体上天命我作君师之心，而尽君道以为民父母，是切身第一当修之天职，如何说得“亦有”？当云“唯有”。利，则世主嗜杀人而胥及溺之病根，生死关头，切须痛戒，如何但云“何必”？当云“不可”。

不知此乃孟子就梁王问利处婉转说入，言即欲利国，亦有仁义而已矣，何必言利而后为利也！此与夫子说“言寡尤，行寡悔，禄在其中”一例。仁义，自大不遗亲，不后君，而无篡夺之祸，自是落尾一段功效。故虽以浅言之，而不遽斥梁王沈锢之非心，以引之当道。实则天理、人情，元无二致。

孟子从大纲看来，亦不妨如此说得，所以移下一步，且缓其词。学者读此，于天理、人事合一无偏枯，固须看透；然不可煞认他言之已及，便谓圣贤之斩钉截铁在此也。

## 五

有子说孝弟之人不犯上作乱，却须补说君子为仁之本。孟子于此说仁义，只说得有子前半段，总缘他对梁王一派下根人语故尔。学者须知有向上事，不可抛下一截，说此是斩钉截铁处。然非孟子之姑示浅近而变其彀率也。由其已言，达其所未言，则《周易》“天地之大德曰生，圣人之大宝曰位”一段蕴奥，都在里面。

## 六

东阳谓“麋鹿鱼鸟各得其所，咸遂其性，可见文王之德被万物”，如此弄虚脾语，于义何当？《书》言“草木咸若”，谓阴晴得宜，生杀得正尔。若麋鹿鱼鸟在囿中者，原不关人主之德。桀台池中之鸟兽，其濯濯鹤鹤也，必较灵囿而更盛。汉武帝之上林，宋徽宗之艮岳，其德之及物又何如也？

孟子说“乐其有麋鹿鱼鳖”，在百姓称道他濯濯、鹤鹤、攸伏、于牣处，写出文王一段可乐情景。不然，则将如“庖有肥肉，厩有肥马”，说他有，说他肥，便似眼中荆棘物，何足以召民之哀乐哉？因治乱而异情尔。孟子此等说话，全是撇开物理，向大处说，与嵇康“声无哀乐”意相似，故抑曰“今乐犹古乐”。拘拘者乃随执一语，便求义理，然则说太王“爰及姜女”，亦将可云是太王德及妻孥，非太王则迁国时各自逃生，不相收恤耶？

## 七

熊勿轩谓孟子独惓惓于齐、梁，不入秦、楚，以彼二国为□□之后，使其得志，必非天下之福。悲哉斯言！□□□□已。乃以论孟子之与秦、楚，则不然。

秦伯翳之后，楚祝融之后，先世皆有元德显功，而为先王所封建之国。孔子以楚僭称王，故明“民无二王”之义，而号举“荆人”，贬之为夷耳。至于战国，则齐、梁之自王，一楚矣。若秦则《诗》列之十五国，而《书》与鲁并存。如云二国地界戎狄，则秦既周之故都，而江、汉为二南风化之地。孟子之不往者，自其“不见诸侯”之义。齐、梁之币交相及，则义可以见；秦、楚未尝相为知闻，则不得蹑屩踵门，如苏、张、范、蔡之自媒矣。

读书当还他本旨，分外增入，说虽可观，必有所泥也。

## 八

嗜杀人，自在人欲之外。盖谓之曰“人欲”，则犹为人之所欲也，如口嗜刍豢，自异于鸟兽之嗜荐草。“爱之欲其生，恶之欲其死”，犹人欲也；若兴兵构怨之君，非所恶而亦欲杀之，直是虎狼之欲、蛇蝎之欲。此唯乱世多有之，好战乐杀以快其凶性，乃天地不祥之气，不可以人理论。此种人便声色货利上不深，也是兽心用事。推而极之，如包拯、海瑞之类，任他清直自炫，终为名教之罪人，以其所嗜者在毛击也。陈新安以遏人欲说此一章，牵合，大谬。

## 九

孟子迎头便将桓、文之事撇在一畔去，向后唯说施仁制产处，隐隐与桓、文对治。所谓“无以则王”者，谓此也。

先儒说一计功利，便是桓、文之事。想来，若到不要计功利，或唯尧、舜则然；故夫子以分韶、武之美善。既其德之有差，亦时为之也。若在汤、武，则固不可忒煞与他撇脱。只如太王迁邠，固非于百年之前代子孙择地利以幸成功，然创业垂统，亦须立一可以兴王之规模。现前天下所当为之事，不得夷然不屑，且只图自家方寸教清净无求便休也。孔子曰“吾其为东周乎”，抑岂不有大欲存焉？为天下须他作君师，则欲即是志。人所必不可有者私欲尔。如为肥甘等。若志欲如此，则从此做去以底于成功，圣贤亦不废也。

唯文王不以天下系其心，则与桓、文迥别。然以文王勘桓、文之失则可，执文王以绳战国之君则不可。文王有商之可事，而当时诸侯，又无与周角智争力以逐商鹿者。若齐宣王而有安天下之心，岂得于位均分敌之秦、楚，坐视彼陷溺其民而反服侍之哉？“辟土地，覲秦、楚，莅中国，抚四夷”，与孟子所言“无以则王”者何异？而必谓此亦桓、文之事，奚可哉！夫桓、文之事，为仲尼之徒所不道者，则朱子所云“营霸之事”是已。营霸之事，固非不藉兵威，然岂危士臣以构怨而缘木求鱼，如宋偃、齐湣之所为者？桓公作内政，寄军令，晋文用原田、州兵之制，而三搜以讲武，皆其经营霸业之事。以其异于王者施仁制产之德政，故圣门不道尔。

齐宣吃紧误谬，在唯恃兴兵，而不知本务，固非有大欲而即不可王。故孟子曰“以若所为，求若所欲，犹缘木而求鱼”，显他过处在为，不在欲。所以不当缘木者，以其不得鱼也。岂若怪诞之士持竿为戏，而云意不在鱼也哉！宣王之所为，并不逮桓、文之所为。特以舍宣王之所为而效桓、文之所为，亦若舍木不缘而乞索于鲍肆，终不能如临流举网者之日给于鲜也。桓、文不可有宣王之欲，以周命未改故。而宣王可欲汤、武之欲。桓、文不能为汤、武之为，不知反本行仁。故宣王不当学桓、文之事。宣王且不当学桓、文之事，而况可为缘木求鱼之为？故孟子终不斥宣王之欲，而但责其所为。先儒执董生谋利计功之说，以概此章之旨，失之远矣。董生之对江都者，自以折其跋扈不臣之心，而岂古今之通论哉？

## 十

“王坐于堂上”一段事，吃紧在衅钟一节。欲全牛则废衅钟，欲不废衅钟则不能全牛，此中两难区处，正与后“王之所大欲”一段作则样。欲求大欲，则不得不兴兵构怨，欲不兴兵构怨，则大欲似不可得。齐王于此处求其术而不得，故且遏抑其老老幼幼之本心，而忍于置无罪之士民于死地。乃不知不废衅钟而牛固可全，术在以未见之羊易之；则不废求大欲之事，而士民固可不危，其本在施仁制产也。

朱子于此，有几处说得精切，却被辅、饶、胡、陈诸子胡乱只将“察识”二字，作《楞严》七处征心例，只叫齐王认取初心。但此一念之不忍，若无术而孤行，圣贤道中元用他不著。术者，道也，是四通八达之道。《月令》“审端经术”“术”字，原不但作变通说，乃仁中所自有之周行，千条万绪处处逢原者也。则全此觳觫之牛，岂患与先王乐器必衅之礼通达不去；而老老幼幼不忍人危之心，抑岂必坐困一国，而于王者平祸乱、一天下之道有所阻窒哉！

朱子所谓“察识”者，亦谓察识此爱牛之心，必有全牛之术；则有不忍人之心，必有不忍人之政也。全牛之术，不废衅钟；不忍人之政，正以王天下。唯此最不易自喻，故须颠倒使自察识。盖初心易见，仁术难知，仁中自有之术固难知也。道其常，则有远庖厨之礼；处其变，则仓猝之间牛过堂下，抑有羊易之术；而其揆未尝不一。以未见之羊易牛，即远庖厨以全不忍之道也。则当其守天下，自可偃武以息民；即当其时在取天下，亦可以吾之仁招怀天下使之归己，而其君自不能御，则不敢致怨于我，而士臣可以不危。仁者之师，不劳血刃，又岂与偃武息民有异致哉？此仁中纵横八达、随往皆通之术径，王暗合其一，而反为百姓之浮议所动，此孟子所为使之察识者也。察识及此，而后知“是心之足以王”，而后知若王者之“可以保民”。云“足”，云“可”，非但其心之能任之，其术固能成之。所以然者，则有其心而术固具其中也。

孟子于此看得天理通透，内外一致，经权一揆，故重与心以有用之权，而非有所为则必有所废，亦非有所欲而无以为，全在天理上显他本色风光，以明万物皆备之全体。诸儒不审，乃谓但不忍一觳觫之心，便足保民而王，而齐王自忘其心，须令自认。此释氏之所谓“才发菩提，即成正觉”，更不容生后念，而孤守其忽然一悟之得，保任终身者。乃不见鸢飞鱼跃，察乎上下之诚理。一指之隔，邈若万重山矣！

## 十一

“远庖厨”即是仁术。古之君子制此法，以使后之君子得以全其不忍之心。君子以位言。《集注》说“预养是心”，说“广为仁之术”，则已含糊生枝节，所以启庆源“不必屑屑然以其所不见而易其所见”之妄论。乃不知衅钟之牛须过堂下，非庖厨之可远比也。远庖厨是一定之术，以羊易牛是无穷之术。先王之分田制产是一定之术，以之发政施仁而令民归莫御，须有个无穷之术。然以羊易牛，亦不过为不见羊故，则所为无穷之术者，初不出于一定之范围。然则发政施仁，亦岂能出明君制产之范围哉？

曰“是以君子远庖厨”者，见王所为曲折以全其不忍之术，皆古人术中之已有；由此则知今人之仁心，与古人之仁术，无不合辙，则亦无疑于“保民而王”之难矣。乃其所以难于保民者，不为也，而疑于保民之难者，则以所大欲也；而实非求大欲之难于保民，唯以若所为之背道而驰也。若古人之兴王也，因心为术，固有以保以王、左右逢源之妙，岂异于远庖厨之法，示人以未见者之可全其不忍也哉？

知此，则《集注》所云“预养是心，广为仁之术”，徒滋枝蔓而已。盖远庖厨者，虽亦以预养为道，而即是为仁术之所自全，则亦古之君子义精仁熟所建立之矩范，以俾后之君子率而由之以全其仁，而非姑以此养其心之不习于杀。若云“广为仁之术”，则古人有一定之术，而广之者则存乎后人。故齐王不师古而暗与古合，正其可以保民而足王之本，岂复更有所资于广而后乃不穷哉？

若夫养其心而广其术，固不为无道；而养心之功则在遏欲存理、静存动察之学，广术之功则在学问思辨、格物穷理之事，要不能急为齐王道者。“举一隅不以三隅反”，王之不智，一暴十寒，固不足以及此也，而要岂以远庖厨之一法为养心广术之教乎？

至如庆源谓以羊易牛为屑屑然不能扩充其仁术，则齐王初未尝亲至庖厨而见觳觫之牛，有司亦不于王前杀牛而仅牵之以过。浸令庆源处此，其将加罚牵牛之人，以为无故进前，乱我仁术；抑将并堂上而不敢坐，唯恐牛之或过我前耶？则甚矣，其持论之鄙也！

## 十二

“推”字不可添入“亲疏远近”立义。《集注》搀入张子《西铭》一本万殊意，大非所安。君子之爱物，止远庖厨便休，齐王之全牛，亦止舍之便休，何曾不有等杀？所以到此，更不须疑虑爱物之心为顺为逆。所云“推”者，扩充也；所云“扩充”者，则“以不忍人之心，行不忍人之政”也。不忍牛之心，以羊易而舍之，则推矣。老老幼幼之心，发政施仁，而使民得仰事俯畜，则推矣。

夫老吾老、幼吾幼者，岂徒有心哉？必有以老之、幼之矣。则及人之老、及人之幼，亦岂徒心恤之哉？必实有以及之矣。此所谓“举此心而加诸彼”也。若徒此心之怜其老而恤其幼，而无以加诸彼，则是不推恩不足以保妻子。非其心之不相及，无术，则欲保而不足也。若以由亲向疏、由近及远之谓推，而云推养吾老、恤吾幼之恩泽以养人之老、恤人之幼，则虽其不推，而吾之老幼则既有恩泽加之矣，是业已保之矣，而又何云妻子之不保耶？且保四海也，则推保妻子之恩以保之；其保妻子也，又将推何恩以保之？而亦云推恩，何也？

恩，心也；推之者政也。恩，仁也；推之者术也。善推者，尽其术而常变一致、难易一揆者也。推而不善，则有所穷而遂阻；推而善，则无所求而不得。推而善，则虽不废衅钟而牛固可全，虽所杀在羊而不害其不忍。是虽求大欲以使天下之莫能御，而民无不保，抑但保吾民而王业以成。若不善推，则必并羊不杀，并钟不衅，而后牛可不死。不然，则必将屈不忍之心，听牛之死，而不忍之心中枯。是亦必不求所大欲而后民可保，苟求大欲则必兴兵构怨以危士臣也。

古人之大过人者，只是极心之量，尽心之才，凡所欲为，皆善推以成其所为。推为，非推心。则有其心，必加诸物，而以老吾老、幼吾幼，则吾老吾幼即受其安怀；及人之老、及人之幼，而人老人幼亦莫不实受其安怀也。扩大而无所穷，充实而无所虚，以保妻子，以保四海，一而已矣，则惟其有恩之必推者同也。

推者，举心加物之谓也。若以为推爱牛以爱百姓，则既已倒推，如庆源之所讥者。是王之全牛，正以拂乎王道之大经，且不足以保妻子，而何云“是心足以王”哉！

孟子因齐王之善全一牛，举小例大，征王心之有仁术，而由是以知保民之可，唯在反求其本心固有之术。岂仅据石火电光乍见之恻隐，遂欲王追寻之以认为真心，便死生不忘，拿定做个本领，将来三翻四覆，逆推一次，顺推一次，若双峰之所云者？此种见解，的从佛诘阿难从佛出家最初一念来。“邪说诬民，充塞仁义”，其为害岂小哉！

若西山竟以宣王为不善推，则显与孟子本旨相背。当时孟子直下便应一“可”字，一段善诱苦心，抹杀殆尽矣。

## 十三

王曰“若无罪而就死地”，牛则岂有有罪无罪之别哉？其曰“若”者，谓若人之无罪而陷于死也。则王之于士臣无罪而就危，其不忍之心恻然在中者，可知已。“吾何快于是”，非欺也。以不忍人无罪就死之心，例之于牛而不忍于牛，正是达爱人之心以爱物，何得云逆？特其不忍人之心，以求大欲故，无术而免之，则不能如全一牛之善推而已。故曰“恩足以及禽兽”，术足及也；“功不至于百姓”，无其术，则虽有其心而功不至也。西山诬以为不善推，未之思尔。

## 十四

但除舜、禹之受禅，则不可有其志；有其志，则为人欲横流。既为人欲横流，则不问其所为之得失；所为必得，则其恶亦大。王莽把《周礼》井田事事都学来，以所为求所欲而鱼以得矣，只为他所欲者乱贼之欲，便千差万谬。若汤、武之放伐，一向无此志，只等天命到来，则必无此理，故曰“上帝临女，无贰尔心”。乃谓齐王之大欲是人欲横流，其愚甚矣。若有大欲便是人欲横流，则孟子当直斥其欲之妄。乃其不然，而复以缘木求鱼责其所以求欲者之失计，岂非导其欲而长其恶哉？

“辟土地”云云，有何过妄？“广土众民，中天下而立”，君子之所欲所乐，亦此而已。若不思觐秦、楚，则必觐于秦、楚。觐秦、楚之为人欲，岂如辛垣衍之使魏帝秦者为天理耶？就中唯辟土地一件，较是功利边事。然即行仁政而王天下，亦须有此次第。汤以七十里，文王以百里，其始事也；到后灭韦、顾、昆吾，灭崇、灭密，地日启矣。《诗》称召公“日辟国百里”，非周初之事哉？唯齐已千里，足为王畿，则土地可以不辟，而亦非辟之必不可也。

齐王可与有为，正在有此大欲上。若梁惠王，怒叶叶地只思报怨杀人，更不立一规模，乐其所以亡，不可与言矣。又其下者，如梁襄王，算定天下不能一，便只向肥甘轻暖中了过一生，其可谓之循天理而无愿外之求哉？孟子固曰“以齐王犹反手”，则人欲横流者，莫孟子若矣！

## 十五

“举斯心加诸彼”，一“加”字便有事在，故上云“可运于掌”。因民之利，不劳而运，非制产而何？龟山分两截说，将举心加彼，只作“仁心仁闻”，误矣。前面是规模，后面是事实。制产而仰足事、俯足畜，非即老老幼幼之恩耶？若但有仁心仁闻，而不行先王之政，何以“刑于寡妻，至于兄弟，以御家邦”哉？

“彼”字兼寡妻、兄弟、家邦说，故下云“不推恩不足以保妻子”。“斯心”犹言此心，“心”字有“术”字在内，全体、大用，扩之而有其广大，充之而有其笃实者也。此一“心”字，是孟子“万物皆备于我”里面流出来的。不成心之外更有一王道！“有仁心仁闻而民不被其泽”，正是不能“举斯心加诸彼”，正是不推恩而功不至于百姓。若但以吾心起处便谓之举，静念所及便谓之加，则此诗之旨，一释氏“蒙熏”“加被”之说而已。圣贤之言，说到玄微处，字字俱有事实，不与填出，则鲜不入于异端矣。

# 梁惠王下篇

## 一

"乐天""畏天"，皆谓之天，则皆理也。然亦自有分别。此与"斯二者天也""天"字一例。大当字小，则是天理极至处，仁者所体之天也。以小事大，则有非天理之极至处者矣，则智者所知之天也。

庆源说"小者自当事大，此坤之所以承干"，说得太衞衎著。太王、勾践可自处以坤道，獯鬻、夫差其如干之当承乎？太王之事獯鬻在殷之末造，勾践之事吴在春秋之季年，皆无道之天下也。无道之天下，小役大，弱役强，非弱小者有必役于强大之理，非强大者有可以役弱小之理，但以疆域兵甲争主客耳。安得如大当字小，为与"天无不覆"之理同哉？乃其得谓之天者，则以强大之所以强大，弱小之所以弱小，亦莫之为而为，则岂非天耶？虽莫之为而为，而顺之存，逆之亡，则亦不得谓之非理矣。

其时天下既已无道，则志壹动气，天不能违乎人，而存亡之理遂因是以立。则虽无必然之理，而其必然者即理也。说见《离娄篇》。于斯时也，天之所以待智者，止予以保国之理，则安于其理而福之，越位以思而祸之矣。祸福所系，故引《诗》之言天者曰"天威"。若仁者所乐之天，固以德与人相陟降，而不以威者也。固不得谓言天、言理，而皆极其至也。

## 二

《集注》"非但当与贤者共之"，从"人不得"上生出此意，盖齐王时与孟子同游故也。云峰不审，遂谓"贤者亦有此乐"为问孟子之亦有此乐与否。乃不知"有"者，有之之谓，雪宫安得遂为孟子之所有哉？

云峰所疑，在一"见"字，意将谓孟子先馆于雪宫而王往见。近人如此说。不知王若往见，当云"就见"，若但言"见"，则有二义：一音现，往见之也，"孟子见梁惠王"是已。一如字读，彼来见而接之也，如"孔子不见""吾今则可以见"是也。细绎本文，初终皆以言人君游观之事，则可谓孟子同游，而不可谓孟子所馆。"贤者"亦贤君也。

## 三

于“好货、好色，与百姓同之”上体认出“‘克己复礼’之端”，朱子于此，指示学者入处，甚为深切著明。庆源乃云“体察于所谓毫发之际，然后力求所以循天理”，则仍未得其端也。夫云“‘克己复礼’之端”，则克己之端在是，复礼之端亦在是矣。缘学者求克己之端则易，求复礼之端则难，故朱子于此显夫礼之所丽，令人有所致力。奈何庆源之当前不省而犹外索之？

孔子曰“非礼勿视，非礼勿听，非礼勿言，非礼勿动”，此从乎天理已得现前者而言也。天理现前，而后其为非礼者，不待择而有自然之则以为之对照，但致力于勿视听之，勿言动焉，而己无不克，礼无不复矣。若夫天理之节文未能实有诸心，则将待视听言动之发，且择而且禁焉。天下之声色相引者沓至，而吾之为言动也，亦发不及待之几。以不给之心力，接无穷之因应，非谬入于非礼之礼，则抑将尽绌吾耳目口体之用，为槁木死灰以免于咎矣。此必能审夫复礼之端而后己可克。而庆源“然后力求所以循天理”之说，其妄明矣。

乃复礼之端，将于何而体认之？夫克复之道，《复》道也。《复》之“见天地之心”，复之动而见天地之心也。《震》下一阳。动则见天地之心，则天理之节文随动而现也。人性之有礼也，二殊五常之实也。二殊之为五常，则阴变、阳合而生者也。故阳一也，合于阴之变而有仁礼；仁少阳，礼老阳。阴一也，变以之阳合而有义知。义少阴，知老阴。仁所以为少阳，义所以为少阴者，仁本阴而变阳，义本阳而合阴。阳合于阴而有仁礼，则礼虽为纯阳而寓于阴。夏至则一阴生。是礼虽纯为天理之节文，而必寓于人欲以见；饮食，货。男女，色。虽居静而为感通之则，然因乎变合以章其用。饮食变之用，男女合之用。唯然，故终不离人而别有天，礼，天道也，故《中庸》曰“不可以不知天”。终不离欲而别有理也。

离欲而别为理，其唯释氏为然。盖厌弃物则，而废人之大伦矣。今云“然后力求所以循天理”，则是离欲而别有所循之理也，非释氏之诐辞哉！五峰曰“天理人欲，同行异情”，韪哉！能合颜、孟之学而一原者，其斯言也夫！

即此好货、好色之心，而天之以阴骘万物，人之以载天地之大德者，皆其以是为所藏之用；故《易》曰：“天地之大德曰生，圣人之大宝曰位。何以守位曰仁，何以聚人曰财。”于此声色臭味，廓然见万物之公欲，而即为万物之公理；大公廓然，物来顺应，则视之听之，以言以动，率循斯而无待外求。非如老子所云“五色令人目盲，五声令人耳聋”，与释氏之贱以为尘、恶以为贼也。

因是而节文章焉，则其有淫泆而太过、鄙傈而不及者，固已如衾中蚤虱，克去之而后寝得安焉。当几但加警察，则已净尽而无余。是故“克己”“复礼”，互待为功，不得云克己先而复礼后，业已克己然后力求复礼也。

使无礼以为则，则己亦何以克？使不于人欲之与天理同行者，即是以察夫天理，则虽若有理之可为依据，老之重玄，释之见性。而总于吾视听言动之感通而有其贞者，不相交涉。乃断弃生人之大用，芟薙无余，日中一食而后不与货为缘，树下一宿而后不与色相取，绝天地之大德，蔑圣人之大宝，毁裂典礼，亏替节文，己私炽然，而人道以灭，正如雷龙之火，愈克而愈无已也。

孟子承孔子之学，随处见人欲，即随处见天理。学者循此以求之，所谓“不远之复”者，又岂远哉？不然，则非以纯阴之静为无极之妙，则以《夬》之“厉”、《大壮》之“往”为见心之功，仁义充塞，而无父无君之言盈天下，悲夫！

## 四

齐威、宣之初，以有盼子、种子诸臣，皆田氏公族，相与用命，故齐以之强。其后宣王喜纳辩士而听用之，稷下之馆客日进，而田婴之流且以外向，此则非徒不足以有为，抑取亡之道矣。

凡此挟策而游之士，恃其小慧之无往不合，交游之散在列国，可以或去或来，而不与人同其成败，故苟可以利其身，则虽一言之覆人邦家而不恤。方其巧干人主以夺卿相之位，则多诋毁旧臣，劝人主以进逐而诛杀之；迨乎丑迹且露，则一旦逃去而无余恋。此“昔所进而今不知亡”，齐王且逐虎进狼而莫之觉也。一游士退，一游士进，其来去乘权，颠倒于游士，而与之为终始，则世臣势益衰落，亦将弃故国以他往矣。

齐唯长此不悛，故未数十年而苏代、公玉丹之流得以入其肺腑而亡其国。其仅存也，则又公族之田单；其终亡也，则饿王建于松柏者固客也。孟子知其祸本之所在，故危言以动之，而王但言舍而不言留，言“识不才而舍”，而不知小有才之为害更甚，则其不智久矣。

盖登进大贤以兴王业，如商、周之用伊、吕，自是非常举动。使卑疏逾尊戚而人无怨者，缘此一人关于兴废之大，则虽欲已而弗用而不得。是破格求贤以躐旧臣而代其任，自非王者之于名世，固不容授诸小有才之佞人。以朝廷自有大体，而斯民之所尊亲者自有其素也。民志定而后因尊以尊其上，因亲以亲其上，斯以一国如一家，君民如父子。今信游士之立谈，遂取民之素相尊亲者去之、杀之而无忌，则斯民不知有尊亲，而情势瓦解，尚能立其上而为之父母乎？

孟子逆探齐之将倾，故深著其轻听之为祸媒，而害莫惨于诛逐故旧，以快游士之意，是以于去、于杀，词繁不杀，其用意深矣。王唯不改，终使淳于髡之流得排去孟子以行其志，国以滨亡，其自取已。

宋李沆以不用梅询、曾致尧为生平报国之事，良亦此意。汉用谷永、杜钦而斥刘向，唐用令狐绹而窜李德裕，近者陈启新乘间入谏垣而资格尽坏，古今一辙，祸乱同归。犹且有执破庸人之论，开功名之门，以惑人主如苏氏者，岂非浮薄之前茅而败亡之左券也哉？朱子谓苏氏得用，祸更甚于王氏，洵非诬也。

有所用则必有所舍，而祸成于杀，至于妄杀而国乃亡。新安乃云“因用舍而及刑杀，亦是孟子敷演以明其意”，何其疏陋而不思也！

## 五

孟子之对梁襄王曰：“定于一。”七篇之中，但言兴王业事，而于天下已定，所以经理之，如孔子所言兴灭国、继绝世，一切均平天下之事，曾不一及。想来战国时天下受瓜分之祸已极，孟子亦知封建之不能复矣。

孟子而为王者师，虽未必尽废封建，如嬴秦之所为，乃周之千八百国，其子孙之亡灭者已不可复求，而当时所存诸侯，自七雄而外，宋、卫、中山、邹、鲁、滕、薛而已，季任为任处守，任即薛也。旧说曹交曹君之弟，非是。鲁哀公八年，曹已亡。岂得寥寥然建此数国，各据千里，以成尾大之形哉！

后来项羽封诸侯王，只缘可封者无几，故剖土皆大，而争战不息。如将尽一时之贵戚功臣而封之，则周公所不以施及闳、散、颠、容之裔者，而欲加诸屠沽盗贼之武人，使与元德显功之子孙均立民上，其亦拂天经而违民欲矣。

古之封建，是五帝、三王以前相沿而立国，故民志素定，戴之不衰。太皞之裔，至春秋而尚有须句、颛臾之得存，虽天下屡易而其国不改。即偶灭亡，而子孙之谱系自相承可考。周之末造，其势之不同而理之不一也，明矣。乃徒孤存此数强大无道之子孙，与为分割，又岂足以为公天下哉！

故孟子于齐王胜燕之时，但欲其出民于水火，而不为燕之子孙计。则燕之子孙而有贤者，官之可也，禄之可也，即或复其百里之封，使守召公之祀可也；其胥不肖也，则如汤之于韦、顾、昆吾，文王之于密、崇，不复立其嗣焉，亦可也。此孟子之初志，所欲定燕地以一天下，止此而已矣。

迨其后，齐已肆暴于燕而不可复为收拾，燕昭已自立，而国人固拥之以求脱齐祸，乃进置君之策，以谢咎于诸侯，而不复顾前功之可惜，故曰"则犹可及止也"。不得已而姑出于此，岂孟子之初志哉？

双峰、新安乃谓齐为燕置后而不有，乃与汤诛君吊民之义同。不知齐之克燕，是何等机会，孟子以汤、武望之，便欲因此而兴王业以安天下。若使初封百里之燕，因吞并而尽有幽、并，仍其乱而置君以私王其土，则虽义师四征，而七雄之割据者犹七雄也。天下之定于一也，其何日之有？且汤之于葛，亦未尝有置君而去之事。不得已而置君以免诸侯之兵，其不能如汤，已明矣。诸儒之说，有但务名高而无实者，要非天理、人情之极至也。

## 六

孟子于王道，有前半截，无后半截。时君固不可与语，奈何不一与弟子论之！看他说“今乐犹古乐”，一似粗疏。此云“拯民于水火”，则亦沛公除秦苛政，约法三章，权宜之术而已。又说“周公兼夷狄、驱猛兽”等，亦有英气而无密理。故其倒了处，只规画得个“然而不王者，未之有也”便休。到已王后，又待如何？

禹、汤、文、武，吃紧却在后半截，此理须求之《论语》《大学》，方有归宿。然孟子间架来得恁好，则由后以定一代之治，亦可驯致渐进，不须湔洗过别用。观其自言曰“天欲平治天下，当今之世，舍我其谁”，胸中应自有个主张。乃诸儒多为孟子补出，却又总不中理。如言仍置燕君而不有，则固与孟子“在所损益”之语显相背戾矣。

## 七

《集注》“迁国以图存者权也，守正而俟死者义也”，“权”“义”两字，正不必对。《或问》欲改作“权也”“经也”，则于迹近似，而于理反不协。经、权一也，因事之常变而分尔。“效死勿去”，自处变之义，已早非经矣。后人不识“权”字，更不识“经”字。曰“经纬”，经持纬也；曰“经纶”，理其绪也；固非有体而无用。事无可为，只拼一死，更何经之有哉！

言“权”则故不爽乎经，言“经”则自有轻重取裁之意，故曰“变而不失其经之谓‘权’”。有可权者，则权以合经，故迁国图存，自保国之经也。无可权矣，则亦无经，而所守者唯舍生取义而已。此“义”字，但求之心，不求之事，本无随时合宜意。《集注》自精当，无庸更添蛇足。

## 八

双峰以“天之未丧斯文”与“不遇鲁侯，天也”分圣贤优劣，乃向石田中求罅隙。孔子是临生死关头说底，孟子在遇合上说底，原有分别。鲁侯之不来见，岂遂如匡人之不逞乎？君子之于死生，虽看得平易，然较之遇合，则自有内外、轻重之分。且遇不遇之权，鲁侯可以主之，臧仓可以操之。孟子为看高一层，说到天上去，则已极其至。若匡人之肆暴，原在情理之外，忽然乌合做下者事来，此并非匡人所可主，则明白是天操其权。故孔子须把天理天心，细看出不丧斯文，方尽理之精微。且孔子固曰“天不丧斯文”，非曰“我能使天不丧我”也。

子曰：“不知命，无以为君子。”此是君子小人分界处，不容有圣贤之别。于弥子曰“有命”，于颜渊死曰“天丧予”，于公伯寮曰“命也”，皆与孟子意同。若谓“孔子告子服景伯，低一等说”，圣贤元无此移下一层，同流合污之教。浸令更与不如景伯者言，又当何如耶？以此区别法看圣贤文字，以自误误人不小！

# 公孙丑上篇

## 一

庆源云：“子路是范我驰驱而不遇王者，故不获禽；管仲则诡遇以逢桓公之为，故得禽多耳。”说管仲处是，说子路处则非。子路若得君专而行政久，亦岂遂足以成伊、傅之业哉？其贤于管仲者，子路得王道之偏，管仲则别是一帆风耳。故有王者起，子路可以其所长备垂、益九官之用；若管仲所学所为，必逢显绌矣。

道之大者功必至，而道之未全者功不能大。若夫有功者，不必能合于道，乃其功亦不小；顾其功虽大，而终不能高。盖大小在成绩，而高卑在规模也。

《集注》所云获不获，以功言，而非以遇言。管仲九合诸侯，一匡天下，一朝而获十也。子路范我驰驱，而疏漏处不少，其失禽也亦多矣，岂但不遇王者之故哉？

## 二

陵阳李氏因《集注》“道明德立”语生先后见，谓道明而后德立，必先知言而后养气。此种语，说得似有迳路，而于圣学之津涘，则杳未有见。今且看知言是如何用功，养气是如何用功。若人将集义事且置下不料理，且一味求为知言之学，有不流而为小人儒者哉？知言是孟子极顶处，唯灼然见义于内而精义入神，方得知言。苟不集义，如何见得义在内？既不灼然精义之在吾心，而以求知天下是非得失之论，非屑屑然但从事于记诵词章，则逆诈、亿不信，为揣摩钩距之术而已矣。

《集注》于“知言”下个“尽心知性”，是何等语！此岂漫未集义者初学之始事？知言至处，是“大而化之”之境；养气至处，只得“充实而有光辉”。若以为学之序言之，养气以徙义为初功，知言以穷理为始事，内外、主辅虽并进，而自有别。此与《大学》格、致、诚、正之序同。知不至，固意不能皆诚，然抑非待物之尽格，知之已至，而后始有事于诚正也。故曰“壹是皆以修身为本”。后其内而先其外，岂知本之学哉！

## 三

庆源云“曾子之自反，以缩不缩为勇怯”一语，大失本旨。自反虽是处世一枢机，然曾子之言大勇，与孟子之引此，则意在缩，而不在自反。缩者，集义也。唯其缩，乃能生浩然之气而塞两间。若不缩，则固为欺人负理之事，虽自反而怯，亦何救哉！齐宣以不缩，千里而畏人，正所谓“胡不惴焉”者。既惴矣，而犹可谓勇乎？

庆源惟不察于此，故又云“所守之要，非舍之所能知”，竟将自反为约。不知此之言约，是与不约者相形出底。前云“孟施舍守约”，此云“曾子守约”，亦是一例。自黝视之，则舍之守气为约；自舍视之，则曾子之守气又为约矣。

孟子吃紧工夫在气上。《集注》云“一身之气”，意与下言塞两间之气分大小。然后云“气，体之充也”，则塞乎两间者，又安在非一身之气耶？气是个不恐惧的本领，除告子外，则下而北宫黝，上至曾、孟，皆以此为不动心之道，特其所以守之者有约不约之分耳。

内里有个义作骨子，义即缩也，故曰“义以直内”。以听气之自生，则守之功约，而其用大。若其不然，则守之气之末流，其功不约，而用反有所诎尔。约以言其守气者，而非与气为对。气只其此一个气。曾、孟之气，较黝、舍百倍刚大而塞两间；非曾、孟舍气不守，而别守一自反以为约法也。不出吾心而守之，乃以塞乎两间，则曰约。所守在此，其气亦尽于此，则频用气而频须守，斯不约矣。若北宫黝者，日奔命于褐夫、万乘、挫事、恶声之间而不给也。

## 四

“不得于言”一“言”字，所该者甚大。凡天下事物之理，可名之为言者，皆言也。孟子向后说诐、淫、邪、遁之辞，却但从言之差谬者一边说，则以当其世而为齐之卿相，则异端说士杂沓进前，自势所必有，须与之距其邪说尔。

乃欲辟人之妄，则岂徒在逆亿钩距之间哉？己之真不显，则人之妄不可得而辟。故知言之成效，在邪说之不能乱；而知言之全体大用，则唯义精仁熟，于是非得失之百致，炳然如日光之被物，容光必照，而天下之理自莫有能遁焉者矣。

知此，则告子之“不得于言，勿求于心”也，亦谓：天下之理，本非吾心之所有而不可胜穷。即是非得失之不能解了者，姑且是与为是，非与为非，因应乎天下，听物论之不齐而无庸其察。若求于心者，役心于学问思辨以有得，而与天下争，则疑信相参，其疑愈积。不如听其自得自失于天地之间，可以全吾心之虚白，而由虚生白、白以无疑之可不动其心也。

若云告子于己言之有失，不反而求之以期其必是，则亦孟浪狂躁之妄人耳，何以能先孟子而不动心耶？抑谓“杞柳”“湍水”，屡易其说，为“勿求于心”之证。乃不知论性三说，立喻不同而指归则一，非有不得于“杞柳”之说，遂顺唇舌之波而改为“湍水”之喻也。说见后篇。

## 五

先须识得告子是如何底蕴，方于此一章大义得贯彻分明。先儒于此，俱皂白不下。

告子谓“不得于言，勿求于心”，只缘他自认此心与天下之言判然为二，不当强引言入，而役心以出。直安顿者心，教在未有名言上一层，笼罩着天下，俾是其所是而非其所非者，至我之前，如蚊子咂铁牛，丝毫摇动他不得，所谓“你若无情他也休”也。若必求之于心，则将役其心以穷理格物，是非得失先积于我而心为之动。故程、朱于此，识得他外义处。乃其云“生之谓性”者，亦谓有义有理，因而言有得有不得，皆非性之所有，非其所有，故不当求也。

其谓“不得于心，勿求于气”者，他只认定此昭昭灵灵底便作主人，却将气为客感之媒，但任着气，便揽下天下底事物来，去外面求个义以与物争。乃能胜乎物者，物亦能胜之矣，故即使吾心有不能自主之时，亦且任之而俟其自定，如公子牟之所谓勿“重伤”者是已。若求助于气，则气本浊而善流，有所胜，即有所不胜矣。盖气者吾身之与天下相接者也，不任其所相接者以为功，则不求胜于物，而物固莫能胜之，斯以荣辱利害之交于前而莫之动也。告子之为学术，大要如此。盖亦源本老、庄，而后世佛氏之言亦相承以立说焉。

乃孟子则以为：天下之言，其是非得失不可枉于当然者，本吾心固有之义，见其是则不容以为非，见其非则不容以为是也。惟吾性固有其义以制天下之是非得失，则天下之言本待治于吾心。而苟尽吾心之制，则万物自有其贞形，万事自有其贞则，吾心自有其贞观，虽日与诐、淫、邪、遁者接，而其根苗枝叶之所为起止，我具知之而无所疑惑，则何用笼罩天下，弃物理于不求，而后可以使心得宁哉！

故学、问、思、辨之下学也，始于疑，而聪明睿知之上达也，终以成夫大信，则天下之名言，显诸仁者皆通，而藏于用者各得矣。此孔子之所以时措咸宜者，固即在“学不厌、教不倦”以为圣功也。

若吾心之虚灵不昧以有所发而善于所往者，志也，固性之所自含也。乃吾身之流动充满以应物而贞胜者，气也，亦何莫非天地之正气而为吾性之变焉合焉者乎？性善，则不昧而宰事者善矣。其流动充满以与物相接者，亦何不善也？虚灵之宰，具夫众理，而理者原以理夫气者也，理治夫气，为气之条理。则理以治气，而固托乎气以有其理。是故舍气以言理，而不得理。则君子之有志，固以取向于理，而志之所往，欲成其始终条理之大用，则舍气言志，志亦无所得而无所成矣。

以志之无所成，即偷安于其无成者，自谓不失其心而天下亦莫能吾胜。乃本以不能胜之故，匿其不胜，而云百战百胜不如不战，遂废己所受持天下之资，以绝天下，则是自反不缩，而恃不侮褐夫以无惧。乃不知自反而缩者，原无惧于千万人也。气唯不以义动则馁，而岂有多所成即多所败、有所胜即有所不胜、一盈一虚之忧？气从义生，而因与义为流行，则以我之制治天下之不足畏者，初非以求胜于物，而自成胜物之用。又岂理外有气，心外有义，袭而取之，以揽天下，而争一旦之胜，如告子之所讥者哉？

故但慎其动于进退取舍之间，充而至于行一不义、杀一不辜得天下而不为，积小以大，由著彻微，坦然终日，无所愧怍，极夫朝诸侯、有天下，而终无所逢迎规避以求事之成、功之可，俾志不能主而授其权于外物；则即此气之大以刚者，可日与天下相接于吉凶生死之涂而无所惧矣。此孟子所为不为告子之为，而伯王之任亦终不能动其心也。以此折中，则诸家之说，其合其否，可考而知也。

## 六

《集注》不详"暴"字之义，但云"致养其气"。读《孟子集注》，须于其所略者，循本文以求之，不可胡乱成悖。致养之功，虽有"有事勿忘""勿正勿助"两段，然其所云"勿正勿助"者，亦非以防夫太过也。凡人做工夫而有期待之心，只是畏难而望其止息。其助长者，则如宋人之揠苗，不耐得薅锄培壅，索性拼一番劳苦，便歇下也。暴者，虐而害之之谓。故不芸苗而任其草满者，暴其苗也；助之长而揠死之者，亦暴其苗也。陵压其气，教他一向屈而不伸者，暴其气也；执着一段假名理，便要使气，求胜于人，到头来却讨个没趣，向后便摧残不复振起者，亦暴其气也。

潜室不察，倒著本文，将“暴其气”作气暴说。不知此所谓气，乃以担当霸王之业而无惧者，非但声音笑貌之节，则亦何有发得暴之忧邪？一字之颠倒，满盘皆错。

无干说得和鸾、佩玉去，直向黄瓜蔓上求瓠子，一倍可笑！和鸾、佩玉，养心于静者也。此之无暴，养气于动者也，故曰“浩然”，曰“至大至刚”；而其不养也，则曰“馁”，曰“害”。抑其盛大流行，塞乎两间之大用，而使若庄子“养鸡”“承蜩”之邪说，此正“暴其气”者也。学问事，不知用功之各有攸当，鲜不倒行而逆施矣。

## 七

志是大纲趣向底主宰，虽亦以义为归，乃孟子之言义也，曰“集”，则不但其心之专向者一于义，而所志之外，事物瞥尔当前，不论小大常变，一切都与他一个义，以为之处分。乃使吾气得以自反无不缩之故，恒充而不馁，则于其所志者，优有余地，坦然行之而无惧也。若夫所志之义，以事物未当前，则但谓之道，而不名为义。义散见而日新，道居静而体一也。故孔子言“志于道”，而孟子“以集义”为养气之功。志主道而气主义，明矣。其曰“配义与道”，是志气合用底。气配义以不馁其气，即配道以不馁其志也。《集注》“敬”字，与“主敬”“敬”字别。敬者，谨持之谓尔。使如云峰所引《易》“敬以直内”以释此，则当云守其志以敬，不当但云敬。守志只是道做骨子，不消添入敬来。且敬之为德，乃静时存养，无把持中以此为依据。有志则有可持，故知其所持在道而不在敬。

## 八

“志壹则动气”一段三“动”字，只是感动意，即其相为感动者以见其俱不可“勿求”，元与“不动心”“动”字不同。“不动心”者，无恐惧疑惑也。但以气之壹而动其志，岂遂至于恐惧疑惑！且志壹动气，气其知恐惧而生疑惑者哉！此本以志气之专壹有为者言之。“持其志”者，志固壹也；“心勿忘”者，气固壹也。推而极之，天理人事，莫不皆然。胡文定以“先天而天弗违”为志动气，“后天而奉天时”为气动志，虽与孟子立言之指别，而理则一也。

《集注》中一“从”字，极下得活。小注谓“喜怒过度，志反为动”，则误。喜怒过度时，直把志丧了，而岂但动乎？下云“反动其心”，心又非志之谓，志者心之用。不可云蹶者趋者反动其志也。气壹动志，乃是气之既充，必将专壹以有为，则先未有此志，亦便动著教生长者志来。如子路只缘他气之兼人，故“未之能行，唯恐有闻”，动得志上如此上紧。与志之专者，弱可使强一理。说个“壹”，便是好底。悠悠而任其喜怒者，志则时此时彼，气亦时盈时虚，而安得壹哉！

## 九

“蹶”之为义，自当从《说文》正训云“跳也”。促步曰趋，高步曰蹶。若作颠踬解，则既害文而抑害义。颠者非气也，形也，形动气而非气动心也。蹶、趋亦不是不好事。古人于朝廷宗庙必趋，临戎登车则蹶。孟子之言此，只是借喻意，故加以“今夫”二字，非谓蹶者趋者之暴其气也。

此言气言心，但在血气之气、知觉运动之心上立喻，与上言志为“志道”之志，言气为“浩然之气”者不同。盖谓凡人之为善为恶，此兼善恶说。先有其心，无定志则但名为心。而气为之用者固多矣；然亦有时本无是心，而因气以动作焉。如今人言乘兴而为。如方在蹶、趋，则心亦为之疾速，与缓步时不同。则心虽有觉，气虽无觉，而偶然之顷，气且乘权以动一时之心。然则专壹之气，其以感动常存之心，亦于此而可推矣。

《或问》“志养得坚定，蹶、趋亦不能动得”之疑，全是隔篱猜物话。朱子所答，亦不分明。不察于此，而“和鸾、佩玉”之说得以阑入，而黄四如“文武火二三十年”之邪说亦以倡矣。

## 十

尽心、知性是知言本领，非知言后功效。盖由尽心知性以知言，其功虽似不可企及，而本末固顺。若从拣别诐、淫、邪、遁上下工夫，以求心之尽、性之知，则如拔壮士之爪而欲仆之也。

《集注》先说“尽心、知性”，后说“于凡天下之言”云云，甚是分明。东阳倒著说，即是门外语。《中庸》谓“思知人不可以不知天”，孔子谓“不逆诈，不亿不信，抑亦先觉”，俱是此理。苟非尽心知性，何以能不逆亿而先觉耶？

知言与穷理自别。“知”字是现成字，“穷”字是工夫字。穷理则为知性者入德之门，知言乃知性后全体大用之发。循本以知末，与即末以求本，迹同而实大异。程子斥人读史为“玩物丧志”，及自看史，一字不遗，其所以用心者不同，本末逆顺而已。

## 十一

所谓“天地之间”者，只是有人物的去处。上而碧落，下而黄泉，原不在君子分内。圣贤下语，尽大说，也有著落，不似异端，便说向那高深无极，广大无边去。“间”字古与“闲空”“闲”字通。天地之化相入，而其际至密无分段，那得有闲空处来？只是有人物底去处，则天地之化已属于人物，便不尽由天地，故曰“间”。所谓“塞乎天地之间”，也只是尽天下之人，尽天下之物，尽天下之事，要担当便与担当，要宰制便与宰制，险者使之易，阻者使之简，无有畏难而葸怯者。但以此在未尝有所作为处说，故且云“塞乎天地之间”。天地之间，皆理之所至也。理之所至，此气无不可至。言乎其体而无理不可胜者，言乎其用而无事不可任矣。

《集注》云“充塞无间”。间者，隙漏之谓，言无一理一事之不周也。新安云“无有间断之者”，有句无义。

## 十二

天下固有之理谓之道，吾心所以宰制乎天下者谓之义。道自在天地之间，人且合将去，义则正所以合者也。均自人而言之，则现成之理，因事物而著于心者道也；事之至前，其道隐而不可见，乃以吾心之制，裁度以求道之中者义也。故道者，所以正吾志者也。志于道而以道正其志，则志有所持也。盖志，初终一揆者也，处乎静以待物。道有一成之则而统乎大，故志可与之相守。若以义持志，则事易而义徙。守一曲之宜，将有为匹夫匹妇之谅者，而其所遗之义多矣。

义，日生者也。日生，则一事之义，止了一事之用；必须积集，而后所行之无非义。气亦日生者也，一段气止担当得一事，无以继之则又馁。集义以养之，则义日充，而气因以无衰王之间隙，然后成其浩然者以无往而不浩然也。

小注"父当慈、子当孝"云云，只是道，不是义；又云"道义是公共无形影的物事"，尤谬。义亦云公共，则义外矣。此门人记录失实，必非朱子之语。朱子固曰"道是物我公共自然之理，义则吾心之能断制者"，何等分明！

大要须知：道是志上事，义是气上事。告子贵心而贱气，故内仁而外义；孟子尊气以尽心，故集义以扩充其志之所持。于此辨得分明，更无混乱矣。

## 十三

此"义"字，大段在生死、行藏、进退、取舍上说，孟子以羞恶之心言义是也。孔子说义处较不同，如云"行义以达其道"，则小注所云"父当慈，子当孝，君当仁，臣当敬"者是。亦止是此一理，孔子见得大，孟子说得精，故程子以孟子言义为有功于孔子。

孟子唯在羞恶之心上见义，故云"义内"。呼蹴之食，至死不屑，岂在外哉？唯此羞恶之心，人皆有而各自有，彼此不能相袭，袭如"袭裘"之袭，表蒙里也，犹今俗言"套"。《集注》引齐侯袭莒，非是。故宋、薛不受则为不恭，受齐之馈则为货取；有伊尹之志则忠，无伊尹之志则篡：唯不可袭，袭而取之必馁也。

亦唯此羞恶之心，最与气相为体用，彼君臣父子之义，但与理合，不资气用。气柔者，大抵羞恶之心失也。故云"行一不义、杀一不辜而得天下不为"。

只以保全此羞恶之心，内之无微而不谨，外之无大之可摇，则至大至刚之气自无所惴矣。

## 十四

小注中一段，说“是集义所生”一段，甚为明快，《集注》却未能如彼清楚。“是”字与“非”字相呼应，盖以自白其如此而非如彼也。譬之南人知稻田而不知麦陇，乃告之曰“此麦也，是高田秋种而夏获者，非水田夏植而秋获者”也。此两句文字，直承上“其为气也”四字，一气赶下，不可以《集注》分节而割裂之。天下必无有低田潴水、夏种秋获之麦，犹之乎必无有以义袭而取之之浩然之气。麦陇之水一未分泻，种之稍后于秋，则麦不登矣，况水田而夏种之乎？行一有不慊于心，则馁矣，况可云以义袭而取之哉！

“取之”“之”字，指浩然之气说，非泛言气也。义惟在吾心之内，气亦在吾身之内，故义与气互相为配。气配义，义即生气。若云义在外，则义既在外，其可云气亦在外乎？义在吾身心之外，而气固在吾身之内，乃引义入以求益其气，则气有虚而义乘其虚以袭之，因挟取此气以为义用矣。

如实求之，吾身之气，岂身外之物可袭而可取者哉！其有谓义袭而取气者，则告子之说是已。告子以吾心本无义，但有此昭昭灵灵之体，堪为主而不为万物所摇，则心既恒宁，而气亦顺适，泊然无争而天下莫之能胜。今无故外求一义，闯入吾心之内，使吾气不得以宁，而挟与俱往，以与物争胜于是非得失之林，则吾之气不得以顺安其居，与心相守，而受夺于义，以纷纭而斗构。故我唯不得于心，抑唯务安其心，而不外求义以袭取夫气而妄用之，则心不动而气亦不伤。

此告子之邪说固然。而孟子曰：我之养此浩然之气者，非义在外，使之入袭吾气而取之也，乃义在内而集之，则气之浩然者以生也。明其是，白其非，而告子之诬其所不知，以妄讥吾养气之非，其失自见矣。盖告子不能测孟子之所得，故妄讥孟子以外求义而袭取夫气。实则孟子既已不然，而天下亦必无外求义以袭而取气之人。且外之与内，不相为配，则不相为取。既云义外，则义固无为者矣。无为者安能致其袭取之事哉？

乃告子之致疑于袭取者，由其不知有义，而以天下之是非得失为义，则且曰大道既隐，人心之纯白者既失而后有此也。是其徒以当世无实之是非为义，而于其心羞恶之见端者，昏不自知久矣。夫告子而岂无羞恶之心哉？乃由其蔽陷之深，则虽有所羞恶，而反自诬其固有之良，以为客感之所生。固将曰呼马应马，呼牛应牛，而又何羞？食豕无异于食人，盗跖不殊于伯夷，而又何恶？是如己有目，不知其可以视，乃以谓白黑之班然者足障吾明，而欲弃之！

告子盖自有义而不自知，因不自知而义以丧。非然，则义本在内，与气相配而生其浩然，而何以云义外哉？由其不识义，是故外义；如子久逃，不识其父，故以父为外人。由其不识义而外义，故以养气者为义袭取气。则亦犹夫不识麦者之谓麦为水田夏种之苗，遂谓种麦者必潴水以防夏旱，我所耕之田，皆平原爽垲，本无水之可潴，不当种麦也。

以不种麦故，虽旱而无可槁之麦，乃曰赖我之不种而免于槁。孟子所谓“不芸苗”者，正此谓也。故于此而深辨之，以自明其长。答“恶乎长”之问。《集注》“事皆合义”“一事偶合”云云，俱未得立言之旨。

## 十五

说“必有事勿忘”处易，说“勿正、无助长”处，不知养浩然之气当何如用功，则入鬼窠臼去。黄四如说“如炼丹，有文武火，惟慢火常在炉中，可使二三十年伏火”，真鬼语也！

孟子说养气，元不曾说调息遣魔，又不曾说降伏者气，教他纯纯善善，不与人争闹，露圭角。乃以当大任而无恐惧者，其功只在集义；集义之事，亹亹日新，见善如不及，见不善如探汤，何怕猛火炽然。

塞乎天地，须穷时索与他穷，须困时索与他困，乃至须死时亦索与他死，方得培壅此羞恶之心，与气配而成其浩然，此火之有武而无文者也。行一不义，杀一不辜，则得天下而不为；非其义也，非其道也，则一介不取，一介不与；恰紧通梢，箪食豆羹与万钟之粟，无不从羞恶之心上打过，乃以长养此气而成其浩然，则又火之有武而无文者也。今云“火猛则丹走”，其将一半拿住，一半放松，遇肉三片，遇酒三杯，且教浑俗和光而可乎哉？

黄四如者岂以为然，特其茫然不知何者为“养气”，何者为“勿正、无助长”，黑撞著便与他比方两句，恰得此村道士口头内丹语，随便胡铳出来，故曰“鬼语”也。

此“勿正、无助长”，是明白分晓，有可指证语，与前义袭取气，为有其言而必无其事者不同。孟子固曰“天下之不助苗长者寡矣”，须于此看出天下之人是如何助长。

盖尽人之情，自非奴隶佣保之不堪者，与夫巨奸极险之夫，以阴柔而济其恶，则虽无志可持之人，亦未尝不以其气而求胜于物；而当其求胜之时，则皆有不惧之心。若此者何也？气之至大至刚者，人所共有而与性俱生者也。乃又唯暴戾凶狠之人，则不论曲直而概施其血气之勇。若其较为自好之士者，固且以义自居，而折人之不义矣。乃方其以义自居，则亦用其羞恶之心以为制，不可谓“不芸苗”矣。而所守之义，不过刻苦以自树立于一日，遂恃此以为可以折人之具而无所惴，以任其非所任而敌其非所敌。此宋人所谓“今日病矣”，亦未可谓为之不力也。而所任非所堪，所敌非所胜，根本不固而枝叶徒繁，则果有千驷万钟以诱之，得生失死以胁之，而义力未厚，气焰徒浮，将有摧挠屈折，一挫而不能更振者矣。此助长者之无益而反害乎气也。

抑或见义思为，而无久大之志，立一近小之规，以为吾之所能乎义如此，而苟善是，是亦足以求伸于天下矣。如戴盈之所谓“请损之”者，则其义易成，而其气亦易振，以刻期而见功。此所谓“正”也。

夫欲去二者之病，则亦唯一倍精严，规恢广大，于其羞恶之本心，扩而充之，如火始然，愈昌愈炽，更无回互，更无贬损，方得无任不胜，无难可畏，而以成其气盛大流行之用。若畏火之太猛，从而缓之，又从而伏之，一日暴而十日寒，亦终身于首鼠之域而已矣。

斯唯异端之欲抑其气为婴儿者则然。故曰“为善无近名，文火带武。为恶无近刑武火带文。”，以遁于“知雄”常在炉中三十年。“守雌”伏火。之诡道。其绪余以为养生，则于取与翕辟之际，不即不离，而偷其视息。若圣贤之学：无论经大经、立大本、云行雨施、直内方外者，壁立万仞；即其祈天永命以保其生者，亦“所其无逸”，而忧勤惕厉，以绝伐性戕生之害。又奚火之必伏而文武兼用者乎？

在四如本不知而妄言，窃鬼语以欺人，亦非果有得于异端之教。乃读者不察，或反屈诬孟子以证彼内养之邪说，则其害大矣。若此类，愚读《大全》而深有惧焉者也。

## 十六

“勿助长”原不与告子对治，《集注》语自未审。告子只是不芸苗，以气为无益而舍之，故“勿求于气”。由他错认苗为稂莠，谓其不可以充食，故遂不芸。且不芸矣，又何助长之有？

前段“告子未尝知义”二句，已辨尽告子之短。“必有事焉”四句，孟子自言其集义、养气之功，不复与告子相比拟。前段《集注》“行一事偶合于义”云云，正好在此处作注。

集义、养气，却不是拼一日之病，须终岁勤动，方得有力田之秋。若如齐桓之定王世子，晋文之伐原示信，陈仲子之与之齐国而不受，以一日之劳表一日之义，遂鼓其气以陵天下，而不顾本根之拔，此则助长者也。告子却不吃者茶饭，方且疑孟子之为助长，而彼岂其然？

## 十七

诸儒之失，在错看一“养”字，将作驯服调御说，故其下流遂有如黄四如伏火之诞者。孟子之所谓养，乃长养之谓也。直到北宫黝恁般猛烈，亦谓之养，岂驯服调御之谓乎？孟子于此，看得吾身之有心有气，无非天理。故后篇言养心，而曰“无物不长”，直教他萌蘖发达，依旧得牛山之木参天。此言养气，只是以义生发此不馁不惴之气，盛大流行，塞乎天地之间而无所屈。

异端则不然。将此心作猕猴相似，唯恐其拘桎之不密；而于气也，则尤以为害苗之草，摧残之而唯恐其不消。庄子木鸡，沩山水牯，皆此而已。古人即在闻和鸾、听佩玉时，亦不作此蚰蜒倒缩气象。森森栗栗中，正有“雷雨之动满盈”在内，故曰“立于礼”。“立”字中，便有泰山岩岩意。

后人不察，夹杂佛老，遂有静养气之说，极为害事。圣贤静而存养，乃存养此仁义之心于静中，虽静不息。岂撞机息牙，暴害其气而使不能动，如三日新妇，婉娩作闺态耶？

## 十八

“愿学孔子”一段，自“宰我、子贡善为说辞”起。孟子但从大架步说，却未显出示人，《集注》《语录》亦未为发明。双峰谓“孟子章句长，须看教前后血脉贯通”。如此“愿学孔子”一语，乃通章要领，若于前后贯通有碍，则不但文义双踬，而圣学吃紧处亦终湮晦，令学者无入手处。

夫愿学孔子，则必有以学之矣。孟子曰“可以仕则仕云云，孔子也”。然则将于此而学之耶？乃此四者则何易学也？仕、止、久、速之可者，初无定可，而孔子之“则仕”“则止”“则久”“则速”也，自其义精仁熟，由诚达几，由几入神之妙。倘无其圣功，而徒仿佛其化，则亦王莽之学周公矣。夫化由德显，德自学成。孔子曰“下学而上达”，达者自然顺序之通也。达不可学，而学乃以达，孔子且然，而况学孔子者乎？

既明夫非于仕、止、久、速而学之，则将曰知言、养气，其学孔子者也。此固然矣。然其云养气者，集义是也。夫集义而气以不馁，则至大至刚，无所贬挠，而两间之事，皆足以任之，孔子固然。而伯夷、伊尹之“行一不义，杀一不辜，得天下而不为”，“君百里之地，而足以有天下”，其气之配道义以终无馁者，夫岂有让哉？而孟子又何以略二子而独学孔子也？故养气者，圣功也，抑圣者之所同也，非孔子之所以异也。

今但从末一段文字原委看来，跌入子贡问圣一段孔子自言处，则孟子之所以学孔子者，固可考矣。公孙丑“夫子既圣”一问，先以“辞命未能”发端，则其疑孟子之圣也，固在圣人复起之所不易。而子贡信夫子之圣也，以学不厌而教不倦为仁知之大用。即此观之，则可直词以决之曰：养气者，夷、尹、孔子之所同也；知言者，孔子之所以异也；学孔子者，知言而以养其气也。

先儒谓知言、养气，二者合一；又云告子外义，故不知言。是则孟子唯能见义于内，故于天下之言，无所求而不得，而浩然之气日生。夫其见义于内者，岂斤斤之明足以察之哉？以无私之仁体藏密之知，故自喻其性之善，而灼然见义之至足于吾心。乃其所由以致此者，则唯不厌、不倦以为学教，而即物穷理，以豁然贯通于吾心之全体大用者也。全体大用即义。此即《大学》之格物、致知以知至善而止者也。由其知之大明，则为知言；由其行之造极，则为养气。义无不集，故造极。行造其极则圣矣。

夷、尹之所以皆得为圣也，尹之格于皇天，夷之风起百世者，气之盛大流行、塞乎两间者也。乃由其行之已至，则得天下而不为，固有所不可矣；君百里而有天下，则抑有所可矣。若夫随可而可，不但有其必可，斯岂特行足以造之而气足以任之哉？孟子曰："智，譬则巧也；圣，譬则力也。其至，尔力也；其中，非尔力也。"力者，义无不集而气足以举其任也。巧者，尽心知性而耳顺乎天下之理，是非得失判然冰释而无纤芥之疑也。是知孔子之独至，非二子之所得同者，在知言。

而孔子之所以声入心通，无疑于天下之理，而为万事万物之权衡，以时措而咸宜者，一其下学上达者之条理蚤成也。学不厌、教不倦，下学之功也。乃即此以学而即此以达，则唯尽吾性之善、充吾心之义而无不达矣。故其为学，始于格物、致知，而要于明德之明。孟子曰"万物皆备于我矣"，则物之所自格者，即吾德之本明者也。以尽吾心皆备之物，而天下之是非得失，无不待我以为权衡，此孔子所谓"可与权"者。养气则可与立，知言乃可与权。乃以应夫仕、止、久、速之几，如日月之明，容光必照，而廓然其无疑矣。

若夷与尹，非其知之不真也，知其所至，而未极乎物之所至，则至其所知，而或未中乎几之莫知。其不能从容于仕、止、久、速合一无滞之义也，亦极其所极，而未达乎无用不极之妙。《易》曰："精义入神，以致用也。""穷神知化，德之盛也。"事始于精义，则下学皆有可学之资；化极于穷神，则虽夷与尹不足以尽其上达之妙。然则孟子之所以学孔子者，一言以蔽之曰，知言而已矣。

乃微其词而不直以告丑者，则缘此之为学，事甚易而几甚微，达者自可得之于无行不与之中，而苟标此以为宗，将使愚者不察，苟求之外而遗吾本明之德，则且玩物丧志，以终身于罔、殆之中。乃以前段所答知言之问，但就齐卿相所知之言，显其救时之大用，而未著夫知言之全体与其所自知言之本原，故于此复申言其从入之事在学诲之中，而推致其权度之精，则有时中之妙。盖七篇本孟子所自作，故问答之际，一合一离，一微一显，一偏一全，经纬成文，而大义、微言交相引伸，使知者自得之。“引而不发，跃如也”，亦于此信矣。

## 十九

“不忍人”“忍”字，误作“必有忍”“忍”字一例看，极为害理。双峰“忍不住”之说，其谬甚矣！“忍”字从刃、从心，只是割弃下不顾之意。朱子于此，已说得分明。事亲、从兄，是从顺处见；恻隐、羞恶，是因逆而见。观下称孺子入井则知之。若无入井之事，但见一孺子，便痛惜怜爱，忍禁不住，骨与俱靡，则亦妇人之仁耳。

此章言“有不忍人之心，斯有不忍人之政”，其云“先王”者，汤、武是也。人之陷于水火者为势已逆，而我始创法立制以拯之也。若承治之主，便无可动其恻隐者，则又如下篇所云“人能充无欲害人之心而仁不可胜用”，但无害之而已足矣。君子之于民也，当其顺，则无欲害之而止；当其逆，则有不忍之之心。非仁之有二心也，仁术之因乎物者自不同也。

若云恻隐之心从中发出便忍不住，则当云“不忍恻隐之心”，而何以云“不忍人”？此处吃紧在一“人”字。言人，则木为一气，痛痒相关之情自见。朱子云“见一蚁子，岂无此心”，语自有病。理一分殊，昭然自别于吾心，不可笼统带说。均是人矣，则虽有贵贱亲疏之别，而情自相喻，性自相函，所以遇其不得恰好处，割舍下将作犬马土芥般看不得。此求之人之天良，固自炯炯不昧，非徒有言说而不能喻于心也。浸令蚁子滨危，则又较犬马差一格，而况于人乎？

至若忍禁之忍，自以能忍为得。若忍不住，自是不好事。忍者，情欲发而禁之毋发，须有力持之事焉。若人之不仁，则直是丧其本心，岂有恻隐之心发于中而用力以禁其不发者哉？苟其为仁义之心，虽至愚不肖，既有之，亦必听之，特不能发之，而未有忍之者也。且云“不忍人之政”，亦岂先王之有此政也，技痒不禁，而急于自见也乎？甚哉，饶氏之以小言破道！将牵率夫人乐用其妇人之仁、小丈夫之悻悻而有余矣。

## 二十

《集注》“全体此心”四字，恰与“端”字对说。孟子之学，大旨把内外、精粗看作一致，故曰“万物皆备于我”。“万物皆备于我”，万事皆备于心也。心之发端，则是恻隐、羞恶、辞让、是非。到全体上，却一部全礼乐刑政在内。只缘仁、义、礼、知之德，弥纶两间，或顺或逆，莫不左右而逢原也。

双峰云“斯，犹即也”。若下得“即”字，便不当下“斯”字。“即”字虽疾速，然有彼此相蹑之意。如人言“行一步，即行第二步”，第一步之中无第二步，但行一步亦自可止，不必定行第二步；特行之疾者，不止而加进，遂相因以即有耳。此言“斯有”则不然。须为之释曰“斯，即此也”，方得恰合。即此不忍人之心，便有不忍人之政在内，非有待也。如齐宣之易牛，孟子许之为“仁术”。仁，心也；术，政也。不忍杀牛之心，自有此全牛之术；非既有此心，又有此术也。

先王固不无学问思辨之事，存养省察之功，然俱于事未至前之先，务求吾心之全体大用而全体之；非待有其心后，却方讲求其事，以为心树枝叶。说“即”字虽疾速，以实求之，则终成蹭蹬。识得孟子本领，自然不作此文句。

## 二十一

纳交、要誉、恶声，便说是“人欲之私”，亦不得。上蔡之说太高著，高过则无实矣。孟子之意，特以此三者之心，原不与乍见孺子入井时相应，故所感值其所通，恻隐之心生，而三者之心不生也。

乃其必言非此三者，则以如救孺子，则须有此三种利益，固其功之所必收，而非乍见之顷有心期待而得耳。若以此为人欲之私，则子贡赎人而却其资，孔子不应非之。且不救人之声，恶声也；恶声可恶而恶之，又岂非羞恶之心乎？

上蔡之意，若将以此分王霸之诚伪。然霸者之疵，乃在揽著未有之事以鬻仁义，若伐原示信，到底无益有损。若其觌面相遇、发不及虑之时，亦未便起功利之想。不然，则岂桓、文之心，求一念如悠悠行路之人乍见孺子入井时而不得耶？

云峰云“稍涉安排商量，便非本心”，则尤陷溺异端而大违圣教矣。孟子到底也须说个“扩充”。扩充之功，乃以会通四端而经纬万善，究莫非天理之固然。且如乍见孺子将入于井，便有怵惕恻隐之心，及到少间，问知此孺子之父母却与我有不共戴天之仇，则救之为逆，不救为顺，即此岂不须商量？而孔子所谓“可逝也，不可陷也”，又岂不安顿自身而排置得所乎？恻隐之心，元与羞恶、辞让、是非，同条互用，那得只任此一念一直做去，更无回顾？且此章言不忍人之心里面便有不忍人之政，则先王所以定上下之交，永夙夜之誉，远不仁之声者，鸿名大业，俱在里许。若只许直用，不许商量安排，则只消此心已足，而何以又云有政耶？

圣贤帝王之学，元无孤孤另另作一条白练去之理。不用商量者，释氏之所谓“蓦直去”。不用安排者，又庄子之唾余耳。故曰云峰之说，陷溺异端而大违圣教也。

## 二十二

朱子“动处发出”一段文字，有一部全《易》在内。《易》说“大哉乾元，万物资始，云行雨施，品物流形”，又云“复其见天地之心”，只是此理。动便是阳，静便是阴。从其质而言之，则为阴阳；从阴阳之所自生者而言之，则只是动静。阴在天地，也未便是不好底。动以出，静以纳。出者所以虚而受纳，纳者所以实而给出。故曰“立天之道曰阴与阳”。然到生物之化上，则动者生也，静者杀也，仁不仁亦遂以分矣。

圣人官天府地，自知择而用之，所以“立天下之大本”“知天地之化育”，须作两项说。“立天下之大本”，则须兼动静而致功，合阴阳以成能。喜怒哀乐未发处，必肖天地之动静无端，纳以实而善其出。若其“知天地之化育”，则只在动处体会，以动者生而静者杀也。

又曰："立人之道曰仁与义。"仁与义却俱在动处发见。从动中又分此两支：仁，动之静也；义，动之动也。义虽以配肃杀，然其杀也，亦羞恶极至之用，非与天地之无所羞恶而杀者同。故杀人刑人，而不因于己所甚羞与所大恶，则必残忍凶酷之徒矣。

"维天之命，於穆不已"，只是动而不已。而动者必因于物之感，故《易》言"感而遂通天下之故"。即此是天地之心，所谓"一阳来复，数点梅花"者是已。《乐记》以感而遂通为性之欲，便大差谬。所以他后面说"物至知知"一段，直入异端窟臼里去。圣贤以体天知化，居德行仁，只在一"动"字上。故恻隐、羞恶、辞让、是非之不相一而疑相碍者，合之于动则四德同功矣。

且如此章上言内交、要誉、恶声，在乍见孺子入井时用他不著，若静中岂无此三者？亦岂遽成大过？只为动处不与此事相应，则人固有之心便不向那边动；若本非所动而强为之，则是霸者之假仁。若恰好当机而动，便尽商量其宜，安排得当，正以尽此心之大用。故即纳交、要誉、恶声之心，遇彼恰好用著处，亦即以从彼动者为正，而怵惕恻隐之心，在彼又为不相交涉。此中内外感通、良心各见处，只在当念自喻，不可悬揣与判王霸之分。

若见大宾时，内交之心，从中而发，便是礼之端；不韪之声，思以避之，便是义之端；畏乡党之清议而思得盛名，便是智之端。此唯"要"字有病，"誉"字自无嫌。唯孺子入井之时，非彼三者之动几，故孟子别言之。虽在人欲横流之人，亦未有从彼发者。天地自然之理，与吾心固有之性，符合相迎，则动几自应。此天地圣人之所不能违，而一切商量安排，皆从此而善其用。故君子之致其功者，唯慎诸此之为兢兢也。

## 二十三

"心统性情"，"统"字只作"兼"字看。其不言兼而言统者，性情有先后之序而非并立者也。实则所云"统"者，自其函受而言。若说个"主"字，则是性情显而心藏矣，此又不成义理。性自是心之主，心但为情之主，心不能主性也。

乃孟子此言四端，则又在发处观心、由情以知性、由端以知本之说。蔡西山竟将“端”字作“尾”字看，固是十分胆识。但就众人全体隐晦、仅有此心言之，则为尾。若先王全体此心，则如火炎昆冈，水决金堤，通梢一致，更无首尾矣。

抑此但可云从情上说心，统性在内。却不可竟将四者为情。情自是喜怒哀乐，人心也。此四端者，道心也。道心终不离人心而别出，故可于情说心；而其体已异，则不可竟谓之情。

若张子所谓“心统性情”者，则又概言心而非可用释此“心”字。此所言心，乃自性情相介之几上说。《集注》引此，则以明“心统性情”，故性之于情上见者，亦得谓之心也。“心统性情”，自其函受而言也。此于性之发见，乘情而出者言心，则谓性在心，而性为体、心为用也。仁义礼智体，四端用。

要此四者之心，是性上发生有力底。乃以与情相近，故介乎情而发。恻隐近哀，辞让近喜，羞恶、是非近怒。性本于天而无为，心位于人而有权，是以谓之心而不谓之性。若以情言，则为情之贞而作喜怒哀乐之节四端是情上半截，为性之尾。喜怒哀乐是情下半截，情纯用事。者也。情又从此心上发生，而或与之为终始，或与之为扩充，扩充则情皆中节。或背而他出以淫滥无节者有之矣。故不得竟谓之情，必云情上之道心，斯以义协而无毫发之差尔。

## 二十四

小注云“仁义礼智本体自无形影，‘本’字有病。只将他发动处看”，此为人皆有之而言也。若君子之静而存，动而省，功深理熟，天理来复者，则不然。仁义礼智自森森地，于动于静皆不昧。于此中循之有实，发之有据，故曰“反身而诚”。岂但有形影而已？

“有不忍人之心，斯有不忍人之政”，一倍笃实光辉，皆无妄者。孟子只且如此指出，不获已为已放其心者言耳。不然，则为圣贤者，亦但从端绪上寻求，舍其富有而与寡妇争遗秉滞穗之利，那得充满周遍，经纶大经，立大本，知化育来！扩充四端，以几乎四海之保，已是忒煞费力，所谓“再回头是百年人”也。

“人有四端，犹其有四体”，其有四德，犹其有此心。愚下人但知有四体，不知有心，故且与如是作喻。

## 二十五

不能扩充，只为不知，“知”字上有工夫，固是。然此知上工夫，须辨别在，不可错云识得此心，便大事了毕。

“知”字连下“皆扩而充之”五字一气。知者，知扩而知充也。“强恕而行”，知扩者也；“反身而诚”，知充者也。扩充之中，便有全部不忍人之政在内。大用无非全体，须一一拣别，令与此四端相应相成。《大学》之所谓“致知”，正此是也。

若在长养四端，令恒不昧上做工夫，则须用戒欺求慊之实学，不仅用知。知有此心，便大段休去，此释氏之邪说；只一发心，功德便不可量，乃以隳名教、戕生理而皆不恤。呜呼！重言知而无实，其为害之烈，可胜道哉!

## 二十六

“矢人岂不仁于函人”一章，唯双峰为得之。庆源、西山只在心上说，却不顾下文“不仁不智”一段，亦且不顾矢函，巫匠两喻。矢人匠人之心，与巫函同，所以不同者，术而已矣。上章与此章，共是一意。上章就高远处说先王所以平治天下之理，此章就卑近处说，为诸侯见役者发动其耻心，然大要都在仁术上著意。扩而充之者，尽心所本有之术也。如乍见孺子入井时，既有怵惕恻隐之心，则其所以救之者不遗余力可知已。先王于心见全体，则术自无不得其宜，以心之固有夫术也。若矢人之心无异函人，而卒至以伤人为心者，术亦能易心也。心有其术，则上智者当尽其心以行其政。术能易心，则下愚者当正其术以养其心。故云“择”，云“莫之御”，皆为术言也。

若心，则固有之而无待于择，藏之于已，亦何有于御不御哉？心、术元为一贯，而心外无术，故可尽心以广其术，亦可因术以善其心。畏罪而强仁者，何望其见术于心哉？且范围其心于术之中而不习于恶，则亦可以保其国家而免于耻矣。《集注》“仁道之大”四字，须着眼在一“道”字上。

# 公孙丑下篇

## 一

齐王之召孟子，过只在召上。若以托疾为不诚，则使齐王更不托疾，直使人来召，其侮嫚更何以堪？托疾则亦若知其不可召，而屈于自尊自安之私意，不能勉于下贤，故情虽不至，而其礼貌之间，犹有可观。其遣医问疾亦然。此皆礼貌未衰处，所以孟子犹与周旋，而托景丑以进其诲。不然，则抑去之唯恐不速矣。

朱子云“未论托疾”，意自斩截；又云“托疾又不诚”，未免蛇足。以王之托疾为不诚，则孟子之托疾亦不诚矣。以不诚报不诚，狙诈相高而内丧己，又何以为孟子！

世儒每误看一“诚”字，将作直情径行解，其乱德非小。诚，实也，至也，有其实而用之至也。故质，诚也；文，亦诚也。质之诚，天道也，以天治人者也；文之诚，人道也，以人尽天者也。若不尽其实，而但一直无伪以为诚，则谓之直而不谓之诚；且抑证父攘羊之直，并不得谓之直矣。自四先生而外，后儒多不识得“诚”字。此是天理扑满处，经纬咸备，变通不爽，岂得以乔野戆绞、直情径行之夷行当之？

## 二

闻召则赴，自是臣礼，岂遂为仆妾之敬，如南轩之所云？又岂但为敬之以貌，如庆源之所云者？唯当战国时，上无适主，下无适臣，士之仕者，恒舍其父母之国而他游，故有此客卿之礼，与本国之臣不同，亦仕局之一变也。

业已不得不为客卿，则唯道以自尊，而后显其出以道也；若以臣自处，则是其游以禄也。故君臣之义，不容轻定，故曰“学焉而后臣之”。信其道之必行而后正君臣之分，则道重而禄轻。乃游士之失守者，唯恐不得为臣，而蚤定臣礼，于是晨秦暮楚，无国而不为臣，无君而非其君。此与失节之妇，尽人可夫者无以异，则不但毁道轻身，而君臣之伦亦丧。

孟子所争在臣不臣，而不在召不召，与孔子之仕于鲁不同。孔子唯已臣于鲁，故虽告老之余，欲讨陈恒，则沐浴而请，安在其有谋之必就也？孟子之志，故欲齐之王天下，而己为之佐。当斯时，齐宣尚未成为王者，则与刘先主以左将军见诸葛时同。迨先主已称帝于蜀，而亮为之相，则居然臣主，召之亦无不可矣。从“而后臣之”四字求端的便知。若为臣，则无不可召之礼，而闻召则赴者，非仆妾，非貌敬也。

三

“未有处”，谓齐王处置者百镒之金不得，处置不得而馈之。乃齐王又岂无以处此哉？其处之者，谓以货取孟子也。乃虚将百镒，而徒生贤者不屑之心，则齐王仍无以处之矣。此“处”字，若从孟子说，则是取舍之权因乎物矣。

朱、张二子之说，皆于心上见义，深得孟子义内之旨。南轩云：“当受不受，亦是为物所动。何则？以其蔽于物而见物之大。”抉出小丈夫病根，而显君子之大，真探本之言也。

陈仲子把者一鹅之义，大于母兄，便是他逆天理处。乃其所以然者，于物见义，而不于心见义也。于物见义，则琐屑向物上料理，忒把者饮食货贿，看得十分郑重。孟子推其用心之小，而知其箪食豆羹之必见于色，则当取而不取者，其必有当舍而不舍者矣，不知求义于内故也。

庆源云“学者观此，亦可知所予矣”，看义亦得通透。不知所予之病，亦缘于货见重，于货见重则吾心之义无权。要之亦为物蔽，故不当与而与以示恩，亦必当与不与而成吝矣，所谓箪食豆羹见于色也。君子以官天府地，则两间之物，皆以供吾心宰制之用，岂于彼而见轻重厚薄之等哉？

## 四

小注谓："孟子若探沈同之欲伐燕，而预设辞以拒之，便是猜防险陂。"使然，则为君子者，必如梦呓答人，不相登对而后可。陈贾以周公之事问，孟子即逆折其文过之心，又岂不为猜防险陂之尤耶？

孔子曰："不逆诈，不亿不信，抑亦先觉。"君子固不可逆亿夫诈不信，而何得不先觉？且沈同之问，固未挟诈不信而来，而昌言可伐，则亦觉所已觉而非先觉矣。此犹不觉，亶不聪矣。

齐、燕本接迹之邦，伐国非一日之事。计其侦之于境，谋之于廷，治兵转饷，亦必见之行事矣，则非但情之可探，而已为形之可见。沈同至前而问伐燕，岂为他人问哉？

战国之时，时王皆齐类也。如谓燕可伐，而齐不可伐燕，则又岂三晋、秦、楚之独可伐也？尽当时之侯王无可伐者，而孟子乃云可伐，将待诸数百年后有王者起而后伐之耶？充彼之说，虽汉高即起而亦不可伐，子之之裔至今存可矣。既无有可胜伐之之任者，则是不可伐也。若乌头以人不可食之故，遂谓之不可食。然则孟子所谓可者，非即齐之无不可哉？

孟子曰："为天吏则可以伐之。"天吏，命于天者也。天无谆谆之命，自民视听而已矣。箪食壶浆以迎之，诛君吊民而绥之，则即此而已为天吏矣。然则天吏亦唯人所为，而何独齐之不可为天吏也？

"以燕伐燕"，亦就水火之亦运者言之耳。齐之君臣不听命于孟子，一任诸匡章、沈同之流恣兵威而不知戢，故孟子见其不可劝。若就孟子而谋之，戒饬将士，禁杀掠于师入之日，而预为条画虐政之当除者，以除之于既伐之后，则劝齐伐燕，自协孟子之素志，而何不可哉？其曰"何为劝之"者，鄙其不足与有为而不任为之谋也。

龟山云"何不可之有"，亦谓齐可也。齐既可伐，则直应之曰可。彼此心目之间，了然共作一伐燕之计，而又奚但逆探其情耶？

但龟山谓或人归咎孟子，则失之。或人之问，在齐初得燕之时，而不在燕人复畔之后，本文以"齐人伐燕"冠其上，于义自明。或人心骇于五旬之举，而健羡夫俘掠之功，故以劝伐得计，归功孟子。乃孟子以其杀掠之淫，深恶而痛惜之，则曰此不足为天吏者，我固不愿为之谋也，激词也。如必谓齐之素行不足以为汤、武，而不奉命于避债无地之衰周为不可以兴师，是暴君污吏，当同昏之世，幸汤、武之不作，一恣其虐民，而人莫敢问矣。

圣贤待人，只是教他立地做去，更不追咎其既往。孟子且以好货、好色之心为可以王，而何况伐有罪之燕？《春秋》序齐桓之绩，许楚子以讨陈，恰是此理。汤之征葛，固不奉命于桀。周命已讫，义不得如曹操之挟孱主为名以制天下。故孟子为齐策燕者四，而无一不言当伐。借以王命为嫌，则专封之罪，重于专伐，置君而去，又岂诸侯之所得为乎？

圣贤言语，句句是理，句句是事。才说可伐，则既有伐之者。若但言燕有可伐之理，而实无可行伐燕之事者，梦中影中，幻出一天吏，乃似思量弥勒佛下生一般，则其愚騃狂诞，可胜道哉！

## 五

龟山谓或人归咎孟子，当由误读"彼然而伐之"一句，于"然"字一读，为孟子自辨之词。燕人畔，王且曰"吾甚惭于孟子"，则齐之君臣，固自知其不能听孟子之言矣。孟子之答沈同也，辞虽未尽，而由"惭于孟子"言之，则所以伐燕而定燕者，必尝为王言矣。孟子言之而王不听，若或人无知，更以伐燕为孟子咎，此乃门外汉趁口胡哄，孟子复屑屑然曲自辨其不然，岂不鄙哉？

其云"彼然而伐之"者，"然而"二字作一气读，不当于"然"字断句，将作"然否"之然训。古人用"然而"字，往往有此例。如《春秋传》云"然而甲起于宫中"，"然而"者，犹言"于是"也。孟子云"然而文王犹方百里起"，"然而"者，此时如是也。此言"彼然而伐之"者，谓彼于是时遂往伐燕，不复求所以伐之之道也。

其曰"为天吏则可以伐之"，则言齐若能为天吏则可伐之也。如谓沈同以孟子之言为然而伐之，则考之当时，沈同未尝执齐之政。伐燕之役，尸其事者为匡章。且沈同之问，不奉王命而以其私问，安得据此私议之一言，而遽兴举国之师？藉令孟子闲居片语，同以告王，而王即为兴大役，则王之信孟子，百倍于汤尹、桓仲之交，而孟子之志，久行于齐矣。

故齐之伐燕，不因孟子之言，夫人而知之。齐不因孟子而伐燕，孟子乃自以为然吾言而伐之，妄自居功，妄自引咎，而又屑屑然辨之，乡党自好者之所不为矣。故读古人文字，当求语助变通之例，不可执腐儒“之乎者也”之死法，以拘文而破义。

## 六

孟子拒齐王万钟一段文字，最难看。无端说个子叔疑，又无端说个“贱丈夫”，又无端说到“征商”去，与齐王授室为师语意全不登对。

《集注》云“又有难显言者”，庆源云“显言之则讦扬齐王之失”，此固然矣。乃必知孟子所以去齐之故，而后可以得其不欲显言之实。孟子曰“王犹足用为善”，是非谏不行、言不听之比矣。王既可用为善，而终于不可用者何也？孟子尝言之，“一日暴之，十日寒之，吾退而寒之者至”，是孟子之所以终不能用王也。

而寒王者谁也？王驩之徒，虽为佞幸，乃观其欲徼孟子之一言，而借辅行以自重，则其不敢显排孟子于王前，以争寒暴之势也，明矣。其能以邪说寒王而使王不听孟子者，则所谓登垄断之“贱丈夫”也。

踞人国而树子弟，得位则为客卿以持国是，失位则寄馆于人国，受其养而遥持其权，以宾师友士为名，而实府其利。齐王浮慕好士之名，而笼络此辈以为招致游谈之囮，是以稷下之客，群居饱食，行小慧，攻淫辞，以诋毁圣贤、破坏王道为己事。乃其言之辨而智之足以取人主，则孟子所不能得之王而彼能得之于王也。以其时，度其人，齐盖繁有之，而无如淳于髡之为尤。观其称权礼，责名实，以诮孟子而激之去，盖已不遗余力矣。

而寒暑之势，必不两立。彼之必欲排孟子也固然，而孟子以“逾尊”“逾亲”责王之不慎，则使得大用于齐，若此流者，其尚能饱食群居于齐之中国乎？

唯如髡者，固孟子之所深恶而贱之者也；亦使人君自此而轻士，与贱丈夫之开征商之祸者均也。乃王昏不知，且欲以髡辈之礼待孟子。时、陈二子，目移于陋习，而不知其不可。将使齐之君臣视孟子之与髡曾无差别，听其一彼一此，或进或退，互相辨难，以资谈笑。则固齐之君臣狂迷不察，而实若髡者流辱人贱行，有以启之。

乃孟子既已摘发其可贱可恶之实，而终不显言之，则以其人猥不足道，而无徒增其侮嫚。其折髡者曰“君子之所为，众人固不识”，所不屑置之口舌者久矣。

## 七

鲁缪公之有人于子思之侧，缪公使之也。齐之待孟子不及子思，自王之过，与留行者何与？孟子以责客之“绝长者”，此微辞也。

其时齐王既不遣人留行，则固已不及子思矣。客当亟见于王，道孟子所以去之故，与其可以留之几，然后奉王命而来，则初不妨以泄柳、申详之事行之；待王之悔悟而使之追留，然后可以缪公待子思之礼为之文焉。

乃自孟子自言之，则亦惟曰“不及子思”足矣。若意中所有泄柳、申详安身于鲁之一法，则固嫌于自辱，而不可见之言也。故当客初入见之时，隐几不应，以使彼自得其意，则必思所以进谏于王而调护之。乃此客者，虽有敬爱攀留之忱，而朴钝已甚。孟子悯其斋宿之虔，故不得已为言留贤之道，当争之于君，而不宜先劝其委曲，此鲁人所以能使缪公安泄柳、申详，而不俾泄柳、申详之自求安以召辱。

盖自此言一出，则其人虽退而告王，因衔命来留，而孟子愈不可留矣。至是，已无所复望于客矣。乃其复尔云云者，特教客以留贤事长之礼而已。而要必不可曰“不及泄柳、申详”，则以事关进退之大节，故教人虽务详明，而终不可以失己，如其不悟，亦无如之何也。

知此，则不宜于子思、申、泄横分高下，而但于缪公待贤之礼分次第。王业不能如缪公之于子思，不得已而抑思其次耳。倪氏“次焉而齐之群臣”一段，甚为得之。又云“泄柳、申详之事，姑引以言齐之无贤臣”，则犹未达孟子告客之意。

# 滕文公上篇

## 一

程子云“故凡言善恶，皆先善而后恶”云云，须看一“故”字。乃谓天理之见于人心而发于言词，其已然之迹不昧于固然者如此；非由先言善、吉、是，后言恶、凶、非，而知性之善也。言之先后，只是人所撰之序，非天也，如何可以言而见性？特云善恶、吉凶、是非，须如此说方顺口，则亦莫非天理之不可掩耳。

程子且从此近而易见处说似不知性者，使知人心安处便是天理。其实性之善也，则非可从言语上比拟度量底。孟子之言性善，除孟子胸中自然了得如此，更不可寻影响推测。故曰“尽其心者知其性也”。知其性方解性善，此岂从言语证佐得者哉？言语只是习边事，足以明道，不足以显性；足以尽人道，不足以著天道。知此，则苟非知性者而轻言性，纵然撞合，毕竟不亲。

## 二

《易》曰“继之者善也，成之者性也”，善在性先。孟子言性善，则善通性后。若论其理，则固然如此，故朱子曰：“虽曰已生，然其本体，初不相离也。”

乃《易》之为言，惟其继之者善，于是人成之而为性。成，犹凝也。孟子却于性言善，而即以善为性，则未免以继之者为性矣。继之者，恐且唤作性不得。

乃于此则又有说：孟子直将人之生理、人之生气、人之生形、人之生色，一切都归之于天。只是天生人，便唤作人，便唤作人之性，其实则莫非天也，故曰：“形色，天性也。”说得直恁斩截。

程子将性分作两截说，只为人之有恶，岂无所自来，故举而归之于气禀。孟子说性，是天性。程子说性，是己性，故气禀亦得谓之性。乃抑云“性出于天，才出于气”，则又谓气禀为才，而不谓之性矣。

天唯其大，是以一阴一阳皆道，而无不善。气禀唯小，是以有偏。天之命人，与形俱始。人之有气禀，则是将此气禀凝著者性在内。孟子所言，与形始者也。程子所言，气禀之所凝也。

《易》云“成之者性”，语极通贯包括，而其几则甚微。孟子重看“成之者”一“之”字，将以属天，然却没煞“继之者善”一层，则未免偏言其所括，而几有未析也。孟子英气包举，不肯如此细碎分剖。程子重看一“成”字，谓到成处方是性，则于《易》言“成之者”即道成之，即善成之，其始终一贯处，未得融浃。

气禀之所凝者，在有其区量、有所忻合上生出不善来。有区量，有忻合，则小。小即或偏，偏即或恶。与形始之性，以未有区量而无所忻合，天只公共还他个生人之理，无心而成化，唯此则固莫有大焉者矣。

气禀之所凝者，形而有者也。形而有之性，既有区量，有忻合，唯此则固小也。程子之言气禀，虽有偏，而要非不善，则谓形而有者上通于无极，小者非不可使大也。此终费一转折。

程子以气禀属之人，若谓此气禀者，一受之成侀而莫能或易。孟子以气禀归之天，故曰“莫非命也”。终身而莫非命，终身而莫非性也。时时在在，其成皆性；时时在在，其继皆善；盖时时在在，一阴一阳之莫非道也。

故孟子将此形形色色，都恁看得玲珑在。凡不善者，皆非固不善也。其为不善者，则只是物交相引，不相值而不审于出耳。惟然，故好勇、好货、好色，即是天德、王道之见端；而恻隐、羞恶、辞让、是非，苟其但缘物动而不缘性动，则亦成其不善也。孟子此处，极看得彻。盖从性动，则为仁、义、礼、智之见端；但缘物动，则恻隐、羞恶、辞让、是非，且但成乎喜、怒、哀、乐，于是而不中节也亦不保矣。

然天所成之人而为性者，则固但有元、亨、利、贞，以为仁、义、礼、智；而见端于人者，则唯有恻隐、羞恶、辞让、是非之心而已矣。自形而上以彻乎形而下，莫非性也，莫非命也，则亦莫非天也。但以其天者著之，则无不善；以物之交者兴发其动，则不善也。故物之不能蔽，不能引，则气禀虽偏，偏亦何莫非正哉？

或全而该，或偏而至。该者善之广大，至者善之精微。广大之可以尽于精微，与精微之可以致夫广大，则何殊耶？虽极世之所指以为恶者，如好货、好色。发之正，则无不善；发之不正，则无有善。发之正者，果发其所存也，性之情也。发之不正，则非有存而发也，物之触也。

自内生者善；内生者，天也，天在己者也，君子所性也。唯君子自知其所有之性而以之为性。自外生者不善；外生者，物来取而我不知也，天所无也，非己之所欲所为也。故好货、好色，不足以为不善；货、色进前，目淫不审而欲猎之，斯不善也。物摇气而气乃摇志，则气不守中而志不持气。此非气之过也，气亦善也。其所以善者，气亦天也。孟子性善之旨，尽于此矣。

盖孟子即于形而下处见形而上之理，则形色皆灵，全乎天道之诚，而不善者在形色之外。程子以形而下之器为载道之具，若杯之盛水，杯有方圆而水有异象。乃以实求之，则孟子之言，较合于前圣之旨。盖使气禀若杯，性若水，则判然两物而不相知。唯器则一成不改，而性终托于虚而未有质也，《易》又何以云“成之者性”哉？

唯物欲之交，或浅或深，不但圣、狂之迥异，即在众人等夷之中，亦有不同者，则不得谓由中发者之皆一致。然孔子固曰“习相远也”。人之无感而思不善者，亦必非其所未习者也。如从未食河豚人，终不思食河豚。而习者，亦以外物为习也，习于外而生于中，故曰“习与性成”。此后天之性所以有不善，故言气禀不如言后天之得也。后天谓形生、神发之后，感于天化而得者。

## 三

后天之性，亦何得有不善？“习与性成”之谓也。先天之性天成之，后天之性习成之也。乃习之所以能成乎不善者，物也。夫物亦何不善之有哉？如人不淫，美色不能令之淫。取物而后受其蔽，此程子之所以归咎于气禀也。虽然，气禀亦何不善之有哉？如公刘好货，太王好色，亦是气禀之偏。然而不善之所从来，必有所自起，则在气禀与物相授受之交也。气禀能往，往非不善也；物能来，来非不善也。而一往一来之间，有其地焉，有其时焉。化之相与往来者，不能恒当其时与地，于是而有不当之物。物不当，而往来者发不及收，则不善生矣。

故六画皆阳，不害为乾；六画皆阴，不害为坤。乃至孤阳、畸阴，陵蹂杂乱而皆不害也。其凶咎悔吝者，位也。乘乎不得已之动，而所值之位不能合符而相与于正，于是来者成蔽，往者成逆，而不善之习成矣。业已成乎习，则熏染以成固有，虽莫之感而私意私欲且发矣。

夫阴阳之位有定，变合之几无定，岂非天哉？惟其天而猝不与人之当位者相值，是以得位而中乎道者鲜。故圣人之乘天行地者，知所取舍以应乎位，其功大焉。

先天之动，亦有得位，有不得位者，化之无心而莫齐也。然得位，则秀以灵而为人矣；不得位，则禽兽草木、有性无性之类蕃矣。既为人焉，固无不得位而善者也。

后天之动，有得位，有不得位，亦化之无心而莫齐也。得位，则物不害习而习不害性。不得位，则物以移习于恶而习以成性于不善矣。此非吾形、吾色之咎也，亦非物形、物色之咎也，咎在吾之形色与物之形色往来相遇之几也。

天地无不善之物，而物有不善之几。非相值之位则不善。物亦非必有不善之几，吾之动几有不善于物之几。吾之动几亦非有不善之几，物之来几与吾之往几不相应以其正，而不善之几以成。

故唯圣人为能知几。知几则审位，审位则内有以尽吾形、吾色之才，而外有以正物形、物色之命，因天地自然之化，无不可以得吾心顺受之正。如是而后知天命之性无不善，吾形色之性无不善，即吾取夫物而相习以成后天之性者亦无不善矣，故曰“性善”也。呜呼，微矣！

## 四

未发时之怵惕恻隐与爱亲敬长之心，固性也；乍见孺子时怵惕恻隐之动于心也，亦莫非性也。朱子曰“少间发出来，即是未发底物事；静也只是这物事，动也只是这物事”，此语极直截。

若情固由性生，乃已生则一合而一离。如竹根生笋，笋之与竹终各为一物事，特其相通相成而已。又如父子，父实生子，而子之已长，则禁抑他举动教一一肖吾不得。情之于性，亦若是也。则喜、怒、哀、乐之与性，一合一离者是也。故恻隐、羞恶、辞让、是非，但可以心言而不可谓之情，以其与未发时之所存者，只是一个物事也。性，道心也；情，人心也。恻隐、羞恶、辞让、是非，道心也；喜、怒、哀、乐，人心也。其义详《尚书引义》。

孟子曰“乃若其情，则可以为善矣”，可以为善，则亦可以为不善也。说见后篇。唯其不能即善，故曰：“可以为善。”如固然其善，则不待“为”而抑不仅“可”矣。若恻隐等心，则即此一念便是善，不但“可以为善”也。

性，无为也；心，有为也。无为固善之性，于有为之心上发出，此是满腔仁义礼智之性，在者里见其锥末。亦为受囊故。故西山以尾言端，则已非萌芽之谓矣。萌芽即笋义。

若孟子言“今人乍见”而生其心者，则为不能存养者言尔。若存心养性者，一向此性不失，则万物皆备于我，即其未见孺子入井时，爱虽无寄，而爱之理充满不忘，那才是性用事的体撰。他寂然不动处，者怵惕恻隐、爱亲敬长之心，油然炯然，与见孺子入井时不异。非犹夫喜、怒、哀、乐之情，当未发时，虽可以喜、可以怒、可以哀乐，而实无喜怒哀乐也。

发而始有、未发则无者谓之情，乃心之动几与物相往来者，虽统于心而与性无与。即其统于心者，亦承性之流而相通相成，然终如笋之于竹，父之于子，判然为两个物事矣。

大抵不善之所自来，于情始有而性则无。孟子言“情可以为善”者，言情之中者可善，其过、不及者亦未尝不可善，以性固行于情之中也。情以性为干，则亦无不善；离性而自为情，则可以为不善矣。恻隐、羞恶、辞让、是非之心，固未尝不入于喜、怒、哀、乐之中而相为用，而要非一也。

或人误以情为性，故曰“性可以为善，可以为不善”。今以怵惕恻隐为情，则又误以性为情，知发皆中节之“和”而不知未发之“中”也。言“中节”则有节而中之，非一物事矣。性者节也，中之者情也，情中性也。曰由性善故情善，此一本万殊之理也，顺也。若曰以情之善知性之善，则情固有或不善者，亦将以知性之不善与？此孟子所以于恻隐、羞恶、辞让、是非之见端于心者言性，而不于喜、怒、哀、乐之中节者征性也。有中节者，则有不中节者。若恻隐之心，人皆有之，固全乎善而无有不善矣。

总以人之有性，均也；而或能知性，或不能知性，则异。孟子自知其性，故一言以蔽之曰“善”，而以其知性者知天，则性或疑异而天必同，因以知天下之人性无不善，而曰“道一而已矣”。

盖以性知天者，性即理也，天一理也，本无不可合而知也。若以情知性，则性纯乎天也，情纯乎人也，时位异而撰不合矣，又恶可合而知之哉？故以怵惕恻隐之心为情者，自《集注》未审之说。观《朱子语录》所以答或问者，则固知其不然矣。

## 五

须从丧礼、经界上看得与性善义合，方见当时之求小功小利者，皆唯不尽其才，而非能于道一之外别有道也。极乎下愚不肖，做出欺天灭理事，也只是可为而不为。可为而不为，于是乎为所不当为。不当为者，乃情上生的枝叶，不择其所当位者，而妄与物相取也。正经心上做的事，不一直去，直到物来待应时，又不能不有所为，遂任情中之枝叶，不择而妄取；及一妄取而无所不为者，终不能大有为矣。

且如三年之丧，人心固有之爱里面元有此节文，但尽著吾性之爱，不教怠惰，便无不可行。才一有规避之心，则恰好凑著者父兄百官为他引向不善之习去。故虽大逆元恶，如楚商臣者，也只是不能勉尽其天性之爱，以致开罪于君亲，遂相激而流于极下，若果有穷凶奇恶在其性中也。

又以经界言之，暴君污吏，也只是一“慢”字害事。慢便是不能尽其性之所可尽者。及至所当为者不尽，则一切破阡陌、厚税敛底事，顺手顺眼，便只管与物相取，则亦情不动于正，而又不容不动，遂以动于非其位者，而日趋于污暴也。一不慢而君子野人各得其养，则耳目口腹之必资于民者，一万民惟正之供，而何有不善乎？

故天下别无有恶，只不善便是恶。犹然此君子，犹然此野人，犹然此野人之养君子，配合得不当，不自吾心之经纬尽力度量出的，只物之易取者取之不厌，把吾性之才理撇著全不用事，而一任乎喜怒，遂以为暴君污吏而有余。岂但其气禀之偏于好货者为之哉？不善已著而人见其可恶，去声。便谓之恶。

暴君污吏，初无本领与天德王道分路并驰，故曰“夫道一而已矣”。言外之物、内之性，无一不善，但交互处错乱杂揉，将善底物事做得不好尔。须与猛力，有才皆尽，则药虽瞑眩，疾无不瘳矣。

## 六

阳虎偶然见得仁、富之相反，遂作此语。其云“不仁”者，言为富者之必不求仁也；其言“不富”者，言为仁之必不求富也。自说得君子小人心术分明，故孟子不以人废言而举之。若云“害仁”“害富”，则是仁者必贫而富者必暴。虽云“天理人欲，不容并立”，乃可言人欲之害天理，而终不可言天理之害人欲。害人欲者，则终非天理之极至也。

必云阳虎终身无一近理之语，而言此者以戒为富者之不当以仁害之；虎虽匪人，然其面诋齐侯而辞其禄，则亦非区区为守财虏者。令有言皆悖，则亦不成为奸矣。且此两言之得，元救阳虎生平不得，何必又从而文致之！

## 七

朱子于《论语》注，以“通力合作，计亩均收”言彻，于《孟子》注，则以“都鄙用助，乡遂用贡”为彻，前后固无定论。缘彻之为法，自《孟子》外，别无可考，两者俱以意揣其然耳。故朱子又云：“此亦不可详知，或但耕则通力而耕，收则各得其亩，亦未可知也。”

乃使为通力合作，则公田、私田之分，有名无实，而八家亦无固有之业，说得来似好，却行不得。谚所谓“共船漏、共马瘦”者，虽三代之民，恐亦不能免也。若于其勤惰之不一者，使田官以刑随其后，则争讼日繁而俗益偷矣。先王通人情、酌中道以致久行远，应不宜尔。

“彻田为粮”，《公刘》之诗也，“彻”之名始于此。公刘当夏之季叶而迁徙仅存，势不能违时王而创制。乃夏用贡法，而井田则始自黄帝。公刘初得民以居，而上下之等级未立，辟草披荆，不能尽同中国之法，故野外、国中，或遵时王之贡法，或用轩后之井田，以顺民而利导之。传至于周兴，因仍其遗制，以通贡、助之穷而合用之。则此《集注》所云"通也，均也"，谓通贡、助而使其法均也，较《论语》注为尤通。

## 八

大抵井田之制，不可考者甚多，孟子亦说个梗概耳。如《周礼》言不易之田百亩，一易之田二百亩，再易之田三百亩，则其广狭不等，沟浍、涂径，如何能合井字之形！故朱子云"恐终不能有定论"。

至如袁氏以殷家一夫七十亩，八家于八百亩之中以二百四十亩为莱田，则以迁就井形而不成理。田之或易或不易，因乎地力，若一概以"七熟、三莱"之法准之，则下地之宜一易、再易者，名虽七十亩，而实或五十亩，或三十三亩；上地之不易者，又无故而弃三十亩之腴土于不耕也。

想来黄帝作井田时，偶于其畿内无一易、再易之田，区画使成井形。殷、周以后，虽其沟洫、涂径用此为式，若其授田之数，则八家或授二井，或授三井，不必一井之必八夫矣。至于七十、百亩，殷所以少而周所以多者，真不可晓。则或七十、百亩者，亦夫田赋税之法，而非果限诸民也。周既增殷三十亩，则经界必须尽改，其烦劳亦已太甚；而渐次推移，则有弃其故壤而授田于百里之外者，得无有捐坟墓、异风土之悲乎？

考诸《考工记》，匠人治野之事，既常立一官以司之，而执其功者，取诸公旬三日之役。意者近或十年，久或数十年，有须改正者，则为之改作。故孟子言"暴君污吏，必慢其经界"。慢者，不修理改正之谓也。其法，想亦与今法十年大造黄册，推收过户之制略同。但在井田，则须加一番土功尔。

大要作一死"井"字看不得。所谓一夫百亩者，盖亦百亩一夫之谓。从田立户，而非必因户制田也。《周礼·考工》及何休、郑玄诸说，亦只记其大略，到细微处，又多龃龉。更不可于其间曲加算法，迁就使合。有所通，则必有所泥。古制已湮，阙疑焉可矣。

## 九

龙子想亦是孔子以后人，观其文辞，自非西周以上人语。林氏谓以言当时诸侯用贡法之弊，甚为得之。若谓夏后氏之贡即有粪田不足、称贷而益之害，则悬揣千年之上，亦安知其有老稚转死之惨，而代之流涕以谈耶？

以实求之，助之异于贡者名也，而实无异也。孟子曰“其实皆什一也”，以言其无异也。寻常说助法用民之力，而不取其财。乃民之财何从而得之？亦不过取诸其力而已矣。可耕之时，能耕之人，通计只有此数。以其九之一而治公田，则于以治私者必有所不及矣。向令不用其力，彼又岂不可以多得哉？未见农民之有余力暇晷而以唯上之用也。

变贡为助，只是做教好看。故曰：“夏尚忠，殷尚质，周尚文。”质虽简于文，而较忠则已多曲折矣。上之宜取于民，义也。其所取于民者，为其力之所获，又均也。实同，而为著其名曰，非有所取于尔也，特借尔之力而已矣，此殷道所以降于夏道之忠也。君子、野人之分，自天显民祇之大常，更何用如此之回护耶？

唯于助法既坏之余，反而用贡，以恝处人上、不课勤惰、不恤劳苦、不辨凶丰之官吏而刻责于民，则其为害如此。若贡法既坏之余，又从而改助，其诬罔农民而以恣农官之渔猎，更有不可言者矣。

总之，法之既坏，且务与收拾整顿，以求其安。若人心已敝，势重难返，而不揣其本，区区辨法制之得失，以驱疲民而数改之，则其为祸尤烈。井田者，轩辕氏之良法也，历久已弊，而禹改为贡，家天下之大用，莫有甚焉者矣。殷、周偶改之，而诸侯不能率从，故变助而贡，有如龙子之所讥。阡陌既破，古制已湮，人心已革，使复变而助，其不为王莽者几何矣。此论古者之不可不知也。

## 十

“不暇耕”，以势言；“不必耕”，以理言。云“独可耕且为与”，云“是率天下而路也”，皆言势之不暇耕也。不暇为而为之，为陶冶则害于耕，犹耕害于治天下也。是势之不暇者，亦理之不可也。云“有大人之事，有小人之事”，云“或劳心，或劳力”云云，是“天下之通义也”，皆言理之不必耕也。不必自为而后用之，而非以厉农夫，犹不妨以仓廪府库自养而得人以仁天下，为则天以君天下之大德，不得以百亩而分其忧也。是理之不必耕者，实义之不可耕也。此孟子两头分破许行处，读者须与分晓。

《集注》云“不惟不暇耕，而亦不必耕矣”，乃承上转入“尧以不得舜”一段线索。庆源于后段亦云“不暇耕”，则埋没杀“天下之通义也”一段正理。然则使其暇耕也，遂将废君道而灭尊卑之义哉？后段言“亦不用于耕”，谓虽暇用而亦不用也，与上言“而暇耕乎”“虽欲耕得乎”自别。

## 十一

《集注》云“放逸怠惰而或失之”，似于“饱食暖衣”四字断句，“逸居”连下“而无教”五字作句。以文义求之，非是。逸居者，即所谓人得平土而居之也。

逸之为言，安也，非放也。“放佚”之佚，从人从失。此“逸”字，自对劳而言。上巢下窟，禽兽逼人，迁徙构架，驱避禽兽，则居之不安。人之得“饱食暖衣”者，后稷树艺之功；得“逸居”者，禹平水土、益驱禽兽之功也。此六字统结上文，转入“无教”去，见衣之、食之、居之，道各得矣，而圣人之忧犹未已也。不然，则安逸以居，岂便近于禽兽？五品之教，亦非必有大劳焉；而禽兽之踯躅内步于榛樾之中者，亦非以其安逸故而不得同于人也。

## 十二

欲辨异端，亦必知其立说之始末，而后可以攻之。许行之齐物，齐市物之贾也。庄子以“齐物论”名篇，则谓物论之是非，当任其自鸣于天地之间，而不足与较同异也。“物论”二字一连读，“齐”字微断。庆源以庄、许齐物为同旨，则似生来不曾见《庄子》，听得说庄有此篇题，谬猜作“齐物之论”，岂不令庄子笑人地下！双峰说许行似老子，亦错。许行微似墨者，皆无君故然。史迁所纪九家，道家，老、庄也，墨家，墨翟、禽滑厘也，许行则所谓农家者流尔。

## 十三

夷子二本之旨，《注》《录》俱未看出。朱子云“何止二本，盖千万本也”，则既不知墨，而于孟子之言亦碍。夫苟千万其本，则是散漫无本矣，孟子胡不直斥之曰生物皆有本而夷子无本耶？

邪说之立，亦必有所以立者。若无会归之地，则亦不成其说。墨之与儒，公然对垒者数百年，岂漫然哉？天地之间，有正道则必有邪径。以寻常流俗，只是全不理会道理，及至理会道理，劈头一层便得个稍宽一步、稍深一步见解，苟异其昔日之醉梦无觉者，遂不审而以为至极，而喜其乍新，利其易致，遂相驱以从之。此邪之与正，自有教以来，只是者个窠臼。与圣道亢衡而争，在汉以后为佛，在汉以前为墨，其实一也。

佛虽出于西夷，而引伸文致之者，则中国之人士也。墨衰而佛盛，盖移彼成此，枝叶异而根柢同尔。墨氏尚鬼而薄葬，唯佛亦然，此皆其见诸用者也。若其持之以为体者，则二本是已。

圣人之道，从太极顺下，至于“乾道成男，坤道成女”，亦说“人受天地之中以生”。然曰“乾道成男，坤道成女”，则形而上之道与形而下之器，莫非乾坤之道所成也。天之乾与父之乾，地之坤与母之坤，其理一也。唯其为天之乾、地之坤所成，则固不得以吾形之所自生者非天。然天之乾一父之乾，地之坤一母之坤，则固不得以吾性之所自成者非父母。故《西铭》之言，先儒于其顺序而不逆、相合而一贯者，有以知夫横渠之深有得于一本之旨。

若墨之与佛，则以性与形为二矣。性与形二者，末之二也。性受于无始，形受于父母者，本之二也。以性为贵，以形为贱，则一末真而一末妄。末之真者，其本大而亦真。末之妄者，其本寄托和合以生，不足以大而亦妄。性本于天，人所同也，亦物所同也。人所同者，兄之子犹邻之子也。物所同者，则释氏所谓万物与我共命也。故从其大本而真者视之，无所别也，安得异爱亲于爱人物也？至于父母之使我有是形，虽未尝不为之本；乃一妄之兴，如沤之发，而赤白和合，与妄相吸，因有此粉骷髅、臭皮囊之身，束我于分段生死之中；则其本原以妄立，而其末亦无非妄矣。若执妄末以区宇于妄本之所生，“区宇”说出《楞严》。横据异同，视邻子不若兄子，则是逐妄末以坚其妄本，而丧其真本也。故生则爱之，惟其性之存也；死则弃之，墨薄葬，佛荼毗。惟其形之贱也。形本妄而销陨无余，故生不以形。性恒存而生灭无异，故死亦有觉。故薄葬、尚鬼之说立焉。

要其所谓二本者：一、性本天地也，真而大者也；一、形本父母也，妄而小者也。打破黑漆桶，别有安身立命之地。父母未生前，原有本来面目，则父母何亲，何况兄子，而此朽骨腐肉，直当与粪壤俱捐。其说大都如此。盖惟不知形色之即天性，而父母之即乾坤也。

形色即天性，天性真而形色亦不妄。父母即乾坤，乾坤大而父母亦不小。顺而下之，太极而两仪，两仪而有乾道、坤道，乾坤道立而父母以生我。则太极固为大本，而以远则疏；父母固亦乾道、坤道之所成者，而以近则亲。由近以达远，先亲而后疏，即形而见性，因心而得理。此吾儒之所为一本而万殊也。

然唯尽性至命、依中庸而行素位之君子，然后能择而守之；而非彼乍出于利欲昏呶之中，才得脱洒便住下不进，妄谓已得者之所能知也。发其藏，知其所据者如此，墨、佛之妄，不讯而伏其辜矣。惜乎先儒之欲诘盗而不获其赃也，徒悬坐之曰“千万其本”，彼岂服哉！

## 滕文公下篇

### 一

“不智之罪小，不勇之罪大”，此等语句，才有偏激处，便早紊乱。夫所谓不勇者，自智者言之也。若既已不智矣，更何处得勇来？倘使其无知妄作，晨更夕改，胡乱撞去，其流害于天下，更不可言。故罪莫大于不智，而不勇者犹可矜。虽日攘一鸡而不知其为窃，厚敛困农、横征困商而恬然不知其非义，以此为罪小，而以“损之，以待来年”者为罪大，则王维之罪重于安、史，匡章之恶浮于商臣矣！

看圣贤文字而为之下语，须如天平兑过，一铢黍也差不得。故三达德之序，曰知，曰仁，曰勇。不知则更无仁，不仁则勇非其勇。故必知及而后仁守，若徒勇者则不必有仁。圣贤已自示万世以权衡，奈何新安之不审而妄言也！如云如不知其非义，则已无足责矣，既知而不速已，则律以责备贤者之条，其罪尤不容逭也，斯乃折中之论。

## 二

圣贤只做得人分上事，人分上事便是己分上事也。《中庸》言“尽物之性”，也只是物之与人相干涉者，索与他知明处当，使其有可效于人者无不效，而其不可乱夫人者无或乱也。若天际孤鸿，江干小草，既不效于人，而亦无能相乱，须一刀割断，立个大界限，毋使彼侵此陵，失其人纪。

故孟子说“天下之生”，《集注》为显之曰“生谓生民也”，正与剔出界限处。其“一治”者，人道治也。其“一乱”者，禽兽之道乱乎人道也。后面说“蛇龙”“鸟兽”，说“沛泽多而禽兽至”，说“虎豹犀象”，说“乱臣贼子”“无父无君，是禽兽也”，那一端不在者人、禽上分辨！殷、周以上，禽兽之乱人也，伤人之生；衰周之降，禽兽之乱人也，戕人之性。伤人之生，人犹得与禽兽均敌于死生之际；戕人之性，人且为禽兽驱遣，自相残食而不悟也。一章之大旨，七篇之精义，尽于此尔。

## 三

“兼夷狄，驱猛兽”，是一时救乱之功；“咸以正无缺”，方是大治。庆源此说，极为精密。正德、利用、厚生无一之不备，高明、沉潜、平康无一之或陂，必若此而后可使夷狄、禽兽之患不中于中国。盖驱飞廉、灭五十国、远虎豹犀象者，兼夷狄之已滑夏，驱猛兽之已逼人者也；而明刑敕政、制礼作乐者，以防微杜渐，而远狄行，捐兽心，以定生民之纪者也。

夏、商二代，承治千年，贤圣之君作者固非一也，而其守尧、舜之道者，以渐远而精意渐失，于是非圣之人，乘道之替而导其君以禽狄之乐为乐。如色荒、禽荒、牛饮、裸逐之类，皆夷狄、禽兽之乐。心既与禽狄相乱，则身自乐与禽狄相亲，以类相求，以气相召，而夷乱华兽逼人矣。自非力为涤除更改，焕然一新其礼乐刑政以立人道之极，而远为之防，则五十国灭而又有五十国者兴，前之虎豹犀象远而后之虎豹犀象又进矣。此一片中原干净土，天生此一类衣冠剑佩之人，如何容得者般气味来熏染！故兼之驱之，既已廓清，而尤不可使有缺之可乘，使得逾短垣而相干；咸正无缺，以启后人为之君师。故成周之治，数百年夷不乱夏，兽不干人，皆周公制作之功也。

## 四

"孔子作《春秋》而乱臣贼子惧"，非虚说也。春秋二百四十二年之间，弑君三十六，而远国之不相通问者不与焉。《春秋》既成之后，以迄乎秦，弑父与君之事息矣。秦人焚书，而后胡亥死于赵高之手。自汉以来，《春秋》复传，至今千五百余年，弑君者唯王莽、萧道成、萧鸾、朱温数贼而已，刘裕、萧衍、郭威皆已篡而后弑。宦官宫妾，则本无知而陷于恶。其余则夷狄也。然犹不敢称兵而手刃；自非石宣、安庆绪、史怀义以夷种而为盗贼，未有弑父者也。以战国之糜烂瓦解；而田和、三晋之流，敢于篡而终不敢弑。以商鞅、魏冉、韩朋、田婴、黄歇、吕不韦之狙诈无君，而"今将"之志，伏不敢动，故有妾妇之小人，而无枭獍之大逆。其视哀、定以前，挟目送之情，怀杯羹之恨，曾老畜之不若者，已天渊矣。

朱子曰"非说当时便一治，只是存得个治法"，则犹未知《春秋》之功如此其实也。

盖当周之衰，大夫世官，而各拥都邑，臣主分治，莫有知其别者。不知其别，则直视弑君之与杀路人无以异。虽以冉有、季路之贤，亦且视私室如公家，唯知弗扰、佛肸之为叛，而不知六卿、三桓之义在当讨。则一切背公死党之士，乐为栾盈、崔杼、商臣、卫辄用者，方以义烈自许，而遑恤其他！

乃先王封建亲贤以君一国，上奉天道，下顺民心，故托之崇高而授之富贵。岂与夫六卿、三桓之流，苟藉一时之权宠，君予之禄而即以亢君者比乎？故《春秋》一书，正陪臣之不纯乎为臣，而略其叛大夫之责；正诸侯、大夫君臣之分，而篡弑者必目言其恶；乃使天下知君父之尊，自天授之，自王建之，非但富役贫，贵役贱，如大夫、陪臣之以势合而相事使也。

自微《春秋》，则富贵者役人，贫贱者役于人，喜则相事相役，怒则相戕相杀，人之所以异于禽兽者，复何有哉！《春秋》之德业与天地相终始者如此，岂有其名而无其实，但存治法于天下后世也耶？

## 五

"率兽食人，人将相食"，《集注》作譬喻说。看来，孟子从大本大原上推出，迎头差一线，则其后之差遂相千万里，如罗盘走了字向一般。立教之始，才带些禽兽气，则习之所成，其流无极：天下之率兽食人者，亦从此生来；天下之人相食也，亦从此生。祸必见于行事，非但喻也。

如但为我，则凡可以利己者，更不论人。但兼爱，则禽兽与人，亦又何别！释氏投崖饲虎，也只是兼爱所误。而取人之食以食禽兽，使民饿死，复何择焉！又其甚者，则苟可为我，虽人亦可食；苟视亲疏、人物了无分别，则草木可食，禽兽可食，人亦可食矣。

杨朱、墨翟，他自是利欲淡泊枯槁底人，故虽错乱而不至于此。乃教者，智教愚，贤教不肖者也。开一个门路，说"为我、兼爱是道"，"拔一毛而不为""邻之赤子犹兄之子"，从此流传将去，拔己一毛而利人不为，则亦将害人躯命利己而为之；亲其邻之子如兄之子，则亦将漠视其兄子如邻之子，而兄子可同于邻人，人肉亦可同于兽肉矣。圣贤之教，虽使愚不肖者择不精，语不详，而下游之弊必不至如此。唯其于人、禽之界，分得清楚也。

率兽食人，孟子时已自有此暴行。然杨、墨之教，近理者粗，惑人者浅，则其害止于率兽食人，而未有人相食之事，故曰“将”。《春秋传》“易子而食”，甚言之也，犹云“室如悬罄”。庄子称盗跖脯人肝肉，亦寓言而非实事。自后佛入中国，其说弥近理而弥失真，直将人之与禽，同作大海之沤，更不许立计较分别。故其言戒杀、戒食肉者愈严，而天下人之果于相食也亦因之而起。自汉明以后，如黑山贼、朱粲、刘洪起之类，啖人无异于菽麦，以张睢阳之贤而亦不免矣。悲夫！孟子之言“将相食”者，而果相食也，则佛之为害其惨矣哉！

盖苟视此臭皮囊为赤白和合不净之所成，亦如粪壤之生蔬谷，而父母未生前别有本来面目，则此泡之聚、捏目之花、熏成妄立之肉骨筋骸，而脔之烹之，以聊填我之饥疮也，亦何不可哉！圣人不作，辟之者无力，人之日即于禽而相残也，吾不知其所终矣！

## 六

墨氏二本，他到头处，也只说一本。盖以一本为真，一本为妄也。释氏当初立教，也是如此，故有“万法归一”之说。程子勘出《华严》三观处，《华严》当作《楞严》。拿得真赃矣。但释氏又尽会脱卸尖巧，与朱子所云“杨、墨只硬恁地做”者抑别，故又有“束芦相交，如藤倚树”之说，妄既不立，真亦不建，所以有蕉心之喻，直是无本。乃抑于妄真两舍之外，别寻个尖颖处掐，故于“万法归一”之上，又说个“一归何处”。盖二本之变为归一，归一之变为无本，无本之变，又为枯木头上开花，而释氏之巧极矣。

仔细思量，好似说梦来。他只管在针头线尾上觅天地，总为那大化无心，莫也有时如此在无用上见用。然要之只是人思量不到，见闻不及，则人之所见为无用者，在大化元自有至诚不息、洋洋发育之功。却向者闪烁影里翻来覆去，寻消问息。呜呼，则又何其愚也！

总为他在者些伶伶俐俐处，费尽气力，故把眼前忘了。只自家一腔子恻隐、羞恶，却教入狭邪处去。天之所显、民之所祗底君臣父子，却看作土芥相似。而穷极其情，则但欲将眼前万理，销陨无余，讨个直截快傥路走；许多做不彻处，只一味笼罩过，更不瞅睬。则兽食人、人相食之祸，俱从根苗上生出，祸芽逢罅便发也，哀哉！

## 七

廉者，廉隅之谓。到迤逦不同处，若囫囵去，则便不成等级。只此是一个大界限，须令分明。人之大界限处，则与禽兽异者是也。此处囫囵没分晓，便不成廉。

“仲子恶能廉”一句，是铁断案。不能廉，则已人而禽兽昆虫之类矣。“充仲子之操，蚓而后可”，正是说他不廉。赖他尚居于陵之室，食妻之粟，稍与蚓别。若并此删除，则愈与蚓无二。

乃仲子之尚能隐忍而就此二者，岂其志操之能然哉？犹夫人之情，犹夫人之理，不能逃耳。若充其操，则如释氏之日中一食、树下一宿，乃可信不失身于盗跖而真蚓矣。

孟子力辨仲子，只为人、禽大界限，正争一“廉”字。想来，仲子一类人，只是他气禀受得淡泊枯槁，便以此傲世而自贤。使其气禀稍浓，则贪猥更不成模样。观其卞躁褊陋，全没一些气象。“出而哇之”，即不施于母，已自惭惶杀人！者数脔之鹅，于名义有何重轻，直恁惊天动地，视昊天罔极之父母也比并不得！即此与口腹之人、珍重叮咛夫残羹冷炙者何以异！即此是禽虫见解，而人之大廉已丧尽矣！

孟子于杨、墨说禽兽，于仲子说蚓，无非为斯人立人极，以别于异类。似蚓即是不廉。蚓之食槁壤、饮黄泉时一段无心无肠、卞躁鄙吝，恰与仲子匍匐三咽时同一浑浊之情。看先王之礼，俪尊列俎，终日百拜，酒清不饮，肉干不食，是甚气象来，方是廉隅整饬，一丝不乱的节奏。《集注》“然后可以为廉”“未能如蚓之廉”，二“廉”字，非是。东阳为分别周旋，差为可通。若竟以蚓为廉，则正以害人心不小。且天下必无有能如蚓者，而尧、舜、周、孔，岂皆其不廉者乎？

《读四书大全说》卷八终

# 读四书大全说卷九·孟子

## 离娄上篇

### 一

以六律正五音，但为金、石、丝、竹、匏、土、革、木之五音言，而人声之五音不在其中。盖人声之五音一因其自然，直是无可用力正得处。律之所能正者，以立长短、大小、多少、轻重之法，而取清浊、缓急、修促、洪细之定则也。耳无定准，藉数以立质，随质以发声，而八音之宫、商、角、徵、羽乃以分焉。盖八音之有响，虽天地之产，使有可以得声之材，而其成音也必由人制。制之自人，则或增或损，无成则而必乱，故必以六律一成之数为之准，而合于数者合于音矣。若人声之清浊敛纵，一仍乎自然之喉、舌、唇、齿、腭，一成以还，莫之为而自动于窍，虽有六律，亦安所施哉？此亦不待审乐者而后知也。

若夫歌唱之节，亦有所待以取和，则又恃五音已正之八音定其疾徐之度耳。故六律者以正五音于八音，而八音者又以其五音之叶正人声之五音也。在古乐，则房中升歌以瑟，余乐以笙磬。于今世俗之乐，则南以拍板，北以弦索。古乐今乐，雅、郑不同，而人声之受正于五音，不受正于六律，一也。

程氏复心只此不知，乃谓“圣人制五音以括人声”，矮人观场，无劳饶舌可已。

## 二

“有仁心仁闻而民不被其泽”，唯宋仁宗可以当之。其“不可法于后世者”，则汉文、景是已。齐宣王不忍一牛，孟子许其足以王者，犹谓乍见孺子而怵惕恻隐之人可以保四海，无欲穿窬之人可使义不胜用耳。偶然半明半灭之天良，安得遽谓之有仁心耶？

至若梁武帝者，篡其君而推之刃，惧冤报之相寻，思以苟免其人诛鬼谪之大罚，而又择术不审，托于无父无君之教以自匿；抑且贪非所据，愤不自戢，杀人盈于城野，毒祸中于子孙。正孟子所谓“以其所不爱及其所爱”，不仁之尤者也。乃云“天下知其慈仁”，知之者谁耶？不过游食之髡，饱其利养，赞叹功德而已。若天怒人怨，众叛亲离，本纪可考，安所得“慈仁”之称哉？

以齐宣爱牛之心而行先王之道，若因半星之火，欲成燎原之势。自非孟子为之吹嘘播飏之，固必不能。盖其一暴十寒之心元自不给于用，而扩充之也自非旦夕之功。若彼始为乱贼、继为浮屠之萧衍，即使依样胡卢，行井田，立学校，亦与王莽之效《周官》以速亡者无以异。安所得泽被于民而法垂于后耶？范氏于是为失言矣。

庆源云“武帝有仁闻而非其真”，差为近实。然衍之恶积而不可掩，不仁之声，遗臭万年，岂但失真而已哉！

## 三

“不愆不忘”两“不”字，元是工夫字，与无愆无忘不同。不以有意而愆谬之，不以无意而遗忘之，乃能循用旧章以遵先王之道。在《诗》之以祝王之子孙者，固为愿望之词，非有率用旧章者，而以赞其无愆无忘之美。孟子断章引此，亦正于“不愆不忘”显遵法者学古之功。不得以“不愆不忘”为无过，“率由旧章”为遵法，逆文立意也。遵法而可无过，乃孟子引伸诗人言外之旨，故曰“遵先王之法而过者，未之有也”，以补《诗》所未言之效。若《诗》已有无过意，则当以“此之谓也”直结之矣。集注未安。

## 四

法律之不可胜用，仁之覆天下，虽圣人之以为法于后世者以此，乃圣人之自以制器审音，平治天下，先须用此。非在圣人独恃其耳目心思已足给用，但为天下后世不能如己之不待于法，故须与立个法度也。

《集注》似误看一“继”字，将耳目心思之既竭，作圣人自用之道，圣人已自了当后，又加上一种方便与后人。如此说来，未免害理。此虽为上古圣人而言，然其云竭目力之圣人者，岂其明之过于娄、班？竭耳力之圣人者，岂其聪之过于师旷？竭心思之圣人者，岂其睿智之过于尧、舜？则亦但竭其耳目心思，终不能制器审音而仁天下；于是继求之一定之法，使目有凭以用其明，耳有凭以用其聪，心有依据以行其仁，然后知向之徒勤于耳目之力、心之思者，必至此而后非妄也。规矩准绳元不是目力看出来底，六律元不是耳力听出来底，不忍人之政元不是师心亿度想出来底。

《集注》“犹以为未足”一语，殊不稳妥。岂但以为未足哉！直是耳目心思之力，与形之方圆、声之五音、天下治平之理，全然凑泊不著。规矩准绳因乎象，六律因乎数。圣人不于目求明，于耳求聪，而以吾心之能执象通数者为耳目之则。故规矩、六律之所自制，不得之耳目者而得之于心思，以通天下固有之象数，此以心而治耳目也。不忍人之政，上因天时，下因地利，中因人情。圣人不任心以求天下，而以天下固然之理顺之以为政，此以理而裁心思也。故仰观天文，俯察地理，察迩言以执两端而用其中。岂有闭门造车、出门合辙之自用者哉！圣人用之而自不可胜用，乃以垂之后世而亦不可胜用，其理一，其效均也。

如谓先王为天下后世故，制此法度，若圣人之自为用者，一目击而方圆即定，一流耳而五音即定，一致思而仁即被于天下，则此圣人者，将如佛氏之观十方世界如掌中果，一按指而海印发光，一皆成就耶？言之无实，亦不祥矣。

既者，已事之词也；继者，遂事之词也。“已竭耳目心思”云者，劳已尽而绩未成也。“继之以规矩、准绳、六律、仁政”云者，言彼无益，而得此术以继之，乃以遂其所事也。双峰乃云“唯天下不能常有圣人，所以要继之以不忍人之政”。然则使天下而恒有圣人，则更不须此不忍人之政乎？是孔子既作，而伏羲之《易》，唐、虞之《典》，殷、周之《礼》，皆可焚矣！此老子“剖斗折衡”之绪论，释氏“黄叶止啼”“火宅”“化城”之唾余。奈何游圣贤之门者，不揣而窃其旨也！

## 五

人君之所不得于天下者，亦唯不亲、不治、不答以敬而已。其以莅下土而定邦交者，亦唯爱之、治之、礼之而已。仁、智、敬之皆反求矣，则亦更有何道之可反求也？只此三者，包括以尽。“行有不得者，皆反求诸己”，是总括上文以起下义。双峰乃云“上面三句包括未尽，‘皆’字说得阔”，徒为挑拨，了无实义，当亦未之思尔。

## 六

林氏所云“诸侯失德，巨室擅权”，自春秋时事。逮乎战国，天下之持权者又不在世卿而在游士矣。“不修其本，而遽欲胜之”，唯晋厉、鲁昭、齐简为然。战国时，列国之卿与公室争强弱者，仅见于田婴、韩朋，然亦终不能如三家、六卿之强逆也。以蟠根深固之魏冉，而范雎一言则救死之不暇。七国之贵公子者，劣以自保其富贵。安得有君欲胜之不能而取祸者哉？

孟子说“不得罪于巨室”，与周公“不施其亲，不使大臣怨乎不以，故旧无大故则不弃也”意同，乃以收拾人心于忠厚仁慈之中，而非有称兵犯顺之王承宗、跋扈不恭之韩弘须为驾驭，不然则效安、史、滔、泚之为也。看孟子说“沛然德教溢乎四海”，则其云“为政不难”者，为施德教之令主言也。若唐宪宗一流恩、威两诎之君，本无德教，不足言矣。

《孟子》七篇，屡言兴王业之事，而未详所以定王业者。唯此一章是已得天下后经理措置之大业。所谓“为政”者，言得天下而为之也。得天下而为之，而先以尊尊、亲亲、重贤、敦故之道行之于庙堂之上，君臣一德，以旬宣而绥理之，勿使游谈之士持轻重以乱天下之耳目，则指臂相使，而令下如流水之原矣。当此之时，君臣一心德而天下待命焉，安所得擅权之巨室，杀之不能，纵之不可，须以处置遥持其生命乎？

裴晋公之进说也，挟韩弘、承宗之叛服以为辞，而云“非朝廷之力能制其死命”。此等章疏，便是三代以下人习气。上失格君之道，下乖纯臣之义，只靠著祸福声势胁持其君以伸己意，而其文字流传，适以长藩镇之恶而不恤。以皇甫镈之不可使居相位为老臣者，不能正君心于早以杜其萌，则唯称引古谊，以明贵义、贱利、尊君子、远小人之大道；若其不听，无亦致位以去而已。今乃引叛臣之向背以怵其君，使之惧而庸吾言，则己志伸而国是定；即其不听，而抑有所操挟以自免于诛逐。其于“以道事君，不可则止”之义，相去远矣。三代以下无大臣者，此也。奈何引孟子而同之！

## 七

粗疏就文字看，则有道之天似以理言，无道之天似以势言，实则不然。既皆曰“役”，则皆势矣。《集注》云“理势之当然”，势之当然者，又岂非理哉！所以庆源、双峰从理势上归到理去，已极分明。

“小德役大德，小贤役大贤”，理也。理当然而然，则成乎势矣。“小役大，弱役强”，势也。势既然而不得不然，则即此为理矣。

大德大贤宜为小德小贤之主，理所当尊，尊无歉也。小德小贤宜听大德大贤之所役，理所当卑，卑斯安也。而因以成乎天子治方伯、方伯治诸侯、诸侯治卿大夫之势。势无不顺也。

若夫大之役夫小，强之役夫弱，非其德其贤之宜强宜大，而乘势以处乎尊，固非理也。然而弱小之德与贤既无以异于强大，藉复以其蕞尔之土、一割之力，妄逞其志欲，将以陨其宗社而死亡俘虏其人民，又岂理哉！故以无道之弱小，而无强大者以为之统，则竞争无已，戕杀相寻，虽欲若无道之天下尚得以成其相役之势而不能。则弱小固受制于强大，以戢其糜烂鼎沸之毒。而势之顺者，即理之当然者已。

曹操曰："使天下无孤，则不知几人称帝，几人称王。"自操言之，固为欺凌蔑上之语，若从旁旷观，又岂不诚然耶？是虽不得谓强大之役人为理之当然，而实不得谓弱小之役于人非理之所不可过也。故本文云："小役大，弱役强，天也。"自小弱言之，当役而役，岂非理哉！是非有道之天唯理，而无道之天唯势，亦明矣。

双峰以势属之气，其说亦可通。然既云天，则更不可析气而别言之。天者，所以张主纲维是气者也。理以治气，气所受成，斯谓之天。理与气元不可分作两截。若以此之言气为就气运之一泰一否、一清一浊者而言，则气之清以泰者，其可孤谓之理而非气乎？

有道、无道，莫非气也，此气运、风气之气。则莫不成乎其势也。气之成乎治之理者为有道，成乎乱之理者为无道。均成其理，则均成乎势矣。故曰："斯二者，天也。"使谓泰有理而非气，否但气而无理，则否无卦德矣。是双峰之分有道为理，无道为气，其失明矣。

若使气之成乎乱者而遂无理，则应当无道之天下，直无一定之役，人自为政，一彼一此，不至相啖食垂尽而不止矣。其必如此以役也，即理也。如疟之有信，岂非有必然之理哉！无理之气，天地之间即或有之，要俄顷而起，俄顷而灭。此大乱之极，如刘渊、石勒、敬瑭、知远。百年而不返，则天地其不立矣！

理与气不相离，而势因理成，不但因气。气到纷乱时，如飘风飘雨，起灭聚散，回旋来去，无有定方，又安所得势哉！凡言势者，皆顺而不逆之谓也；从高趋卑，从大包小，不容违阻之谓也。夫然，又安往而非理乎？知理势不可以两截沟分，则双峰之言气，亦徒添蛇足而已。

## 八

言理势者，犹言理之势也，犹凡言理气者，谓理之气也。理本非一成可执之物，不可得而见；气之条绪节文，乃理之可见者也。故其始之有理，即于气上见理；迨已得理，则自然成势，又只在势之必然处见理。

双峰错处，在看理作一物事，有辙迹，与"道"字同解。道虽广大，然尚可见，尚可守，未尝无一成之例。故云“天下有道”，不可云“天下有理”。则天下无道之非无理，明矣。

道者，一定之理也。于理上加“一定”二字方是道。乃须云“一定之理”，则是理有一定者而不尽于一定。气不定，则理亦无定也。理是随在分派位置得底。道则不然，现成之路，唯人率循而已。故弱小者可反无道之理为有道之理，而当其未足有为，则逆之而亡也。孟子于此，看得“势”字精微，“理”字广大，合而名之曰“天”。进可以兴王，而退可以保国，总将理势作一合说。曲为分析，失其旨矣。

## 九

“安其危，利其灾，乐其所以亡”，自是三项人。国削兵衄，犹自偷一日之安者，“安其危”也。能为国家之灾害者，而彼反以为利，如虞公之璧马，平原君之上党，祸所自伏，而偏受其饵者，“利其灾”也。荒淫暴虐，为酒池、肉林、琼林、大盈者，“乐其所以亡”也。

不仁者之有此三者，亦各有所因。昏惰而不能自强于政治，故“安其危”。贪利乐祸，小有才而忮害无已，故“利其灾”。嗜欲蔽锢，沉湎而不知反，故“乐其所以亡”。三者有一，即不可与言矣。

如宋理宗亦无甚利灾、乐亡之事，而但居危若安，直是鼓舞警戒他不动。梁武帝未尝安危、乐亡，乃幸侯景之反覆，以希非望之利，故虽自忧其且败而纳景。首祸之心，终不自戢，则人言又何从而入？若唐玄宗之晚节，未尝安危而利灾也，特以沉湎酒色，而卒致丧败，则虽知张九龄之忠，而终幸李林甫之能宽假以征声逐色之岁月，故言之而必不听。

三者有一，则必至于亡国败家。而若楚怀王、秦二世、隋炀帝、宋徽宗，则兼之者。以其昏惰安危贪忮利灾沉溺嗜欲乐亡者而言之，则统为不仁。然不仁者未必皆合有此三者也。

双峰归重末句，自未分晓。其意以为唯荒淫暴虐者，则与《集注》“心不存”之说相为吻合。乃《集注》“心不存则无以辨于存亡之著”一语，亦抬起此不仁者太高。若论到存心上，则中材之主能保其国家者，若问他仁义之心在腔子里与否，则无论“三月不违”，即日月一至，乃至一念之分明不昧，亦不可得。然而以免败亡而有余者，则未能仁而犹不至于不仁，尚可与言也。人而谓之不仁，岂但不能存其心哉，直已丧其心矣！

心不存者，谓仁义之心不存也；丧其心者，并知觉运动之心而亦丧也。昏惰、贪忮、沉溺之人，他耳目口鼻、精神血气，只堆垛向那一边去，如醉相似，故君子终不可与言，弗能为益而只以自辱。若仅不能存其心，则太甲、成王之早岁固然，正伊尹、周公陈善责难之几也，何遽云不可与言耶？

## 十

“反身而诚”，与《大学》“诚意”“诚”字，实有不同处，不与分别，则了不知“思诚”之实际。“诚其意”，只在意上说，此外有正心，有修身。修身治外而诚意治内，正心治静而诚意治动。在意发处说诚，只是“思诚”一节工夫。若“反身而诚”，则通动静、合外内之全德也。静而戒惧于不睹不闻，使此理之森森然在吾心者，诚也。动而慎于隐微，使此理随发处一直充满，无欠缺于意之初终者，诚也。外而以好以恶，以言以行，乃至加于家国天下，使此理洋溢周遍，无不足用于身者，诚也。三者一之弗至，则反身而不诚也。

唯其然，故知此之言诚者，无对之词也。必求其反，则《中庸》之所云“不诚无物”者止矣，而终不可以欺与伪与之相对也。朱子曰：“不曾亏欠了他底。”又曰：“说仁时恐犹有不仁处，说义时恐犹有不义处，便须著思有以实之。”但依此数语，根究体验，自不为俗解所惑矣。

大学分心分意于动静，而各为一条目，故于“诚其意”者，说个“毋自欺”。以心之欲正者居静而为主，意之感物而有差别者居动而为宾，故立心为主，而以心之正者治意，使意从心，而毋以乍起之非几凌夺其心，故曰“毋自欺”，外不欺内、宾不欺主之谓也。

今此通天人而言诚，可云“思诚者”人不欺天，而“诚者天之道”，又将谓天下谁欺耶？故虽有诚不诚之分，而无欺伪之防。诚不诚之分者，一实有之，一实无之；一实全之，一实欠之。了然此有无、全欠之在天下，固不容有欺而当戒矣。

“诚者天之道也”，天固然其无伪矣。然以实思之，天其可以无伪言乎？本无所谓伪，则不得言不伪；如天有日，其可言此日非伪日乎？乃不得言不伪，而可言其道曰“诚”；本无所谓伪，则亦无有不伪；本无伪日，故此日更非不伪。乃无有不伪，而必有其诚。则诚者非但无伪之谓，则固不可云“无伪者天之道”也，其可云“思无伪者人之道”乎？

说到一个“诚”字，是极顶字，更无一字可以代释，更无一语可以反形，尽天下之善而皆有之谓也，通吾身、心、意、知而无不一于善之谓也。若但无伪，正未可以言诚。但可名曰“有恒”。故思诚者，择善固执之功，以学、问、思、辨、笃行也。己百己千而弗措，要以肖天之行，尽人之才，流动充满于万殊，达于变化而不息，非但存真去伪、戒欺求慊之足以当之也。尽天地只是个诚，尽圣贤学问只是个思诚。即是“皇建其有极”，即是二殊五实合撰而为一。

## 十一

孟子言“皆备”，即是天道；言“扩充”，即是人道。在圣学固不屑与乡原之似忠信、似廉洁者为对，在王道亦不屑与五伯之假仁假义者为对。学者先须识得此字，然后见处真，立处大，可有至百步之力，而亦不昧于中百步之巧。若将此“诚”字降一格，使与“欺”字“伪”字作对，则言必信、行必果，硁硁然之小人便是配天之至诚矣。

格、致、诚、正、修、齐、治、平八大段事，只当得此“思诚”一“思”字，曰“命”、曰“性”、曰“道”、曰“教”，无不受统于此一“诚”字。于此不察，其引人入迷津者不小。

广平引《大学》“欲诚先致”释明善、诚身之序，自是不谬，以致知、诚意是思诚者知行分界大段处也。若庆源死认诚意为诚身，而孤责之隐微之无欺，则执一砾石而谓太山之尽于是，亦乌知其涯际哉！

## 十二

文王当商命未改之时，犹然受商之𫓧钺以专征，故无图天下之心，而后为大公无私。若孟子所以期当时之侯王者，则异是。周德已讫，而民之憔悴甚矣。天命须是教有所归，斯民须是令之有主，此亦有广土众民者义之所不得辞。则但行文王之政，不必心文王之心，而已无愧于文王。

况乎汉高之王汉中，秦已亡而天下裂，义帝之在郴南，初未尝正一日君臣，如夏、商世德相承之天子，为汉之所必戴也。至项羽之稔恶已盈，固不足以为盟主，分汉王于汉中，非所宜顺受之命。使汉君臣不以天下为图，徒保守一隅，养民致贤而一无所为，为之，则一吴芮、尉佗而已矣。《集注》以私罪汉，未合于时措之宜也。

到廓然大公处，却在己在人，更不须立町畦，自贻胸中渣滓。上审天命，下察人心，天理所宜，无嫌可避。使文王而当七雄、秦、项之际，上无可服侍之故主，下无可推让之邻国，又岂得不以天命不可旷、民望不可违为大公至正之道哉！

七雄之不仁，项羽之不义，既恶剧于崇、密而必不可北面事之；苟有其德，允当其位，而当此两不相下之势，如项羽之不并天下不休者，又岂如四海乂安，仅保一方之三苗可舞干而格？则以天下为己任者，“勿贰尔心”，而夙夜以期乎必济，正以其身为天下用，而不徇小名小义以自私。藉令汉高而忘天下也，膜视此中国糜烂瓜分于项氏之手，又岂文王之所忍为乎？

乃若汉高之德愧文王者，则其所致之贤非伯夷、太公、颠夭、宜生之属，两生、四皓终不见庸，而滥以天爵施及哙伍；其养民之政，因陋就简，使五帝、三王强教悦安之大德斩焉不传于后世，斯以为周、汉醇疵之差别尔。若其图天下于秦、项之手而往必求济也，则与尧、舜、汤、文何异道之有哉？

## 十三

以手援嫂，自是惊天动地事。《集注》云“非若嫂溺可手援”，忒把手援看作等闲，坐为孟子“子欲手援”一语赚惑。孟子自缘淳于髡滑稽无赖，到底不屑与他正经说，只折合得他便休。其与告子、任人辈语，皆然。“子欲手援天下乎”，非法语也。

此处唯南轩及朱氏公迁看得精析不乱。嫂溺自是用常礼不得处，与汤、武征诛，伊、周放戮，大舜不告一例。若当时天下之溺只是正道上差错了，要与他整顿却易，只消得守道之常为之匡正，则事半而功已倍矣，何用似以手援嫂，做出者样非常事来！

故孟子之道，合则行，不合则止，犹男女无别时只依着授受不亲之常礼，便足整顿。自生民以来，一治一乱，圣贤看来全无诧异；而由乱向治之时，为之拨乱反正，大经大法，如运之掌，固不消手忙脚乱也。其云"子欲手援天下乎"，谓援处与溺处各有登对，无事张皇，如嫂命滨危，须破礼合权耳。

## 十四

双峰说："曾皙不私其口腹之奉，常有及物之心，这便是好底意思，曾子便能承顺他。"此言害道不小。子之事亲，若在饮食居处之际较量着孰得孰失，得则顺之，失则逆之，即此便是不孝之尤。陈了翁云："臣弑君、子弑父者，常始于见其有不是处耳。"见其有是，即见其有不是矣。

以余食及人，当甚好处？曾子、曾元皆处贫约，即撙节而俾无失肉，以得尽养，亦未便是不好。曾元胸中正执此道理与父母计较耳。且余食之所及者，果饥寒待此以为命者乎？或在童稚，或在仆妾，亦只是呴呴之爱。有如父索所余之财货，以授非所当得之爱妾，则固溺爱不明而陷于恶矣。

乃天下不孝之子，才于此辨是非，便做出逆天大恶来也不顾恤。故舜之琴、弤、干、戈，自非象之所宜得，然使父母欲以与象，岂便固执不与？"天下无不是底父母"，则亦无是底父母也。凡此之类，父母即极其不是，也只欣然承顺。双峰云"要谕之使合于道"，一谕便是责善，责善便是争，争便是忤逆。父子之间，各执一是以相讼，而人道灭矣！

若礼所云有过则谏者，自是关系行检大纲目处，岂在脔肉、杯酒、斗粟、尺布之间苛求其得失！贵戚之卿，且必君有大过而后谏，况子之事亲耶？且过之大小，亦因乎人之生平。若文王、孔子以为父，则一举动之可疑，不妨以异同请益；若在瞽瞍，则但不格奸而已足。至于言行好恶之纰缪，一一而辨其得失，将终日疾首蹙额于问安视膳之时，即欲求一刻之承欢而不得矣。

故唯亲之可谕于道而不怙其恶者，乃可施其几谏，要亦须于己所修之子职了无干涉，然后可见之言词。此非以避嫌也，才到干涉处，恒人之情便易动怒，相激而为贼恩之事，所必至矣。故曰："直情径行，夷狄之道也。"新安云"一饮一食之间，尚承亲志如此，况其立身行己之间乎"，只此极得曾子之心。

## 十五

舜之于瞽瞍，便尽索其所有以与象，亦须欣然承顺。至于舜之孳孳为善，莫之能御，虽非瞽瞍之所欲，则又不敢量其亲之必无此志而不以玄德为承志也。

在亲自有志、事之分，在我又有失身、不失身之别。亲既不但有其志，而见之言语动静，如问有余之类。于我则虽不尽当于道，而终不至于失身，如以余食与非所当与者。者处正好行其"天下无不是底父母"之心。故舜之牛羊、仓廪、琴、弤、干戈，便瞽瞍将授之盗贼，也不得留纤芥于胸中。

其不可者，唯欲使象代舜为天子耳。以天子之位，天授之，尧禅之，非舜之有也。人子之于亲，能有几桩事物与舜之有天下一例，乃忍区区较其为公为私、为得为失哉！甚矣，双峰之俗而悖也。

## 十六

唯瞽瞍欲以舜之天下与象，则不可承顺；若泰伯、伯夷，则亦必欣然承顺。舜受尧之天下，本非所有而以道受之。徇私亲而以与象，便是失道，失道则失身矣。泰伯、伯夷以世及之国，幸亲不以与异姓而欲授其弟，则承志而逃之，方是求仁，方是至德，方是不失其身。

叔齐之贤不能过伯夷，而以偏爱故，乱长幼之序，双峰所云"不好底意思"，孰甚于此！浸令伯夷见亲之过，而欲以谕孤竹君，使勿紊长幼之礼，岂非卫辄之流亚乎！且到者处所，岂但伯夷，即凶悍贪嚚之子，也难出口去谕。欲谕而不能，而又怀必谕之心，怀忿浸淫，而商臣之恶起矣。故曰：双峰之说害道不小。

## 十七

“人之易其言”与“好为人师”两“人”字，云峰以为与《大学》“修齐”章“人”字不异，亦自分晓。但为“易其言”者说，则所谓征色发声而后喻者，自不可与上智同年而语。然苟有责而不易其言，犹在困学之科。云峰云“为泛然之众人而言”，则又太屈抑之矣。泛然之众人，一面受诟骂，一面谰言无忌也。若惠施之遇匡章，理愈穷则词愈嫚，又何尝肯自愧怍而息其邪说，况悠悠之人并不逮惠施者乎？至于“好为人师”者，则泛然之众人固不特无其事，而抑并无其志，且虽“好”之，而人终不师之，则亦何“患”之有？

云峰缘《书》言“教学半”，《礼》言“教然后知困”，孔子以朋来为乐，孟子乐得英才而教育，疑圣贤之不以此为患，故有“泛然众人”之说，乃不知决一疑，又入一疑也。解圣贤文字，须如剥笋相似，去一层，又有一层在，不可便休，须到纯净无壳处，笋肉方见。

孟子此言，元对当时处士而言。圣贤既不以为患，众人又无好为师之事，唯若惠施、公孙龙一流人，他不理会自家，只要开立法门，终日揣摩卜度，宛转曲折以成其说，千枝万叶，总欲璀璨动人，苟伸其一偏之旨，而以为人所宗主。只此他劈头便从虚诳上着力，故其学之也亦非不博，思之也亦非不深，执之也亦固，而推之也亦远，乃其意中，唯有此为师之好，将孔子也看做恁样做出来底，则迎头便差，堕入非辟。故曰人之患在此，以其蔽、陷、离、穷，“载胥及溺”而莫能淑也。

凡此一类，皆有过人之资，而又不无好学深思之事；乃以徇名求利、自尊好胜之心，可惜此一项有用人才堕入禽狄去，故曰患。患者，自外来者也，非其所应有之忧，而以一好累之，则既可深恶，而抑可深悼。如人之有病患，非形体所固有，乃以不正之气所感，流传腑藏，遂以伤生者然。

孟子当时，饶有此人，只贪一个北面皋比，“后车数十乘，从者数百人”，便惹下人心世道一大害来。故直指他受病根本，为此辈清夜钟声：言汝之所以舍正路，放本心，而放恣横议者，只在此处，趁门风，图利赖而已；若能去此一好，则以汝之才，亦何至充塞仁义而率兽食人乎！此所谓可深悼者也。

乃尽他说得天花乱坠，公然与尧、舜、周、孔为对垒，也只是收合一起闲汉、做成一部文章的本愿。勘破他此处，却元来自家也不曾果有邪僻在，但为些须名利，造下者场虚谎，此则所可深恶者也。

后来王仲淹全是此病，而韩退之亦所不免。通也，愈也，亦岂泛然之众人哉！近世龙溪以下诸儒，傍释氏之门庭，以入流合俗而建宗风，盖亦不读孟子此语耳。

## 十八

“实”与“本”确然不同。本者，枝叶之所自生；实者，华之所成也。《集注》谓“有子以孝弟为为仁之本，其意亦犹此”，是大纲说道理，恐煞说二者是实，则嫌于以仁民、爱物、贵贵、尊贤等为虚花，故通诸有子之说，以证其有可推广相生之义。实则有子之意，以孝弟为为仁之本，教学者从此立定根基发生去，孟子则言凡尽五常之德者，皆当以此为实也。

若一向在外面去做，却于二者有缺，则是心已不着在腔子里，与自家根本真心相体认，尽着外面推排，都是虚壳子撑架着。寻常说仁、义、礼、知、乐，及至反躬自验，而其或为切近，或为迂远，或为精实，或为虚疏，一倍了然自喻，知唯此之为实矣。

诸说唯西山说见大意。劈头仁、义二条，即是教为仁义者一依据紧要事，故五“实”字一般元无差异。云峰横生异同，将前二“实”字作人本心说，便不得立言之旨。

若论原头发生处，但有远近亲疏之别，初无先后之序。人性之中，仁义之全体大用，一切皆备，非二者先而其余皆后。一落后，则便是习，不是性矣。唯斯二者，痛痒关心，良心最为难昧，故曰“实”。当身受用处，较其余自别。如谷有实，乃是人吃得饱满物事也。双峰及张彭老之说，皆不合本旨。

## 十九

蔡氏将“知而弗去”作两件说，真成诧异；向后引证，愈见支离。

说是、非为二，又与此“知明”“守固”不相干涉。倏而此为二，倏而彼为二，就蔡氏言之，已为四矣。况从是而往，尽智之用，有千万而无算者乎？礼有三统，乐有五音，又岂礼有三实，乐有五实邪？

其曰“如五行水土，俱旺于子”，乃不知土生于申，是术家附会安排，大不恰好处。使土果生申而旺子，则《月令》位土于长夏之中宫，当午、未之余尚在未得长生之地，而辰亦土位，恰当墓库，又何说也？即以术家之言推之，亦当谓土生于辰、巳之交可耳。水、土相克，故不得同宫俱王也。

且此亦何足为四德五常征！生王之说以化气言，四德五常以体性言。如水生申，旺子，绝巳，岂人心之智，亦申生、子旺而巳遂绝耶？

又云“五脏，心、肝、脾、肺皆一，而肾独二”，其说尤鄙。肾有二，肝与肺且不啻二矣。且以六腑言之，太阳寒水为膀胱，膀胱亦有二耶？内形既然，外形亦尔。如口一而耳、目、鼻皆二，其于五常四德，又何象哉？

形而上之道与形而下之器，虽终始一理，却不是一个死印板刷定底。盖可以形而上之理位形而下之数，必不可以形而下之数执形而上之理。若撇下本领，只向画影、图形、握算子、分部位上讨消息，虽其言巧妙可观，而致远必泥，君子不为也。

孟子说“知斯二者弗去”，只是一套话，说教详尽，何尝分为两扇，如肾二枚相似！庆源云“知既明，则自然弗去”，较之蔡说，自免于邪。然孟子一“知”字，只浅浅说，故加个“弗去”，未尝如庆源于“知”字下加一“明”字说得尽也。

以实求之，事亲从兄，初无深隐莫察之蕴，亦人所易知，而特难于弗去。其所以难于弗去者，以斯二者与其他事理不同。凡理之有所得而复去者，类为私智邪说之所乱，故知之明则不复去。乃斯二者，虽极不孝不弟之人，亦无私智邪说爚乱他，别作一番假名理，只是其知之也不能常常不昧，一会惺忪，一会懵懂，遇昏着时便忘了也。

“去”字当如字读，与“不违仁”“违”字一义。俗作上声读者不通。常知不昧，便是弗去。恰紧在弗去上见智，非恃其知之明而即以弗去也。故庆源之说贤于蔡氏，而要于此未当。

## 二十

事亲方是仁之实，从兄方是义之实，知斯二者方是智之实，节文斯方是礼之实，乐斯方是乐之实。若不于斯二者尽得，则虽爱以为仁，敬以为义，明察以为智，习仪以为礼，娴于音律舞蹈以为乐，却都是无实；无实便于己不切，即非心德。孟子立言之旨，大概如此。

所以到乐上，又须引伸一段。缘乐之为教，先王以和人神，学者以治性情，似所用以广吾孝弟者，而非孝弟之即能乎乐，故孟子又推出学乐者一段真情真理来。自非心有日生之乐，志和气顺以手舞足蹈，自然无不可中之节奏，则竟不可以言乐。故学者之学于乐，必足之蹈夫舞缀之位，手之舞夫干羽之容，得之心，应之手足，不知其然而无不然，斯以为乐之成。然使其心之乐不日生不已，则非其郁滞，即其放佚，音节虽习，而不可谓乐也。

唯能以事亲、从兄为乐，而不复有苦难勉强之意，则心和而广，气和而顺，即未尝为乐，而可以为乐之道洋溢有余；乃以之为乐，则不知足蹈手舞之咸中于律者，斯以情益和乐，而歌咏俯仰，乃觉性情之充足，非徒侈志意以取悦于外物也。此乐孝弟者所以为乐之实也。

"乐斯二者"一"乐"字有力，是事亲、从兄极顶位次。孔子所谓"色难"者，正难乎其乐也。故朱子曰："要到乐处，实是难得。"不是现成乐底，须有功夫在。其始亦须着意，但在视无形、听无声上做去，调治得者身心细密和顺，则自然之乐便生。自然之乐，是"生"字上效验，勿误以解"乐"字。始乐时，一须加意去乐，此圣贤一步吃紧工夫，不可删抹。

足蹈手舞，自当如庆源说，是作乐之事。不然，此二语更无归宿。圣贤恰紧文字，断不作有说无义、镜花水月语也。若莆田黄氏向此段无"是也"二字作商量，一片闲言游语，读之令人欲哕！

说事亲、从兄，便有知之弗去，节文而乐在里面。抑能知之弗去，节文得当而乐之，方叫得事亲、从兄。双峰以智、礼、乐为“道生”，大是差谬。作文字时，须如此宛转分配，实则言人能常知事亲、从兄，外尽其节文而内极其和乐，则仁、义、礼、智、乐之实皆在是也。

《集注》“然必知之明”云云，是朱子补出言外之意，非孟子大旨，其欹重知，亦微有病。盖爱之推及民物，敬之施于贵与贤者，求以尽仁义之大用，则存乎知、行之并进；而事亲、从兄，在孩提稍长而已知，其吃紧工夫，唯力行而已。天下之不能事亲、从兄者，岂不知亲之当事、兄之当从哉！故于智必言“弗去”，常提醒此心明了不忘，是之谓智。非未行之前，日取事亲、从兄之理，学之问之，思之辨之，以致其知也。

《论语集注》“知犹记忆也”，恰与此处吻合。知处有工夫而无条目，只分明记忆得便是。若夫事亲、从兄所应修之职，辨之须明而处之须当者，在此章则又属礼之节文，而非智之事。故曰：“知”字说浅，不须加一“明”字。兼乎华，则并尚知，纯乎实，则专尚行，《集注》于此，不无渗漏。

## 二十一

“不可以为人”，语意极严；“不可以为子”，较宽一步说。“不顺乎亲”，是子道之未尽，而不可以为吾父之子也。“不得乎亲”，则人而禽矣。

朱子“人是大纲说”一段文字差错。此处轻重失审，则将有轻天性之爱，而专意于责善者。舜恰紧在得亲上，故曰“尽事亲之道”。延平先生“无不是底父母”一语，正于此立万世之权衡。

## 二十二

“各止其所而无不安”，《集注》此语说得广大。如申生固能为人之所不能为，却令天下之父子许多疑难处依旧不得个安静在。中材以下，要死既难，贤智者又虑死之犹未为尽道，从此便开出歧路，以至不忍言之事而亦犯之。舜却平平常常，移易得恰好，依旧父爱其子，子承其父，天下方知无难处之父子，何用奇特张皇，不安其所而强有事也！孟子此语，笼罩千万世智愚贤不肖父子在内，故《集注》以广大深微语配之，读者勿忽。

# 离娄下篇

## 一

舜之于父，文王之于君，俱非“行乎中国”事，而尤不可谓之“得志”。孟子所言乃大行之常道，南轩所云乃忧患之微权，相去正犹径庭。若论圣人处权变，则道固不同。舜传贤而禹传子，文服侍而武伐商，一堂之父子君臣早已异矣，况千岁而可执一耶？

新安“此心此理”之说，自象山来。象山于此见得疏浅，故其论入于佛。其云“东海、西海”云云，但在光影上取间架，捉线索，只是“三界唯心”一笼统道理，如算家之粗率。乃孟子之言“一揆”也，于东夷西夷，千岁前后，若论心理，则何有于时地！以时地言者，其必以事迹之因时而制地者审矣。

圣贤之立言也，正在天理烂漫、形著明动上征道之诚然；终不向烛影萤光寻个相似处测其离合。而《孟子》一书，十九为当时药石，显真理以破妄说。此一章书，自缘战国游谈之士，非先王之道者，谓时异地殊，法必改作，不可以虞、周之治治今日，不可以蒲坂、岐阳之治治他国，故孟子显示两圣人所以行乎中国者，时地相去之远如此，而所以揆度天下之务者无异。“揆”字自当如庆源解，玩“其揆一也”文义自见。则齐、楚、秦、赵何不可移易之风俗，而井田、学校何徒可行于古而不可行于今！彼坏法乱纪，苟简趋时以就功名，如赵武灵、商鞅、李悝者，徒为乱而已矣。

朱子于《学庸章句》《论语集注》，屡易稿本，唯《孟子注》未经改定，故其间多疏略，未尽立言之旨，如此类者不一。而门人后学以师说未定，辄借陆氏之诐词附会成义，以叛入异端。后学之责，当相与修明，岂得雷同以遵注为了境邪！

## 二

“行辟人”，亦是平政之事。尊卑等秩，各安其所，正所谓政也。君子之平其政，至于“行辟人”而可，则虽不近人情，而自尊卑人，亦以为平也。此二语是救正子产不知大体处。焉有大夫之车而庶人可乘之以渡水者乎？此二句是一意。“焉得人人而济之”，连下三句是一意。孟子文章简妙处，不须立柱子，分对仗，只一气说下，自有片段。苏氏唯不知此，故以间架文字学孟子，文且不相似，而况其道乎！

《集注》亦于此看不出。浸云君子能平其政矣，则虽行辟人焉而亦可，然则政之未平者，便当罚教与百姓肩摩衽接，一场胡哄耶？

看文字，须向周、汉以上寻章法，不可据八大家割裂排仗，勾锁分支。此其得失虽小，而始于害文者终于害意，始于害意者终于害道，亦非细故也。《四书》分节处，不可执作眼目，类如此。

## 三

朱子说子产有不忍人之心，而不能行不忍人之政，贴得孟子本意分明。唯其有不忍人之心，所以可谓之“惠”。庆源讥其有内交、要誉之心，此酷吏生入人罪语。儒者立法严而宅心恕，不宜尔也。

惟其有不忍人之心，故孟子以“不知为政”箴之。令其有内交、要誉之心，则此种彻底诈伪人，不知为政，奸亦不深；使其娴于政理以济其奸，则恶益滔天而无忌矣。

子产自是赤心救国一个社稷臣，终不似陈氏之厚施，王莽之谦恭，唯以内交、要誉为心。王莽以有此心，故一部《周礼》依样画出，适以流毒天下。故曰：知为政以济其奸，而恶益滔天也。

孟子说“五伯假之也”，亦只在事上假。若论他立心处，虽有不端，却一直做去。若触处便起私心，虽在拯溺救焚时也只在内交、要誉上商量，则天下又岂可尽欺！只一两端，便雪融尸现，直成一事不得，又何以为五伯，何以为子产，而孔、孟且以“惠”许之邪？

## 四

《孝经》云：“资于事父以事君而敬同，资于事父以事母而爱同。”则君之与父，不得合敬而又同爱矣。“天下无不是底父母”，延平此语全从天性之爱上发出，却与敬处不相干涉。若论敬，则陈善闭邪之谓也。苟不见邪，更何所闭？潜室套著说“天下无不是底君”，则于理一分殊之旨全不分明。其流弊则为庸臣逢君者之嚆矢；其根原差错则与墨氏二本同矣。

君之有不是处，谏之不听，且无言易位，即以去言之，亦自须皂白分明。故汤、武、伊、霍之事，概与子之事父天地悬隔，即在道合则从，不合则去，美则将顺，恶则匡救。君之是不是，丝毫也不可带过，如何说道“无不是底”去做得！若人子说道“无不是底父母”，则谏而不从，终无去道也。

如云此自君之加我者而言之，而非自其用人行政之失言也，乃去就之际，道固不可枉，而身亦不可失，故曰“士可杀而不可辱”，假令君使我居俳优之位，执猥贱之役，亦将云“天下无不是底君”，便欣然顺受邪？

韩退之唯不知道，故其《拟文王操》有云“臣罪当诛兮，天王圣明”，显出他没本领、假铺排勾当，又何曾梦见文王心事来！朱子从而称之，亦未免为其佞舌所欺。

夫使文王而以纣为圣明也，果其心见以为然邪，抑心固知其不然而姑为此爱之之语邪？果其心见以为然，则是非之心已为恭敬所掩，所谓“之其所畏敬而辟”，爱而不知其恶矣。如知其不然而姑为此语，则与王莽之泣祷于天，愿代平帝之死者，又何以别？

圣人人伦之至，不是唇舌卖弄底。君之当敬，岂必圣明而后敬哉！故曰“不以舜之所以事尧事君，不敬其君者也”，而岂得以舜之所以事瞽瞍者事君乎？如云“臣罪当诛”，则文王自见当诛，必将以崇侯为无罪矣，而又胡为乎伐崇也？

圣人一诚而已矣。为臣而尽敬于君，诚也。君之不善，不敢以为圣明，己之无罪，不敢自以为罪，亦莫非诚也。“臣罪当诛，天王圣明”，则欺天欺人，欺君欺己，以涂饰罔昧冥行于人伦之际，而可以为诚乎？

孟子“国人”“寇仇”之言，不为无过，即以孟子去齐宿昼之事证其不然足矣。韩退之以私意窥圣人，潜室以浅见学延平，非予所知。

## 五

即于唐、宋人诗辞求之，自有合理体语。如云“执政方持法，明君无此心”，云“不须愁日暮，天际乍轻阴”，既不失忠爱之旨，而缁素自在。较诸“臣罪当诛，天王圣明”之语，岂不有诚伪之分也！

说到自家忠孝分上，一剿袭即入大妄。退之是从凯风“母氏圣善，我无令人”剿来，正与潜室之袭延平同病。胸中无真血性，只依他人见处，一线之差，便成万里。如退之说“博爱之谓仁”，亦是如此。由他胸中未尝有仁，只揽取近似处，凑手作文字。其实他人品心术，却在颜延之、庾信、杜甫、韦应物之下，细取其诗文读之，败露尽见也。

## 六

孟子所谓“大人”，皆自道也，是“充实之谓美”进一步地位，不屑屑与小人对。横渠“精义入神，观其会通”等语，极切。义理充实，方有可会通之势。不得充实，便有缺陷处，则靠支贷处去补。补处早是窒碍，如何会通得？既已充实，而又致其精义入神之功，则光辉生于笃实之中，便礼义皆从天真流出，何至有“非礼之礼，非义之义”！

礼义从中流出，充满笃实，大要得之“养气”；其会通而入神以有其光辉者，大要得之“知言”。至此，便浑身在天理上恣其择执，此几与孔子“不惑”“耳顺”同一境界。但须著“弗为”字有力，则未至于从欲不逾、化、不可知之境耳。

以此知孟子之所云“大人”者，皆自道其所至，而非但对小人而言也。“非礼之礼，非义之义”，为之者未便大差，岂至于与似是而非者同科！其云“似是而非”者，云峰之妄也。似是而非，则固非矣；今云“非礼之礼，非义之义”，犹然为礼义也。似是而非，乃乡原之以乱德者。如原思辞粟，自是“非义之义”，岂遂如紫之夺朱、莠之乱苗哉！

只缘大人以降，义礼有不足处，如贫家请客，烹饪未能合宜，不获已，且与迁就。若集义而无所馁，学不厌，教不倦，而言入心通，则如官山府海，随所取舍，不至有“何有何亡，黾勉求之”之事矣，曾何小人之足云！

## 七

言养，则自与教不同，非君子之须有异术，乃受教、受养者之品地别也。教是个大垆冶，“与其洁而不保其往”者，无不可施，故不可行之于子弟。养须是有可养之具，倘如荑稗，纵然养就，亦不成穑。

《集注》谓“无过不及之谓‘中’，足以有为之谓‘才’”，即此二语，自有分晓。或过或不及而未足有为者，自不至如“夫子教我以正，夫子未出于正”之顽讼也。唯在所养之人为有可养之材，故或不须董之以威，而待其自熟；乃欲养之，则必尽其壅培修剔之力，而非有所故为宽假。此于“君子不教子”常法之外通一格，言子弟之可养者，不当执不教之律，坐视其可以有成而弃之。

养与弃相对说，只重在不弃，不须于“养”字上作从容缊藉解。《书》称“敬敷五教在宽”，与此全别。彼言教愚蒙不可使知之民，此言可养之子弟；彼言敷五教，大纲不干名犯义，是粗底事，此言养之使中且才，进德修业，是精底事。新安引据全差。

## 八

朱子说“著个‘不失’字，便是不同处”，极须向不同处分晓。若认大人、赤子了无不同，则已早侵入异端界也。

凡看古人文字，有颠倒读皆顺理者，有只如此顺直说倒不得者。如“大人者正己而物正者也”，则倒说“正己而物正者大人也”亦可；若此章，则倒说“不失其赤子之心者大人也”不可。“不失其赤子之心”，未便即是大人，特谓大人者虽其笃实光辉，而要不失其赤子之心也。在“有诸己之谓信”者，已能不失其赤子之心矣。此数章书，自相连说下，反覆见意。大人者言虽不必信，行虽不必果，而赤子之心则必不失。无不诚之明，无无本之道也。

赤子之心，是在人之天。《集注》云“无伪”，与《易》“无妄”一义，由人见其无伪，非不为伪之谓。赤子岂刻意而不为伪者哉！

大抵人欲便妄，天理便真。赤子真有未全，而妄不相涉。大人之不失，所谓“无欲而后可以行王道”者是已。双峰却从饥便啼、喜便笑上著解，乃不知饥之啼、喜之笑，是赤子血气分上事，元非赤子之心。煞认此为真心，是所谓“直情径行，戎狄之道”耳。释氏以行住坐卧、运水搬柴为神通妙用者，正在此处堕入禽狄去。孟子说个“赤子之心”，是从天道上见得，不容向一啼、一笑讨消息。

孟子“道性善”，则固以善为赤子之心可知。“心统性情”，赤子便有性而未有情，只性之善者便是，若知啼知笑，则已移入情矣。双峰之说，正告子“食色性也”之邪说。

## 九

既曰“赤子之心即‘性善’之善”，则尽性者唯圣人，乃又云“有诸己之谓信，已能不失赤子之心，未便是大人”，岂不自相矛盾？此又不然。虽曰“性善”，性却不能尽善之致，善亦不能尽性之藏。“可欲之谓善”，早已与性相应矣。“不失”，未便到尽处。可欲之善，有诸已之信，岂可谓之失其性乎？

孟子亦止道“性善”，却不得以笃实、光辉、化、不可知全摄入初生之性中。《中庸》说“昭昭”之天，“无穷”之天，虽无间别，然亦须分作两层说。此处漫无节奏，则释氏“须弥入芥子”“现成佛性”之邪见，皆由此而生。愚每云“性日生，命日受”，正于此处分别。在天之天“不贰”，在人之天“不测”也。

## 十

小注中朱子及辅、陈二氏之说，全以自然释“自得”，与南轩别。乃《集注》既云“自然”，又云“得之于己”，则兼采南轩之说以尽其义，亦不可定谓南轩之弊有如庄子也。

本文云“深造之以道，欲其自得之”，语相呼应。深造之功，正与自然之得相应。深造不以道，以道而造之不深，则其时有所得，是拿着一定要得，却刻期取效，乍可有得而据之，此正与自然而得者相反。如谚云“瓜熟蒂落”，则深造而得之不劳矣。

然所谓“自然而得”者，亦即于己得之之意。彼拿着守着、强勉求得者，唯其刻期取效于见闻，而非得于心。深造之以道，则以道养其心，而心受养于道，故其自然而得者，唯吾心之所自生也。

既深造以道，便已资于学问义理之养，则与庄子守此无物之己，堕耳目、弃圣智以孤求于心者不同。庄子撇下物理求自，孟子借学问思辨之力以养其自，大分别处只在此。到头来，庄子自得其己，而不问道之合离；孟子得道于己，而充其万物皆备之体也。岂至一言“自”而即相混哉！

南轩唯“他人”二字下得不好，没着落在，必求其归，则疑与庄子同。看来，他意旨原不尔，只带出一他人作反照，未免苟简无实耳。所以朱子既用程子“自然而得”之解，仍须加“于己”二字，使学者无疑得诸己者之非，而靠定闻见，断弃此心，从小体而失其大。

此“自”字唯不须立一“人”字作对，却与“反身而诚”言“反身”者相近，亦与《论语注》“不言而识之于心”一“心”字相通，亦是学者吃紧论功取效处，不可删抹。即以“自然而得”言之，所谓“自然”者，有所自而然之谓也。如人剪彩作花，即非自然，唯彩虽可花，而非其自体所固有，必待他剪。若桃李之花，自然而发，则以桃李自体固有其花，因其所自而无不然，无待于他。由此言之，则吾心为义理所养，亲得亲生，得之己而无倚，唯其有自而然，斯以自然而然，明矣。

天下之义理，皆吾心之固有；涵泳深长，则吾心之义理油然自生。得之自然者，皆心也；其不自然者，则唯其非吾心之得也。此是学问中功候语，与老、庄舍物求自以为道者本自不同。若因迹近庄子，而遂以为不然，则夫“自然”者，老、庄亦尝言之矣，又何以可言“自然”而无害邪！

## 十一

佛氏不立文字，庄子弃糟粕之说，他差错处，非能背驰，只是躐等。

天下哪有两个道理，许佛老与我并立而背驰？只是他颠倒用来，便于事理种种差错。如稻麦之有苗叶，所以为粟之房干，而粟必由是以生，非可辄于苗叶作可食不可食之想，因弃苗而求粟。

圣贤之学，则须说“深造之以道，欲其自得”。佛、老欲自得，即向自得上做去，全不理会何以得，何以自得，颠倒说深造之以道，便非自得。

圣贤则须说“博学而详说之，以反说约”。佛、老欲说约，则一句便从约说起，而于约之所以为约者，只据一星两星，便笼罩迁就去，颠倒说博学详说，便不得约。

此是吃谷种见解：见人雨谷于田，颠倒笑人，可惜此可食之谷，却教堕泥土中变作草也。思及此，异端之愚真可笑可悯。儒者不察，乃谓彼有径直门庭，我须与他分别，则是见彼吃谷种子之愚，便不粒食，又奚可哉！

圣贤之道则是“一以贯之”，异端则是以一贯之。他一字小，圣贤一字大。他以一为工夫，屈抑物理，不愁他不贯；圣贤以一为自得之验，到贯时自无不通。

他“自”字孤另，圣贤“自”字充实。他“约”字巧妙，圣贤“约”字包括。他极顶处，说“佛法无多子”，只是趁此一线萦着去，便谓之约，谓之自，谓之一。圣贤却看得无事无物非在己所当知明而处当者；此一个万物皆备之身，须约束着万事万理，无使或逾。

故不深造之以道，必不能自得；不博学而详说，必无以说约。天下只有约，说不尽，行不彻也。尧、舜之禅受，汤、武之征诛，周公之用而行，孔子之舍而藏，六十四卦之错综，二百四十二年之天道王事，皆约中所贯彻之实，如何可以少见多怪而能说之？

《集注》“夸多斗靡”云云，是专就俗儒记诵词章之学反说。若孟子之意，则俗儒、异端之妄俱于此辟之。故徒博无益，径约则谬。两说若废其一，不足以尽本文“将以”二字之旨。此言“将以”，前章言“欲其”，其义正同。言所以如彼者，乃以如此。而俗儒之徒博，异端之径约，其皆舛错可知已。

朱子答或问一段，极切当。盖世间所称博学者，只在风云、月露、花鸟、禽鱼上用功，合下便不可谓之学，而所当学者全然不省，更何有于博？见之不真，言之无实，又如何唤得详？既云“博学而详说”，则显与俗儒不同年语矣。

吃紧破妄处，只缘不知约者，妄意一言片语穿插伶俐，做成一场大虚妄来，故孟子特地与说必博学而详说，乃可说约。故君子将以反说夫约，必博且详焉。则汝以我之博且详为与俗儒之斗靡夸多者同病而乖异乎约者，真全不知学以自诬而诬人也。圣贤分别处，只是深造以道，只是博学、详说，于此做得清楚有绪，更不消向自得及说约处立门庭矣。

## 十二

西山云：“人物均有一心，人能存，物不能存。”此语鲁莽，害道不小。自古圣贤，吃紧在此处分别。孟子明白决断说一个“异”字，西山却将一“均”字换了。“犬之性犹牛之性，牛之性犹人之性”，告子犹能知其不然，而西山却灭裂此心，教同牛犬蛇蝎去，悲哉！

心便是统性情底，人之性善，全在此心凝之。只庶民便去，禽兽却不会去。禽兽只一向蒙蒙昧昧。其或有精明处，则甘食悦色而已，此心存之，又将何用！朱子云“今人自谓能存，只是存其与禽兽同者”，此语如迅雷惊蛰，除朱子外，无人解如此道。必知其异，而后可与言存。若云与禽兽均有之心，但存得即好，其不致“率兽食人，人将相食”者几何哉！

西山于此，似认取个昭昭灵灵、自然觉了能知底做心，而以唤醒着、不沉不掉为存。此正朱子所谓存禽兽之心者。看孔子作《春秋》，天道备，人事浃，定王道之权衡而乱臣贼子自惧，全是雷雨满盈、经纶草昧事，何曾与禽心兽心有毫发相似，如所谓昭昭灵灵、唤醒主人者哉！

## 十三

鳏鱼警夜，鹅鸣夜半，鸡鸣将旦，布谷知春，鹖鴠知寒，蟋蟀吟秋，明驼测水，灵岩三唤主人翁，只是此物，此则与禽兽均有之心也。孟、朱两夫子力争人以异禽，西山死向释氏脚跟讨个存去，以求佛性于狗子。考亭没而圣学充塞，西山且然，况其他乎！

## 十四

不识得“异”字，固是西山一大罪过，扣紧“存”字作工夫，则始于和靖之失，而朱子亦未之定也。

西山云“人能存而物不能存”，若谓禽兽不能存人心，则彼本无人之心，而更何所存；若谓禽存禽心，兽存兽心，即与君子同功，愈不成说。

此“存”字，与“去”字对说。庶民之去，亦非决意用力而去之，但就其迷失无存，而谓之去。君子之存，亦非必有物焉为其所据，但纲纪不紊，终远禽兽而谓之存耳。“存之”，在成德上见天理、民彝，人官、物曲，节节分明。既不使此身此心坠于利欲之中，与麀之淫、虎之暴、狼之贪等，亦必不使此心孤据一空洞昭灵，以握固而守之，与鹤之警、鹦鹉之慧、眠牛饱豕之漠然无求同。乃以使吾人居天地之闲，疆界分明，参天地而尽其才，天下万世乃以推其德成之效，而曰人之道于是而存也。

其曰“几希”者，则谓其相去之际，出乎此则入乎彼，其界限不远。乃所以异者既不远，则凡终身所为，终食所念，有几希之不能异者，即以无别于禽兽。故“几希”者严词，亦大词也。一指万重山。而非有一物焉，孤孤另另，亭亭特特，为人之独得可执而存之，为君子之所奉持，而彼庶民者取此一宝命而掷弃之也。

以要言之，此处添一个“心”字不得。人之自身而心，自内而外，自体而用，自甘食悦色，人甘刍豢，牛甘蒿刍；毛嫱、西施，鱼见之深藏，鸟见之高飞。即食色亦自迥异。以至于五达道、三达德之用，哪一件不异于禽兽，而何但于心？件件异，件件所异者几希。异便是存，不存异便是去。若孤据一心，则既于心争异，而又于心言均，其不自谓能存而但存禽兽之心者鲜矣。

双峰说“做个存的样子”一语，极好。君子之存，在德业上有样子可见，如舜、禹所为等，而非有下手工夫秘密法也。只如明伦察物、恶旨酒、好善言等事，便是禽兽断做不到处。乃一不如此，伦不明，物不察，唯旨是好，善不知好，即便无异于禽兽，故曰“几希”。和靖说“舜是存，君子便是存之”，把定“存之”作工夫，则硬执“几希”为一物事，而为君子者战兢惕厉，拿定者些子不教放下，其与释氏三唤主人相去几何？恐其所谓“些子”者，正朱子所谓与禽兽同者也。

硬认着些子作命脉，便是执一。要执一，即是异端，异端则是禽兽。释氏说“三界惟心，万法唯识”，正拿定“几希”以为所存之物。其二六时中不教放下者，和靖所谓“存之”也。其云“恰恰用心时，恰恰无心用”者，和靖所谓“存”也。

乃不知圣贤全不恁地用功，仁义且不把作一物拿着来用，故曰“非行仁义”。在舜固然，禹、文、孔子亦无不然，汤、武、周公亦无不然。且如武王“不泄迩，不忘远”，自是道理周匝，流通不竭，岂拿定远迩作降伏其心之具而持之也乎？故“君子之泽”一章但言道统，不言心法。圣人、君子到此初无二致，只件件与立人纲，修人纪，更无安、勉之分。和靖强与分析，以犯异端之垒，朱子未与折中，亦疏矣。

## 十五

若论异，则甘食、悦色处亦全不同；若论其异仅几希，则仁义之异亦复无几。虎狼之父子亦似仁，蜂蚁之君臣亦近义也。随处须立个界限，壁立万仞，方是“君子存之”。若庶民，便爱亲敬君，也只似虎狼蜂蚁来，趁一点灵光做去也。苟知其所以异，则甘食、悦色之中井井分别处，即至仁大义之所在，不可概谓甘食、悦色便与禽兽同也。

圣贤吃紧在美中求恶，恶中求美，人欲中择天理，天理中辨人欲，细细密密，丝分缕悉，与禽兽立个彻始终、尽内外底界址。若概爱敬以为人，断甘食、悦色以为禽兽，潦草疏阔，便自矜崖岸，则从古无此苟简径截之君子。而充其类，抑必不婚不宦，日中一食，树下一宿而后可矣。

朱子说人能推，禽兽不能推，亦但就才上见得末流异处，而未及于性。禽兽之似仁似义者，当下已差了。虎狼之父子，只是姑息之爱；蜂蚁之君臣，则以威相制而利相从耳。推得来又成甚伦理？

《中庸》说“诚之者，人之道也”，方是彻底显出诚仁、诚知、诚勇，以行乎亲、义、敬、别、信之中，而彻乎食色之内，经纬皆备，中正不忒，方是人之所以异于禽兽。而明伦察物，恶旨酒，好善言，以至于作《春秋》，明王道，皆从此做去。岂孤保其一念之善，而求助于推广之才哉！

## 十六

目言“仁义之心”，则以“存之”为工夫，孔子曰“操则存”，孟子曰“存其心”者是也。若人之异于禽兽，则自性而形，自道而器，极乎广大，尽乎精微，莫非异者，则不可以“仁义”二字括之。故曰“非行仁义”，明夫非守“仁义”二字作把柄，遂可纵横如意也。特其人纪之修，人极之建，则亦往往依仁义以为用，故曰“由仁义行”。此自舜至孔子，无不以之尽君子之道者。

此章将汤、武、周公与舜、孔子并叙，不可更分性、反。汤、武他处不及舜、孔，到此人禽关界，小有蹉跌，则已堕入异类，而舜、孔虽圣，亦不能于此上更加藻缋，何得又推高舜于君子之上，徒添蛇足！和靖扼“存之”作工夫，故横立异同。循其说而不加之裁正，则必以顽守一心为存，或且执虎狼之爱、蜂蚁之敬为仁义，而务守其冥合之天明。则正朱子所谓存禽兽之所同者，其害岂小哉！

## 十七

《集注》说性兼说形，方是彻上彻下、知天知人之语。性之异者，人道也；形之异者，天道也。故曰“形色，天性也，唯圣人然后可以践形”。《中庸》以至诚为天道，亦是此理。

仁义只是性上事，却未曾到元亨利贞、品物流行中拣出人禽异处。君子守先待后，为天地古今立人极，须随在体认，乃可以配天而治物，“行仁义”者不足以当之也。孔子作《春秋》，何曾有仁义作影本！只权衡来便是仁义。若论其实，也不过人之异于禽兽者耳。

古今此天下，许多大君子或如此作来，或如彼作来，或因之而加密，或创起而有作，岂有可传之心法，直指单传，与一物事教奉持保护哉！人自有性，人自有形，于性尽之，不尽禽性，于形践之，不践禽形，而创制显庸，仁义之大用立矣。呜呼！此孟子之所以为大人，而功不在禹下也。

## 十八

古之善射者，类以羿名。孟子曰“羿之教人射”，盖唐、虞之羿，以射教人者，非有穷后也。有穷后之死，自以淫田不道，非有人妒天子之善射而杀之者。《集注》以篡弑、党逆为言，要为未审。如果羿与寒浞，则彼此俱为乱贼，与安、史父子等，皆蹈滔天之恶，必诛不赦，而但以取友不审较量其罪之厚薄，不已迂乎！

《集注》又讥庾斯废公全私，亦未察于春秋时事。春秋列国之相侵伐，固不以斩将陷阵为功。如献麋遗弓，奉浆摄饮，当时正以此服人，则不必其师友而释之，亦未为不可。盖彼此均为侯国，旦干戈而夕玉帛，杀一人未足以为利，而徒深其怨，故虽纵敌而军刑不加。其或胜或败，初不关宗社之存亡，自不可以后世之武臣所与争一旦之命者非夷狄则盗贼，胜则安而败则危者比也。其必以折馘执俘、虔刘滨尽为功，自战国始有，而成于秦、项之际，要非可论于春秋疆埸之争一彼一此者也。不然，则庾斯卖国全私，与秦桧之班师、周延儒之纵敌等，其罪又岂在逢蒙之下，而何以得称为“端人”！

## 十九

程子所云“此章专为智而发”一句，极难看。云峰孟浪听得，便与勉强穿合，云“本欲言智而先言性，智，五性之一也”。但作此见解，则上面“天下之言性也”一句作何安顿？孟子欲言智，而故为此迂远不相登答之说，作八寸三分幞头起，古人未有此虚脾文字。

朱子云“人之为恶，水之在山，则非自然之故”；言水者，即通下治水。禹之治水，使之下也。又云“天下之理，本皆利顺”。夫然，则朱子显以“所恶于智者”一段申“故者以利为本”之义，见言性之当循其利而不可凿，而以禹之行所无事、顺其利下之理者为征。是以智言性而非于性言智，明矣。乃又取程子之说，而赞之曰“得此章之旨”，则以天下之言性而不循利以为故者，类皆聪敏辨慧之士，特以有智而不知所用，则遂至凿其所本不可通者而强之使通，是不知用智之过，而以成乎言性之失，故曰“凿以自私，则害于性而反为不智”。盖性隐于无形，而已然之迹，其利不利之几亦不易察，自非智足观理，则无以审之于微而传之于显，则智本有功于言性之具，而其所恶者特在凿智耳。

其曰“害性”者，非伤害其性中淳朴天真之谓，乃言其说之蠹害于所性之理，犹孟子之所云“率天下而祸仁义”也。迨其说戾于性，而言以移心，心以害事，则邪说诐行，交相牿亡，即以自贼其性而有余。然要为智以害性而成不智，而非即以害性中之智，如云峰牵合之说也。

说“性善”，便是行其所无事；说“性无善无不善”等，即是凿。以水喻性，以行水喻言性，显与下言治历，同为譬说，故亦与答告子“过颡”“在山”之说通。若谓智以应天下之事理者而言，则禹之行水即用智之事，而何以云“若”，云“亦”？其为取类相譬，以喻言性者之当善用其智，固本文之极易知者也。

《集注》前后元无两义，特以程子之言不易晓了，故为曲通之如此，以防天下之误解程说，割裂本文者，而云峰尚尔不知。学者之大病，才读一句书，便立地要从此解去，以趋悖谬。安得好学深思之士而与论大义哉！

## 二十

《集注》释“凿”字，上加一“穿”字，朱子沿俗语而失者也。“穿凿”出《淮南子》，上音“串”，下音才到切。穿，笋也；凿，孔也。穿凿者，谓以方笋入圆凿，不相受也。于此处不切。

此“凿”字自如字读，如凿石凿渠之凿。本无罅径，强用力以求通，如人性本无恶，却强说恶，就桀、纣之丧失其性者凿之成理，名之曰性，以曲成其说而使之通，则唯非已然之迹，而其不顺利也久矣。若禹之疏瀹决排，则俱在故有底水道上施功，终不似夫差、炀帝、李垂、贾鲁强于高原、平地上凿一河以挽水使入。只此字喻极切，加“穿”字，则失之矣。

## 二十一

“已然之迹”，谓可见之征也。潜室云“善恶皆已然之迹”一句，足折群疑。乃均此已然之迹，而或利或不利，此正在当身体会。若但据迹以为征，则虽有其故，而不利者多矣。故天下之言性者，云“有善有不善”，则有尧、舜、微、比、瞽瞍、象、纣以为之故；云“可以为善，可以为不善”，则有文、武、幽、厉以为之故。盖凿以言性，而性若实然，则凿以言故，而故亦有其可征者矣。唯反而求之以自得之，则利不利以别，此陈迹不足尽恃，而唯心理之安者为有本也。

性藏于心，安于心者为性之真，犹夫历因于度数，顺于度数者为历之合。仁山不知此，乃谓苟求已往日至之数，则将来者可坐而定，则是但有故而即可定，不论其利不利矣。充其说，则桀、纣亦已往之征也，其亦可定性之恶矣！

“千岁之日至”一句，自兼已往、将来说。历家亦无板局，故无可执之陈迹而务求之。求者，求其利也。如岁差之法，虽始于何承天、虞劚，乃杜预所推春秋长历，往往与后人置岁差之历合辙，想古法固有进退增减。唯如刘歆三统，执定一十九、八十一，迁就以使必合，则拘于故而不问其利不利，强凿之以求通也。

古今历法，唯郭守敬为得理，用天而不用人，晷景长极便是冬至，短极便是夏至，历元在数十年之内，周天定于万分，因其自然之利，而尽撤黄钟、大衍之死法，方与孟子言性就当人之心四端上求故一理。若旁引陈迹，不必其固然；而执以为固然，未有能利者也。仁山之论历，王安石之回河，荀、杨之言性，皆守故而不问其利，凿而已矣。

## 二十二

“禹、稷、颜子”一章，只《集注》说得好，诸小注皆过高而无实。和靖竟以“时”许三贤，亦非愚所敢知。章内说禹、稷处详，说颜子处略，则疑颜子之但安贫不仕，便是时措合宜。庆源只就出处上说无偏无倚，无过、不及，忒把圣贤“致中和”之全体、大用说得容易。

南轩谓此即是圣贤之异于杨、墨。夫杨氏之失，虽同室斗而不救，墨氏之病，虽乡邻而必披发缨冠以救之，固也。乃即杨之为己，岂其足以与于颜子之乐？墨之兼爱，岂其合于禹、稷之心？则圣贤之异于彼者，不但一或出、或处而尽之，实有其学术、德业之不同，本异而末亦殊也。

若以颜子不仕乱世而即合乎无偏、无倚，无过、无不及之时中，则与禹、稷同立于唐、虞之廷，若岳、牧、百工以下，讫乎共、驩，及夫危乱之世，嫉俗自贵而不仕，若沮、溺、丈人以洎乎庄周、列御寇、颜蠋、陈仲子之流，而皆时中矣。

《集注》“各尽其道”及“退则修己”八字，是扼要语。且不须抬高论到大本、达道、一贯、时中去。而“颜子不改其乐”，唯此一乐是与禹、稷同道底真血脉，不可以“晔晔紫芝，可以忘饥”，“众鸟欣有托，吾亦爱吾庐”者当之。若但潇潇洒洒，全性命于乱世，正使有为，只做得管仲、乐毅已足，何曾得见禹、稷项背来！

此须兼以《论语集注》中“所乐何事”求之。孟子于“万物皆备”“反身而诚”处，见得此道流动充满，外不以世移，内不以事间，无非以体天德而凝王道，故曰“禹、稷、颜子同道”。唯然，故其闭户也，实有以异于杨朱之闭户；其往救也，实有以异于墨翟之往救。而隐则为沮、溺，出则为管、乐者，皆不足云矣。知此，则庆源喜怒应感之说，犹水上打毬，了无泊处，盖亦不足为有无矣。

# 万章上篇

## 一

舜之处象，与周公之处管、蔡，其所以不同者，先儒论之详矣。然所谓“管、蔡之叛，忧在社稷，孽在臣民；象之欲杀舜，其事在舜之身”，此语亦须分别看，非谓一身小而社稷臣民大也。

使象恶得成，则天下且无舜，而昏垫之害谁与拯之！舜之一身所系固不轻，而以乱天下万世君臣兄弟之大伦者又岂细故！此处只论舜与周公所处之不同，更不论象与管、蔡罪之大小与事之利害。到兄弟之性，更以利害较大小，则已落私欲。若以罪之大小言，象之亲弑君亲，又岂可以祸不及于臣民为末减哉！

圣人之敦伦、尽性，只是为己，故舜于此且须丢抹下象之不仁，不商较其恶之浅深、害之巨细，而唯求吾心之仁。故象唯欲杀舜，则舜终不得怒而怨之。管、蔡唯欲危成王之社稷，故周公不得伸其兄弟之恩。以兄弟之恩视吾君宗社之存亡，则兄弟为私；以己身之利害视兄弟之恩，则己身为私。总为不可因己身故，而藏怒宿怨于兄弟，故不特不忍加诛，而且必封之。若其比肩事主而借兵端于我以毁王室，则虽未至有安危存亡之大故，而国法自不可屈。故孟子言瞽瞍杀人，而舜不得禁皋陶之执；若象以杀舜为事，事虽未遂，而弑械已成，其罪固浮于瞽瞍之杀人也远甚，藉使皋陶欲执之以抵罪，则舜必禁之矣。

虽云圣人大公无我，然到此处，亦须照顾自己先立于无憾之地，然后可以立情法之准。世儒不察，便谓圣人概将在己、在人作一视同等，无所分别，无所嫌忌，但以在彼善恶功罪之小大为弛张，而曰此圣人之以天地为一体者也。为此说者，蔑差等以直情而径行，其与异端所云“天地与我同根，万物与我共命”一流荒诞无实之邪说又何以异！所以圣人言礼，必先说个别嫌明微，以为义尽仁至之效。若于所当避之嫌，一概将在己、在物看作一例，却向上面辨理之曲直、害之大小，即此便是人欲横行，迷失其心。

胡文定传《春秋》，谓孔子自序其绩，与齐桓等，为圣人以天自处，视万象异形而同体，亦是议论太高不切实处。使孔子视己之绩如人之绩，美词序之而无嫌，则舜可视象之杀己与天下之杀其兄者同，则又何待其害及于宗社臣民而始加诛哉！尧授天下于舜，则舜必让之。如但以社稷臣民为大，则安社稷、绥臣民者，宜莫如舜，胡不慨然自任，而必逡巡以逊耶！

象之欲弑舜也，盖在舜未为天子之日，故小儒得以孽害之小大立说。向令舜已践帝位，象仍不悛，率有庳之不逞以图篡弑，岂不与管、蔡之流毒者同！将为舜者遂可俘之馘之以正其辜耶？使然，则汉文之于淮南，且但迁之而未尝加辟，然且“尺布、斗粟”之讥，千古以为惭德，然则使周公而身为天子，其不可加管、蔡以上刑亦明矣。

夫周公者，人臣也，不得以有其身者也。身不得有，故兄弟亦不得而有。兄弟之道，视乎身者也，非父母之比也。不得有身，斯不得有其兄弟；得有其身，则得有其兄弟矣。身所有之社稷，身所有之臣民，何患乎无君而又何患乎乱之不治，乃亏天伦以曲全之！是犹剸首以救肤，割肌以饱腹也，不亦傎乎！

## 二

“百姓如丧考妣，丧如字，谓以父母之服服之。四海遏密八音”，《书》有明文；“帅天下诸侯为尧三年丧”，孟子之释《书》又已分晓。古者民不得称百姓，至春秋时始通称之。古之言百姓者，皆赐氏而有姓者也。周则大夫世官而赐氏，夏、商以上，唯诸侯为有姓。“如丧考妣”者，即所谓“帅天下诸侯为尧三年丧”也。若氓黎之不得以父母之服服天子，自理一分殊、天理自然之节文，与诸侯之不得郊禘、庶子之不得丧其母、支子之不主祭一例。故曰“刑不上大夫，礼不下庶人”。

且礼也者，文称其质，物称其情者也。天下之大，万民之众，知愚贤不肖之杂，即有君如尧，可以感其哀于仓猝，而必不能固其情于三年。民之质也，虽企及而必不逮者也。乃驱天下而服三年之丧，保无有斩衰菲屦，纵饮狂歌，以绖舞而以杖斗者乎？则是乱礼丧真，而徒媟其君亲矣。故于礼无庶人服天子之文。其言“百姓”者，实诸侯也。汉文短臣子之丧，而反令庶人同制二十七日之服，薄于亲而厚于疏，乱上下之别，其悖甚矣。南轩以“天下臣民”为言，亦未可与言礼也。

## 三

“人君为不善，而天命去之”，于命言之，则非正命，于天言之则自正；于人之受命而言之，则非正，于天之命人而言则正。“惠迪吉，从逆凶，作善降之百祥，作不善降之百殃”，此正天命之正也。南轩于此，辨得未精。舜、禹之相历年多，自是正；尧、舜之子不肖，自是不正。故朱子说“本是个不好底意思，被他转得好了”。总之，正不正，只可于受命者身上说，不可以之言天，天直是无正无不正也。

故乾之四德，到说“贞”处，却云“各正性命”，亦就人物言正。天地“不与圣人同忧”，本体上只有元亨，到见功于人物上，方有利不利、贞不贞。利贞于此者，或不利不贞于彼；利贞于彼者，或不利不贞于此：天下无必然之利，一定之贞也。

尧、舜与天合德，故于此看得通透。子之不肖而不传之，本不利而非正，却顺着天，用他所利所贞者，吾亦以之利而得其正，则所谓“各正性命，保合太和，乃利贞”矣。

然此道唯施之子则可，若舜之于父母则不然。“号泣于旻天，于父母”，不受其不正也。舜之有父有子，皆命之非正者，特舜或顺天，或相天，一受之以正耳。

若桎梏死者，天命自正，受之不正也。唯天无正无不正，故曰“莫之为而为，莫之致而至”。有为有致，而后可以正不正言也，天岂然哉！

## 四

论舜、禹、益之避，《集注》“深谷可藏”四字大启争辨，自是立言不精。此岂避兵、避仇之比，且“南河之南”更有甚山谷如仇池、桃源也？

朱子抑云“礼之常也”，乃是定论。自尧以前，帝王亦皆传子，到尧时始有此君禅相摄之事。则三年丧毕，总己事终，自不得不避者，礼之正也。天下诸侯将迎推戴而出，自是奇特，非礼之所恒有；则亦舜、禹、益之所不谋。既必不冀望，亦不须防备。君有适嗣之可立，己亦有先君之显命，两者俱有可立之理，自无心于去留，一听之天人而已，何容心焉！

想来，“有天下而不与”之心，亦如此则已纯乎天理而无可加矣。朱子却又深说一步，云“唯恐天下之不吾释，益则求仁而得仁”，则又成矫异。夫舜、禹岂求仁而不得仁乎？若必以天下之吾释为幸，向后坚卧不起，又谁能相强耶？

尧、舜禅授之说，愚于《尚书引义》中论之颇详，想来当时亦不甚作惊天动地看。唯其然，故益之避亦甚寻常，天下之不归益亦甚平淡。此处正可想古之圣贤廓然大公、物来顺应之妙。若谓“唯恐天下之不吾释”，则几与越王薰穴、仲子居於陵一样心胸。虽可以砥砺贪顽，而不足与于天理、人心之至。圣贤心迹，与莽、操、懿、裕天地悬隔，不但相反而已。

欲知圣贤者，当以季札、子臧、汉高帝、宋孝宗、诸葛孔明、郭子仪一流作对证，拣出仁至义尽来，方有合处。

## 五

或问“朱、均不顺”一说，极为俗陋，罗长源作《路史》，似亦为此所惑。舜、禹当年是何等德业，朱、均虽不肖，固亦不得不服矣。刘裕心同懿、操，唯小有功于晋耳，然当其自立，晋恭帝且欣然命笔草诏，况圣人乎！有天下而为天子，不是小可事，云“不顺”者，乃似朱、均可以手揽而襟系之者然，真三家村学究见地也！上世无传国玺如汉元后之可执留者，不成朱、均介马孤立，大声疾呼以争于众曰“我欲为天子”邪？俗儒乐翘异以自鸣，亦不知量而已。

## 六

庆源“远而去，近而不去”之释，两“而”字下得不分明。此是通论圣人处。未仕之前，就之为近，不就为远；既仕之后，义不可留则去，道有可行则不去。倘作一串说，则不特孟子为敷衍骈赘之句，且既已远矣，盖未尝来，而何得言去？方其近也，且自立于可去、可不去之势，而亦何得遂定其不去邪？

## 七

吕氏说有命、无命处，极精当，正从孟子“求之有道，得之有命”上体出，显义、命之异而后见其合。南轩云“礼义之所在，固命之所在”，虽与吕氏小异，然亦以见礼义之所不在，便命之所不至也。

新安错看“得之不得曰有命”，将不得亦作命说。不知“命”字自与“理”“数”字不同，言命，则必天有以命之矣。故《中庸注》《录》以差除、诰敕拟之。既不得矣，则是未尝命之也。

孔子曰“有命”者，谓我若当得卫卿，天自命之也。“得之不得曰有命”者，言当其不得，则曰我若当得，则天自命我，而今未也。故曰“求之有道，得之有命”。道则人有事焉，命则天有事焉之词。若不求，则不可以道言；不得，则不可以命言矣。

或疑孔子以道之将废为命，孟子抑曰“莫非命也”，则不必受命得位而后可以命言矣。乃孔子之言废者，则既得而复失之词。孟子之言“莫非命”者，则以言乎吉凶祸福之至，犹朝廷之一予一夺皆有诰敕以行其令也。唯吉凶祸福大改异处，故以天之有所予夺者而谓之命。若人所本无，因不予之，人所本有，因不夺之，君子于此，唯有可行之法而无可受之命，故谓之曰“俟”。俟者，未至之词也。藉当居平无得无丧之时，而莫不有命，则更何所俟哉？故生不可谓之命，而死则谓之命，以其无所夺、有所夺之异也；不得不可谓之命，而得则谓之命，以其无所予、有所予之异也。

若概乎予不予、夺不夺而皆曰命，则命直虚设之词，而天无主宰矣！君子之素位而行，若概乎生与死、得与不得而皆曰有命，则一切委诸大造之悠悠，而无行法尊生之道矣！且不得而亦言命，则是得为常而不得为非常。君子而以非常视不得也，又岂非据愿外以为固有、惊宠辱而生怨尤也哉！

天既生人以后，士则学，农则耕，天子之子则富贵，士庶之子则贫贱，日用饮食，一切寻常事，都不屑屑劳劳授之以命，而唯人之自为质。此天之所以大，而人之所以与能也。世俗不知，乃云一饮一啄，莫非前定，于是有啖鲙餐糕、破枕蹂花之诞说，以恣慵惰放逸者之自弃。使然，则立乎岩墙之下亦无不可，而其自云“知命”者，适以为诬命而已矣。是与于无命之甚者也，而况义乎！鉴于此，而后知吕氏立说之精。

## 万章下篇

### 一

《集注》“无不可事之君，无不可使之民”，是伊尹胸中至大至刚语，然须于此看出伊尹偏处。其云至大至刚者，言气足以举之也，须与孔子“天下有道，丘不与易”自有分别。伊尹但在自家志力学术上见得恁地有余，谓己有此格君救民之道，更不论他精粗软硬，无往不成。若孔子则直与天地生物一般，须如此生生长长，收收成成，不徒恃在己者有此可化可育、可亭可毒之用。“君子之仕也，行其义也”，说得极平易，却广大高明，无可涯际在。孟子曰“万物皆备于我矣，反身而诚，乐莫大焉”，是学孔子处，不徒以己有兼善天下之才为本领也。

### 二

孟子于“圣”上更加一“智”字，已显示圣功、圣学更不容但在资禀上说。若说资禀，则人皆可以为尧、舜，而况三子之于孔子！使孔子而天纵以智，为三子之所必不逮，则孟子之愿学，又从何处描摹耶？

子曰“十室之邑，必有忠信如丘者焉，不如丘之好学”，不可认作托言以诱学者。使然，则夫子此语早已不忠不信矣。学者于此处若信圣人不过，则直是自弃者，不足与言。

夫射者之有巧力，力固可练，巧固可习，皆不全由资禀；而巧之视力，其藉于学而不因于生也为尤甚。总缘用功处难，学之不易得，庸人偷惰，便以归之气禀尔。

朱子言“颜子所进未可量”，又云“缘他合下少致知工夫，看得有偏”云云，深得孟子之旨。即如伊尹在畎亩之中乐尧、舜之道，便且就尧、舜之泽生民上着意；及云“使先知觉后知，使先觉觉后觉”，也只在以其知觉觉天下上看得仁义之用，则亦似未尝向静存动察中体备着位天地、育万物大合煞处分明至极也。则使三子者以孔子之下学上达者为作圣之功，亦何资禀之可限乎？

三子之得为圣，是他人欲净尽，天理流行，故造其极而无所杂。乃其以人欲之净行天理之所流，则虽恁莹澈条达，而一从乎天理流行之顺直者一径蓦直做去，则固于天理之大无外而小无间者，不能以广大精微之性学凝之。盖人欲之净，天资之为功半于人事，而要不可谓无人力。若天理之广大精微，皆备而咸宜，则固无天资之可恃，而全资之人事矣。

孔子“吾十有五”一章，自说得工夫何等缜密！虽在知命以还，从容中道之妙，非期待刻画以为功，而其存养以洗心退藏者，要岂一听之自然乎？故孟子言“圣、智之事”两“事”字，恰紧与“必有事焉”之意同。此或未察，乃云“为学者言之”，则圣人之圣智既绝乎人事矣，学者乃以“事”学之，岂非拟登天而以梯耶？

夫射者之习为巧也，固有内正外直、审几发虑之功，学者之所必习，亦羿之所必习也。故人可使学为羿，而岂羿之巧自性生，为人事所必不至者哉！唯释氏为怪诞亡实之论以欺人，故装点就“未离母胎已证菩提”“堕地七步唯吾独尊”一派淫邪之说。圣人之道，人道也，君子之学，圣学也，亦安有此耶！故知归三子之偏于气禀，盖朱门诸子诬其师之印可，而非朱子之云然。

## 三

东阳云“此章‘圣’字与‘大而化之’之圣不同”，非也。如伯夷求仁得仁而无怨，伊尹处畎亩乐尧、舜之道，幡然一改而伐夏救民，此岂更有未化者哉！“大而化”之化，与《中庸》之言“变则化”者，固有在己、在物之分。然于己未化，则必不能化物，而不能化物者，亦即己之未化也。如夷、惠之流风，兴起百世之下，伊尹格正太甲，俾其处仁迁义，则既于物而见其化矣，是岂其居之为德者犹有所絓碍，而不能达于变通者乎？

孟子曰“伯夷隘”，隘似与化相反，故东阳疑之，而其实不然。大同中之条理有其化，一致中之条理亦有其化也。人欲净而天理行，则化自顺。伯夷之隘，固不与鲍焦、申徒狄一流私意用事、悁戾疾物者等，故鲍焦、申徒狄满腹是怨，而伯夷不然。求仁而得仁，固已优游厌饫于天理之中，无往而不顺矣。伯夷之隘，隘亦化，故曰“圣之清”。伯夷之化，化于隘中，则虽圣而亦隘也。

孟子之答浩生不害，于圣上又加神之一位，盖以三子为圣，而孔子为神。曰“圣之时”，时则天，天一神矣。《易》曰“化不可知”，化自有可知者，有不可知者。如春之必温，秋之必凉，木之必落，草之必荣，化之可知者也，三子所得与之化也；物之品物流形者而以各正性命，各正性命者而以保合太和，元亨利贞用于至微而体于至显，春夏秋冬有其定位而无其专气，化之不可知者也，孔子之所独也。孔子之异于三子，不于其广大高明之性，而于其中庸精微之德，故以射之巧譬之。不能化则无以行远，犹射者之不能至。如鲍焦、申徒狄之清，邓禹、陶侃之任，东方朔、阮籍之和，行将去便与道相龃龉。三子却一直顺行去，更无蹭蹬差池，是可谓“大而化之”矣。

不知者乃谓孔子能化而三子不能，直将“化”之一字看得玄妙无定体。唯孟子知圣之深，则直在洗心藏密处拣出极深研几之妙。盖化之粗者，便奇特亦自易知，日月之广照、江海之汪洋是也；化之精者，即此易知处便不可知，水之澜、日月之容光必照是也。两者俱化，而可知、不可知分焉。不可知者，藏之密也，日新而富有者也。何尝有超陵变幻，为出于三子所化之外别有作用也哉！

化则圣也，不可知则圣之时也。化则力之至也，不可知则巧之审中于无形者也。以此辨之，则以言三子之德也不诬，而学孔子也亦有其津涘矣。

## 四

“不可知”只是不易见，非见之而不可识也。人之所不易见者，唯至精至密者而已。虽云不可知，却是一定在，如巧者之于正鹄然。天之有四时，其化可见，其为化者不可见。若人所为，便大纲露出本领来，分派下做作用，赏则喜之形，罚则怒之形，尽他奇特，都有迹在。如伯夷之清，其始如是，则终莫不如是，可以掐着搦着算定，总为他在粗枝大叶上布规模，立轨则。若天之有时，绵绵密密，而所以为寒暑生杀者，总在视不见、听不闻之中。孔子之不显其德以为载于无声无臭者，下学而上达，知之者唯天。人在作用上著心目，则更无亲切处也。乃其所以示人，则又无所隐，而若未有知者。然非使人见之而不能测识之，如异端之所谓神通者比。此以《中庸》“小德川流”“大德敦化”求之，则庶几不差。学者未到孟子知圣地位，且就博文约礼上讨线索，煞定仕、止、久、速看他功用，鲜不迷矣。

## 五

程子以孔子为乘田则为，为司寇则为，孟子必欲得宾师之位，定孔、孟差等。如此说道理，是将孔子竟作释氏“一乘圆教”“四无碍”看。圣人精义入神，特人不易知尔，岂有于此亦可，于彼亦可，大小方圆，和光同尘之道哉！

孟子曰“孔子圣之时”，与《易》“六位时成”之义同，岂如世俗之所谓合时者耶！春夏秋冬固无一定之寒暑温凉，而方其春则更不带些秋气，方其夏则了了与冬悬隔，其不定者皆一定者也。圣贤有必同之心理，斯有可同之道法，其不同者时位而已。一部《周易》，许多变易处，只在时位上分别；到正中、正当以亨吉而无咎，则同也。故孟子以论世为尚友之要道。

孔子之先，自华督之难奔鲁而仕于鲁，到郰大夫时，亦为鲁之世臣矣。春秋时，世禄之法未坏，而士之子必为士，而仕者非有大故，必于其宗国。则孔子既嗣郰大夫之禄，自不得不仕。乘田、委吏，为职虽小，而亦筮仕者初登仕版所必循之阶，岂可以我有圣德而操一不屑之心乎！古者五十始爵，乃命为大夫，周礼固在，不容越也。孔子之为此，自在蚤岁，义之宜，道之正，而岂故为委屈耶！

孟子虽鲁之公族，而失其禄位，降在氓黎者已久。鲁缪、平之世，三家不复执鲁政，疑悼公、元公尽去三桓，不复列其子孙于在廷矣。孟子于宗国无可仕之阶，逮游道既通，则已在五十受爵之年，固不容自乞卑官，以枉道辱己。且齐、梁之君卑礼厚币聘之以来，若更自请散秩以受微禄，不承权舆而甘为折节，愈不可矣。

抑乐正子固云"前以士，后以大夫"，则孟子曾为士矣，未尝必得宾师而后仕也。孟子既以抱关击柝为禄仕之宜，则其不必宾师之位者可见。孔子道不行于鲁，不脱冕而行，则其处司寇者，与处乘田、委吏之去就，固不同矣。

圣人居上不骄，在下不忧，方必至方，圆必至圆，当方而方则必不圆，当圆而圆则必不方，故曰"规矩方圆之至，圣人人伦之至"也，而岂有方圆无不可之理哉！学者之大忌，在推高圣人，以为神化不测，而反失其精义入神、合规应矩之大经，则且流于俗学，入于异端，而成乎无忌惮之小人矣。

## 六

朱子讥贾谊失进言之序，斟酌事理，允为定论。从来评贾生之得失者，未能及也。

古者大臣坐而论道，以至庶人、工、瞽，咸可进言。然庶人、工、瞽之所言者，必非百官之所言；小臣之所言者，必非大臣之所言也。唯大臣所论者道，则朝廷之建立因革，一切制治保邦，文章度数，须通盘彻底，料理一成局而陈之，以授百工之作行。若居言职者，则必有愆而后绳，有缪而后纠，方无愆缪，且不可立意思，逞议论，徒增聚讼。有官守者，则在兵言兵，在农言农，在礼言礼，以专治其事则利害亲而言之无妄也。至于庶人、工、瞽之谏，则又必国家显著之事理，介于得失安危之大，在廷者蒙蔽不以上闻，而后可陈其一得以待采焉。

今谊所言者，外制匈奴，内削侯王，上求主德，下正民俗，以洎乎礼乐制度，正朔服色，为天子所操三重之权者巨细毕举，尽取汉家之天下，画一成局，而欲竞授之有司，遵而行之。此大臣所从容坐论于燕间之道，而谊以疏远小生，辄以纸窗竹屋之所揣摩者握朝野中外以唯其所指使。则是以天下为傥得傥失，试少年议论文章之物，而可哉！

故知位卑言高，急于自炫之罪，不可以加之朱云、郇谟、郑侠、陈东直言敢谏之士，而唯谊允当之。而孟子之旨，本以为为贫而仕者留一优游进退之局，以尽其素位之道，非概以出位而言责小臣，而归言责于大臣，义自著明，无容惑也。

## 七

不敢见，礼也；不可召，义也。一章之中，纵说横说，乃于“义礼”二字，条理则自分明。如云“且”，云“何敢”，云“奚可”，云“岂敢”，云“况乎”，直恁清出。

礼有常经，义由事制。唯合夫义之宜者，则虽礼之所无，而礼自可以义起。如君欲有谋则就之，尧与舜迭为宾主，一合于尊贤之义，则当其行之，不患乎礼之不中于节文，而不必引君尊臣卑之礼以守其不敢矣。若礼所本有，则义即不宜，而一以礼之经为宜。如孔子非鲁君之所可召，而召必赴焉，则礼有其常，为礼屈而非为势屈，于义固宜，抑不必据不可召之义以自亢矣。

礼义相为错综以成经纬，固有合一之理。乃圣贤审物度己，则必既求之礼，又求之义，虽求之义，亦必求之礼，无不可者，而后决然以行其志。此孟子所以不陷于一偏，其以养君子之刚大者，即以定人道之高卑。乃知“王前”“士前”“贫贱骄人”之说，苟自矜厉以亏典礼。而蹑屩王门者，既以自辱其身，而犯上干主，其越礼逾分，亦已甚矣。《注》《录》未悉。

## 八

易位之事，后世所以不可行者，非孟子之言不可通于来今也。霍光行之，毕竟是胡乱。盖封建之天下自与郡县异，到秦、汉以后，天下事大段改易，如此诧异事更不可倚古人行迹莽撞。

且孟子所言，要为诸侯言尔。诸侯危社稷，则贵戚变置之，抑必上告天子，下告方伯，旁告四邻，可以相信相从，而贵戚之卿虽首发策，亦无嫌于犯上。若夫天子之不可易者，非徒三仁不能行之于纣，三代之末主之失道者多矣，从未有为此举动者。盖天子之于臣，纯乎臣者也；古者诸侯之卿命于天子，则不纯乎臣者也。亦几与今之首领同。不纯乎臣，而上又有天子可以请命，则虽贵戚之卿易之，而实天子易之矣。若四海一帝，九州一王，君虽不君，谁敢制命自己，而侥幸以成非常之事哉！“委任权力”，亦何足恃，而可以为三仁之所不敢为乎？此霍光之所以不学无术而酿山、禹之逆，司马昭、桓温所以为枭獍之魁而不可逭也。

《读四书大全说》卷九终

# 读四书大全说卷十·孟子

## 告子上篇

### 一

告子说“性犹杞柳”“犹湍水”，只说个“犹”字便差。人之有性，却将一物比似不得，他生要捉摸推测，说教似此似彼，总缘他不曾见得性是个甚么；若能知性，则更无可比拟者。

孟子斩截说个“善”，是推究根原语。善且是继之者，若论性，只唤做性便足也。性里面自有仁、义、礼、智、信之五常，与天之元、亨、利、贞同体，不与恶作对。故说善，且不如说诚。唯其诚，是以善；诚于天，是以善于人。惟其善，斯以有其诚。天善之，故人能诚之。所有者诚也，有所有者善也。则孟子言善，且以可见者言之。可见者，可以尽性之定体，而未能即以显性之本体。夫然，其得以万物之形器动作为变化所偶有者取喻之乎？先儒穷治告子之失，不曾至此，非所谓片言折狱也。

### 二

朱子谓告子只是认气为性，其实告子但知气之用，未知气之体，并不曾识得气也。告子说“勿求于气”，使其能识气之体，则岂可云“勿求”哉！若以告子所认为性之气乃气质之气，则荀悦、王充“三品”之言是已。告子且以凡生皆同，犹凡白皆白者为性，中间并不分一人、禽等级，而又何有于气质之差也！

理即是气之理，气当得如此便是理，理不先而气不后。理善则气无不善；气之不善，理之未善也。如牛犬类。人之性只是理之善，是以气之善；天之道惟其气之善，是以理之善。“《易》有太极，是生两仪”，两仪，气也，唯其善，是以可仪也。所以《乾》之六阳，《坤》之六阴，皆备元、亨、利、贞之四德。和气为元，通气为亨，化气为利，成气为贞，在天之气无不善。天以二气成五行，人以二殊成五性。温气为仁，肃气为义，昌气为礼，晶气为智，人之气亦无不善矣。

理只是以象二仪之妙，气方是二仪之实。健者，气之健也；顺者，气之顺也。天人之蕴，一气而已。从乎气之善而谓之理，气外更无虚托孤立之理也。

乃既以气而有所生，而专气不能致功，固必因乎阴之变、阳之合矣。有变有合，而不能皆善。其善者则人也；其不善者则犬牛也，又推而有不能自为桮棬之杞柳，可使过颡、在山之水也。天行于不容已，故不能有择必善而无禽兽之与草木，杞柳等。然非阴阳之过，而变合之差。是在天之气，其本无不善明矣。

天不能无生，生则必因于变合，变合而不善者或成。其在人也，性不能无动，动则必效于情才，情才而无必善之势矣。在天为阴阳者，在人为仁义，皆二气之实也。在天之气以变合生，在人之气于情才用，皆二气之动也。此“动”字不对“静”字言。动、静皆动也。由动之静，亦动也。

告子既全不知性，亦不知气之实体，而但据气之动者以为性。动之有同异者，则情是已；动之于攻取者，则才是已。若夫无有同异、未尝攻取之时，而有气之体焉，有气之理焉，即性。则告子未尝知也。

故曰“性犹杞柳也”，则但言才而已。又曰“性犹湍水也”，则但言情而已。又曰“生之谓性”，知觉者同异之情、运动者攻取之才而已矣。又曰“食色性也”，甘食悦色亦情而已矣。其曰“仁，内也”，则固以爱之情为内也；爱者七情之一，与喜怒哀乐而同发者也。

孟子曰：“乃若其情，则可以为善矣。”可以为善，则可以为不善矣，

"犹湍水"者此也；"若夫为不善，非才之罪也"。为不善非才之罪，则为善非才之功矣，"犹杞柳"者此也。杞柳之为桮棬，人为之，非才之功。即以为不善之器，亦人为之，非才之罪。

若夫人之实有其理以调剂夫气而效其阴阳之正者，则固有仁义礼智之德存于中，而为恻隐、羞恶、恭敬、是非之心所从出，此则气之实体，秉理以居，以流行于情而利导之于正者也。若夫天之以有则者位置夫有物，使气之变不失正，合不失序，如耳听目视，一时合用而自不紊。以显阴阳固有之撰者，此则气之良能，以范围其才于不过者也。理以纪乎善者也，气则有其善者也，气是善体。情以应夫善者也，才则成乎善者也。故合形而上、形而下而无不善。

乃应夫善，则固无适音"的"应也；成乎善，则有待于成也。无适应，则不必于善；湍水之喻。有待于成，则非固然其成；杞柳之喻。是故不可竟予情才以无有不善之名。若夫有其善，固无其不善，所有者善，则即此为善，气所以与两间相弥纶，人道相终始，唯此为诚，唯此为不贰，而何杞柳、湍水之能喻哉！故曰"诚者天之道""立天之道，曰阴与阳"而已；二气。"诚之者人之道""立人之道，曰仁与义"而已。仁生气，义成气。又安得尊性以为善，而谓气之有不善哉！

人有其气，斯有其性；犬牛既有其气，亦有其性。人之凝气也善，故其成性也善；犬牛之凝气也不善，故其成性也不善。气充满于天地之间，即仁义充满于天地之间；充满待用，而为变为合，因于造物之无心，故犬牛之性不善，无伤于天道之诚。在犬牛则不善，在造化之有犬牛则非不善。气充满于有生之后，则健顺充满于形色之中；而变合无恒，以流乎情而效乎才者亦无恒也，故情之可以为不善，才之有善有不善，无伤于人道之善。

苟其识夫在天之气，唯阴唯阳，而无潜无亢，则合二殊、五实而无非太极。气皆有理。苟其识夫在人之气，唯阴阳为仁义，而无同异无攻取，则以配义与道而塞乎两间。因气为理。故心、气交养，斯孟子以体天地之诚而存太极之实。若贵性贱气，以归不善于气，则亦乐用其虚而弃其实，其弊亦将与告子等。夫告子之不知性也，则亦不知气而已矣。

三

贵性贱气之说，似将阴阳作理，变合作气看，即此便不知气。变合固是气必然之用，其能谓阴阳之非气乎！《易》曰："立天之道曰阴与阳，立人之道曰仁与义。"仁义，一阴阳也。阴阳显是气，变合却亦是理。纯然一气，无有不善，则理亦一也，且不得谓之善，而但可谓之诚。有变合则有善，善者即理。有变合则有不善，不善者谓之非理。谓之非理者，亦是理上反照出底，则亦何莫非理哉！

大要此处著不得理字，亦说不得非理。所以周子下个"诚""几"二字，甚为深切著明。气之诚，则是阴阳，则是仁义；气之几，则是变合，则是情才。情者阳之变，才者阴之合。若论气本然之体，则未有几时，固有诚也。故凄风苦雨，非阴之过，合之淫也；亢阳烈暑，非阳之过，变之甚也。且如呼者为阳，吸者为阴，不呼不吸，将又何属？所呼所吸，抑为何物？老氏唯不知此，故以橐籥言之。且看者橐籥一推一拽，鼓动底是甚么？若无实有，尽橐籥鼓动，那得者风气来？如吹火者，无火则吹亦不然。唯本有此一实之体，自然成理，以元以亨，以利以贞，故一推一拽，"动而愈出"者皆妙。实则未尝动时，理固在气之中，停凝浑合得住那一重合理之气，便是"万物资始，各正性命，保合太和"底物事。故孟子言"水无有不下"，水之下也，理也，而又岂非气也？理一气，气一理，人之性也。

孟子此喻，与告子全别：告子专在俄顷变合上寻势之所趋，孟子在亘古亘今、充满有常上显其一德。如言"润下"，"润"一德，"下"又一德。此唯《中庸》郑注说得好："木神仁，火神礼，金神义，水神信，土神知。"康成必有所授。火之炎上，水之润下，木之曲直，金之从革，土之稼穑，十德。不待变合而固然，气之诚然者也。天全以之生人，人全以之成性。故"水之就下"，亦人五性中十德之一也，其实则亦气之诚然者而已。故以水之下言性，犹以目之明言性，即一端以征其大全，即所自善以显所有之善，非别借水以作譬，如告子之推测比拟也。

## 四

金仁山谓释氏指人心为性，而不知道心为性，此千年暗室一灯也。于此决破，则释氏尽他说得玄妙，总属浅鄙。

他只认精魂，便向上面讨消息，遂以作弄此精魂为工夫。如人至京都，不能得见天子，却说所谓天子者只此宫殿嵯峨、号令赫奕者是。凡人之有情有才，有好恶取舍，有知觉运动，都易分明见得，唯道心则不易见。如宫殿之易见，号令之易闻，而深居之一人，固难得而觌面也。故曰："道心惟微。"

在人微者，在天则显，故圣人知天以尽性；在天微者，在人则显，故君子知性以知天。上"微显"以小大言，下"微显"以隐著言。孟子就"四端"言之，亦就人之显以征天之微耳。孔子"一阴一阳之谓道"一章，则就天之显以征人之微也。要其显者，在天则因于变合，在人则因于情才，而欲知其诚然之实，则非存养省察功深候到者不知。

释氏只是急性著，立地便要见得，硬去搜索，看到人心尽头未有善、未有恶处，便自止息。告子也是如此。他不信知觉运动、情才之外有未发之中，总缘他未曾得见天子，反怪近臣之日侍君侧向人说知者为妄立名色以欺众，则亦可哀也已。

能活能动底，只是变合之几。变合而情才以生；变已则化，合已则离，便是死也。释氏说"蕉心倚芦"，明是说合；说"梦幻泡影"，明是说变。而其所变所合者之为何物，总不曾理会在，乃云"心生种种法生，心灭种种法灭"。生之谓性，死即无性也。呜呼，亦安得此鄙陋俗浅之言而称之也哉！

## 五

仁山云"释氏指视听言动之气为性，而不知所以视听言动之理为性"，语犹有病。盖将理，气分作二事，则是气外有理矣。夫气固在人之中，而此外别有理，岂非"义外"之说乎？所以视听言动之理，在既视听既言动后方显，即可云外；孔子言复礼为仁，则礼彻乎未有视听言动之先与既有之后，即气而恒存也。

今以言与听思之。声音中自有此宫、商、角、徵、羽，而人之气在口即能言之，在耳即能辨之。视之明于五色，动之中于五礼，亦莫不唯气能然，非气之用仅可使视见、听闻、言有声、动则至也。

人之性既异于犬牛之性，人之气亦岂不异于犬牛之气！人所以视听言动之理，非犬牛之所能喻；人视听言动之气，亦岂遂与犬牛同耶！

人之甘食悦色，非自陷于禽兽者，则必不下齐于禽兽。乃呼蹴之食，乞人不屑，不屑则亦不甘矣，是即自陷于禽兽者，其气之相取也亦异。况乎即无不屑，而所甘所悦亦自有精粗美恶之分。其所以迥然而为人之甘悦者固理也，然亦岂非气之以类相召者为取舍哉！故曰："形色，天性也。"气而后成形，形而后成色，形色且即性，而况气乎！

气固只是一个气，理别而后气别。乃理别则气别矣，唯气之别而后见其理之别。气无别，则亦安有理哉！

## 六

天下岂别有所谓理，气得其理之谓理也。气原是有理底，尽天地之间无不是气，即无不是理也。变合或非以理，则在天者本广大，而不可以人之情理测知。圣人配天，只是因而用之，则已无不善矣。

朱子说："尧、舜之子不肖，是不好底意思，被他转得好了。"非尧、舜之能转天也，在变化处觉得有些不善，其实须有好底在：子虽不可传，而适以成其传贤之善也。唯知其广大而不执一偏，则无不善矣。

在天之变合，不知天者疑其不善，其实则无不善。惟在人之情才动而之于不善，斯不善矣。然情才之不善，亦何与于气之本体哉！气皆有理，偶尔发动，不均不浃，乃有非理，非气之罪也。人不能与天同其大，而可与天同其善，只缘者气一向是纯善无恶，配道义而塞乎天地之间故也。

凡气之失其理者，即有所赢，要有所赢者必有所诎。故孟子曰"馁"，无理处便已无气。故任气无过，唯暴气、害气则有过。暴亦虐害意，义见前篇。不暴害乎气，使全其刚大，则无非是理，而形以践，性以尽矣。此孟子之所以为功于人极，而为圣学之正宗也。知气之善，而义之非外亦可知矣。

## 七

“爱未是仁，爱之理方是仁”，双峰之说此，韪矣。韩退之不知道，开口说“博爱之谓仁”，便是释氏旖旎缠绵，弄精魂勾当。夫爱，情也；爱之理，乃性也。告子唯以情为性，直将爱弟之爱与甘食悦色同一心看。今人若以粗浮之心就外面一层浮动底情上比拟，则爱弟之心与甘食悦色之心又何别哉！近日有一种邪说，谓“钟情正在我辈，即此是忠臣孝子本领”，说得来也有些相似，只此害人心极大。

须知此处绝不可以庸陋流俗之情识拣别得。且如人之爱弟：吾弟则爱之，固人之所同也；然使其弟有杀之害之之事，而秦人之弟为之救患解纷，则必舍其弟而爱秦人矣。此如人之嗜炙，本所同也，乃以多食炙故而致饱闷，则甘菜而不甘炙。无他，歆者同之，厌者异之，同者取之，异者攻之，情之缘感以生，而非性之正也。

故就凡人言之，吾弟则爱者，亦非仁也。必至于象日以杀舜为事，而舜且亲爱不改其恒，忧喜与同而无伪，方谓之仁。则固与食肉者之甘，好色者之悦，但以情之合离为取舍者不侔。盖人之爱弟也，亦止可云爱；舜之爱象也，乃尽其同气相感之理也。告子一流自无存养省察之功，不能于吾心见大本，则亦恶知吾弟则爱之外，更有爱弟之理哉！

朱子曰“仁者爱之理”，此语自可颠倒互看。缘以显仁之藏，则曰“爱之理”；若欲于此分性情、仁未仁之别，则当云“理之爱”。先言爱，则因爱而辨其理；先言理，则吾得理之气，自然有此亲亲、仁民、爱物之成能油然顺序而生也，故曰“性之德”也。以舜之爱象观之，唯有本而爱遂不穷，岂但于其用爱得所而见为理哉！待用爱得所而见为理，则岂徒可云义外哉？仁亦外矣！

## 八

潜室以“权度”言“义内”，亦未尝知义也。若专在权度上见义，则权度者因物之有长短轻重而立，岂非外乎！公都子曰“冬日则饮汤，夏日则饮水”，此岂待权度而后审者哉！盖唯有事于集义者，方知义内；若非其人，则但见义由物设，如权度之因物而立，因物者固不由内矣。有物则权度用，无物则无用权度处。两物相衡则须权度，一物独用则不须权度。然则弟未为尸之时，不与叔父争敬，而专伸其敬于叔父，便无义乎？只是一敬，则无长短轻重。

学者须于叔父未当前、弟未为尸之时，看取敬叔父、敬尸之心何在，方知义之在内。庸人无集义之功而不知义，则一向将外物之至，感心以生权度而不得不授之权度者以为义。如贫人本无金谷，必借贷始有，遂以借贷而得谓之富，而不知能治生者之固有其金谷也。

“冬日则饮汤，夏日则饮水”，不因于外，人尽知之。故公都子言君子之知义在内者，犹汝之知饮汤饮水，不待权度而自不至于颠倒也。固有义而固知之，则义之在吾心内者，总非外物之可比拟。权度，人为之外物也。故曰：“告子未尝知义。”彼直不知何者为义，非但误其外、内之界而已。如说权度为义，便不知义。

孟子至此，亦难与显言，非有吝而不言也。喜怒哀乐未发之时，有所性之德存焉，此岂可与不知者名言之哉！不得已而以弟为尸言之，则以人之爱敬或因情因感，因名因事，而相昵以爱，相畏以敬，非爱敬也。非爱敬，则安知爱敬之在内！唯至于宗庙之中，视无可见，听无可闻，总无长短轻重之形，容吾权度，而神之不可射者，以其昭明、焄蒿、凄怆之气此正金气也，秋气也，义气也。相为类动，而所自生之敬不倚声色而发于中，如夏气之感而嗜水，冬气之感而嗜汤。于此思之，敬之由内发而不缘物以立者，固可见矣。而人所以敬叔父者以天动天，亦如是而已矣。是中节者虽因于物，而所发者根于性也。

彼昏不知，而犹以敬尸之敬为外物之轻重长短以移用其权度，则是为孟季子者终身未尝有一念之真敬，其谓之外也，则奚怪哉！夫苟无一念之合于敬，而亿权度以为义，则虽以饮汤饮水喻之，彼且曰：饮汤饮水，不待权度而喻者也，故内也；敬叔父敬弟，待权度而审者也，故外也。呜呼，亦不可瘳已！

## 九

权之度音徒洛切。陈氏所云“权度”，乃如字。之，须吾心有用权度者在，固亦非外。然权度生于心，而人心之轻轻、重重、长长、短短者，但假权度以熟，而不因权度以生也。圣人到精义入神处，也须有观物之智，取于物为则。权度近智，与义无与。然谓轻重长短茫无定则于吾心，因以权称之、以度量之而义以出，则与于外义之甚者矣。

当初者权度是何处来底？不成是天地间生成一丈尺、一称锤，能号于物曰我可以称物之轻重、量物之长短哉？人心之则，假于物以为正，先王制之，而使愚不肖相承用之，是以有权度。权度者，数也，理也；而为此合理之数者，人心之义也。故朱子谓“义如利斧劈物”，则为权度之所自出，而非权度明矣。

今世里胥、牙侩之流，有全靠算子算金谷、地亩者，算子犹权度。为他心中本无了了之数，只仗学得来猾熟，算来也不差。乃一夺其算子，则一无所知。且方其用算子时，数之乘除多寡所以然之理，固懵然不省，一数已知，而复授一数，则须从头另起，而先所用者全无用处。此岂非其心无权度之故！而敬叔父、敬弟之真敬，其如此之倚仗成法，茫然无得于心，旦变夕移，断续而不相接也乎？潜室未之思尔。

## 十

若说弟重则敬弟、叔父重则敬叔父为权度，此是料量物理，智之用也，且非智之体。不与敬之本体相应。若说权度者物之所取平者也，吾心之至平者谓之权度，则夫平者固无实体，特因无不平而谓之平耳。此但私欲不行边事，未到天理处。以平为义，则义亦有名而无实矣。义者以配四德之利、四时之秋，岂但平而已哉！吾固有之气，载此刚大之理，如利斧相似，严肃武毅，遇着难分别处，一直利用，更无荏苒，此方是义之实体。故以敬以方，以宜以制，而不倚于物。岂但料量以虚公，若衡鉴之无心，而因用以见功者乎！

## 十一

孟子不曾将情、才与性一例，竟直说个“善”字，本文自明。曰“情可以为善"，即或人"性可以为善"之说也；曰"若夫为不善，非才之罪"，即告子"性无不善"之说也。彼二说者只说得情、才，便将情、才作性，故孟子特地与他分明破出，言性以行于情、才之中，而非情、才之即性也。

孟子言"情可以为善"，而不言"可以为不善"，言"不善非才之罪"，而不言"善非才之功"，此因性一直顺下，从好处说。则其可以为不善者，既非斯人所必有之情，固但见其可以为善，而不见其可以为不善。若夫为善虽非才之功，而性克为主，才自辅之，性与才合能而成其绩，亦不须加以分别，专归功于性而摈才也。此是大端看得浑沦处，说一边便是，不似彼欲破性善之旨，须在不好处指摘也。然言"可以为善"，则可以为不善者自存；言"不善非才之罪"，则为善非其功也亦可见矣。

孟子言"恻隐之心，仁也"云云，明是说性，不是说情。仁义礼智，性之四德也。虽其发也近于情以见端，然性是彻始彻终与生俱有者，不成到情上便没有性！性感于物而动，则缘于情而为四端；虽缘于情，其实止是性。如人自布衣而卿相，以位殊而作用殊，而不可谓一为卿相，则已非布衣之故吾也。又如生理之于花果，为花亦此，为果亦此，花成为果而生理均也；非性如花而情如果，至已为果，则但为果而更非花也。

孟子竟说此四者是仁义礼智，既为仁义礼智矣，则即此而善矣。即此而善，则不得曰"可以为善"。恻隐即仁，岂恻隐之可以为仁乎？有扩充，无造作。若云恻隐可以为仁，则是恻隐内而仁外矣。若夫情，则特可以为善者尔。可以为善者，非即善也，若杞柳之可以为桮棬，非杞柳之即为桮棬也。性不可戕贼，而情待裁削也。前以湍水喻情，此以杞柳喻情。盖告子杞柳、湍水二喻，意元互见。故以知恻隐、羞恶、恭敬、是非之心，性也，而非情也。夫情，则喜、怒、哀、乐、爱、恶、欲是已。

庆源说"喜怒哀乐未发，何尝不善，发而中节，亦何往而不善"，语极有疵。喜怒哀乐未发，则更了无端倪，亦何善之有哉！中节而后善，则不中节者固不善矣，其善者则节也，而非喜怒哀乐也。学者须识得此心有个节在，不因喜怒哀乐而始有，则性、情之分迥然矣。若昏然不察，直将恻隐、羞恶、恭敬、是非与喜怒哀乐作一个看，此处不分明，更有甚性来！

孟子言情，只是说喜怒哀乐，不是说四端。今试体验而细分之。乍见孺子入井之心，属之哀乎，亦仅属之爱乎？非有爱故。无欲穿窬之心，属之怒乎，亦仅属之恶乎？即穿窬者，亦有所恶。若恭敬、是非之心，其不与七情相互混者，尤明矣。学者切忌将恻隐之心属之于爱，则与告子将爱弟之心与食色同为性一例，在儿女之情上言仁。“汉以来儒者不识‘仁’字”，只在此处差谬。恻隐是仁，爱只是爱，情自情，性自性也。

情元是变合之几，性只是一阴一阳之实。情之始有者，则甘食悦色；到后来蕃变流转，则有喜怒哀乐爱恶欲之种种者。性自行于情之中，而非性之生情，亦非性之感物而动则化而为情也。

情便是人心，性便是道心。道心微而不易见，人之不以人心为吾俱生之本者鲜矣。故普天下人只识得个情，不识得性，却于情上用工夫，则愈为之而愈妄。性有自质，情无自质，故释氏以“蕉心倚芦”喻之；无自质则无恒体，故庄周以“藏山”言之。无质无恒，则亦可云无性矣。甚矣，其逐妄而益狂也！

孟子曰：“若夫为不善，非才之罪也。”不善非才罪，罪将安归耶？《集注》云“乃物欲陷溺而然”，而物之可欲者，亦天地之产也。不责之当人，而以咎天地自然之产，是犹舍盗罪而以罪主人之多藏矣。毛嫱、西施，鱼见之而深藏，鸟见之而高飞，如何陷溺鱼鸟不得？牛甘细草，豕嗜糟糠，细草、糟糠如何陷溺人不得？然则才不任罪，性尤不任罪，物欲亦不任罪。其能使为不善者，罪不在情而何在哉！

朱子曰“非才如此，乃自家使得才如此”，“自家”二字，尤开无穷之弊。除却天所命我而我受之为性者，更何物得谓之自家也？情固是自家底情，然竟名之曰“自家”，则必不可。盖吾心之动几，与物相取，物欲之足相引者，与吾之动几交，而情以生。然则情者，不纯在外，不纯在内，或往或来，一来一往，吾之动几与天地之动几相合而成者也。释氏之所谓心者，正指此也。

唯其为然，则非吾之固有，而谓之“铄”。金不自铄，火亦不自铄，金火相构而铄生焉。铄之善，则善矣，助性以成及物之几，而可以为善者其功矣。铄之不善，则不善矣，率才以趋溺物之为，而可以为不善者其罪矣。故曰“或相倍蓰而无算者，不能尽其才者也”，而不可云“不能尽其情”。若尽其情，则喜怒哀乐爱恶欲之炽然充塞也，其害又安可言哉！

才之所可尽者，尽之于性也。能尽其才者，情之正也；不能尽其才者，受命于情而之于荡也。惟情可以尽才，故耳之所听，目之所视，口之所言，体之所动，情苟正而皆可使复于礼。亦惟情能屈其才而不使尽，则耳目之官本无不聪、不明、耽淫声、嗜美色之咎，而情移于彼，则才以舍所应效而奔命焉。

盖恻隐、羞恶、恭敬、是非之心，其体微而其力亦微，故必乘之于喜怒哀乐以导其所发，然后能鼓舞其才以成大用。喜怒哀乐之情虽无自质，而其几甚速亦甚盛。故非性授以节，则才本形而下之器，蠢不敌灵，静不胜动，且听命于情以为作为辍，为攻为取，而大爽乎其受型于性之良能。

告子之流既不足以见吾心固有之性，而但见夫情之乘权以役用夫才，亿为此身之主，遂以性之名加之于情。释《孟子》者又不察于性之与情有质无质、有恒无恒、有节无节之异，乃以言性善者言情善。夫情苟善，而人之有不善者又何从而生？乃以归之于物欲，则亦老氏“五色令人目盲，五音令人耳聋”之绪谈。抑以归之于气，则诬一阴一阳之道以为不善之具，是将贱二殊，厌五实，其不流于释氏“海沤”“阳焰”之说者几何哉！

愚于此尽破先儒之说，不贱气以孤性，而使性托于虚；不宠情以配性，而使性失其节。窃自意可不倍于圣贤，虽或加以好异之罪，不敢辞也。

## 十二

以在天之气思之：春气温和，只是仁；夏气昌明，只是礼；秋气严肃，只是义；冬气清洌，只是智。木德生生，只是仁；火德光辉，只是礼；金德劲利，只是义；水德渊渟，只是智。及其有变合也，冬变而春，则乍呴然而喜；凡此四情，皆可以其时风日云物思之。春合于夏，则相因泰然而乐；夏合于秋，则疾激烈而怒；秋变而冬，则益凄切而哀。如云“秋冬之际，尤难为怀”，哀气之动也。水合于木，则津润而喜；新雨后见之。木合于火，则自遂而乐；火薪相得欲燃时见之。火变金，则相激而怒；金在冶不受变，火必变之，如此。金变水，则相离而哀。此差难见。金水不相就，虽合而离。

以在人之气言之：阳本刚也，健德也；与阴合而靡，为阴所变，则相随而以喜以乐，男之感女、义之合利时如此。非刚质矣。阴本柔也，顺德也；受阳之变，必有吝情，虽与阳合，而相迎之顷必怒，已易其故必哀，女制于男，小人屈于君子，必然。非柔体矣。

惟于其喜乐以仁礼为则，则虽喜乐而不淫；于其怒哀以义智相裁，则虽怒哀而不伤。故知阴阳之撰，唯仁义礼智之德而为性；变合之几，成喜怒哀乐之发而为情。性一于善，而情可以为善，可以为不善也。

## 十三

不善虽情之罪，而为善则非情不为功。盖道心惟微，须借此以流行充畅也。如行仁时，必以喜心助之。情虽不生于性，而亦两间自有之几，发于不容已者。唯其然，则亦但将可以为善奖之，而不须以可为不善责之。故曰“乃所谓善也”，言其可以谓情善者此也。《集注》释此句未明，盖谓情也。

功罪一归之情，则见性后亦须在情上用功。《大学》“诚意”章言好恶，正是此理。既存养以尽性，亦必省察以治情，使之为功而免于罪。《集注》云“性虽本善，而不可无省察矫揉之功”，此一语恰合。省察者，省察其情也，岂省察性而省察才也哉！

若不会此，则情既可以为不善，何不去情以塞其不善之原，而异端之说由此生矣。乃不知人苟无情，则不能为恶，亦且不能为善。便只管堆塌去，如何尽得才，更如何尽得性！

孟子言“情则可以为善，乃所谓善也”，专就尽性者言之。愚所云为不善者情之罪，专就不善者言之也。孟子道其常，愚尽其变也。若论情之本体，则如杞柳，如湍水，居于为功为罪之间，而无固善固恶，以待人之修为而决导之，而其本则在于尽性。是以非静而存养者，不能与于省察之事。《大学》之所以必正其心者乃可与言诚意也。

## 十四

《集注》谓“情不可以为恶”，只缘误以恻隐等心为情，故一直说煞了。若知恻隐等心乃性之见端于情者而非情，则夫喜怒哀乐者，其可以

"不可为恶"之名许之哉！

情如风然，寒便带得寒气来，暄便带得暄气来，和便带得和气来。恻隐等心行于情中者，如和气之在风中，可云和风，而不可据此为风之质但可为和，而不可以为极寒、暄热也。故君子慎独以节其情也，若不于存养上有以致其中，则更无和之可致矣。喜怒哀乐之发，岂但有节而无无节者哉！朱子未析得"情"字分明，故添上"不可以为恶"五字，而与孟子之旨差异。若西山之言才，亦云"本可以为善，而不可以为恶"，则尤不揣而随人口动尔。

人之为恶，非才为之，而谁为之哉！唯其为才为之，故须分别，说非其罪。若本不与罪，更不须言非罪矣。如刺人而杀之，固不可归罪于兵，然岂可云兵但可以杀盗贼，而不可以杀无辜耶?

孟子以耳目之官为小体，而又曰"形色，天性也"。若不会通，则两语坐相乖戾。盖自其居静待用、不能为功罪者而言，则曰"小体"；自其为二殊、五实之撰，即道成器以待人之为功者而言，则竟谓之"天性"。西山谓"才不可以为恶"，则与孟子"小体"之说相背；程子以才禀于气，气有清浊，归不善于才，又与孟子"天性"之说相背。

孟子于"性"上加一"天"字，大有分晓。才之降自天者无所殊，而成形以后，蠢不敌灵，静不胜动，则便小而不大。此等处，须看得四方透亮，不可滞一语作死局，固难为不知者道也。

## 十五

程子全以不善归之于才，愚于《论语说》中有笛身之喻，亦大略相似。然笛之为身，纵不好，亦自与箫管殊，而与枯枝草茎尤有天渊之隔。故孔子言其"相近"，孟子亦言"非才之罪"，此处须活看。既是人之才，饶煞差异，亦未定可使为恶。《春秋传》记商臣蜂目豺声，王充便据以为口实，不知使商臣而得慈仁之父、方正之傅，亦岂遂成其恶哉！舜之格瞽瞍及免象于恶，其究能不格奸者，亦瞍、象之才为之也，又岂舜之于瞍、象能革其耳目，易其口体，而使别成一底豫之才哉！

人之所以异于禽兽者，其本在性，而其灼然终始不相假借者，则才也。故恻隐、羞恶、恭敬、是非，唯人有之，而禽兽所无也；人之形色足以率其仁义礼智之性者，亦唯人则然，而禽兽不然也。若夫喜怒哀乐爱恶欲之情，虽细察之，人亦自殊于禽兽，此可以为善者。而亦岂人独有七情，而为禽兽之所必无，如四端也哉！一失其节，则喜禽所同喜、怒兽所同怒者多矣。此可以为不善。乃虽其违禽兽不远，而性自有几希之别，才自有灵蠢之分，到底除却者情之妄动者，不同于禽兽。则性无不善而才非有罪者自见矣。故愚决以罪归情，异于程子之罪才也。

## 十六

情之不能不任罪者，可以为罪之谓也。一部《周易》，都是此理。六阳六阴，才也。言六者，括百九十二。阳健、阴顺，性也。当位、不当位之吉、凶、悔、吝，其上下来往者情也。如《泰》《否》俱三阴三阳，其才同也；以情异，故德异。然在人则为功为罪，而不可疑天地之化何以有此，以滋悔吝之萌。天地直是广大，险不害易，阻不害简，到二五变合而为人，则吃紧有功在此。故曰“天地不与圣人同忧”。慕天地之大而以变合之无害也，视情皆善，则人极不立矣。

天地之化，同万物以情者，天地之仁也；异人之性与才于物者，天地之义也。天地以义异人，而人恃天地之仁以同于物，则高语知化，而实自陷于禽兽。此异端之病根，以灭性隳命而有余恶也。

## 十七

孟子言“夜气”，原为放失其心者说。云峰言“圣人无放心，故无夜气”，非无夜气也，气之足以存其仁义之心者，通乎昼夜而若一也。圣人当体无非天者，昭事不违，一动一静皆性命之所通。其次，则君子之见天心者，有过未尝不知，知而未尝复为，“不远复，无祇悔”也。又其次，虽日月至焉，而与天陟降之时，亦未尝不在动静云为之际。如此，则亦何待向晦宴息，物欲不交，而后气始得清哉！

审然，则不可以夜气言者，非但圣人也。说到夜气足以存仁义之心，即是极不好底消息。譬病已深重，六脉俱失其常，但谷气未衰，则可以过其病所应死之期，如《内经》所云“安谷者过期而已”。若平人气象，胃气内荣，则不须问谷气也。

在天者，命也；在人者，性也。命以气而理即寓焉，天也；性为心而仁义存焉，人也。故心者，人之德也；气者，天之事也。心已放而恃气存之，则人无功而孤恃天矣。

人之昼作而夜息者，岂人之欲尔哉！天使之然，不得不然。以象，则昼明而夜暗；以气，则昼行于阳而夜行于阴。行于阴而息，非人自息，天息之也。故迨至于夜，而非人可用功之时；则言及于气，而亦非人可用力之地。所以朱子斥谓气有存亡而欲致养于气者为误。异端之病，正在于此：舍人事之当修，而向天地虚无之气捉搦卖弄。一部《参同契》，只在气上用力，乃不知天地自然之气行于人物之中，其昌大清虚，过而不可留，生而不可遏者，尽他作弄，何曾奈得他丝毫动！则人之所可存可养者，心而已矣。故孟子之言“养气”，于义有事，而于气无功也。

若说旦昼有为之时为牿亡之所集，却便禁住此心不依群动，而与夜之息也相似，以待清气之生，此抑为道家言者极顶处，唤作“玄牝”。乃不知天地之气恒生于动而不生于静，故程子谓“复其见天地之心”，乃初九一阳，数点梅花，固万紫千红之所自复。若一直向黑洞洞地枵然伏处，待其自生，则《易》当以《坤》之上六为天地之心，而何以玄黄之疑战正在此哉！若一向静去，则在己者先已解散枯槁，如何凝得者气住？气不充体，则心已失其所存之基，则生而死，人而鬼，灵而蠢，人而物，其异于蚓之结而鳖之缩者几何耶？

静则气为政者，天事也；动则心为政者，人道也。君子以人承天，故《易》于《震》之《彖》曰“不丧匕鬯”。人所有事于天者，心而已矣。丧其匕鬯，以待鬼神之至于徜徉，不亦妄乎！故朱子专以其功归之养心，而不归之气，其旨定矣。

延平之说曰“若于旦昼之间，不至牿亡，则夜气愈清；夜气清，则平旦未与物接之时，湛然虚明，气象自可见矣”，非也。旦昼不牿亡者，其以存此心而帅其气以清明者，即此应事接物、穷理致知孜孜不倦之际，无往不受天之命，以体健顺之理；若逮其夜，则犹为息机，气象之不及夫昼也多矣。“昊天曰明，及尔出王；昊天曰旦，及尔游衍”。出王、游衍之际，气无不充，性无不生，命无不受，无不明焉，无不旦焉。而岂待日入景晦，目闭其明，耳塞其聪，气反于幽，神反于漠之候哉！

夜气者，气之无力者也。以无力，故不能受恶之染污；则以无力，故不能受善之薰陶。天不息，则夜亦无殊于昼，而夜非加清。人有息，则夜之所顺受于天者微；而气行阴中，则抑以魄受而不以魂承。是故苟非牿亡其心者，不须论夜也。

君子之夜气，与牿亡者之夜气，所差不远，故牿亡者得以近其好恶。君子之昼气，丽乎动静云为而顺受其清刚正大者，则非牿亡者之所可与，而气象固已远矣。奈之何舍平人荣卫之和，而与危病者争仅存之谷气哉！达于朱子之旨，则延平之说可废矣。

## 十八

愚尝谓命日受，性日生，窃疑先儒之有异。今以孟子所言“平旦之气”思之，乃幸此理之合符也。

朱子言“夜气如雨露之润”。雨露者，天不为山木而有，而山木受之以生者也；则岂不与天之有阴阳、五行，而人受之为健顺、五常之性者同哉！在天降之为雨露，在木受之为萌蘖；在天命之为健顺之气，在人受之为仁义之心。而今之雨露，非昨之雨露；则今日平旦之气，非昨者平旦之气，亦明矣。到旦昼牿亡后，便将夙昔所受之良心都丧失了。若但伏而不显，则不得谓之亡。且其复也，非有省察克念之功以寻绎其故，但因物欲稍间，而夜气之清明不知其所自生。若此者，岂非天之日命而人之日生其性乎？

乃或曰，气非性也，夜气非即仁义之心，乃仁义之所存也，则将疑日生者气耳，而性则在有生之初。而抑又思之：夫性即理也，理者理乎气而为气之理也，是岂于气之外别有一理以游行于气中者乎？夫言夜气非即良心而为良心之所存，犹言气非即理，气以成形而理具也。岂气居于表以为郛郭，而良心来去以之为宅耶？故朱子说“夜气不曾耗散，所以养得那良心”，以一“养”字代“存”字。只此天所与人清明之气，健顺故清明。养成而发见到好恶上不乖戾，即是良心，而非气外别有心生，审矣。

理便在气里面，故《易》曰“一阴一阳之谓道”，又曰“形而上者谓之道”。形而上者，不离乎一阴一阳也。故曰“两仪生四象，四象生八卦，八卦定吉凶”。气自生心，清明之气自生仁义之心。有所触，则生可见，即谓之生；无所触，则生不可见，故谓之存：其实一也。

天与人以气，必无无理之气。阳则健，阴则顺也。一阴一阳则道也，错综则变化也。天无无理之气，而人以其才质之善，异于禽兽之但能承其知觉运动之气，尤异于草木之但能承其生长收藏之气。是以即在牿亡之余，能牿亡其已有之良心，而不能牿亡其方受之理气也。理气谓有理之气。

天之与人者，气无间断，则理亦无间断，故命不息而性日生。学者正好于此放失良心不求亦复处，看出天命于穆不已之几，出王、游衍，无非昊天成命，相为陟降之时；而君子所为“不远复，无祇悔”，以日见天心、日凝天命者，亦于此可察矣。

若云唯有生之初天一命人以为性，有生以后唯食天之气而无复命焉，则良心既放之后，如家世所藏之宝已为盗窃，苟不寻求，终不自获；乃胡为牿亡之人非有困心衡虑反求故物之功，而但一夜之顷，物欲不接，即此天气之为生理者，能以存夫仁义之心哉？

故离理于气而二之，则以生归气而性归理，因以谓生初有命，既生而命息，初生受性，既生则但受气而不复受性，其亦胶固而不达于天人之际矣。

## 十九

必须说个仁义之心，方是良心。言良以别于楛，明有不良之心作对。盖但言心，则不过此灵明物事，必其仁义而后为良也。心之为德，只是虚、未有倚，然可以倚。灵、有所觉，不论善恶皆觉。不昧，能记忆亲切，凡记忆亲切者必不昧。所以具众理、未即是理，而能具之。应万事者，所应得失亦未定。大端只是无恶而能与善相应，然未能必其善也。须养其性以为心之所存，方使仁义之理不失。

孔子曰“操则存”，言操此仁义之心而仁义存也；“舍则亡”，言舍此仁义之心而仁义亡也；“出入无时”，言仁义之心虽吾性之固有，而不能必其恒在也；“莫知其乡”，言仁义之心不倚于事，不可执一定体以为之方所也；“其心之谓与”，即言此仁义之心也。

说此书者，其大病在抹下“仁义”二字，单说个灵明底物事。《集注》已未免堕在，北溪更添上一段描画，写得恍恍惚惚，似水银珠子样，算来却是甚行货！大概释氏之说恰是如此。看他七处征心，“不在内，不在外”之语，正北溪所谓“忽在此，忽在彼”也。看他说“如我按指，海印发光，汝但起心，尘劳先起”，正北溪所谓“亡不是无，只是走作逐物去”也。

范家女子只撩乱记得几句禅语，便胡言道“孟子误矣，心岂有出入”，伊川从而称之，不亦过乎！者昭昭灵灵，才收着即在眼前底，正释氏所谓“常住真心”。此是邪说诬民、充塞仁义第一紧要真赃。果如彼说，则孔子之言句句可破，不但如范氏妖孽所云也。

此灵明活动者，如荷叶上露水相似，直是操不得底，愈操而愈不存矣。此灵明活动者亦如影之随形，不但不亡，而亦何容舍？开眼见明，闭眼见暗，未有能舍之者也。亦直不可说他“莫知其乡”“唤醒主人翁”，则端的“在家里坐，行住坐卧不离者个”也。呜呼，谁谓孔子之言而如斯其背谬耶！

总缘撇下“仁义”二字说心，便惹得许多无父无君之教涎沫来胡哄。圣贤之言，修辞立诚，不合弄此虚脾。圣贤之学，反身而诚，养其性以存其心，不将此圆陀陀、光闪闪的物事作本命元辰看得隆重。朱子自有“良心存亡只在眇忽之间，舍便失去，操之勿放，放犹废也，非逸也。则良心常存”一段语录，千真万当，为圣学宗旨。其他画出来活鬼相似一流虚脾语，删之无疑。

## 二十

谓“欲生恶死是人心，唯义所在是道心”，则区别分明。乃朱子尤必云“权轻重，却又是义”，义在舍死取生，则即以生为义矣。

人心者，唯危者也，可以为义，可以为不义，而俟取舍者也。故欲生恶死之心，人心也。庆源鲁莽不察，竟将得生避患作人欲说。则是遏人欲于不行者，必患不避而生不可得，以日求死而后可哉？孟子以鱼与熊掌配生与义，鱼虽不如熊掌之美，然岂有毒杀人而为人所不可嗜耶？若夫人欲，则乌喙之毒而色恶、臭恶之不可入口者矣。

孟子于此，原以言人之本心纯乎天理。本心即道心。即在人所当欲之生、当恶之死，亦且辨之明而无所苟；而况其为非所当欲、非所当恶者，如“宫室之美”等。曾何足以乱之哉！若论在所当得，则虽宫室、妻妾、穷乏得我，且未是人欲横行处，而况欲生恶死之情！唯不辨礼义而受万钟，斯则天理亡而人欲孤行者。

圣贤于此只论礼义，不论利害，故朱子云“临时比并，又却只是择利害处去”。若不于义理上审个孰为当欲，孰为当恶，孰为且不当用其欲恶，而但以于身之缓急为取舍，则世固有无心于宫室、妻妾之间，安其粗陋，所识穷乏者吝一粟之施，虽怨不恤，而走死权势，坐守金粟者。以不辨礼义而快其所欲受，其可谓之知所取舍乎？

饮食之人，人皆贱之。饮食之于人，其视宫室、妻妾、穷乏得我也，缓急利害，相去远矣，讵可以饮食之人贤于富贵之人耶？是知宫室、妻妾、穷乏得我，以至得生避患，唯不知审，则可以为遏抑天理之具，而成乎人欲。固不可以欲生恶死即为人欲之私，而亦不当以宫室、妻妾、穷乏得我，与生之可欲、死之可恶，从利害分缓急也。

## 二十一

心则只是心，仁者，心之德也。径以心为仁，则未免守此知觉运动之灵明以为性，此程、朱所以必于孟子之言为之分别也。

然孟子言此，则固无病。其言“仁，人心也”，犹言“义，人路也”。“义，人路也”，非人路之即义；则“仁，人心也”，亦非人心之即仁矣。除却义，则非路。非无路也，或为茅塞，或为蹊径，兽蹄鸟迹之道，非人路也。除却仁，则非心。非无心也，知觉运动，将与物同，非人之心也。孟子之言明白简易，只是如此。故不须更与分疏心即仁之与非即仁也。

朱子言“仁者心之德”，“德”字亦须分别看，不可以“有得于心”释之。德自属天。天予人以仁而人得之为秉夷之心，天予人以义而人得之以为率由之路，其义一也。若于此不审，以心为郛郭而仁在其中，然则亦以路为辙迹而义在其中乎？若然，则仁内而义外乎！

孟子“义路”之说，若看不分晓，极易犯手，说似仁内义外去。此

"路"字是心中之路，非天下之路也。路在天下，纵横通达，而非吾所必由。惟吾欲往燕往越，以至越陌度阡，此中却分明有一路在，终不成只趁着大路便走！"君子喻于义"，路自在吾心，不在天下也。

潜室以不是血气做成的心为辨，语极肤浅。圣贤言心，皆以其具众理而应万事者言之，岂疑于此肉团之心哉！孟子言此具众理而应万事者，则仁以为之德，而非能知能觉之识即可具众理，能运能动之才即可应万事。不然，则物之有其知觉运动者，何以于理昧而于事舛也？此远不御而近自正者，则义以为之制，而非任运自由之可以达于天下而无所碍。不然，则物之意南而南、意北而北者，何以近无准而远必泥也？

直以仁为人心，而殊之于物之心，故下直言求心而不言仁。乃下直言心，而言心即以言仁，其非仅以知觉运动之灵明为心者亦审矣。故双峰为之辨曰："不应下文'心'字又别是一意。若把求放心做收摄精神，不令昏放，则只从知觉上去，与'仁，人心也'不相接。"伟哉其言之也！彼以知觉为心而以收摄不昏为求放心者，不特于文理有碍，而早已侵入异端之域矣！

程子云"才昏睡便放了"，朱子云"收敛此心，不容一物"，看来都有疵病。求放心者，求仁耳。朱子云"如'我欲仁，斯仁至矣'"，多下一"如"字，只欲仁便是求放心也。仁者之事，虽"出门如见大宾，使民如承大祭"，也不容他昏去。乃昏而放失其仁，固也；然一不昏而即可谓之仁乎？既不昏，亦须有所存。先儒谓"随处体认天理"，故亦必学问以为之津涘。"克己复礼""主敬行恕""居处恭，执事敬，与人忠""能行恭宽信敏惠于天下"，皆求放心之道也。若但提醒此灵明，教不昏着睡着，则异端之彻夜达旦，死参死究者，莫有仁焉者矣。

放心只是失却了仁，有私意私欲为之阻隔而天理不现。天理现，则光辉笃实，万物皆备，而岂一物不容哉！若但以不昏而无物为心之存，则狂如李白，且有"桃波一步地，了了语声闻"之时；而语其极至，将庞蕴所谓"但愿空诸所有，慎勿实诸所无"者尽之矣。孟子吃紧教人求仁，程、朱却指个不求自得、空洞虚玄底境界。异哉，非愚所敢知也！

双峰承二贤之后，而能直领孟子之意，以折群疑，其以正人心、辟邪说于毫厘之差者，功亦烈矣。

唯知此，则知所放所求之心，仁也；而求放心者，则以此灵明之心而求之也。仁为人心，故即与灵明之心为体；而既放以后，则仁去而灵明之心固存，则以此灵明之心而求吾所性之仁心。以本体言，虽不可竟析之为二心，以效用言，则亦不可概之为一心也。

而朱子所云“非以一心求一心，只求底便是已收之心”，亦觉与释氏“无能、无所”“最初一念，即证菩提”“因地果生”之说无以别。识得所求之心与求心之心本同而末异，而后圣贤正大诚实之学不混于异端。愚不敢避粗浅之讥以雷同先儒，亦自附于孟子距杨、墨之旨以俟知者耳。

## 二十二

朱子云：“心如一家主。有此家主，已求放心。然后能洒扫门户，整顿事务。学问。使放心不收，则何者为学、问、思、辨？”又云：“存得此心，方可做去。”凡此皆谓求放心为学问之先务，须求放心而后能学问。若非勉斋、双峰为之发明，则是学问之外别有求放心一段工夫，既与孟子之言显相矛盾，而直将此昭昭灵灵、能学知问之心为当求之心，学唱曲子，也是此心。则于圣贤之学，其差远矣。

只教此知觉之心不昏不杂，此异端之所同。而非但异端也，即俗儒之于记诵词章，以至一技一术之士，也须要心不昏惰，不杂乱，方能习学。此又不过初入小学一段威仪，一个径路耳，故小道得以同之，俗儒得以同之，而异端亦得以同之。求其实，则孟子所谓“专心致志”者而已。专心，不为外物所诱。致志，收摄不令昏放。曾圣贤克己复礼、择善固执之全体大用而止此乎？

孟子曰“学问之道无他，求其放心而已矣”，犹圣经所谓“大学之道，在明明德”也。大学者，自有格、致、诚、正、修、齐、治、平之道，而要所以明其明德。君子之学问，有择善固执、存心致知之道，而要所以求仁。已放者谓之放心，未放者谓之仁而已。不然，即以明明德为大学之道，则此虚灵不昧者从何处而施明？即以求放心为学问之道，则此见闻觉知之心虽旁驰四出，而固不离乎现前，乃更起而求之，不且如释氏“迷头”之诮乎？

朱子之释此章，大段宗程子之说。程子于此看得超忽，总缘他天资高，功候熟利，便径向心有其仁而无不仁者一层说起。抑其于释氏之学，曾未勘核，故一时偶犯其垒而不知。乃孟子之言既为已放其心者而发，故明于学问之途，而授以求仁之津涘。则云即心即仁，但无昏放而不容一物者，其不然审矣。

程子规模直尔广大，到魁柄处自不如横渠之正。横渠早年尽抉佛、老之藏，识破后，更无丝毫粘染，一诚之理，壁立万仞，故其门人虽或失之近小，而终不失矩矱。程子自得后，却落入空旷去，一传而后，遂有淫于佛、老者，皆此等启之也。此又善学古人者之所当知。

## 二十三

“求放心”之心，与“心不若人”之心，须有分别。新安看得囫囵，便没理会。学者须于同中显异，方能于异中求同，切忌劈头便从同处估量去，则直不知择。所以《中庸》吃紧说一“择”字，正人心、道心之所由辨也。

既曰“即心即仁”，此从“即心即佛”来。即“求放心”之心便是不放之心。心但不放，则即此是仁，则何以又云“心不若人”！不若人而系之心，则彼亦有心而未尝放失矣。彼心固存，而所存者不善，斯不若人者也。

如公孙衍、张仪、刘穆之、刘晏一流人，他者知觉运动之心何尝不玲珑剔透，一倍精彩？只他邪向权谋上去，便是“心不若人”。又如释氏之徒，至有闻蚁拽虫尸如人拽大木者，亦有三十年胁不粘席者，亦有一日三唤主人翁者，又岂不精细灵警，丝毫不走作；只他邪向虚寂上去，便是“心不若人”。此正为“即心即仁”之毒所中。若一向醉生梦死，悠悠之徒，则与沉痾恶疾在身，不知恶之以求医者等，圣贤从无心情与此辈较量。

夫一指不伸，求治千里之外，此亦须是皮下有血汉。杜子美“平生性僻耽佳句，语不惊人死不休”，司马相如“誓不乘驷马高车，不过此桥”，释氏之徒有断臂立雪，八十行脚者，乃是不远秦、楚以求伸一指之人，才可以“心不若人而不知恶”责之。于此分明，方知但言心，未便是至处；而以求放心者，竭心思以求仁，而非收摄精神以求一物不容之心也。

孟子始终要辟“生之谓性”一种邪说，程子乃以“生之谓性”为未是告子错处，故其差异如此。虽然，孟子之言至矣。

## 二十四

若教人养其大者，便不养其小者，正是佛氏真赃实据。双峰于此分别破明，其功伟矣。佛氏说甘食是填饥疮，悦色是蒸砂作饭，只要败坏者躯命。乃不知此固天性之形色而有则之物，亦何害于心耶！唯小体不能为大体之害，故养大者不必弃小者。若小体便害大体，则是才有人身，便不能为圣贤矣。所以释氏说此身为业海，不净合成，分段生死，到极处只是褊躁忿戾，要灭却始甘休，则甚矣其劣而狂也。

乃小体既不能为大体之害，则害大、害贵者，其罪何在？孟子固曰“无以小害大，无以贱害贵”，能左右之曰“以”。又曰“从其小体为小人”，只“以”字“从”字是病根。乃此“以”之而“从”者，岂小体之自“以”哉！既非小体之自“以”，则其过岂不在心！昭昭灵灵者。所以《大学》说“修身在正其心”，心不固正而后须正也。特此“从”之“以”之之心，专是人心，专是知觉运动之心，固为性所居，而离性亦有其体，性在则谓之“道心”，性离则谓之“人心”。性在而非遗其知觉运动之灵，故养大则必不失小；性离则唯知觉运动之持权，故养小而失大。知觉运动之心，与耳目相关生，而乐寄之耳目以得所借。其主此心而为道心者，则即耳目而不丧其体，离耳目而亦固有其体也。故言心者，不可不知所择也。广如下章之说。

## 二十五

一部《孟子》，如“钧是人也”一章，深切著明，示人以从入处者极少。读者于此不精审体验，则似不曾读《孟子》。《集注》于此失之太略，诸儒亦未为之引伸。乃熟绎本文，而以身心体之，则其义固有可求者。

“耳目之官不思”两段，既以辨大体、小体功用之殊，从其大而为大人，从其小而为小人，以答公都子第一问；乃其以求夫大人所以从大体之蕴，而直勘夫小人所以从小体之由，以答公都子第二问，意虽不尽于言，而言亦无不尽之意也。

自“耳目之官不思”至“则其小者不能夺也”，句句对照，抑或言此而彼之不然者以显。只此数语，是圣贤当体反求，精以考之而不惑处。前章所云“于己取之而已”者，正谓此也。

“耳目之官不思”六字，紧对下“不思则不得也”句；“而蔽于物”四字，紧对下“思则得之”句；“物交物则引之而已矣”，紧对下“先立乎其大者，则其小者不能夺也”二句。

在心，则云“心之官则思”，在耳目，则不云耳目之官则视听；在心，则云“此天之所与我者”，在耳目，则不云此成形之所有者；在从大体，则云“此为大人而已矣”，而于交物而引者，不云此为小人；则言此而彼之不然者显也。

“耳目之官不思”，疑与“心之官则思”相为对照，而今云“耳目之官”四字含有“则视听”三字，“不思”二字与“不思则不得也”相对者，以官之为言司也，有其司则必有其事，抑必有其事而后有所司。今既云“不思”矣，则是无其事也，无其事而言司，则岂耳目以不思为所司之职？是犹君以无为为职也，耳目当为君矣！此释氏以前五识为性境现量之说，反以贱第六、七识而贵前五识也。是以知言“耳目之官”，则固有其司者存，岂非以言目司视而耳司听乎？乃耳目则有其所司矣，非犹夫血肉爪发之无所司矣。今但以其不能思者言之，则且与血肉爪发等，而虽在小人，亦恶乎从之？足知言“不思”者，谓不思而亦得也。

不思而亦得，故释氏谓之现量。心之官不思则不得，故释氏谓之非量。耳目不思而亦得，则其得色得声也，逸而不劳，此小人之所以乐从。心之官不思则不得，逸无所得，劳而后得焉，此小人之所以惮从。释氏乐奖现量，而取耳为圆通，耳较目为尤逸。正小人怀土怀惠、唯逸乃谚之情，与征声逐色者末虽异而本固同，以成乎无忌惮之小人也。

故不待思而得者，耳目之利也；不思而不得者，心之义也；义谓有制而不妄悦人。“而蔽于物”者，耳目之害也；“思则得”者，心之道也。故耳目者利害之府，心者道义之门也。

不思而得，不劳而可有功；而蔽于物，则虽劳而亦无益。声色之丽耳目，一见闻之而然，虽进求之而亦但然。为物所蔽而蔽尽于物。岂如心之愈思而愈得，物所已有者无不表里之具悉，耳目但得其表。物所未有者可使之形著而明动哉！

小人喜用其逸，而又乐其所得之有量，易于得止而属厌；大人重用其劳，而抑乐其所得之无穷，可以极深研几而建天地、质鬼神、考前王、俟后圣；故各以其所乐者为从，而善不善分矣。乃耳目之小，亦其定分，而谁令小人从之？故曰小不害大，罪在从之者也。

所以知“天之与我者”，专为心言，而非耳目之所得共者。此与《集注》异。盖天之所与我者性也，孟子固曰“耳之于声，目之于色，君子不谓性也”。所以不言耳目非尽天所与者，又以有命焉故。盖耳目之官，元因体而有，而耳目之体，则资养而成；虽天命之，而不得外物之养以助于有生之后，则亦不得有其聪明。此唯心为天所与我，而耳目不得与也。心思之得于天者，不待取而与；耳目之得于天者，则人取之而后天与之也。

“先立乎其大者，则小者不能夺。”耳目不能夺，而况于物！“物交物则引之”，则耳目且受夺而不得守其官，求其从心之令也岂可得乎！始于小体而终于物，则小人之且失其人理。先以大体，则小体从令而物无不顺，此大人所以备物而诚。

释氏唯以现量为大且贵，则始于现量者，终必缘物。现量主受故。故释氏虽不缘物而缘空，空亦物也。有交引故。唯始于吾所受于天之明德而求尽其量，则当体无穷而不倚于物。故圣学虽尽物之性，而要无所倚：则以现量之光，的然著明，而已著则亡；不能持。心思之用，黯然未能即章，而思则日章；先难而后获，先得而后丧，大小贵贱之分，由此以别。

而小人之无所立以奔赴其便安，故见夺而“载胥及溺”。大人之有所立以上达而不已，故耳目各效其聪明之正。其或从乎此，或从乎彼，一义利勤惰之情所必至也。故曰“求则得之，舍则失之”。心之所以为无不得之道者，正以其有不得之义也。

学者明于此，而吾当体之中，可考、可择，为主、为辅之分以明，则不患圣功之无其门；而彼释氏推耳为圆通之最，奖前五为性境之智者，亦不待攻而自露矣。惜乎先儒之未能详也。

## 二十六

前既释仁义之心与知觉运动之心虽同而实异，今此又概言心而即已别乎小体。若以此所言心为仁义之心，则仁义为实有而思为虚位。若以此为知觉运动之心，而何以又云知觉运动之心，俗儒亦求之，异端亦求之，而不但大人也？愚固曰“于同显异，而后可于异明同”也。

孟子于此，昌言之曰“心之官则思”，今试于当体而反考之。知为思乎，觉为思乎，运动为思乎？知而能知，觉而能觉，运动而能运动，待思而得乎，不待思而能乎？所知、所觉、所运动者，非两相交而相引者乎？所知所觉、以运以动之情理，有不蔽于物而能后物以存、先物而有者乎？所知一物，则止一物。如知鸠为鸠，则蔽于鸠，不能通以知鹰。觉、运动亦如之。审此，则此之言心，非知觉运动之心可知已。

只缘后世佛、老之说充斥天下，人直不识得个心，将此知觉运动之灵明抵代了。其实者知觉运动之灵明，只唤作耳目之官。释氏谓之见性、闻性，又唤他做性。虽说来分裂，则似五官有五性，其实此灵明之随体发用者，未尝不一。故释氏说闻梅流涎、履高足酸，也只在者上面向荆榛寻路，稍通一线，便谓圆通。真陋哉其言之也！

孟子说此一“思”字，是千古未发之藏，与《周书》言“念”，《论语》言“识”，互明性体之大用。念与识则是圣之事，思则是智之事。范氏心箴偏遗下“思”字，只说得活动包含底，则虽有三军而帅已夺矣。

今竟说此“思”字便是仁义之心，则固不能。然仁义自是性，天事也；思则是心官，人事也。天与人以仁义之心，只在心里面。唯其有仁义之心，是以心有其思之能，不然，则但解知觉运动而已。犬牛有此四心，但不能思。此仁义为本而生乎思也。盖仁义者，在阴阳为其必效之良能，在变合为其至善之条理，元有纹理机芽在。纹理是条理，机芽是良能。故即此而发生乎思，如甲必坼，若勾必萌；非块然一气，混杂椎钝，不能有所开牖也。故曰“天之所与我”，与我以仁义，即便与我以思也。此从乎生初而言也。

乃心唯有其思，则仁义于此而得，而所得亦必仁义。盖人饥思食，渴思饮，少思色，壮思斗，老思得，未尝不可谓之思，而思之不必得，乃不思而亦未尝不得。得之有命。其得不得之一因乎思者，唯仁义耳。此思为本而发生乎仁义，亦但生仁义而不生其他也。释氏“一切唯心造”之说，原以诬天下之诚有者，而非实然。盖思因仁义之心而有，则必亲其始而不与他为应，故思则已远乎非道而即仁义之门矣。是天之与我以思，即与我以仁义也。此从乎成性而言也。

故“思”之一字，是继善、成性、存存三者一条贯通梢底大用，括仁义而统性情，致知、格物、诚意、正心，都在者上面用工夫，与《洪范》之以“睿作圣”一语斩截该尽天道、圣功者同。孟子之功，不在禹下，此其一征矣。

乃或疑思食思色等思，虽不能得，然不可谓之“不思”，则孟子所言固有渗漏；而今此所云，亦将无执得以言思而不足尽思也乎？则又不然。学者于此须破尽俗陋之见，特地与他正个疆界：只思义理便是思，便是心之官；思食思色等，直非心之官，则亦不可谓之思也。

孟子曰“先立乎其大者”，元只在心上守定着用功，不许寄在小体上用。以耳目有不思而得之长技，一寄其思于彼，则未有不被其夺者。今试体验之：使其为思仁思义，则不因色起，不因声起；不假于视，不假于听，此心亭亭特特，显出他全体大用来。若思食色等，则虽未尝见未尝闻，却目中若现其色，耳中若闻其声，此虽不蔽于现前之物，而亦蔽于所欲得之物，不与现前之物交，而亦与天下之物交也。此却是耳目效用，心为之役。心替其功能以效于耳目之聪明，则亦耳目之官诱心从彼，而尚得谓之思哉？

释氏不审，谓之见性、闻性。乃不知到见闻上，已离了性，只在魂魄上为役，如水入酒中，一齐作酒味矣。盖形而上之道，无可见，无可闻，则唯思为独效。形而下之有色有声者，本耳目之所司，心即阑入而终非其本职，思亦徒劳而不为功。故可见可闻者谓之物，而仁义不可谓之物，以其自微至著，乃至功效已成，而终无成形。若夫食、色等，则皆物也。是故唯思仁义者为思，而思食色等非思也。

乃或疑乍见孺子将入于井而有恻隐之心，仁义亦因耳目之交物而生于心。则又不然。彼所言者，谓尽人而皆有，犹牿亡者之夜气，天真未泯，偶一见端。彼唯心失其官以从役于耳目，则天良虽动，亦必借彼以为功，非有根也。若大人先立其大，则不忍人之心充实在中，而当其乍见孺子入井之时，亦必不与行道之人怵然一惊、惕然一惧者同矣。

发得猛时，便是无本。故齐宣王易牛之心反求而不得，则唯其乍见觳觫之时，目交物而心从目，非思所得，以不思故终不得也。物交物则引之，虽是小人沉湎人欲之情事；乃小人即一念之明，与天理相交，也是耳目交物而相引。学者但可借此察识本心，到大有为时，却用此为本领不得。

且当乍见孺子入井之时，则恻隐之心，因目而动。若其当未见孺子入井之时，君子之思以存夫仁者，岂如思食者之幻立一美味于前，思色者之幻立一美色于前，此内视内听，亦属耳目之官，不属心。而亦幻立一孺子入井之事，而作往救之观去声耶？释氏用观，只用耳目。

物引不动，经纬自全，方谓之思。故曰“万物皆备于我”。不睹不闻中只有理，原无事也。无事而理固可思，此乃心官独致之功。今人但不能于形而上用思，所以不知思之本位，而必假乎耳目以成思，则愚先言尽天下人不识得心，亦尽天下人不会得思也。

“万物皆备于我”，唯思，故诚通焉。若使因耳目以起思之用而成其能，则不特已睹之睹，已闻之闻，即睹其所未睹，闻其所未闻，亦只蔽尽于一物，如何得万物皆备来？“武王不泄迩，不忘远”，正是专用思处。若兼用睹闻，则远迩之形声无涯，其能一时齐现于静中乎？有不现，则泄而忘矣。

思乃心官之特用，当其未睹未闻，不假立色立声以致其思；而迨其发用，则思抑行乎所睹所闻而以尽耳目之用。唯本乎思以役耳目，则或有所交，自其所当交；即有所蔽，亦不害乎其通。故曰“道心为主，而人心皆听命焉”。此又圣学之别于异端窒绌聪明，以为道累而终不可用也。故乍见孺子入井之心，虽非心之全体大用，而亦可资之以为扩充也。扩充则全用思。

乃前言所以求放心者，以知觉运动之心求之，今此又以思为仁义之所自生。然则求仁者，将用思乎，抑用知觉运动之心乎？知觉运动之心固非即思，则何不以思求而以知觉运动求耶？则固有说于此。

夫所谓“求放心”者，犹夫夜气与见孺子入井之心也。使其能思，则心固不放矣。唯不能思而放，故心官失职，而天明之仅存，寓于知觉运动者犹未亡也，是以可得而用之。

夫乍见孺子入井之人，放其心而未知求者也。故上言“人皆有”。其怵惕、恻隐之憬然动者，心之寓于觉者也。或寓于知，或寓于觉，或寓于运动，则亦相依为体而不能离。如水入酒中而作酒味，则更不得舍水以求酒矣。故在良心已放、一端偶露者，不得不于知觉运动之心以为功。若夫仁义之本体存乎中，而与心官互相发生者，思则得之。大人"以洗心而退藏于密"，乃以善乎知觉而使从令；岂复恃此介然有知，欻然有觉，物示之而物警之，以成弋获之能哉！

或又疑思食色等之为耳目用事，而心不得主其官，则固已；若人思利思害，乃至察于无形，则非耳目之官用事，而过若在心。则又不然。夫思利害而不悖乎理也，即仁义也。仁义未尝不利也。若趋利避害之背乎理者，有一不因于耳目之欲者哉！全躯保妻子，怀禄固宠，也只为者宫室、妻妾、所识穷乏者得我，可以奉耳目之欢。所以呼蹴之食，乞人不屑，缘乞人便食之而不死，也无以供耳目一日之欲。故除却耳目之交引，更无利害可以动人者，而于思乎何尤也！

乃又或疑思食色、思利害者之必为小体所夺，固已；如异端之徒，所思亦理也，而诐、淫、邪、遁以充塞仁义，此岂耳目之过哉！愚固曰释氏之耳为圆通、前五识为性境者，亦乐用其不劳而获之聪明，与小人怀土便安之情同也。其或所思者正而为贤者之太过，如季文子之三思，与夫子所谓"思而不学则殆"者，疑为思过，而其有所过思也则必有所不及思，或极思之深而不能致思之大，或致思之大而不能极思之深，则亦有所不思而不得尔。深者大以广之，大者深以致之，而抑以学辅之，必竟思为主。以善其用，而后心之官乃尽也。学亦藉思。然即不能，亦特未至于大人而已，终远于小人矣。

凡此数者，举无足疑。乃益知孟子之言思，为古今未发之藏，而曰"思诚者人之道"，特以补明子思所言"诚之者"之实。思为人道，即为道心，乃天之宝命而性之良能。人之所以异于禽兽者，唯斯而已。故曰"由仁义行，非行仁义"，言以思由之也。

## 二十七

《集注》于"蔽"字无明释。或问将作遮蔽解，而朱子以为然，看来《集注》意亦如此。实则不然。色固不能遮明，声固不能遮聪也。如说面前一山隔断了，便不见山外物，此是形蔽，不是色蔽。五色现前时，一齐俱见，登高望远，而云树齐入目中，何曾遮蔽得！

释氏不知此，故以目穷于隔垣为不能圆通，而推耳有千二百功德。若但于此处较量，则耳目各有长短，固相匹敌也。目穷于隔垣，而可及百里之外；耳不穷于隔垣，而一里之外疾呼不闻矣。且耳目之聪明，在体者有遮，在官者原无遮。如幻想未见之色，虽远而亦分明，岂有遮耶？不可误认此为心思。若专以心之不阻于山河险阻为无蔽，则人之思食色、思利害也亦尔，岂此伶俐宛曲者而遂得为大体哉！

若小注所云“目之视色，从他去时，便是为他所遮蔽”，则尤粗疏不晓了。“从他去”只是引，引如何便遮？如一人引一人去，引者何尝遮所引者！盖“蔽”之训遮，是遮尽义，非遮瞒义，与“一言以蔽之”义同。声色以显聪明之用，而非以壅闭乎聪明。先儒所云“物欲之蔽”者，亦谓其蔽心耳，而岂其即蔽乎耳目哉！

心之官“思则得之”，原不倚于物而无涯量，即物而理可穷，举一隅则三隅可见。多学而识之者，一以贯之，不显亦入，不闻亦式，物不足以尽之矣。若耳目之官，视尽于色，无色即无所视；听尽于声，无声即无所听；聪明尽于闻见之中，所闻所见之外便无聪明，与心之能彻乎形而上者不同，故曰“蔽于物”。既有所蔽，则虽凝目以视，倾耳以听，更无丝毫之益，固不若心之愈思而愈得。则欲用此以察善恶之几而通性命之微，则必不能，故曰“小体”。视其所不当视，听其所不当听者固蔽；即视其所当视，听其所当听者亦蔽也，不足以察微而藏往故也。知其有蔽，则知其小矣。

## 二十八

仁之胜不仁，新安看得自好。朱子有正胜邪、天理胜人欲两段解：其言正胜邪者，即新安之说；其言天理胜人欲者，推本正所以胜邪之理尔。《集注》却专取赵氏之说，乃于本文有碍。夫以一念一事之仁不胜私欲，而遂归咎于水之本不胜火，此其自暴弃也已甚。去仁唯恐不速，更不待其终而早亡矣。

## 二十九

云峰从规矩上看得与“离娄”章义同，自合。观两个“必”字，有无所迁就苟简之义。规矩与志彀一意：彀是用力极至处，规矩是用法极密处。

孟子曰：“规矩，方圆之至。”若初学时不会得直到恁样始得方圆，则且疑但方而可不必合矩，但圆而可不必合规，亦自成得器用，而为之较易；乃降一格，且图迁就易教，苟简易学，则到底方不得方，圆不得圆，终身更无上达也。所以古人一入大学，即以明德、新民、止至善全体大用，立地做去，放他宽衍一步不得。

南轩“为有渐，进有序”之说，未是。为虽有渐，即在者上面渐做去；进虽有序，亦必此中之次序；非始终深浅迥别，且抛一半在后面也。

# 告子下篇

## 一

“尧、舜之道，孝弟而已矣”，孟子此言固有嫌于径疾者，是以朱子须与分剖，以此为对不孝不弟者之言。陈氏以“率性”为脉络，庆源加以“充量”之说，此义乃密。姚江错看《孟子》，反以有子言“本立道生”为支离。姚江于此，不但失之径疾，而抑于所言孝弟处先已笼统。孟子在孝弟上说得精微广大，所以与有子别。有子谓孝弟之人免于犯上、作乱，却只在爱上说。孟子曰“仁之实，事亲是也；义之实，从兄是也”，又曰“事亲若曾子者可也”，言事，言从，便有天理之节文在内。于此抑以行止疾徐言弟不弟，浅而言之，固不过一举趾之分；如实体之，则一举趾之不中，而即入于不弟焉。非尧、舜之“动容周旋中礼”“经德不回”而“非以干禄”者，固不足以与其藏之密矣。

姚江之言孝弟，则但以煦煦之爱为良知、良能，此正告子以“吾弟则爱”为仁。而其所从发之源，固与甘食悦色之心同为七情所著。释氏开口便柔软缠绵，说得恁样可怜生地，都是者个“爱”字。虽以施之吾父吾兄为得其可施之人，而实则所以施者非其性之德矣。

故不于性言孝弟，则必沦于情；不于天理之节文言孝弟，则必以人欲而行乎天理。看曾子到易箦时说出君子、细人用爱之不同，则知尧、舜之“哭死而哀，非为生者”，性、情之分，理、欲之别，其际严矣。则有子以鲜犯上、不作乱之孝弟为“为仁之本”，定非支离。孟子于疾徐先后之际，精审孝弟之则而慎其微，则以尧、舜之道为即在是，乃敬、肆之分，天理、人欲之充塞无间，亦非如姚江之躐等而沦于佛也。

## 二

若但从宗社倾覆上说亲之过大，则于利害分大小，便已乖乎天理自然之则。如孟子言“贵戚之卿，君有大过则谏”，彼言大过者，则当以宗社之安危为断。虽为贵戚而分实君臣，臣者，社稷之臣。子者，亲之子也，到父子上，那更将宗社看得隆重来！瞽瞍杀人，则舜窃负而逃，欣然乐而忘天下。者宗庙社稷，在幽王则重，在平王方为世子固已如敝屣耳。故宗社之倾覆，虽幽王之大过，而平王不得以为大。犹无故杀人，在瞽瞍为大过，故皋陶必执。而舜不得以为怨也。

且唯幽、平之父子，则有宗社，而凯风之母子固无宗社也。然则唯天子之子为可怨，而庶人之子遂无可怨者乎？其兄关弓，又何涕泣也？舜当于田之日，无宗社也，瞽瞍欲杀之，则怨慕矣。及为天子而弃天下若敝屣，欣然以乐而无怨焉。过之大小不在宗社，审矣。

士庶之有家室，亦犹天子之有宗社。家之不安，与宗社之危等。凯风之母不安其室，害亦中于家矣，而何以为小过耶？君子言人父子之际，岂以富贵名位而分轻重哉！

夫幽王之过所以大者，绌申后，废宜臼，乱父子君臣夫妇之大伦。且魇木有无枝之忧，析薪有绝理之惧，则黄台抱蔓之事，尤虑其不免，而且不得与虎狼同其仁。夫是为过之大者。

若七子之母，于妇道虽为失节，于母道固未绝恩，则亦人欲之不戢，而非其天理之尽亡，故曰“过小”。向令其母有戕贼七子之心，则七子虽名位不显，初无宗祧无主之悲，而抑岂仅为小过耶？

若《小弁》之诗，固已曰“我躬不阅，遑恤我后”，则平王业已重视其身而轻视天下，所以得情之正，而合于亲亲之仁。申生唯不知此，是以仅为恭而不得为孝。而乐正子春视伤其足如丧宗社，身之重于天下，固已，而况其亲之蔑恩害理，亲欲推刃者乎！朱子曰“伤天地之太和，戾父子之至爱”，亲之过大者也，义斯正矣。

## 三

新安云“交兵不过杀人，言利则必蛊害人心”，此语说得好看，而于理则大悖。人心之害，至于互相贼杀而已极，故杨、墨之徒归，斯受之，而争地争城者罪不容于死，此王道之权衡也。若说交兵只是杀他人，蛊害人心则君臣父子兄弟且相为害，乃孟子说君臣、父子、兄弟“怀利以相接”，到头流弊只是亡国，又岂杀人轻而亡国重耶？到杀人如莽时，君臣、父子、兄弟更不但“怀利以相接”，而怀害以相接矣。从古来有几个纪信、韩成、吉翂、赵孝、邓攸！白刃临头时，臣可移死于君，子可移死于父，弟可移死于兄，而恬然为之者多矣，又何处更有人心？

杀人之祸，其始正缘于利；言利之弊，其祸必至于杀人。宋牼以利说罢兵，乃是抱薪救火。无王者起，而彼此相吞以沦于亡，则斯民之肝脑涂地者，正不忍言，故孟子不欲以利蛊害人心者，正以止杀。人心一害，杀必随之。如赵贪上党之利，及乎国之垂亡，而长平之死者四十万矣，尚可云“不过杀人”乎？“天地之大德曰生”。利者可使徙义，恶者可使迁善，死者则不可复生，而乃云“不过杀人”！悲哉，新安之不思而忍为此言也！

## 四

王制诸公地方五百里。若如郑氏说，则除夏、商固有百里，须更并二十四个百里之国。开方之法，方五百里者，为方百里者二十五也。朱子云“须并四个百里国地”，误。若提封止五万井，则地方二百二十六里有奇耳。

## 五

华阳以“当道”为工夫，谓引之当道，则君志于仁。西山云：“心存于仁，则其行无不合道。”

自君之自修而言，则以志仁为本，不志于仁，便不能当道。故朱子于下章引“修道以仁”证之。乃以臣之引君而言，则君志之仁不仁无所施功，而引之以志于仁者，道也。大人格君心之非，亦不能向君心上用工夫，须开陈善道，而后能闭其邪心。若急与之言存养、省察之事，中材以下，百忙受不得也。伊尹之于太甲，周公之于成王，岂能日察其心之邪正而施之教哉！亦纳之于轨物而已。

如仇士良教其徒，使日以声色狗马进，亦须以非道引之，方能使其志惑；若只但逐日教他以杀害贪顽为心，虽至愚亦不听也。君子之事君，正从此反勘出个入处。若伊川亟谏折柳，蓦地从志上用功，所以无补。以道开之，使其于天理路上已熟，则向后者等儿嬉暴殄事自化矣。此华阳之说较西山为得也。

新安以“当道”分贴不争土地，“志仁”分贴不殃民，亦学究科场料耳。孟子曰“徒取诸彼以与此，然且仁者不为”，则固以不以私利故动于为恶为仁也。二句自一串说。

## 六

“免死而已矣”，便是说去，非但受之有节，到稍稍有起色之时则亦去矣。云峰言末一节不言去，未是。

于此正好看古人用心处。若当未困乏之时，稍怀生计之心，则岂至“旦不食，夕不食，不能出门户”哉！抑孟子有“为贫而仕，抱关击柝”之义，此何为不就下位以免于饥饿？则以所居之国，原以应聘而至。云“不能行其道、用其言”，则尝欲行道而既有所言矣。如此而更以贫故居卑位，又成甚次第来？孔子为委吏、乘田，乃年少而承世禄之绪，非有行道之望，鲁又其宗国，不可辄去故也。

# 尽心上篇

## 一

《集注》谓心者“人之神明”，四字极斩截；新安益之曰“神明之舍”，则抑全不识心矣。想来新安病根在错看《太极图》上面一圈，将作轮郭看。先儒画《太极图》时，也只得如此画，如人画日，也须只在四围描一轮郭。究竟日体中边一样赫赫地，何尝有轮郭也！

《太极图》中间空白处，与四围一墨线处何异。不成是一匡壳子，如围竹作箍，中间箍着他物在内！今试反求之于此心，那里是他轮郭处，不成三焦空处盛此肉心，里面孔子作包含事理地位耶？一身若虚若实，腑脏血肉，筋骨皮肤，神明何所不行，何所不在，只此身便是神明之舍，而岂心之谓与？

新安意，以心既是神明，则不当复能具夫众理；唯其虚而为舍，故可具理。此与老子“当其无，有车、器之用”一种亿测无实之说同。夫神明者，岂实为一物，坚凝窒塞而不容理之得入者哉！以心与理相拟而言，则理又为实，心又为虚，故虽有体而自能涵理也。者个将作一物比拟不得。故不可与不知者言，须反求始得。

## 二

朱子以“物格”言知性，语甚奇特。非实有得于中而洞然见性，不能作此语也。孟子曰“万物皆备于我矣”，此孟子知性之验也。若不从此做去，则性更无从知。其或舍此而别求知焉，则只是胡乱推测卜度得去，到水穷山尽时，更没下落，则只得以此神明为性。故释氏用尽九年面壁之功，也只守定此神明作主，反将天所与我之理看作虚妄。是所谓“放其心而不知求”，不亦哀乎！

然此语须看得精审圆活，方能信其确然，不尔，则鲜有不疑其非然者。盖格物者知性之功，而非即能知其性；物格者则于既格之后，性无不知也。故朱子以曾子之唯一贯者为征。“一以贯之”，物之既格也，而非多学而识之即能统于一以贯也。穷理格物只是工夫，理穷物格亦格物穷理之效。乃至于表里精粗无不豁然贯通之日，则岂特于物见理哉！吾心之皆备夫万物者固现前矣。

到此方识得喜怒哀乐未发之中。盖吾之性，本天之理也，而天下之物理，亦同此理也。天下之理无不穷，则吾心之理无不现矣。吾心之理无不现，则虽喜怒哀乐之未发而中自立焉。万物之皆备于我者，诚有之而无妄也。此非格物未至者所可知之境界，故难一一为众人道尔。

物理虽未尝不在物，而于吾心自实。吾心之神明虽已所固有，而本变动不居。若不穷理以知性，则变动不居者不能极其神明之用也固矣。心原是不恒底，有恒性而后有恒心。有恒性以恒其心，而后吾之神明皆致之于所知之性，乃以极夫全体大用，具众理而应万事之才无不致矣。故曰"尽心则知至之谓也"，言于吾心之知无所吝留而尽其才也。此圣贤之学所以尽人道之极，而非异端之所得与也。呜呼，严矣！

## 三

朱子曰："梏于形气之私，滞于闻见之小，是以有所蔽而不尽。"此三语极广大精微，不可以鲁莽看过。所谓"形气之私""闻见之小"者，即孟子所谓"小体"也；曰"梏"、曰"滞"者，即孟子所谓"从小体"也。盖性，诚也；心，几也。几者诚之几，而迨其为几，诚固藏焉，斯"心统性"之说也。然在诚则无不善，在几则善恶歧出，故周子曰"几善恶"。是以心也者，不可加以有善无恶之名。张子曰"合性与知觉"，则知恶、觉恶亦统此矣。

乃心统性而性未舍心，胡为乎其有恶之几也？盖心之官为思，而其变动之几，则以为耳目口体任知觉之用。故心守其本位以尽其官，则唯以其思与性相应；若以其思为耳目口体任知觉之用为务，则自旷其位，而逐物以著其能，于是而恶以起矣。

盖唯无情、无觉者，则效于不穷而不以为劳，性是也。诚无为。心既灵明而有情觉矣，畏难幸易之情生矣。独任则难，而倚物则易。耳目之官挟其不思亦得、自然逸获之灵，心因乐往而与为功，以速获其当前捷取之效，而不独任其"求则得，舍则失"之劳，是以往与之逐，"比匪伤"而不恤也。迨其相昵深而相即之机熟，权已失而受制之势成，则心愈舍其可求可得者，以应乎彼。是故心之含性也，非不善也，其官非不可以独有所得而必待乎小体之相成也；乃不以之思而以之视听，舍其田以芸人之田，而己之田芜矣。

夫舍其田以芸人田，病矣，而游惰之氓往往然者，则以芸人之田易于见德，易于取偿，力虽不尽，而不见咎于人，无歉于己也。今使知吾心之才本吾性之所生以应吾性之用，而思者其本业也，则竭尽无余，以有者必备、为者必成焉，又何暇乎就人田而芸也乎？故孟子曰"尽其才"，曰"尽其心"。足以知天下之能为不善者，唯其不能为善而然，而非果有不善之才为心所有之咎，以成乎几之即于恶也。

特心之为几，变动甚速，而又不能处于静以待择，故欲尽心者无能审其定职以致功。审者心也。以其职审，故不能自审。是故奉性以著其当尽之职，则非思而不与性相应；知觉皆与情相应，不与性应。以思御知觉，而后与性应。穷理以复性于所知，则又非思而不与理相应；但知觉则与欲相应，以思御知觉而后与理应。然后心之才一尽于思，而心之思自足以尽无穷之理。故曰："尽其心者，知其性也。"

然则不能尽其心者，亦唯知有情而误以知觉受役焉，乍喜其灵明者之有效，乃以旷其职而不恤焉尔。故圣不观无理之心，此一语扼要。斯以远于小人而别于异端。

## 四

性只是理。"合理与气，有性之名"，则不离于气而为气之理也。为气之理，动者气也，非理也，故曰"性不知捡其心"。心则合乎知觉矣。合乎知觉则成其才，有才则有能，故曰"心能捡性"。所以潜室说"非存心外别有养性工夫"。

然虽云存心即以养性，而抑岂空洞无物之得为存心耶？存则必有以存之者，抑必有为其所存者。所以孟子以思为心官，却又须从其大体，而非"憧憧、尔思"者之即为大人也。

朱子曰"气不逐物而常守其至正"。"气不逐物"，则动而省察之功，不使气溢于耳目而逐外物之交，此只是遏人欲事。“常守其至正”，则静而存夫理也。若无至正者以为之守，则又何所奉以辨夫欲之不可逐者，而安居以弗逐耶？

天理、人欲，虽异情而亦同行。其辨之于毫发之间，俾人所不及知、己所独知之地分明形著者，若非未发之中天理现前，则其所存非所当存者多矣。

存其心即以养其性，而非以养性为存，则心亦莫有适存焉。存心为养性之资，养性则存心之实。故遏欲、存理，偏废则两皆非据。欲不遏而欲存理，则其于理也，虽得复失。非存理而以遏欲，或强禁之，将如隔日疟之未发；抑空守之，必入于异端之“三唤主人”，认空空洞洞地作“无位真人”也。但云“存其心以养其性”，则存心为作用，而养性为实绩，亦可见矣。此潜室之说虽当，而犹遗本领也。

## 五

程子统心、性、天于一理，于以破异端妄以在人之几为心性而以“未始有”为天者，则正矣。若其精思而实得之，极深研几而显示之，则横渠之说尤为著明。盖言心言性，言天言理，俱必在气上说，若无气处则俱无也。

张子云：“由气化，有道之名。”而朱子释之曰：“一阴一阳之谓道，气之化也。”《周易》“阴”“阳”二字是说气，着两“一”字，方是说化。故朱子曰：“一阴而又一阳，一阳而又一阴者，气之化也。”由气之化，则有道之名，然则其云“由太虚，有天之名”者，即以气之不倚于化者言也。气不倚于化，元只气，故天即以气言，道即以天之化言，固不得谓离乎气而有天也。

《大易》六十四卦，百九十二阴，百九十二阳，实则六阴六阳之推移，乘乎三十有二之化而已矣。六阴六阳者，气之实也。唯气乃有象，有象则有数，于是乎生吉凶而定大业。使其非气，则《易》所谓上进、下行、刚来、柔往者，果何物耶？

理虽无所不有，而当其为此理，则固为此理，有一定之侀，不能推移而上下往来也。程子言“天，理也”，既以理言天，则是亦以天为理矣。以天为理，而天固非离乎气而得名者也，则理即气之理，而后天为理之义始成。浸其不然，而舍气言理，则不得以天为理矣。何也？天者，固积气者也。

乃以理言天，亦推理之本而言之，故曰“天者理之所自出”。凡理皆天，固信然矣。而曰“天一理也”，则语犹有病。

凡言理者，必有非理者为之对待，而后理之名以立。犹言道者必有非道者为之对待，而后道之名以定。道，路也。大地不尽皆路，其可行者则为路。是动而固有其正之谓也，既有当然而抑有所以然之谓也。是唯气之已化，为刚为柔，为中为正，为仁为义，则谓之理而别于非理。

若夫天之为天，虽未尝有俄顷之间、微尘之地、蜎孑之物或息其化，而化之者天也，非天即化也。化者，天之化也；而所化之实，则天也。天为化之所自出，唯化现理，而抑必有所以为化者，非虚挟一理以居也。

所以为化者，刚柔、健顺、中正、仁义，赅而存焉，静而未尝动焉。赅存，则万理统于一理，一理含夫万理，相统相含，而经纬错综之所以然者不显；静而未尝动，则性情功效未起，而必由此、不可由彼之当然者无迹。若是者，固不可以理名矣。无有不正，不于动而见正；为事物之所自立，而未著于当然；故可云“天者理之自出”，而不可云“天一理也”。

太极最初一〇，浑沦齐一，固不得名之为理。殆其继之者善，为二仪，为四象，为八卦，同异彰而条理现，而后理之名以起焉。气之化而人生焉，人生而性成焉。由气化而后理之实著，则道之名亦因以立。是理唯可以言性，而不可加诸天也，审矣。

就气化之流行于天壤，各有其当然者，曰道。就气化之成于人身，实有其当然者，则曰性。性与道，本于天者合，合之以理也；其既有内外之别者分，分则各成其理也。故以气之理即于化而为化之理者，正之以性之名，而不即以气为性，此君子之所反求而自得者也。所以张子云“合虚与气，有性之名”，虚者理之所涵，气者理之所凝也。

若夫天，则《中庸》固曰“诚者，天之道也”。诚者，合内外，包五德，浑然阴阳之实撰，固不自其一阴一阳、一之一之之化言矣。诚则能化，化理而诚天。天固为理之自出，不可正名之为理矣，故《中庸》之言诚也曰一，合同以启变化，而无条理之可循矣。是程子之竟言“天一理也”，且令学者不审而成陵节之病，自不如张子之义精矣。

乃天为理之所自出，则以理言天，虽得用而遗体，而苟信天为理，亦以见天于己而得天之大用。是语虽有遗而意自正。若夫谓“心一理也”，则其弊将有流入于异端而不觉者，则尤不可以不辨。

原心之所自生，则固为二气五行之精，自然有其良能，良能者，“神”也。而性以托焉，知觉以著焉。性以托，故云“具众理”。知觉以著，故云“应万事”。此气化之肇夫神明者，固亦理矣，而实则在天之气化自然必有之几，则但为天之神明以成其变化之妙，斯亦可云化理而已矣。

若其在人，则非人之道也。人之道，所谓“诚之”者是也。仁义礼智，智与知觉之知不同。知善知恶，乃谓之智。人得以为功焉者也。故人之有心，天事也；天之俾人以性，人事也。

以本言之，则天以化生，而理以生心。以末言之，则人以承天，而心以具理。理以生心，故不可谓即心即理，诿人而独任之天。心以具理，尤不可谓即心而即理，心苟非理，理亡而心尚寄于耳目口体之官以幸免于死也。

如其云“心一理”矣，则是心外无理而理外无心也。以云“心外无理”，犹之可也，然而固与释氏唯心之说同矣。父慈子孝，理也。假令有人焉，未尝有子，则虽无以牿亡其慈之理，而慈之理终不生于心，其可据此心之未尝有慈，而遂谓天下无慈理乎？夫谓未尝有子而慈之理固存于性，则得矣；如其言未尝有子而慈之理具有于心，则岂可哉！故唯释氏之认理皆幻，而后可以其认心为空者言心外无理也。

若其云“理外无心”，则舜之言曰“道心惟微，人心惟危”，人心者其能一于理哉？随所知觉、随所思虑而莫非理，将不肖者之放辟邪侈与夫异端之蔽、陷、离、穷者而莫非理乎？

孟子曰：“尽其心者，知其性也。”正以言心之不易尽，由有非理以干之，而舍其所当效之能以逐于妄。则以明夫心之未即理，而奉性以治心，心乃可尽其才以养性。弃性而任心，则愈求尽之，而愈将放荡无涯，以失其当尽之职矣。伊川重言尽心而轻言知性，则其说有如此。

张子曰：“合性与知觉，有心之名。”性者，道心也；知觉者，人心也。人心、道心合而为心，其不得谓之“心一理也”又审矣。

告子唯认定心上做，故终不知性。孟子唯知性以责心之求，故反身而诚，以充实光辉而为大人。释氏言“三界惟心”，则以无为性。圣贤既以有为性，则唯性为天命之理，而心仅为大体以司其用。伊川于此纤芥之疑未析，故或许告子“生之谓性”之说为无过。然则欲知心、性、天、道之实者，舍横渠其谁与归！

## 六

谓之曰“命”，则须有予夺。若无所予而亦未尝夺，则不得曰命。言吉言福，必有所予于天也；言凶言祸，必有所夺于天也。故富贵，命也；贫贱，非命也。由富贵而贫贱，命也；其未尝富贵而贫贱，非命也。死，命也；不死，非命也。夭者之命因其死而言，寿者之命亦要其终而言也。

知此，则盗跖之终其天年，直不得谓之曰命。既不得谓之命，则不须复辨其正不正。自天而言，宜夺盗跖之生，然而不夺者，是天之失所命也。失，谓忘失之。若在人而言，则盗跖之不死，亦自其常耳。到盗跖处，总无正命、非正命之别。盗跖若早伏其辜，便是“桎梏死”，孟子既谓之非正命矣。盗跖“桎梏死”既非正命，则其不死又何以谓之非正命乎？

总以孟子之言正命，原为向上人说，不与小人较量，而况于盗跖！孟子之言命，原为有所得失而言，而不就此固然未死之生言也。若不于此分明，则看正命处有许多窒碍。桎梏死非正命，盗跖不死又非正命，不揣其本而齐其末，长短亦安有定哉？

俗谚有云：“一饮一啄，莫非前定。”举凡琐屑固然之事而皆言命，将一盂残羹冷炙也看得哄天动地，直惭惶杀人！且以未死之生、未富贵之贫贱统付之命，则必尽废人为，而以人之可致者为莫之致，不亦舛乎！故士之贫贱，天无所夺；人之不死，国之不亡，天无所予；乃当人致力之地，而不可以归之于天。

## 七

小注于“莫非命也”及“得之有命”，皆云“‘命’字是指气言”。意谓此生死得失之命，或有不当理者，故析而专属之气。愚于《周易外传》有“德命”“福命”之分，推其所自来，乃阴阳虚实、高明沉潜之撰。则德命固理也，而非气外之理也；福命固或不中乎理也，而于人见非理者，初无妨于天之理。则倘至之吉凶，又岂终舍乎理，而天地之间有此非理之气乎哉！除是当世一大关系，如孔子之不得位，方可疑气之不顺而命之非理。然一治一乱，其为上天消息盈虚之道，则不可以夫人之情识论之。若其不然，则死岩墙之下非正命矣，乃岩墙之足以压人致死者，又岂非理之必然者哉！故朱子云“在天言之，皆是正命”，言“正”，则无非理矣。

其或可以气言者，亦谓天人之感通，以气相授受耳。其实，言气即离理不得。所以君子顺受其正，亦但据理，终不据气。新安谓“以理御气”，固已。乃令此气直不由理，一横一直，一顺一逆，如飘风暴雨相似，则理亦御他不得。如马则可御，而驾豺虎猕猴则终不能，以其原无此理也。无理之气，恣为祸福，又何必岩墙之下而后可以杀人哉！

张子云：“富贵福泽，将厚吾之生；贫贱忧戚，庸玉女于成。”到此方看得天人合辙，理气同体，浑大精深处。故孔、孟道终不行，而上天作师之命，自以顺受；夷、齐饿，比干剖，而乃以得其所求。贫贱患难，不以其道得者，又何莫而不有其理也？人不察耳。

人只将者富贵福泽看作受用事，故以圣贤之不备福为疑，遂谓一出于气而非理。此只是人欲之私，测度天理之广大。《中庸》四素位，只作一例看，君子统以“居易”之心当之，则气之为悴为屯，其理即在贫贱患难之中也。理与气互相为体，而气外无理，理外亦不能成其气，善言理气者必不判然离析之。

## 八

若令孔子处继世以有天下之位而失其天下，桀、纣自匹夫起而得天下，则可谓此气之倘然无定，而不可以理言也。今既不然，则孔子之为司寇，孟子之为客卿，亦常也，岂可以其道盛于躬，而责天命之非理哉！桀、纣自有当得天下之理，天亦何得不以元后父母之任授之！彼自不尽其理，则为亡而已矣。

一禅一继，一治一乱，自是天之条理错综处。所以《易》有不当位之爻，而无失理之卦。未济六位皆失，亦自有其未济之理。阴阳变迁，原少此一卦不得。此其为道，与天之命人以性，有恻隐则又必有羞恶，有辞让则又必有是非一理。凡人不可无贵者、富者、寿者，则亦不可无贫者、贱者、夭者。天之命德于人，无择人，不此独仁而无义，彼独义而无仁。则其命福于人，又岂有所择而必厚之，必薄之也！

圣贤于此，唯从本分上看得真，不越位而思，故无怨尤。若以人之私意，事求可、功求成之心度之，则横谓此气之推移者无理，离其素位而愿乎其外，此小人之所以不知命也。严嵩，匪人也，其被罪籍没日，皂帽布衣，长揖所司曰："今日依旧还我个穷秀才底本等。"岂君子之于穷约而咎天之非理，曾嵩之不若耶？

## 九

"富贵身外之物，得之于身心无分毫之益"，此语说得太褊。寻常老、释之徒劝人，必如此说。富贵，但求之无益耳，岂以其得为无益哉！若尽其道，则贫贱且有益于身心，而况富贵！《易》曰"崇高莫大于富贵"，又曰"圣人之大宝曰位""何以聚人曰财"。若须弘斯道于天下，亦不得不以此为用。

孔、孟之为师，自是后世事，当前却许多缺陷。"言而民莫不信，行而民莫不悦"，非无益于身也。天下饥，由己饥之，天下溺，由己溺之，天下无饥溺而吾心亦释，非无益于心也。故自未得者而言，虽不得而吾身心之量不损。若自得者而言，则居位乘权，明治礼乐，幽治鬼神，何一非吾身心之本务，而岂无益也？

齐湣王亡其国而三益其带，纣之言曰"我生不有命在天"，亦但蔑视此富贵为身外物而已。圣贤乐行忧违，道在己，故以求为无益。一曲之士孤保其躯命之身，枯寂之心，则以得为无益。一偏之论，必与道悖。疑此非朱子之言，其门人之妄附己意者也。

## 十

甚矣，程氏复心之不思而叛道也！其曰"万物之生同乎一本"，此固然矣。乃其为之一本者何也？天也。此则张子《西铭》之旨也。然同之于天者，自其未有万物者言也；抑自夫万物之各为一物，而理之一能为分之殊者言也。非同之于天，则一而不能殊也。夫天，未有命而固有天矣。理者天之所自出，命者天之所与。天有命，而非命即天矣。故万物之同乎一本者，以天言也。天则“不贰”以为“不测”，可云同也。而程氏乃曰“其所以生此一物者，即其所以生万物之理”，则甚矣其舛也！

天之所以生此一物者，则命是已，夫命也而同乎哉？此一物之所以生之理者，则性也，性也而同乎哉？异端之说曰“天地与我同根，万物与我共命”，故狗子皆有佛性，而异类中可行也。使命而同矣，则天之命草木也，胡不命之为禽兽；其命禽兽也，胡不一命之为人哉？使性而同矣，则犬之性犹牛之性，牛之性犹人之性矣！

夫在天则同，而在命则异，故曰“理一而分殊”。“分”云者，理之分也。迨其分殊，而理岂复一哉！夫不复一，则成乎殊矣。其同者知觉运动之生，而异以性；其同者絪缊化醇之气，而异以理。乃生成性，而性亦主生，则性不同而生亦异；理别气，而气必有理，则理既殊而气亦不同。程氏乃曰“一物之中莫不有万物之理”，则生同而性即同，气同而理皆同矣。有者无不同，同而后皆能以相有。异端之说曰“若见相非相，是为见如来”；唯相非相，乃如两镜相参，同异互摄，而还相为有也。将此物之中有彼物，则附子有大黄之理，虎狼有虾蚓之理乎？抑蠢物之中有灵物，则枭獍有麟凤之理，犬牛有尧、舜之理乎？且灵物之中有蠢物，则龟鹤有菌耳之理，周、孔有豺虎之理乎？

孟子言“万物皆备”，备于我也。程氏乃云“所谓万物皆备者，遗本文“于我”字。亦曰有其理而已矣”，则非我之备万物，而万物之备我也。二气之精，五行之粹，得其秀而最灵者，唯人耳。唯君子知性以尽性，存其卓然异于禽兽者以相治而相统，乃廓然知禽兽草木之不能有我，而唯我能备物。即以行于人伦之内，君不能以礼使我而我自忠，则君不备臣而我备君；父不欲以慈养我而我自孝，则父不备子而我备父。至诚之动，且不恤他人之能备我与否，而一尽于己，况就彼悠悠无知、驳杂駤戾之物，求其互相为备以灭等杀而丧人极也哉！故程氏之说，徒务笼罩以浸淫于释氏，而窒塞乖剌，则莫有甚焉者矣。

夫孟子所云于我皆备之物，而号之曰万，亦自其相接之不可预拟者大言之，而实非尽物之词也。物为君子之所当知者，而后知之必明；待君子之所处者，而后处之必当。故咸之九四“朋从尔思”，而夫子赞之曰“精义入神，穷神知化”，极乎备之辞也。极乎备，则为之坊曰“过此以往，未之或知也”。吾所必知而必处，若其性而达其情，则所接之物无不备矣。无人欲以为之阂，有天理以为之则，则险可易而阻可简，易简而天下之理得矣。若乌黑鹄白，鹤长凫短，蝉之化复育，枫之生菌耳，其生其死，其然其否，一一而备之，是徒为荒幻而无实。为人臣而思备汤、武放伐之理，为人子而思备大舜号泣之理，则亦裂天理之则而积疑成乖矣。故《集注》之言物，必以君臣父子为之纪，而括其旨于事物之细微，终不侈言飞潜动植之繁芜，如程氏之夸诞以沦于异端，其旨严矣。

## 十一

先儒教学者寻仲尼、颜子乐处，而不及孟子之乐。《集注》云“不待勉强而无不利”，但与第三节对。语录则以不愧不怍言乐，似欲以此传孟子本色，且须说教近一格，与孔、颜不同。乃孟子于“万物皆备于我”之下，说个“反身而诚，乐莫大焉”，是何等境界！愚意，即此与孔、颜无甚差异。

张子说心无不歉，只是说诚，未说得乐。“反身而诚”，自与“诚意”别。诚意只在意上满足无歉，未发意时，且别有正心、致知、格物之功。“反身而诚”则是通体说，动时如此，静际亦如此也。发而中节，身之诚乎动也。未发而立天下之大本者，“渊渊其渊”，身之诚乎静也。至此方得万物皆备。如尚不然，则但备所感之一物。动静皆诚，则动静皆乐，故曰“乐莫大焉”。若但以不愧不怍言之，则是事后计功，自考无恶于志，仅为君子三乐之一，而非其乐之大者。抑以“不待勉强而无不利”为乐，则但是得心应手、轻车熟路之趣，乐以情而不足与性量相充，未为大矣。

此“诚”字从《中庸》来，故程子言“笔之于书，以授孟子”。窥见其渊源在此，自与《大学》有别。《中庸》诚身之旨，以人道合天道之全。《大学》说诚意，但诚之者固执中之一条目而已。故知心无不歉，未足以尽此。说诚处大，则说乐处不得独小。此乃是廓然大公，物来顺应，煞受用处，与《易》言“元亨”一理。唯元斯亨，亨者元亨也。“万物资始，乃统天”“万物皆备于我”也。“云行雨施，品物流形”，则“乐莫大焉”矣。是则孟子之乐，于孔、颜奚远哉？

此元是孟子自道其存仁事，不可以集义当之。集义是养气一段工夫，存仁是复性之全功。必如朱子所云，则孟子所学，一于集义，而不足与于仁乎？程子说孟子添个“义”字、“气”字，大有功于孔子，以其示学者以可循持之践履，正大充实，则以求仁而不托于虚。若将孟子范围于集义之中，则《告子》以下诸篇说性、说仁一段大本领全与抹煞，其待孟子也亦浅矣。

潜室云“浑身是义理流行，何处不顺裕”，差为得之。但其云“义理”，未足以尽诚之本体，若云“浑身是天理流行”，斯得之矣。

## 十二

巧亦未即为害，微而至，不劳而成，悬设而必中之谓也。若但巧者，固于耻不相妨。“父为子隐，子为父隐”，若隐得周密圆好，则直亦在其中，正耻心中之条理也。一部《周礼》，细微曲中，皆以道御巧，而即以巧合道。故孟子言“智譬则巧”“不能与人巧”，亦甚重乎其巧也。

但巧为虚位，可善可恶，知觉运动之良能，而非性。唯以道御巧，而后其巧为合道。若以机变为务而求巧焉，则其用巧也与耻相为违背，故不得复用耻也。一用耻，而机变早不能行矣。只机变是耻之大贼。机者，暗发于此而中彼，藏械以伤物而不觉者也。变者，立一言，作一事，即有可此可彼之势，听后之变易而皆可通，乃至食言改辙而人不得执前说以相覆责。只此便是与耻背驰，用耻不著处。其云巧者，则但就此机变之做得密好者言耳。机变即不巧，亦岂复有耻心哉！

云峰不归其罪于机变，而一责之巧，乃以拙为至极。曾不知《五经》《四书》从无一奖拙之语，佛、老之徒始以拙为藏身之妙术。僧道多以拙为道号，儒者亦效之，陋已。若只拙将去，更不思量，无论冯道之痴顽徒为败类，即硬地用耻，曾无微中之智，亦如鲍焦之枯死道傍，陈仲子之出哇母食，其于圣贤精义入神以使义不可胜用者，相去亦天渊矣！

## 十三

小注曰“求所以生之而不得，然后杀之”，出《欧阳永叔文集》，朱子引以证此。此非“以生道杀”也。盖曰“求而不得”，则无道矣。杀人者死，盗贼奸宄不待教而诛，法也，非道也。法如其辜，自知当死而不怨，虽在小康之世，乃至乱国，亦无不然。彼自有可死之道，非上之人所以生之之道也。“求所以生之”，乃刑官不忍杀人之心，而非王者生人之道。既曰“生道”，则必有其道矣。“以生道杀民”，即以杀之者为生之道也。“虽死不怨杀者”，必王者之世为然，则不但以刑抵其罪而言可知。

且曰“杀民”，与言“使民”一例。民者，众庶之辞，非罪人之所得称也。此盖言王者之用兵，虽纳之死地，而非以贪愤兴师。暴不诛，乱不禁，则民且不保其生；故有所征伐以诛暴禁乱，乃以保卫斯民而奠其生。故兵刃临头，而固谅其不得已之心，不怨上之驱之死地也。若霸者之兵，则或以逞欲，或以泄忿，或以取威，故以乘势，不缘救民而起，安得不归咎于兵端之自开以致其怨哉？

庆源云“虽不免于杀，然其本意，则乃欲生之；不然，只是私意妄作”，得之。

## 十四

《击壤谣》自后世赝作。司马迁谓“载籍极博，尤考信于《诗》《书》”，《诗》《书》之所不道，无信可也。“耕田而食，凿井而饮，帝力何有于我”，只是道家“无为自定、清静自正”之唾余耳。帝王以善政善教而得民心，其生也莫不尊亲，其死也如丧考妣，而忍云“帝力何有”哉！

龟山云“亦不令人喜，亦不令人怒”，庆源云“当生则生，当杀则杀”，朱子云“‘上下与天地同流’，重铸一番过相似”，此方是王者经纶天下、移风易俗一大作用。其别于霸者，非霸有为而王无为也，盖霸以小惠而王以大德也。以大德故，固不令人怒，而亦不令人喜。位置得周密，收摄得正大；当生则生，非以煦煦之仁而生之；当杀则杀，不以姑息而不杀，亦不以有所耸动张皇而故杀之。其使“民日迁善”者，则须尽革其旧染之恶，纳之于轨物，齐之以礼乐，昭然使民众著；而云“不知为之者”，亦自其无酰赏重罚之激劝者言尔。

曰“不知为之”，曰“化”，曰“神”，只此数字，不切实从理事上看取，则必为黄、老家一派浮荡无根之言所惑。此处唯朱子说得分明，曰“便神妙不测，亦是人见其如此”。若以王者之心言之，则初无所谓“神”也。王者若操一使人莫测之心，则亦朝四暮三之术。

若云王者虽不操此心，而其转移灵妙，即此即彼，自无取与之劳，则与释、老之徒所赞仙佛功德相似。而试思禹、汤、文、武之以经理天下者，曾有是哉！“上好礼而民莫敢不敬，上好义而民莫敢不服，上好信而民莫敢不用情”“所过者化”，此而已矣。“有《关雎》《麟趾》之精意而《周官》之法度行焉”“所存者神”，此而已矣。只此便是霸者所必不可至之境，而民之杀不怨，利不庸，迁善不知也。王、霸之辨，只在德之诚伪，量之大小，即于其杀之、利之、迁之上天地悬隔，非王者之神通妙用行于事为之表，为霸者所捉摸不得也。

“民不知为之”，非上之无为也。其为人也孝弟，则犯上者鲜，作乱者未之有矣。王者但教孝教弟，使自修之于门内，举立教之首务以例其余。而民志既定，自舍其犯上作乱之习以迁于善。乃不似小补之法，什伍纠之，赏罚动之，明悬一犯上作乱之禁，虔束其民而劣免于恶。夫所务者本，而大道自行，彼愚者固不知其条理之相因，则以惊其莫之禁而自迁也。若夫君子之存诸中而以迁民者，经纬本末，纤悉自喻，即此云雷之经纶，为性命之各正；何尝操不可测知之符，以听物之自顺而行于无迹也哉！

夫神者，二气之良能也。春以生，秋以杀，稼者必穑，少者必壮，至仁大义，而性以恒焉。君子体此为出身加民之大用，金声而玉振之，始终条理之际，井井如也。如是以施，则必如是以得。如是以求，则必如是以与。实有以施，实有以与，取坏法乱纪之天下咸与维新。仁义之用行而阴阳之撰著，则与天地同流矣。禹、汤、文、武之盛德大业尽此矣，安所得黄、老之言，徐徐于于，相与于无相与，一如禽飞兽走之在两间者而称之耶？

## 十五

程子谓“良知、良能出于天”，则信然也。其云“无所由而不系于人”，则非愚所知。此章书被禅学邪说污蔑不小。若更不直显孟子之旨，则姚江所云“无善无恶是良知”者，直以诬道，而无与知其非矣。

孟子曰“其良能也”“其良知也”，二“其”字与上“人”字相承，安得谓“不系于人”？

“人之所不学而能，不虑而知者”，即性之谓也。学、虑，习也。学者学此，虑者虑此，而未学则已能，未虑则已知，故学之、虑之，皆以践其所与知、与能之实，而充其已知、已能之理耳。

乃此未学而已知、未虑而已能“不”字只可作“未”字解。者，则既非不良之知、不良之能也，抑非或良或不良、能良能不良之知能也。皆良也。良即善也。良者何也？仁也，义也。能仁而不能不仁，能义而不能不义；知仁而不知不仁，知义而不知不义：人之性则然也。

顾人性之有仁义，非知性者不足以见其藏也。故新安曰“此盖指良知、良能之先见而切近者以晓人也”。则由其亲亲而知吾性之有仁也，由其敬长而知吾心之有义也。何也？以亲亲者仁之实，而敬长者义之实也。乃此则已达之天下而皆然矣。其有不然者，习害之，而非性成之尔。达之天下而皆然，则即亲亲而可以知性之仁，即敬长而可以知性之义，岂待他求之哉！

孟子《尽心》一篇文字别是一体撰，往往不可以字句测索大意，顺行中忽作一波，疑其门人所记，别是一手笔。善读者须观大旨，不当随字句煞解。则“性善”二字括此一章之旨，而彼所云“无善无恶是良知”者，不待破而自明矣。

## 十六

古人文字，始终一致，盖有定理则必有定言也。“大人”之名见于《易》，而孟子亟称之。盖孟子自审其所已至之德与可至之业，故言之亲切。乃于答浩生不害之问，则胪列为详。然则为大人者，其以未能化而不至于圣，审矣。

孟子谓伊尹圣之任，就其任之圣者而言，则已化矣。使其未化，则放君、反君之事，为之必有所碍。若孟子则道不同，而不以伊尹为学，而要亦自审其未能化也。故孟子学孔子而为大人，伊尹虽不逮孔子而已圣。若天民者，列于大人之下，则是未至乎大者也。伊尹圣，而天民未至乎大，安得谓伊尹为天民哉？伊尹曰“予天民之先觉者”，其言“天民”，犹言生民尔。此言“天民”，则以奉天理而成乎人也，其义殊矣。

此章俱就得位而言。“达可行于天下而后行之”，犹言达天下之可行者行之，初不云达不可行而不行。夫唯事君人者，未得患得，而冒昧自炫。其在安社稷之臣，亦必社稷之责在己而后任之，不必天民也。大人之“正己而物正也”，则亦不能不乘乎时位。苟无其位，则孔子之圣，且不能正鲁人女乐之受，况其下此者乎！是则朱子所云天民专指未得位者，殊为未审。

盖“安社稷臣者”，田单、乐毅足以当之矣。天民者，所学正且大矣，而于己之德未盛，则居位行志，亦不能令上之必行而下之必效，抑择时之所可为，因与补救，若夫时之所不能行者，不能必也。子产、蘧伯玉足以当之矣。盖有君子之道，而未几乎“与时偕行”之德。使太甲以为之君，“多士”“多方”以为之民，则彼有所穷矣。大人者，不用于时则为孟子，用于时则皋陶、傅说其人矣。道备于己而光辉及物，故不仁之民可使远，以高宗之惫，而厥修亦可使来也。

进此而上，则有大而化之之圣，偏则为伊尹，全则为孔子，固为孟子言之所未及。然至于正己物正，则道虽不得与圣侔，而德业亦与圣同矣。此章但就德业而言，则固可举大以上统乎圣也。《集注》列伊尹于大人之下，未为定论。

## 十七

前云“君子有三乐，而王天下不与存焉”，后云“中天下而立，定四海之民，君子乐之”，此固不容无差异之疑。乃云峰谓前言乐在性中，后言乐在性外，则不足以释其疑，而益以增疑矣。

不知前云“君子有三乐”，在一“有”字上不同。言“有”者，有之则乐，而无之则愿得有之也。父母兄弟之存，英才之至，既皆非非望之福；仰不愧、俯不怍，亦必求而后得。故当其既有，唯君子能以之为乐，而非君子则不知其可乐。然当其不能有，则不愧不怍，正宜勉而自致；英才未至，亦宜厚德畜学以待之；而父母之不存，兄弟之有故，则君子之所耿耿于夙夜者。故有之而乐，无之而或以哀，或以思，或以悔恨而忧之不宁，而王天下之与否不以动其心也。

若所云“中天下而立，定四海之民”者，则已然之词也。业已得位而道无不行矣，非未有之而愿有之以为乐者也。作君师以觉斯民，与得英才而教育之，其于吾性中成物之德，又何别焉，而其事业则尤畅矣。

既不得以得位行道为性分以外之事，抑若就性体之固然者言之，则前之三乐，亦非能于所性而有加损。盖不愧不怍，在赵阅道、司马君实已优有之，而君子之“反身而诚”，以见性于静存而立天下之大本者，则岂得遽为二公许！此于圣学中，自有升堂、入室之辨，而非一不愧不怍之即能尽性。若所性之孝，不以父母之不存而损；所性之弟，不以兄弟之有故而损。周公善继人志，大舜与象俱喜，固不以有待为加损也。至于英才之不得，则所谓“人不知而不愠”，其又何损于性中成己、成物之能耶？是不得以前言三乐在性中，异于后言乐之在性外，审矣。

要此两章言乐，皆降一步说，与“乐莫大焉”之乐不同。而就所乐者较量，则又有可求、不可求之别，故不妨同而异、异而同也。

## 十八

“君子所性”一“所”字，岂是因前二“所”字混带出底，亦须有意义在。《集注》云“气禀清明，无物欲之累”；《语录》谓“君子合下生时，者个根便着土；众人则合下生时，便为气禀物欲一重隔了”。如此，则竟以“所”字作“之”字看。上云“所性不存焉”，若作“之”字说，则君子之性不存于“大行”，众人之性存于“大行”乎？“所欲”者，以之为欲也。“所乐”者，以之为乐也。“所性”者，率之为性也。

若论“合下生时”，则孟子固曰“人之有是四端，犹其有是四体”，抑曰“人无有不善”，今乃殊异君子之性于众人，则岂不自相矛盾！且君子之四德以根心而生色者，若一恃其天资之美，而作圣之功无有焉，则孟子之言此，乃自炫其天分之至以傲人于攀跻不及之地。是其矜夸诧异，与释氏所云“天上天下，惟吾独尊”者，奚以别焉？

若云气禀之累，众人所以不能如君子，孟子言性，从不以气禀之性为言，先儒论之详矣。况本文明言“君子所性”，与“所乐”“所欲”一例，则更何天命、气禀之别？岂众人之欲乐陷于私利者，亦天使之然而不能自瘳耶？

性者，人之同也；命于天者同，则君子之性即众人之性也。众人不知性，君子知性；众人不养性，君子养性；是君子之所性者，非众人之所性也。声色臭味安佚，众人所性也。仁义礼智，君子所性也；实见其受于天者于未发之中，存省其得于己者于必中之节也。

“大行不加，穷居不损”，而知其为“分定”者，唯君子知性也；不知，则非得位行志而不足以著仁义礼智之用矣。仁义礼智根心、生色以践形而形著其化者，唯君子养性也；不养，则四德非不具于心，面、背、四体非不有自然之天则足以成乎德容，而根之既仆，生以槁也。

故性者，众人之所同也；而以此为性，因以尽之者，君子所独也。知性，养性，是曰“性之”。唯其性之，故曰“所性”。岂全乎天而无人之词哉！周子曰：“性焉、安焉之谓圣。”唯其“性焉”，是以“安焉”。“性”云者，圣功之极致也，而岂独以天分表异求别于气质之累不累者乎！孟子曰“君子不谓性也”，义通此矣。

## 十九

杨、墨所为，正以贼仁、贼义。子莫却调停，各用一半，只就他二家酌取，则仁、义皆贼矣。道总不恁地。杨、墨以私意窥道，略略见得一端。子莫并不曾用意去窥道，眼孔里只晓得杨、墨，全在影响上和哄将去。此古今第一等没搭僮人，故其教亦不传于后。近日李贽用一半佛、一半老，恰与此人同其愚陋。

《集注》将“中”字“一”字，与圣道之“中”“一”辨，未免带些呆气。他“中”只是杨、墨之“中”，“一”只是杨、墨各成一家之“一”，何嫌何疑而置之齿颊！

## 二十

尽天下无非理者；只有气处，便有理在。尽吾身无非性者；只有形处，性便充。孟子道个“形色，天性也”，忒煞奇特。此却与程子所论“气禀之性有不善”者大别。但是人之气禀，则无有不善也。

盖人之受命于天而有其性，天之命人以性而成之形，虽曰性具于心，乃所谓心者，又岂别有匡壳，空空洞洞立乎一处者哉！只者“不思而蔽于物”一层，便谓之“耳目之官”；其能思而有得者，即谓之“心官”，而为性之所藏。究竟此小体、大体之分，如言“形而上者谓之道，形而下者谓之器”，实一贯也。

合下粗浮用来，便唤作“耳目之官”；释氏所谓见性、闻性等。里面密藏底，便唤作心。礼称“气也者神之盛也，魄也者鬼之盛也”。方其盛而有生，则形色以灵，只此是造化之迹，而诚即无不行于其间；特不可掩者天几之动，而其为显之微以体大道之诚者，不即现耳。故从其一本，则形色无非性，而必无性外之形色，以于小体之外别有大体之区宇。若圣人之所以为圣功，则达其一实之理，于所可至者，无不至焉。

故程子曰“充其形”。形色则即是天性，而要以天性充形色，必不可于形色求作用。于形色求作用，则但得形色。合下一层粗浮底气魄，乃造化之迹，而非吾形色之实。故必如颜子之复礼以行乎视听言动者，而后为践形之实学。不知朱子何故于此有“耳无不聪，目无不明，口尽别味，鼻尽别臭”之语，极为乖张。疑非朱子之言，而其门人之所附益也。

耳之闻，目之见，口之知味，鼻之知臭，只此是合下一层气魄之盛者，才用时便是效灵。只此四者，人之所能，禽兽亦未尝不能。既与禽兽而共其灵，则固已不能践人之形矣。

人之形色所以异于禽兽者，只为有天之元、亨、利、贞在里面，思则得之，所以外面也自差异。人之形异于禽兽。故言“形色天性”者，谓人有人之性，斯以有人之形色，则即人之形色而天与人之性在是也。尽性斯以践形，唯圣人能尽其性，斯以能践其形。不然，则只是外面一段粗浮底灵明，化迹里面却空虚不曾踏着。故曰“践”，曰“充”，与《易》言“蕴”、《书》言“衷”一理。盖形色，气也；性，理也。气本有理之气，故形色为天性；而有理乃以达其气，则唯尽性而后能践形。

由此言之，则大体固行乎小体之中，而小体不足以为大体之累。特从小体者失其大而成乎小，则所从小而有害于大耳。小大异而体有合，从之者异，而小大则元一致也。

大人省察以成作圣之功，则屏其小而务其大，养其所以充者，而不使向外一重浮动之灵得以乘权。此作圣之始务也。

圣人光辉变化，而极乎大人之事，则凡气皆理，而理无不充者气无不效，则不复戒小体之夺，而浑然合于一矣。此又大人、圣人，化与未化之分，缓急先后之序也。

若夫虽在圣人，其审音、辨色、知味、察臭之能未尝有异于众人，而以视娄、旷、易牙，且或不逮焉，则终不于此致其践之之事。故曰“君子不谓性也”，辨之审矣。

## 二十一

“中道而立”之中，亦不可将“无过不及”说。此处正好用“不偏不倚”释之。才有迁就，便偏向一边，倚着一物也。

公孙丑谓“若登天”者，谓四维俱峻，无一处是直入之径，可容攀援。如说仁处且又说义，说志处且又说气，说养气处且又说知言，直恁浩浩地，面面皆从入之径，面面皆无可专靠着得到的。若诸子百家之说，专主一端，则迤逦说下，便有径路，只向一头寻去，企及自易。不知彼异端者，谓之“执一”，执一则贼道矣。

孟子之教，正从愿学孔子来：博文、约礼，内外一揆而无所偏倚；下学而上达，敦化而川流。学者于此，暂得成章，依然又不曾了竟，且须达去。故以躁心测之，真不知何日是归宿之地。却不知豁然贯通之余，则此下学之川流者，一皆道之实体，何得有所倚而有所废哉！

中斯不倚，不倚则无所废。所以但务引满以至于彀率，而不急求其中；必以规矩为方圆之至，而不可苟简以为方圆也。

## 二十二

仁山以“知施于动物而不知施于植物”讥释氏之“不知类”。释氏之慧者亦曾以此置问，乃未能从此转归于正，却又闪躲去，所以终迷。施于动物而不施于植物，正是知类。此正释氏不容泯之天理，自然须得如此。恰好引入理一分殊去，何反以此讥之？

植物之于人，其视动物之亲疏，此当人心所自喻，不容欺者。故圣人之于动物，或施以帷盖之恩，而其杀之也必有故，且远庖厨以全恩。若于植物，则虽为之厉禁，不过蕃息之以备国用，而薪蒸之，斫削之，芟柞之，蕴火之，君子虽亲履其侧而不以动其恻怛，安得以一类类之耶？

盖性同者与达其性，故于人必敦其教；情同者与达其情，故于动物则重其死。植物之性情漠然不与人合朕，则唯才之可用，用其才而已。

释氏之病，方在妄谓“瓦砾有佛性”“无情说法炽然”。幸此一觉，更欲泯乱之，不亦悖乎！

# 尽心下篇

## 一

父兄者，对子弟之称。若因用兵而多所杀戮，则直谓之杀人耳。人固不可杀，奚论其有子弟而为人父兄与否！杀人亲，重矣，杀鳏寡孤独者独轻乎？缘子弟故而杀之，故曰“杀人之父兄”。此言当时法家置为参夷、连坐之刑，上及父兄，迨其身自罹罪，则其父兄亦坐此刑，是作法自毙，祸同亲杀。非但谓天道好还如老氏之旨，恩冤相报如释氏之言也。

南轩以六代之君互相屠灭为征，战国时未有此事。然其自启祸门，使人仿而加之于己，理则一也。宋人“无令人主手滑”之说，亦有见于此夫！

## 二

南轩云“后之取天下而立国差久者，其始亦庶几于仁”，立论太刻。若汉之与昭代，岂但可云“庶几”也哉！

夫仁之用在爱民，而其体在无私。南轩所疑者，有爱民之用而不足于无私之德尔。乃如汉高入关，除秦苛政，释子婴而不贪其财物子女，亦岂非私欲不行，闲邪复礼者哉！倘以荥阳交争之日，或用权力以取机会，为异于汤、武之养晦以俟天命，乃暴秦已殄，怀王已弑，天下无君，向令汉高不乘时以夷项氏，宁可使山东之民涂炭于喑恶叱咤之主而不恤耶？

纣虽暴，固天下主也。武王一日未加兵焉，天下固有主也。项氏之子起于草泽，既非元德显功之后，承世及以有其故国，而又任情废置，安忍阻兵，尚欲养之，将无为天下养痈耶？使鸿沟之割，汉且守硁硁之信而西归，羽力稍完，其能不重困吾民以锋镝乎？率土之滨而有二天子，害且无穷，而岂天理之正哉！

故武王克殷，不更推戴禄父，亦以奉天下之公理，不得复守一己之私义。是唯唐、宋之有天下为有歉焉，而非可论于汉。汉之德无愧轩辕矣，而况昭代之拯人于禽者哉！

## 三

变置诸侯，必有变置之者。假令丘民得以变置之，天下岂复有纲纪，乱亦何日而息耶？孟子谓贵戚之卿反覆谏其君而不听则易位。到易位时，固必因方伯以告之天子，而非卿之所敢擅。今此言“变置”者，必方伯廉察其恶，贵戚与闻其议，而实自天子制之。

知此，则知孟子所云“民为贵，社稷次之，君为轻”者，以天子之驭诸侯而言也。故下言变置诸侯而不言天子。天子即无道如桀、纣，且亦听其自亡以灭宗社，而无敢变置者。“得乎丘民而为天子”，则为天下神人之主，奉民之好恶以进退天下之诸侯而立其社稷。社稷有当变置者，诸侯亦必请于天子而后改制焉。盖始封之日，分茅而受五方之土以立社稷，以王命立之，则亦必以王命变之也。王所奉者民心，而诸侯社稷一唯王之建置，则其重轻审矣。

苟不酌于三代封建之制以考孟子立言之旨，则疑此言之太畸。三代之有诸侯，大者今之知府，小者今之州县，特以其世国而司生杀为异，则亦与土司等耳。故曰“君为轻”者，非天子之谓也。《集注》于此为疏。

## 四

《中庸》说“天命之谓性”，作一直说，于性、命无分。孟子说性、命处，往往有分别，非于《中庸》之旨有异也。《中庸》自是说性，推原到命上，指人之所与天通者在此，谓此性固天所命也。乃性为天之所命，而岂形色、嗜欲、得丧、穷通非天之所命乎？故天命大而性专。天但以阴阳、五行化生万物，但以元、亨、利、贞为之命。到人身上，则元、亨、利、贞所成之化迹，与元、亨、利、贞本然之撰自有不同。化迹者，天之事也。本然之撰以成乎仁义礼智之性者，人之事也。此性原于命，而命统性，不得域命于性中矣。

形色虽是天性，然以其成能于人，则性在焉，而仍属之天。属之天，则自然成能，而实亦天事。故孟子冠天于性上以别之。天以阴阳、五行为生人之撰，而以元、亨、利、贞为生人之资。元、亨、利、贞之理，人得之以为仁义礼智；元、亨、利、贞之用，则以使人口知味，目辨色，耳察声，鼻喻臭，四肢顺其所安，而后天之于人乃以成其元、亨、利、贞之德。非然，则不足以资始流形，保合而各正也。故曰：此天事也。

若夫得丧穷通之化不齐，则以天行乎元而有其大正，或亨此而彼屯，利此而彼害，固不与圣人同其忧患，而亦天事之本然也。惟其为天事，则虽吾仁义礼智之性，未尝舍此以生其情，而不得不归之天。

若夫健顺、五常之理，则天所以生人者，率此道以生；而健顺、五常非有质也，即此二气之正、五行之均者是也。人得此无不正而不均者，既以自成其体，而不复听予夺于天矣。则虽天之气化不齐，人所遇者不能必承其正且均者于天，而业已自成其体，则于己取之而足。若更以天之气化为有权而己听焉，乃天自行其正命而非以命我，则天虽正而于己不必正，天虽均而于己不必均，我不能自著其功，而因仍其不正、不均，斯亦成其自暴自弃而已矣。

盖天命不息，而人性有恒。有恒者受之于不息，故曰“天命之谓性”。不息者用之繁而成之广，非徒为一人，而非必为一理，故命不可谓性，性不可谓命也。此孟子之大言命而专言性，以人承天而不以天治人；其于子思之旨加察焉，而未有异也。

故唯小注中或说以“五者之命皆为所值之不同，君子勉其在己而不归之命”一段，平易切实，为合孟子之旨。而《集注》所述延平之说，“世之人以前五者为性，虽有不得，而必欲求之；以后五者为命，有不至，则不复致力”，正与或说一段吻合。其他言理言气，言品节限制、清浊厚薄，语虽深妙，要以曲合夫程子气禀不同之说，而于孟子之旨不相干涉。

程子固以孟子言性未及气禀为不备矣，是孟子之终不言气禀可知已。且孟子亦但曰“口之于味”云云尔，未尝自其耽于嗜欲者言之也。“口之于味”，其贪食而求肥甘者，信非理矣。今但言“口之于味”，则已饥渴之饮食，与夫食精脍细之有其宜者，亦何莫非理！则前五者总无关于气质之偏正清浊。若后五者之纯乎天理，固也。乃不仅云仁，而云“仁之于父子”，则不以未发之中性德静存者为言，而以言乎已发之用，介于中节与不中节之事，则固非离气言理，而初不得有离气之理，舍喜怒哀乐以著其仁义礼智之用，明矣。

若夫命，则本之天也。天之所用为化者，气也；其化成乎道者，理也。天以其理授气于人，谓之命。人以其气受理于天谓之性。即其所品节限制者，亦无心而成化。则是一言命，而皆气以为实，理以为纪，固不容析之，以为此兼理、此不兼理矣。

乃谓后“命”字专指气而言，则天固有无理之命。有无理之命，是有无理之天矣，而不亦诬天也哉！

且其以所禀之厚薄清浊为命，而成乎五德之有至有不至，则天既予之以必薄、必浊之命，而人亦何从得命外之性以自据为厚且清焉！夫人必无命外之性，则浊者固不可清，薄者固不可厚，君子虽欲不谓之命，容何补乎？

且君子不以清浊厚薄为性，则其谓清浊厚薄为性者，必非君子矣。而程子抑言有气质之性，则程子之说，不亦异于君子哉！况天下之不得于君亲宾友者，苟为怨天尤人之徒，则必归咎于所遇之不齐，而无有引咎于吾气禀之偏者也。故曰语虽深妙，而不合于孟子之旨也。

孟子曰“性善”，曰“形色天性”，曰“君子所性，仁义礼智根于心，生于色”，固无有离理之气，而必不以气禀之清浊厚薄为性之异。其言命，则曰“莫之致而致”，曰“得之不得有命”，曰“夭寿不贰，所以立命”，曰“莫非命也，顺受其正”，则皆以所遇之得失不齐者言命，而未尝以品物之节制此只是理。气禀之清浊厚薄为命。此程子之所谓性。胡为乎至此而有异耶？

圣贤之学，其必尽者性尔；于命，则知之而无所事也。非不事也，欲有事焉而不得也。其曰“天命之谓性”者，推性道之所自出，亦专以有事于性也。使气禀之偏亦得为命，则命有非道者矣，而何以云“率性之谓道”哉！故言道者，已高则偏，已密则纷。择焉而执其正，论斯定矣。

## 五

庆源“才小道大”之说甚为鲁莽，又云“才出于气而有限”，则不但诬才，而且以诬气矣。孟子之言“小有才”，才本不小，有之者小，即是不能尽其才，若才则何病之有！生人之才，本足以尽举天下之道。天下之道，皆斯人以才率其性所辟之周行。若才所不至，则古今必无有此成能，又何者为道？君子之道，行过一尺，方有一尺，行过一丈，方有一丈，不似异端向“言语道断，心行路绝”处索广大也。

盖才生于气，性依于道。气之塞乎两间者，即以配道而无不足；而才言性即是人之性，才言道即是人之道。气外无性，亦无道也。

盆成括之小有才也，替才所本大者而小之，以其小体之聪明为才所见功之地，而未闻君子之大道，则才之所可为而不能尽者多矣。君子之道，以才弘之则与鬼神同其吉凶，聪明睿知极其量则健顺刚柔成其能，何至婴祸而以咎其才哉！

## 六

义之发有羞、恶两端：“无欲穿窬”，羞也；“无受尔汝”，恶也。羞则固羞诸己，即此用之而义已在。恶则于物见恶，于物见恶而无其实，不反求之己，而但以加物，将有如为郡守则傲刺史，为刺史则陵郡守，一酷吏而已矣。故孟子于恶必言其“实”。无实之恶，七情中之恶，非四端中之恶也。

小注所录朱子用赵台卿之说，自较《集注》为当，新安从之，是也。若欲“充无受尔汝之实”，则非集义不能。乍然一事合义，便欲据义自尊，以求免于侮，其可得乎！所以说“无所往而不为义”。盖“无所往而不为义”，然后在己有可以免于尔汝之实，而充其恶辱之心以反求免辱之实，初终表里，无可间断，则不但不屑为不义，而徙不义以集义者，义路熟而义用自周矣。

“无欲穿窬之心”，人皆有之；无受尔汝之心，亦人皆有之。特“无受尔汝之实”，则不欲受尔汝者未必有也。然苟其欲无受尔汝，而尔汝之权操之物，而何以能制诸己！苟非浪自尊大之妄人，亦求免不得而转生其愧，即此是羞恶之恶，与七情之恶所自感而生者不同。一则虚浮向外，一则切实著里也。故孟子于羞言“欲”，言“心”，而于恶必言“实”，以恶无实而但唯其所欲恶者恶之，情之动而非性之端也。乃于羞既言“穿窬”，而又充其类于言不言之餂，则以恶戒虚而羞戒不广，又精义者之必察也。

## 七

曰“中礼”，曰“不回”，曰“必信”，亦有闲邪存诚之意。但他发念时便在好路上走，则谓之“性”。汤、武之“反”，则其起念时有未必恰中者，却向动时折转来，方得有善无恶。

谓尧、舜之所以能尔者，因其天资之为上哲，则固然矣。然云“无所污坏”则得，云“不假修为”则不得。《六经》《四书》，唯《诗》《书》间有说得张大处，夸美生质。乃读书者亦须具眼。《诗》以歌之庙中者，固子孙扬诩先人，不嫌溢美；《尚书》赞德处，抑史臣之辞耳。孟子故曰“尽信《书》则不如无《书》”也。乃《诗》《书》说圣功处，抑何尝不著实！周公之称文王，曰“不显亦临，无射亦保”；舜之所授禹，曰“人心惟危，道心惟微；惟精惟一，允执厥中”。《三谟》中所往复交儆者，皆一倍乾惕。何尝以尧、舜为不假修为哉！

《大易》《论语》说尧、舜，说圣人，一皆有实，不作自然之词。谓圣人无修为而自圣，乃汉儒夸诞之论尔。程、朱诸先生力破汉儒议论，而于此不无因仍，则以生当佛、老猖狂之日，若不如此称颂圣人之德，推之于天授，则老氏之徒且将以敝其口耳讥圣贤之徒劳，释氏之徒且将以无学无修者夷周、孔于声闻之列。故诸先生不得已，亦须就本色风光上略加点染。乃知道者，当得其意而善通之，以求合孔、孟之旨，亦所谓“无以辞害意”也。

此一“性”字，但周子引用分明，曰“性焉、安焉之谓圣”。性下著个“焉”字，与孟子言“性之”“性者”合辙。但奉性以正情，则谓之“性焉”。《中庸》云“能尽其性”，有“能”有“尽”，岂不假修为之谓哉！既云“尧、舜性者也”，又云“人皆可以为尧、舜”，此二处若何折合？尧、舜之德自不可企及，何易言“人皆可为”？所以可为者，正在此一“性”字上。若云天使之然，则成俐不易，其将戕贼人而为之乎？

朱子谓喜怒哀乐未发之中为性之德，已自分明。于不睹、不闻之中，存养其仁义礼智之德；迨其发也，则若决江河，莫之能御，而天下之和自致焉。此以性正情，以本生道，奉道心以御人心，而人心自听命焉。是尧、舜之性之也。人皆此性，性皆此德，特无以敦其化于存养，而“罔念作狂”耳。此尧、舜之性之所以退藏于密，上合天载，而要可与同类之人通其理以尽其善者，即此性也。

若夫君子之行法也，固非无静存养性之功；而当其情之未发，天理未能充浃，待其由静向动之几亦未有以畅其性之大用，以贯通于情而皆中，则必于动几审之：有其欲而以义胜之，有其怠而以敬胜之，于情治性，于人心存道心，于末反本，以义制事，以礼制心，守义礼为法，裁而行之，乃以咸正而无缺。是汤、武之反身自治者也。

大正于存养而省察自利者，圣人之圣功；力用其省察以熟其存养，本所未熟。君子之圣学。要其不舍修为者，则一而已矣。

天道自天也，人道自人也。人有其道，圣者尽之，则践形尽性而至于命矣。圣贤之教，下以别人于物，而上不欲人之躐等于天。天则自然矣，物则自然矣。蜂蚁之义，相鼠之礼，不假修为矣，任天故也。过持自然之说，欲以合天，恐名天而实物也，危矣哉！

## 八

多欲，“未便到邪僻不好底物事，只是眼前底事，才多欲，本心便都纷杂了”，朱子此语，非过为严也。凡天下之陷于邪僻者，揆其始，哪一件不与吾所当得者同类！只此欲心，便无分别，初未尝有意必求所谓不好者而欲得之也。良心丧尽时，又不在此论。其分别为当得、不当得者，则吾性之恻隐、羞恶、辞让、是非授之辨也。故寡欲者须一味寡去，以欲上讨个分辨不得也。若心存而理得，则吾性之义，自如利斧，一劈两分，又何屑屑然向人欲边拣可不可哉！

如孟子所以处齐、宋、薛之馈：于齐之不受，固无欲金之心；于宋、薛之受，亦终无有欲金之心，而但以斟酌乎交际之礼。若既有欲金之心，却去分别此为当受，此为不当受，刚由伊伶俐，总主张不得。故寡欲者，一概之词，不拣好歹，一概寡之，心不缘欲而起，然后可不可一径分明。君子之道，有正本而无治末。治末非但不能反本，末亦不可治也。

## 九

《集注》于《孟子》极略，缘朱子看得《孟子》文字发明自尽，不消更为衍说，庶后人可致其三隅之反。乃传之未久，说《孟子》者于其显然著明处即已茫然，则又未尝不惜《集注》之疏也。

如熊勿轩、朱公迁说“曾子不忍食羊枣”，扼定“不忍”二字为主，则不但不知孟子之意，而于曾子之孝亦未见得在。若但一不食羊枣便是曾子之孝不可及处，则独行之士一念关切者皆曾子矣。曾子于作圣之功是何等用力，而其言孝之见于礼者又是何等精微广大，仅一忍其口腹于可以不食之羊枣，又何足称焉！

且勿论孟子析理精微处，即公孙丑脍炙一问，是何如深妙！后人看文字，论古人，谁解如此细心察理，以致疑问？自四先生外，唯南轩往往能然，所以得为朱子益友。

此段问答，正在“食脍炙”上审出天理人情之则，所以云“圣人人伦之至”；而非独行之士毁生灭性，以及夫足不履石、弃子全侄一流人有所过必有所不及者之可谓至也。若但以“不忍”言，则举目动足，孰为当忍者？从一同、一独上求心之安，即以心之安者为理之得，即此是“心之制”，即此是“心之德”，即此是“事之宜”，即此是“爱之理”。

佛氏也只昧此一段至诚无妄之仁义，却尽著呴呴之恩，戚戚之爱，硁硁之贞，皎皎之白，便割须剃发，无父无君，也不能满其一往之私意。君子之道简而文，温而理，以成精义研几之用；则文必及情，情必中理，而必无致远恐泥之伤。乃其奉性以治情，非由情以主性，则人皆可以为尧、舜，亦此道尔。而以之定王道之权衡，俾为民极，则后世一切刑名苛察之法，与夫小人托天理以行其贼害，如禁李贺之不得举进士，责范滂之不当先父受辟命者，皆无所容其邪说。则即此脍炙一问，而天德、王道皆著明矣。

善读书者如是以求之，斯无不穷之理。而死守章句者，其于圣贤之言，貌取而不以心，亦安足与于格物、致知之学哉！

## 十

朱子定冯道为乡原，乃就五代时人，说他俯仰屈伸以救杀戮，而词貌谨厚，往往取夷狄盗贼之欢，亦“生斯世也，善斯可矣，阉然求媚”之事也。然冯道身为宰相，旦此夕彼，如失节之妇二十年而五适人，人皆得而贱之，犹未足以为“非之无举，刺之无刺”之愿人。且其随波逐浪以苟全其躯命富贵，亦未敢“自以为是”，而又何足以乱德？

夫能乱德而自以为是，必其于道若有所得，而立言制事亦自有其始终。求之宋代，则苏学、浙学，真乡原尔。观苏子瞻所以非笑二程，及陈同父所答朱子书，则与乡原之讥狂狷，而云“生斯世也，为斯世也，善斯可矣”，自以为是而悦于人者，真古今一轨。叶正则、陈同父说来鲁莽，天下宗尚之者幸少。苏氏之学盛于北方者几二百年，而其作为文章，滑熟圆美，奄然媚于后世，乃使人悦之而不知尧、舜之道者，至于今而未艾。是真乡原也，是真德之贼也。其源始于韩退之，而其流祸之深，则极于焦竑、李贽。呜呼！游于圣人之门者，可无厚为之防哉！

《读四书大全说》卷十终

《读四书大全说》全书终

# 四书稗疏

# 四书稗疏

## 大学

### 大学

《礼记郑注》“大”读为泰，程子改读如字。按大小、太少古通用，如大宰一曰太宰、小宰一曰少宰之类，不以老稚巨细分也。大学之对小学而得名，虽程朱未之易也。小学为童子之学，大学为成人之学，是小学为少学而大学为太学矣。又天子之学曰太学，对乡国而言也，而《章句序》云自天子之元子至凡民之俊秀皆入大学，又为天子之学，审也。既对小学而名大，又为天子教胄之学，奚为不可读如泰乎！《章句》云“大人之学也”，不知所谓大人者何指，如以为明新之业，异于洒扫应对进退之所教者名为大人，则亦天子之学及成人之所学而名大尔，是亦太少之义。如其与《周易》《孟子》所言者同义，则彼以成德而言，非可遽施之学者，况孟子所云大人之上有圣有神，亦明德、新民、止至善者之所愿学，而何但云大人邪？读如字者不能通乎太少之旨，而读如泰者自函夫充实光辉之义，正当从郑音。

## 壹是

《章句》云："一切也"，以"是"训切，则以"壹"为一矣。乃一，对两而言也；壹，专壹也；原不相通。自唐人用壹贰字施之公移以防欺窜，未闻登诸艺文者。其见于经传者："郑伯贰于楚""肆予小子""一日而三失伍""大陆既作""报之以琼玖""以缨拾矢可也"，既各有义。捌为无齿杷，见字书。唯叁为参之讹，柒不成字。壹之非一、贰之非二审矣。"壹是"犹言专此，对齐、治、平而言也，即下文本末厚薄之旨。若以为一切之辞，则既云一切，又云皆，非赘词乎！《中庸》"其为物不贰"。贰，间也，不间即不息也。若以不贰为不二，则即上一言而尽之旨亦为复矣。

## 菉竹

菉，王刍；竹，萹蓄。王刍，本草名鸭跖草，俗呼竹叶菜。萹蓄一名石竹，一名夹竹桃花。其以绿为竹色者非。竹色在苍碧之间，非绿也。小注引《河渠书》"汉武帝伐淇园之竹"证此。绿竹为竹，自西周至汉殆将千年，能保此水滨之弱植于六国、秦项之余乎？竹六十年而符，故有千岁之木，无千岁之竹。邓今无林，敖今无粟，若邪之溪今无铜，安得指汉竹为周竹哉！

## 寔能容之

寔，丞职切，读如植，止也，与实字音义俱异。"寔能容之"，言止此能容之一德，遂可以保子孙黎民，勿须他技。郑氏谓楚人混读寔、实，非也。寔能容之，可云非虚假容贤；寔不能容，可云非虚假媢嫉乎？

## 豚

豕、彘、豚三者之异同，传注家略以为易知而未之辨，后亦末由辨之。今人概呼为猪，然猪固有家猪野猪之别。《左传》曰"封豕长蛇"，野猪也。豕三岁曰豜，《诗》“并驱从两豜兮”，亦野猪也。孟子云“狗彘食人食”，家猪也。然《礼》“牛羊豕为牢”，《诗》“执豕于牢”，《尔雅》“豕所寝曰橧”，则又皆以家猪为豕，而《史记》“上幸上林，有彘突入”，则抑以野猪为彘，莫之辨也。今按家猪有两种。其长喙大耳，高足厚皮，食草而膻者，虽为家畜，其类本自野猪来，则与野猪同名为豕，一名为彘。若其喙短耳小，足庳皮薄，驯扰而不膻者，则名曰豚。豕、彘虽家畜，可至数百斤；豚则能肥而不能大，故许慎曰：“豚，小豕也。”南人养豚子或稍令长大，北人则及小而饱饲之，两三月而肥，全体蒸而食之，阳货“馈孔子蒸豚”是也。今淮、泗、亳、宿间所牧猪，逐水草而食宿，亦殆与野猪无别，皆豕、彘也。世或不知，以豕子为豚，不知豕豚殊类。豕子方小，在《尔雅》自名为猪；豚虽长大，不名为豕。故《孟子》“鸡豚狗彘”，既言豚又言彘，不嫌复也。

# 中庸

## 罟获陷阱

《章句》以罟为网，获为机槛，陷阱为坑坎。实则四字各为一义。罟，兽网也。获，揉竹木施机设绳于兽往来之径，以罥其足。陷，槛也，植木交加为之，如牛豕圈，置羊犬其中，诱虎狼入，机发楗闭以生致之。阱则坑也。

## 衽金革

《章句》云：“衽，席也。”倪氏辩之，以为衣衽，而史伯璿非之。伯璿误矣。按《方言》：“褛谓之衽”；郭璞注：“衣襟也，或曰裳际也。”张揖以为裪，又曰袖也。并无席义。艺文中有言衽席者，言坐则拥之于衽，卧则在席。使衽即席，则文不赘乎？《礼》称上衽、扱衽，皆以襟言，唯“请衽何趾”，郑氏以为卧席。按君子卧不裸，寝必有衣襟当裳际者近足，故请衽所向，斯为趾矣。抑《弟子职》云：“问疋所菹切。何趾。”疋，足也。或言衽，或言疋，皆以身下言之。衽为裳际明矣。“衽金革”，言以金革为襟，盖谓甲尔。披坚则执锐，执锐则致死，战士之服也。若以金革为席，而卧其上，亦奚所用之哉？或引勾践枕戈为证，愈为支离。

## 正鹄

射的张布谓之侯，侯中者谓之鹄，鹄中者谓之正，正方二尺；正中者谓之臬，臬方六寸。天子诸侯之侯用皮，大夫以下用布，鹄则皆皮也。正者，当鹄之中画之也。故郑氏《射义注》云：“画曰正，栖皮曰鹄。”栖皮者，既张侯，乃安置鹄于侯中，如鸟之栖于木也。正与鹄非二物，鹄中画处斯谓之正尔。《章句》于“画曰正”加一“布”字，遂失其实。不特天子诸侯之侯纯皮无布，即大夫以下之布侯，鹄必以皮。布之上栖皮，皮之中不更安布，何得更云画布也？正或作鴊。鴊、鹄皆小鸟，而鴊尤微细。以正鹄名栖皮者，取其命中之难以矜巧耳。

## 三年之丧

三年之丧非即父母之丧也。父母之丧三年，而三年之丧不尽于父母：诸侯于天子，大夫、士于国君，嫡孙承重为祖父母，继立者为先君，父为嫡长子，天子为后。太甲宅忧居桐宫，服仲壬之丧，为叔父也。《春秋传》：“王”一岁而有三年之丧二焉”，谓后与世子也，故曰“达乎天子”。然其饮食居处衣服之制则有差杀，故仅曰“达”。父母之丧，哭踊倚庐，苴麻馇鬻，则天子与庶人无别，故曰“无贵贱一也”。《章句》未悉。

## 祖庙宗庙

《章句》云：“祖庙，天子七，诸侯五，大夫三，适士二，官师一”，备纪庙制，而不恤本文之言“祖”也。祖有功，宗有德。始封者必为祖，则唯七庙五庙三庙者为有祖庙，二庙则一王考一考，而一庙唯有祢庙，不得称祖矣。本文言祖，固以该祢，然言祖以该祢，乃就天子下推之，而不可竟谓二庙一庙为祖庙也。抑文因义起，各有攸当，下云“宗庙之礼”，若以祖庙推之，则专指有德之宗，若殷三宗之类，则武王、周公之世，文武二世室未立，何得云宗！此言宗者，言合大宗小宗于庙中也。在廷则虽同姓，必以爵序。在庙则以宗序。宗者，所以统同类别者也，故曰“宗庙之礼所以序昭穆”。宗礼行于庙中，在太庙则以大宗序。同姓，在群庙则以小宗序所出者之子孙也。群庙以小宗序所出者之子孙，则袒免以外皆从乎宾矣。此大宗小宗之别为一义，而不同于祖功宗德之说也。《章句》云“有事于太庙，则群昭群穆咸在而不失其伦”，是误以宗为祖宗之宗，而抑混宗庙于祖庙。无惑乎俗儒之泥太庙之文，分春秋修其祖庙为时享，宗庙之礼为祫祭，于梦中说梦也。

## 货财殖焉

钱币曰货，布帛曰财。若小注谓珠玑玳瑁之属，则宝也，非货财也。货财非水所产。殖，聚也，言舟楫载运由之而聚也。陆道分歧而辇载四出，水程合并则栖泊同归，故《史记》以富商大贾为货殖，非谓水之能产货财也。

## 礼仪威仪

《章句》谓礼仪经礼，威仪曲礼；小注云“经礼如士冠礼、诸侯冠礼、天子冠礼之类，曲礼如始加再加三加之类”，则积曲成经，分经为曲，于文赘矣。藉然，经礼亦无三百也。盖礼仪者《周官》之典也，威仪者五礼之仪也。《周官》三百六十，举其概而言之为三百。五礼以配五刑，五刑之属三千，五礼之属亦然，所谓出乎礼入乎刑也。谓之威仪者，五礼以进退容止为本，汉人谓之为容，异于《周官》治教政刑之以事不以文也。

## 道并行

天道有东西南北四行。或曰地有四游，天行则地若游矣。日有南北二陆，往来于赤道；月有九道，出入乎黄道：皆所谓道也。天道四行而四时成，黄道九道分而日月相代。其不相悖者，如天左旋，日月右转，而日月必随天以左；日迟月速，而合朔必有恒，月必受日之光而无相背久晦之事也。

# 论语上篇

## 千乘之国

按周制四井为邑，四邑为邱，四邱为甸，甸方八里；旁加一里为成，加一里者加八里也，出长毂一乘，则是提封七十二井而一乘也。如孟子言公侯之地方百里，则提封万井，仅得戎车一百三十九乘。内不足八井。而《王制》郑注云："周公摄政致太平，斥大九州之界以封诸侯，大国地方五百里，其次侯四百里，其次伯三百里，其次子二百里，其次男方百里。"方五百里之国其提封二十五万井，方四百里之国提封一十六万井，是大国当出赋三千四百七十二乘，余六井。次国当出赋二千二百二十二乘，余十六井。皆不啻千乘已也。而千乘之赋，计其提封当七万二千井，以开方计之，其为国大略地方二百六十八里稍弱，视伯国而小，何云大国？所以然者，开方之法，兼封域之地，计里而为疆，而赋车之制，以实耕之田计夫而出乘。按《周礼》：上地不易之田百亩，中地一易之田二百亩，下地再易之田三百亩。则损下地益上地，折中而言，率一夫之田二百亩，以为常、而山泽、丘陵、经途、城邑、园林皆在开方计里之中，则为方五百里者，以半准之，为夫田者方二百五十里。以夫制赋，大率在千乘内外耳。是《礼注》言分封之制固详于孟子，而孟子言"诸侯皆去其籍"，则其得之传闻，以殷末周初之制言之，而非周公之典矣。乃春秋之季增赋益兵，如鲁作邱甲，则四而增一。故叔向曰"革车四千乘"，以周制准之则当有二十八万八千并之提封，为地方五百里有余，而以前法准之则地方千里者之幅员未能如是之大也。《论语》屡言大国，止于千乘，而孟子言万乘，非徒壤地之兼并，抑赋兵之繁重也。

## 子禽

古人名与字义必相连，如赐则字赣，商则字夏，耕则字牛，参则字舆皆是也。陈亢字子禽者，亢兔迹也，逐兔者蹑其迹则得禽矣。禽如“田无禽”“逐禽左”之禽，兽也，非鸟也。亢迹之亢，音胡郎切，读如杭；其音古郎切者喉也，音苦浪切者高极也，皆于子禽命字之义无取。

## 北辰

《集注》云：“北辰，北极，天之枢也”，于义自明；小注纷纭，乃指为天枢星，误矣。辰者次舍之名，辰非星，星非辰也。北极有其所而无其迹，可以仪测而不可以象观，与南极对立而为天旋运之纽。以浑仪言，凡星之属皆在第八重宿曜天，而北极则在第九重宗动天。若天枢之为星，乃北斗杓星，斗移而杓不动，然亦随斗左旋，不能常居其所。又紫微垣中有极星者，以去极得名。极无可见，观象者因此星以仿佛其处。此星轮转于极之四围，非能与极而皆不动。极以其柱天而言，枢以其为运动之主而言，辰则以其为十二舍之中而言也。

## 子奚不为政

《集注》言“定公初年，孔子不仕”，又云“盖孔子之不仕，有难以语或人者”，意谓定公为逐其君兄者所立，孔子耻为之臣，而托孝友之言以讥之。审然，则孝友为借词而父兄祗为口实矣。后世士大夫不合于时，托言归养，乃不诚于君亲之大者，岂圣人而为此哉！夫子言孝友，必有所致其孝友者，则此言之发，必于母兄尚在时矣。定公初年，孔子年四十有余，而定公中载孔子出仕，以后周流列国，更未闻有宅忧之事。伯兄早卒，故嫁子而孔子为之主，则母兄之丧，皆当在昭公之末。孝友之言，亦岂不言及而心怆乎！抑定公九年孔子为鲁司寇，明年，相公于夹谷。岂九年以前为不孝不友之定公，九年以后为孝友之定公乎？意此问答在昭公之世，而孝友之论则《集注》所谓至理不外是者，诚为匙论，勿容他为之说也。

## 以雍彻

《集注》云:“彻，祭毕而收其俎也。”今按祭之有乐，殷以之求神，周以之侑神，故必当祭而作，有升歌，有下舞，皆在尸即席献酢之际；及尸谡奏肆夏，则乐备而不复作。若彻，则尸谡，主人降，祝先尸从，遂出于庙门，主人馂毕而后有司彻。彻者，有司之事，主人且不与矣。尸与主人皆不在，神亦返合于漠，而尚何乐之作哉！抑绎雍诗之文义，皆非祭毕之辞，盖大禘之升歌，则虽天子不于彻时奏之。三家虽僭，奚为于人神皆返之后更用乐乎？然则彻者,《少牢馈食礼》所谓“有司彻”，盖大夫宾尸之祭名也。天子、诸侯则于祭之明日绎，而大夫则于祭日之晏彻。彻以宾尸而用乐者,《春秋》“壬午犹绎,《万》入去《龠》”，是绎而用乐也。大夫少牢馈食，彻以宾尸，则不用乐。彻而用乐，又歌《雍》焉，斯其所以为僭。正祭之日，升歌清庙，绎则歌《雍》，其诗曰“既右烈考，亦右文母”。“既”云者，言其前日之已致虔也。然则奚以别于《丝衣》？盖《丝衣》者时享而绎之诗,《雍》者禘而绎之诗。熟绎诗文，当自知之。

## 灌

《集注》误立“灌地降神”之文，而庆源辅氏盛为之说，徇《白虎通》之失与《开元礼》酹酒之妄，愚已详辩之于《诗稗疏》矣。抑考《家礼注》引张子曰:“奠酒，奠安置也，若言奠贽、奠枕是也。”则张子已知程子酒必灌于地之说之非矣。乃杨氏复又曰:“《家礼》初献取盏祭之茅者，代神祭也,”则说尤支离。夫《家礼》之举盏灌于茅上，其所取法，则祖《白虎通》之说，以拟禘之灌鬯耳。今云代神祭，则禘之灌鬯亦代神祭乎？虽朱子尝曰“酹酒有两说：一用郁鬯灌地以降神，一以古者饮食必祭，神不能自祭，故代之”，乃不知饮食而祭者于豆间，人之祭也，不以茅，何独代神祭之用茅也！用茅者，沿杜预以包茅缩酒，误为酹酒，因杂引以成乎非礼耳。盖降神之说既穷，而又为代祭之说以文之，但因仍流俗而强为之饰耳。不知灌非虚置之筵上，乃置之尸前也。既献之尸，则尸举之，尸祭之，奚有别降之神，而又何代为之祭耶？唯不知裸为酌鬯初献之名，而灌乃祼字之假借，初非灌园之灌。诸妄辗转，愈人于迷，等祖考之灵于圃蔬畦稻。唯以张子之言为破妄之斧，博求之《诗》及《周礼》以为论定，而反求之为人子孙者之心，谓倾酒于粪壤以事先为安否，则诸说之谬不攻而退矣。

## 奥灶

五祀，夏祭灶。灶者，火之主，人之所以养也，祀以鸡。其礼，先席于门奥西东，设主于灶陉。先席于门奥西东者，迎神也。门奥西东者，门在东，奥在西；席设于门之西，奥之东，正当室之中而居户外，其非席于奥，审矣。祀门设主于门左枢；祀户设主于门内之西；祀行为軷壤于庙门之西，设主于其上；唯祀中溜设主于牖下，牖在室西南，其下即奥也。是则唯祭中溜则于奥，余祀皆不于奥而设席也。“与其媚奥宁媚灶”云者，谓中溜为土，分王四季，不能为四时之主，故《集注》谓无恒尊，不如灶之主火而司养，专四时之一为在时而乘权也。昧者误读设席于门奥西东之文，遂谓四时之祭皆先席于奥，亦习谬而不觉矣。

## 公冶长

公冶者亦鲁公族，以字为氏。《春秋传》：季氏取卞，使公冶以告。长盖其孙，而以王父之字为氏也。野人语有云：长以知鸟语取羊，致陷缧绁，而复以鸟语告齐师得释，不知其所自起。沈佺期诗曰：“不如黄雀语，能雪冶长猜。”妖妄之传，自唐已然矣。公冶鸟语，闵子芦花，说皆猥鄙。且以鸟音而叶唐韵，俗儒因《论语》有“非其罪也”及“孝哉”之叹，附会成诬，亦可恶也。公冶本复氏，长其字也，读如掌，而佺期以冶长连称，又以平声呼长作苌，疏谬如此，无惑乎其乐道俗劣之谈也。

## 乘桴浮海

《集注》曰“伤天下之无贤君”，于义自明，惜未言欲行道于海外，遂使俗儒以鲁连蹈海、管宁渡辽拟之。一筏之泛，岂犯鲸波陵巨洋者乎？夫子居鲁，沂、费之东即海也，其南则吴、越也。夫子此叹，伤中国之无贤君，欲自日照通安东、赣榆适吴、越耳。俗传夫子章甫鸣琴而见越王勾践，虽无其事，然亦自浮海之言启之。程子《春秋传》言：桓公盟戎而书"至"，以讨贼望戎，盖居夷浮海之志，明其以行道望之海外。故子路喜，而为"好勇"之过，谓其急于行道而不忧其难行也。

## 千室之邑

邑有公家之下邑，有大夫之采邑。下言"百乘之家"，则此邑为公家之下邑矣。"室"者，商贾之廛居也。因此以知朱子所云"农民有二亩半之宅在邑"者为非制也。详《诗稗疏》。使一夫而一室在邑，则千室之邑为一百二十五井之氓，六十四井而出一乘，计其所出兵赋止二乘，恶足与百乘之家并称，而必冉有之始能为之宰乎？盖农民所征，一成而出一乘之甲士步卒，若车辇马牛，则商贾计廛而授赋。故《国语》曰："赋里以入而量其有无。"里，廛也。是以鲁用田赋而《春秋》讥之。车辇马牛为商贾所出，故此言"治赋"，而以千室计之。商贾之赋所征多寡轻重，今虽亡考，以此文推之，千室之赋当与百乘相上下。或十室出车一乘、马四匹、牛十二头，盖车可数十年不敝，而马牛更有孳息，则商贾之岁输亦非过重也。

## 山节藻棁

《礼器》称管仲山节藻棁，则不独臧氏为然，春秋之大夫僭者类然矣。此言居蔡，又言山节藻棁，自为两事，非谓以此饰居蔡之室也。龟掌之太卜，藏之于府，虽天子亦不别立宫以处之。臧孙虽僭，不应创此。且管仲之宫，亦岂以处龟乎？然则山节藻棁者，亦臧氏之宫耳。《集注》言"刻山于节，画藻于棁"，郑康成《礼记注》则以山、藻皆为画文，说既不同，抑郑氏言大夫达棱，诸侯斫而砻之，天子加密石焉，无画山、藻之礼，则岂管仲、臧辰之创为邪？使其创为，则亦无所于僭，而《礼器》何以讥其滥乎？盖山者斫之穹窿如山，藻者水中洁草，即密石磨砻，治令莹洁，斯以为无知妄作，僭王侯之制与！

## 左丘明

《史记》“左丘失明，爰有《国语》”，则明即作《春秋传》者。而《集注》云“古之闻人”，盖谓左氏于夫子为后辈，故《春秋传》记孔子卒后事。夫子所称道以自征信必先进，不宜下引当时弟子行之人，乃曰“左丘明耻之”，则借为古人，其耻巧诈者非可笔之于书，夫子亦何从知之？如云“赐也亦有恶乎？”以公非必从众论，何嫌取正左丘乎？但《史记》言“左丘失明”，则似瞽故而名明，此亦不足信，如孙膑刖足而名膑，未刖之前岂无名耶？

## 老彭

先儒谓老彭为二人：老，老聃；彭，彭铿。乃彭铿他不经见，唯《汉·艺文志》有彭祖《御女术》，则一淫邪之方士耳。《集注》据《大戴礼》商老彭、仲傀之教人，谓为殷之贤者。考仲傀即仲虺，莱朱也；老彭在其前，皆成汤时人。而子曰“我老彭”，亲之之词，必觌面相授受者矣。按老聃亦曰太史儋。聃、儋、彭音盖相近。古人质朴，命名或有音而无字，后人传闻，随以字加之，则老彭即问礼之老子矣。《礼记》称“吾闻诸老聃”。聃盖多识前言往行以立教者。五千言中，称古不一，而曰“执古之道，御今之有”，则其好古而善述可见矣。特其志意有偏，故庄、列之徒得缘饰而为异端，当夫子之时固未泛滥，以亲相质问而称道之，又何疑焉！

## 司败

《集注》云：“司败，司寇。”然败之为言伐也，则主征伐，盖司马之职也。乃陈为虞后，修天子之事守，世用虞礼，官仍《舜典》。舜命皋陶作士，而以蛮夷猾夏、寇贼奸宄属之。九官别无典兵者，则虞制司马、司寇合为一官，而陈因之，犹宋之有司城，一用殷礼而非周官耳。

## 诔

《集注》云："《诔》者，哀死而述其行之辞。"然子路当夫子疾病之时，而称哀死之辞，虽君子之前可无拘忌，然亦太不伦矣。且《诔》之言曰："祷尔于上下神祇，"抑于哀死而述行何当？《周礼》太祝作六辞以通上下，六曰诔，诔者告神祇之辞也。《郑注》亦以为赐死者以命之词。审然，则宜为丧祝所典，《周礼》所谓掌丧祭祝号是也，固非太祝之所掌矣。按《说文》，此诔字当作讄，或作讇。许氏曰："祷也，累功德以求福"，而引《论语》"讄曰"以征之。其从言从耒者，许氏曰"谥也"，则郑氏所谓赐死者以命之辞也。是太祝所掌之诔与此"诔曰"皆当从讄，而为致祷之辞，庶乎子路之称之亦无嫌矣。

## 三以天下让

三让者，一辞世子，二辞国，三逃勾吴，于义自显。《集注》以"三"作去声读，释为"固逊"，殆以一让为礼让，再为固让，三为终让。此古贽见燕飨登降之文，而施之父子兄弟之间与宗社之大事，不已谖乎？按《吴越春秋》，王季以太王之命致位于泰伯，三致而三让，则让在季历嗣服之初。其时雍岐、勾吴相去二千余里，虚大位于告终之时，走使命于江淮之表，积岁月而未有定，有是理哉？刘敞又以王季、文王、武王为三。文王百龄，中身嗣服。武王末受命，计其时泰伯之薨已久，安得与武王相推逊乎？若谓文武皆由泰伯之让而得嗣，则有周三十余世乃至赧王，皆泰伯之所让，奚但三哉！至于或引汉文帝让三让再为比，则汉文亦礼让之文耳，群臣一劝进而一却之，今太子嗣立亦三进笺而再不允。泰伯之让，夫岂其然！诸说既皆不通，故知三让者，一辞为世子，二辞位，三逃之勾吴也。

## 三分天下有其二

《集注》谓荆、梁、雍、豫、徐、扬。熊氏谓徐、扬无考。然文王质成虞、芮；虞、芮国在河中，今平阳府境。西伯戡黎，黎今潞安府黎城县，皆冀州之域。而孟津、牧野固属豫州，至武王时犹为殷有。则文王已兼有冀土，而豫州尚多属纣，则“三分”者约略言之，非专言六州明矣。九州之域，青、兖、徐、豫小，雍、梁、荆、扬大，非可合三州为一而三之也。

## 子路使门人为臣

《集注》云：臣，家臣。按家臣之属，有家宰，有邑宰，有家司马，有家宗人，有家士。但云家臣，不知何职。且此诸臣皆非缘丧而设。按《周礼·司马》太仆之属有小臣二人，掌士大夫之吊劳。又《丧大记》云“小臣复”，又云“小臣楔齿用角柶，缀足用燕几”，又云“浴，小臣四人抗衾”，又云“小臣爪足”，又云“小臣爪手翦须”，皆与死者亲，故曰“死于臣之手”。然唯诸侯之丧为然，天子则用夏采丧祝。若大夫、士之丧，则抗衾爪揃皆用外御，宾客哭吊以摈者掌之，以本无小臣故也。春秋之世，大夫而僭侯礼，于是乎本无小臣，因丧事而立之，故曰“无臣而为有臣”。子路沿俗私置，故夫子深斥之。若家臣，则夫子已为大夫，受田禄于鄹邑，固得有之，而何以云“无臣”哉！

## 九夷

周衰典废，小国诸侯，国介边徼，惮于盟会征伐之重赋，不能备礼，自降而从夷，则人亦以夷目之，而鲁东海滨本有夷属，故《尚书》称莱夷，岛夷。莱夷今登莱地，孔子却莱人，言“裔不谋夏”是已。岛夷卉服，亦沿海之地，湿不宜蚕，恃苎为衣者。又《左传》陈辕涛涂曰“观兵于东夷”，杜预解曰“郯、莒，徐夷也”。又隐公元年纪人伐夷，杜预曰“夷国在城阳壮武县”。又鲁称“晋听蛮夷之诉”，谓邾、莒也。凡此之属皆谓之夷，则九夷者东方九小国耳，以其僻小俭鄙，降从夷礼，故曰“陋”。

## 唐棣

《诗传》："唐棣，思贤也。"既删之后，《诗》尚未逸，唯毛《传》失传耳。既为思贤之诗，则子曰"未之思也"，亦言其好贤之未诚；"夫何远之有"，言思之诚而贤者自至耳。义既大明，则汉人以"偏反"为反经合权之邪说，不攻而破矣。

## 寝衣

《博雅》曰："寝衣，衾也。"孔氏注云："今之被也。"唯其为被，故可长一身有半，足以摺叠覆足，而无冗长之累。如其为衣，而长过于身，则卧起两困矣，猝有水火盗贼疾病之暴至。其能无狼狈颠仆乎？如云非常时所衣，但为齐设，乃散齐亦有七日，变起不测，故《曾子问》有当祭而太庙火之礼。古人制礼必可行，虑如此其周，而独于一衣作此迂拙以自困乎？且此衣，衣之而后寝乎？寝而后衣之乎？寝则必不能衣之，衣之则曳地倾踣，何以就席邪？若有此衣，真怪服矣。是寝衣之为衾，必矣。"必有"云者，谓虽当暑，必覆衾而浅，不露形体，非但为齐言也。次序自当在"短右袂"之下。

## 布

古之言布者，兼丝麻枲葛而言之。练丝为帛，未练为布，盖今之生丝绢也。《清商曲》有云："丝布涩难缝"，则晋、宋间犹有丝布之名。唯《孔丛子》谓麻苎葛曰布，当亦一隅之论。明衣之以布别者，异于纤缟靡丽之服耳。

## 食饐而餲

《集注》云："饐，饭伤热湿也。餲，味变也。"今按饭之伤热而湿气未敛者，俟之俄顷，则热者清，湿者燥，何不姑少待之而遽斥之不食耶？

且粒食之以饭名者，非但稻麦稷之淅煮而攤蒸者也。凡谷食之熟而无汁可啜者，皆名为食。则今俗所谓麨糍饼饵馎饦之类，皆饭也，食也，皆非有热湿之伤者也。许慎说饐“伤湿也”，或谓为湿气所熏腐耳。《集注》增一“热”字，愈入于误矣。按孔氏注云“饐餲，臭味变也”，虽统言之，而固有分疏；饐者臭变，餲者味变也，皆以经宿热郁致将腐败也。臭变者馊腐，味变者酸恶也。饐从壹，义与曀通，黯貌；餲从曷，义与遏通，逼遏郁败之貌。即字思义，可知已。若渍之过湿，蒸之热烂，则所谓“失饪不食”者是也。

## 割不正

《集注》云：切肉必方正。不知割非切，切非割，方非正，正非方也。古者大脔载俎，食则自断，故《曲礼》曰：“濡肉齿决，干肉不齿决”，非若后世既割之复切之，令大小称口所容，如陆续之母能必其方也，则割切之别也。方者，对圆长椭斜纤曲而言也。正者，正当其处也。古之割肉既皆大脔，而各有分理：骨有贵贱，髀不登于俎，君子不食圂腴；在杀则有上杀中杀下杀；在登之俎则有肩，有臂，有臑，有肫，有胳，有正脊，有横脊，有长胁，有短胁，有伦肤，有觳折，或左或右；肺则有离肺，有忖肺，心舌则去本末：皆所谓割之正也。若其腠理之常，随手划断，则非体之正，是曰不正。抑或宾如主俎则为慢，主如宾俎则为汰，燕如祭，祭如燕，祭燕如常食，常食如燕祭，皆不正也，则皆以失礼而不食矣。倘必如陆续之母所切，四维端匀而后食，则离肺之小而长，脯之长尺有二寸，皆非君子之食矣。脊胁之间，必求其方，将杂用体骨以就之，是求方而适得不正也。《集注》以汉后切肉之法为三代割骨之制，而未求之礼，其失宜矣。

## 不撤姜食

言撤，则必既设之而后撤之也。言不撤，则必他有所撤而此不撤也。按《士相见礼》：“夜侍坐，视夜，膳荤，请退可也”，《注》云：“荤，辛菜。”姜亦辛菜也。则此言燕居讲说而即席以食者。食已，饭羹醢羞之属皆撤，而姜之在豆者独留，倦则食之以却眠也。古之人类然，君子亦以为宜，不待夜倦欲食辛而更索之。《集注》未悉。

### 东首

《集注》谓“受生气”，自疾言之，非自君视疾言之矣。东首，首东向也。按《礼》：天子适诸侯，升自阼阶，天子主天下，诸侯不敢为主也；诸侯适其臣，亦升自阼阶，诸侯主其国，大夫不敢为主也。疾不能兴，寝于南牖下之西，而东首以延君，君升自阼，立于户东，使首戴君，存臣礼也，与“朝服拖绅”同义。

### 三嗅而作

古无嗅字。音许救切者，从鼻从臭，鼻吸气也，施于雌雉之作，固必不可。按此“三嗅”当作“狊”，音古阒切。狊从目从犬。犬之瞻视，头伏而左右顾，鸟之惊视也亦然。故郭璞谓张两翅狊狊然，谓左右屡顾而张翅欲飞也。若谓张翅为狊，则鸟之将飞，一张翅而即翀举，奚待三哉！

## 论语下篇

### 长府

《集注》云：“藏货财曰府。”信然，则府颓敝而改为之，亦奚不可，而必仍其旧哉？若谓别作一府以敛财多积，则鲁于是时四分公室，民食于家，亦恶从得货财而多积之，如后世琼林、左藏、封椿之厚储，以供君用邪？按太公为九府。府者，泉布金刀之统名也。其曰长者，改短而长，改轻而重也。圜曰泉，今谓之钱。方而长曰币，冠圜泉于首下作刀形曰金刀，皆椭长而不圜。《钱谱》有汉铸厌胜钱、藕心钱，皆其遗制，五铢兴而始无不圜者矣。改作长府者，改其形模，视旧加长也。加长则所值倍增，用铜少而铸作简，乃近代直十当五当两之法。一旦骤改，则民间旧币与铜同价，而官骤收其利，此三家所以乱旧典而富私门也。故闵子以“仍旧贯”折之。贯，钱系也，或曰缗，或曰贯，皆以系计多寡之称。府改价增，则贯减而少。仍旧者，使以旧府取足贯也。

## 有社稷焉

天子为天下立社曰大社，自立社曰王社，诸侯为百姓立社曰国社，自立社曰侯社，皆与稷同宫而别坛。大夫、士食于君，义无私报，以有稼穑之事焉，故《祭法》曰“大夫成群立社曰置社”，《月令》所谓“择元日命民社”也。然大夫言社而不言稷，则有社而无稷矣。稷之神为厉山氏，为周祖弃，大夫卑，不敢与为礼也。费之有社稷，僭也。古者有分土无分民，大夫且不得有民人，而况社稷乎？子路习于僭而不知，故夫子重斥之。

## 浴乎沂

朱子谓韩愈、李翱疑裸身出浴之非礼，而不知汉上巳祓除，官民洁于东流之制，故改“浴”为“沿”。不知改“浴”为“沿”者，乃王充之定论，非退之笔解之创说也。莫春非必上巳之期，洁身亦非有周之礼。束晰引周公营洛之事以征上巳之礼，其诗曰“羽觞随波”，此言流觞以饮，未言浴也。浴者，溱洧秉简之淫风耳。莫春之初，正寒食风雨之候，北方冰冻初释，安能就水中而裸戏？或谓沂有温泉，而褫衣于未浴之先，拭体于出浴之际，风寒惨肌，亦非人所可堪也。且温泉必出山谷石涧之中，其下有硫黄礜石，水之平流者不得有之。朱子云“地志以为沂有温泉”者，乃出自泰山盖县之沂水，东南径齐、莒之境，南至下邳入泗者也。《水经注》言彼沂水至阳都县南合温水，上承温泉陂西南入沂水，则温、沂之合在今沂州境内，去鲁数百里而遥；曾晰何事跋涉以往浴乎？此之沂水与彼沂水名同实异，出鲁城东南尼邱山，平地发泉，绕鲁城东门，北对雩门，门南隔水有雩坛，郦道元云会点所欲风舞处也。稍西即与泗水合于鲁城西南。

两沂水相去悬绝，恶得以齐地温水之沂为鲁舞雩侧右之流乎？此尤朱子之未悉也。

## 彻

《集注》之言彻法，在《论语》则曰“同沟共井之人通力合作，计亩均收”，在《孟子》则以都鄙用助、乡遂用贡，谓“周之彻法如此”。《集注》之自相抵牾，唯此最为可讶。意朱子必有成论，而门人所记录，或因朱子前后立说之未定而各传之，以成乎差也。以实求之，则《孟子集注》之说较长，而《论语注》合作均收之说，则事理之所必无者也。后世而欲知三代之制，既经秦火，已无可考。若周之彻法，自《诗》称“彻田为粮”而外，他不经见。“彻田为粮”者，言赋税之法，非言民间之农政也。作之与收，无与于赋；税民自耕而自入，原不待于君之区画。君而强为之制，祇以乱民之心目，民亦未有能从者也。以《周礼》考之，《遂人》则曰“以兴锄利民”，杜子春读锄为助，谓起人民令相佐助，是明各治其田，而时有早迟，力有赢缩，故令彼此易工以相佐助也；《遂师》则曰“巡其稼穑，而移用其民，以救其时事”，是亦各治其田，唯有水旱之急则移易民力以相救也；《里宰》则曰“以岁时合耦于锄，以治稼穑”，缘北方土燥水深，耒耜重大，必须两人合耦而后可耕，本家不足则与邻近相得者为耦，彼此互耕，然耦止两人，不及八家，而唯耕有耦，播扰芸获固不尔也。故《诗》言“侯强侯以”，缘一夫自耕之不给，故须强以相佐，如通八口以合作，则乘时有人，亦无资于“强以”矣，此耕不合作之明征也。抑遂人掌治野之事，“夫间有遂，遂上有径，十夫有沟，沟上有畛”，藉令八家之夫共耕九百亩，而田无适主，则九百犹百亩，八家犹一家，遂与径又何用曲分町畦乎？且云“十夫有沟”，则与一井九夫之制犬牙互入，而《集注》云“同沟共井之人通力合作”，则同沟者不但共井，而移彼就此，共井者不必同沟，而又奚以为之通耶？此以《周礼》《周颂》参订求实，知八家之自耕其夫田，而无通力合作之事矣。乃抑以事理推之，亦有必不然者。人之有强赢之不齐，勤惰之不等，愿诈之不一，天定之矣，虽圣人在上，亦恶能取而壹之乎！如使圣人能使其民人己心力之大同而无间，则并此井田疆界可以不设，而任其交相养矣。王者制法，经久行远，必下取奸顽疲懦不齐之数，而使之自激于不容已，以厚生兴行，未有遽以君子长者之行望愚氓，而冀后世子孙皆比屋可封之俗也。今使通力合作，则惰者得以因人而成事，计亩均收，则奸者得以欺冒而多取，究不至于彼此相推，田卒污莱，虞诈相仍，斗讼蜂起而不止。立法之不臧，未有如此之甚者也。且一夫之田虽曰百亩，而一易再易，迭相倍加；百亩之田虽曰一夫，而老幼妇子，多寡不齐，十六而为余夫，未十六以前未尝不可任穑事也。今使一夫之家老幼食者八九人，而可胜耕者一人而已，又一夫之家食者四五人，而可耕者二三人，自合作者言之，则必计亩出夫，而人少者不足，人众者有余；自均收言之，则但因亩以分，而此有余，彼且不饱。使耕尽人力，而收必计口，则彼为此耕，而此受彼养，恐一父之子不能得此，而况悠悠之邻里乎！孟子言百亩之粪，上农夫食九人，乃至下食五人，则强弱勤惰之不同，而食者多，佐耕者众，则所获亦必丰也。令通八家而合为一，上农亦此耕，下农亦此耕也，何所分五等之上下？而上农亦此收，下农亦此收也，又何有九八七六五人之异哉？则合作均收，事所必无，理所必不可，亦不待辩而自明矣。故郑氏《考工记注》云："以载师职及《司马法》论之，周制畿内之田用夏之贡法，以《诗》《春秋》《论语》《孟子》论之，周制邦国用殷之助法。"盖通贡、助而谓之彻，而孟子欲以此行之一国耳。则《孟子集注》之说确有所本，而《论语注》则朱子以意推测，见为盛世大同之风，而喜其说之矜异，不能自废。门人之所以两存而成乎戾跖，职此由也。要之，人各自治其田而自收之，此自有粒食以来，上通千古，下通万年，必不容以私意矫拂之者。而彻者赋法也，非农政也，亦不可混而无别也，尽之矣。

## 奡荡舟

《集注》"陆地行舟"之说，盖自古相传之讹也。行舟于水者，非力能运之，水本流动，舟寓于上，浮泛而无留势，故一夫之力，径寸之楫，可转万斛之舰，因其便也。陆地涩滞，物居其上则止，推移之者必自外旁撼，足趾撑地而后得施其力。今以一人立于方尺木板之上，而以篙楫撑之，力尽篙折，未有毫厘移动之理。舟虽至轻，视方尺之板犹数百倍也，奡力即百倍于人，至无所施力之处，亦将何以措手足乎？凡人之力皆生于足。扛鼎曳牛，必坚立而后得胜。足力愈猛，则足之所履愈坚。是将百奡千奡，徒增舟势之安耳。按“荡”者摇荡以行也，初未尝有在陆曰荡、在水则否之辨。荡舟何知在陆？《春秋传》言蔡姬荡舟，岂蔡姬亦有神力邪？然则所谓荡舟者，谓能乘舟以水战也。古有陆兵，无水师。黄帝坂泉，后启甘扈，皆平地决战也。奡助羿为乱，肆暴于东海之滨，始作水战，以残过、戈、困鄩、灌，荡舟之义，甚为明著。陆地之云，既事理所必无，其为怪妄，与羿射九日等，注圣人之言者所必芟也。

## 沟渎之中

“十夫有沟”，则沟者水之至小者也。江、淮、河、济为四渎，则渎者水之至大者也。连沟于渎，文义殊不相称。且自经者必有所悬，水中无可悬之物，安容引吭！既已就水际求死，胡弗自沉而犹须缢也？按《史记》“杀子纠于笙渎，召忽自杀”，邹诞生作莘渎。《索隐》曰：莘、笙音相近，盖居齐鲁之间。渎本音窦，故《左传》又谓之生窦。然则沟渎，地名也，云“之中”者，犹言之间也。又《春秋》桓公十二年公及宋燕盟于谷邱，而《左传》言“盟于句渎之邱”句，古侯切，与沟通。盖莘渎、笙渎、生窦、句渎一地四名，转读相乱，实谷邱耳。杜预谓谷邱，宋地，亦无所征，实在鲁边境，齐人取子纠，杀之于此，而召忽从死也。

## 谅阴

《书注》谅音梁，阴音鵪。谅古作梁，阴古作暗，天子居丧之庐也。楣谓之梁，庐谓之暗。梁暗者，一梁支脊而无楹柱，茅垂于地，从旁出入，今陶人窑厂、军中窝篷似之。《集注》谓“未详其义”，小注谓“谅，信也；阴默也”，附会《说命》“恭默思道”之说，徒见穿凿暗，今文庵字，为浮屠室之名。以其檐垂地而无牖，故谓之暗；以其草覆掩而不开户宇，故谓之庵，其实一耳。

## 郑声

《集注》谓是“郑国之音”，据《溱洧》诸诗言之，而谓郑诗淫者十九，举叔段、忽、突及忧乱、刺学校之诗概指之为淫，而尽废古序，以征此文之说。按郑之为国，在雍州之域，今汉中之南郑也。桓公谋迁于虢、桧之墟，而复蒙郑号。然则风气之淫者故郑乎？新郑乎？卫居沬土，滨河沃衍，有纣之遗风，是故桑间濮上，靡靡之音以作，雍州水土重厚，周京之故壤；桧地狭而多忧，有宗周之感；既皆民无淫习。桓、武、庄、厉，亟战贪利，共叔内讧，五子交争，晋、楚寻兵，辛苦垫隘，淫声其暇作乎？盖雅，正也；郑，邪也。医书以病声，之不正者为郑声么哇嚅咿而不可止者也。其非以郑国言之，明矣。先儒以今之琴操为郑声，其说是已。琴不谱“褰裳”“溱洧”之辞，岂亦如朱子《诗传》之讥乎？

## 匏瓜

《集注》谓“瓠瓜系于一处而不能饮食”，使然，则草木之属谁能饮食者？殆不成语。或引俗言“无口瓠”以证之。“无口瓠”自宋人里巷猥语，见《李沆传》，谓瓠未刳口不堪盛物，囫囵圆转而已，非谓瓠之本无口也。瓠之与匏，一物而异名。当其生嫩可食则谓之瓠，及其畜之为笙瓢杓壶之用，皮坚瓤腐而不可食矣，则谓之匏。“系”者，谓其畜而系之于蔓也。“不食”者，人不食之也。故引以喻其徒老而不适于用也。文义自明，勿容支离作解。

## 五谷不分

《集注》谓“犹言不辨菽麦”。按：不辨菽麦，以讥童昏之尤者。五谷之形状各殊、岂待勤四体以耕者而后辨哉？“分”者，细别其种也。均此一谷，而种自不等，宜迟宜早，宜燥宜湿，宜肥宜瘠，各有材性，农人必详审而谨记之，不尔则早迟同亩，刈获难施；燥种入湿，其稼不实；湿种入燥，小旱即槁；肥种入瘠，结实无几；瘠种入肥，叶丰穗萎；故非老农不能区别以因土宜也。但云不辨菽麦，正复为丈人嗤耳。

### 区以别矣

《集注》云："区，类也。"冯氏则曰"邱域也"。按《齐民要术》有区种五谷法，作为区畛，如今菜畦，数亩之内，各种杂植，长短丰羸，相形易见。此"草木"者，亦言谷蔬果蓏良材之在田圃者，非谓山林之杂木野卉也。冯氏之说，较为得之。如以为草木之类各有大小高庳，则类一定而不可易，将圣人必不须下学，而小子终不可学圣乎？观其所譬，而义自见矣。

### 予小子履

《集注》："履，汤名。"《世本·谓汤》名天乙，至为王改名履。《白虎通》则谓殷家质，故直以生日名子。汤生于夏世，故本名履，后乃更名乙，为子孙法，变名从质。凡此皆牵强附会之说，无足信者。汤之先代有报丙、报壬之属，是当夏世而有甲乙之称，非变名从质矣。纣名受，或曰辛；微子名启。《竹书纪年》：太甲名至，沃丁名绚。商人自别有名，又非因为王而改名履矣。其以十干纪名者，犹秦之称二世三世，今人之有行耳。商自立国以来，君各有号，有天下而不改。天乙者号也，履者名也，非汤有两名，审矣。

## 孟子上篇

### 万乘之国

《集注》谓"天子畿内地方千里，出车万乘"。当七国时，提封皆逾千里，足知非谓天子。且殷、周之有天下，未有弑君之事。弑君者齐、晋、秦、楚耳。魏冉封陶，黄歇封吴，土地广于三代之侯封，千乘之家亦非天子公卿也。于万乘言国，则非天子明矣。于千乘言家，则非县内诸侯亦明矣。若《春秋》所纪，周、召、毛、祭、刘、单皆得有国，不言家也。周末兼并，强者数圻，固不待言。即在周制未乱之日，鲁号百里，而“奄有龟蒙，遂荒大东”，传称“泰山在鲁封内”；则平阴、泰安、兖州、宁阳、曲阜、泗、费、沂州之地，横亘数百里，非果俭于百里。莒子国如孟子言方五十里，而有牟娄、郠、郓、防、兹、牟夷。邾，附庸也，如孟子言不能五十里，而有漆、闾邱、滥、升陉、訾、娄、沂西、漷东。其下邑如此其多，则土田兵赋，从可知已。则诸侯之封地，不尽如孟子所云。是千乘之国，鲁、宋、卫、中山之谓也；万乘之国，则孟子尝以称齐、燕，而七雄皆是也。诸侯大国三军，军二千五百人，皆止三十六乘步卒甲士之数，三军者百十有八乘耳。天子六军，亦止万五千人，《白虎通》所谓“万人必死，无敌于天下，而天子自让于德，加之五千人”者也，亦二百三十六乘耳。若千乘之军，则当七万五千人，万乘则七十五万人，古今用兵无如此之多者，唯战国白起、暴鸢、王翦之流，始空国而兴数十万人之师。以此推之，七十二井而出一乘，亦流传失实之说。不然，则如唐之更番宿卫、宋之厢军、禁军赋以充伍者，七十二井而一乘，其实不止于此也。又“师行而粮食”注云：“万二千五百人为师。”天子六师七万五千人，正合千乘，而非有万乘。然军则二千五百人，师则万二千五百人，是一师而五军，天子当有三十军，古无此文，不敢谓然也。大要诸侯之封不止百里，而田赋所出，七十二井而一乘，亦似不如是之轻。兼并无制之后，国土或大或小，阡陌既废以还，赋役或重或轻，参差不一，难以一概而论。万乘千乘云者，自其土田言之，地方七十二万井而万乘矣。

## 填然鼓之

《集注》云：“填，鼓声也。”以“填然”状鼓音，殊为不似。按《诗》称“振旅阗阗”，《集传》亦以为鼓声，愚已辨，详之《诗疏》。乃此“填然”又与“阗阗”有别。彼以振旅之盛言，此以方战之势言。按毛公《诗传》填、烝、尘三字古通用。填音真，众也，久也。言两阵相压，烝然众立，迟久而后鼓以进也。

## 衅钟

衅，祭名，血祭也。凡落成之祭曰衅。故庙成衅之以羊，余夹室皆用鸡。郑司农众读衅为徽，初非衅郄之义。《周礼》“太祝隋衅”，郑康成曰“凡血祭曰衅”。血祭者，刲牲神前而不荐熟耳。若如《集注》谓“涂其衅郄”，则宫室非浑成无隙者，岂羊血之遍锢其户牖乎？且钟有衅郄，必不成音，自当改铸，以血涂之，曾何所补？衅字或作衅，训为隙也乃借用，非本义。《集注》盖未之考也。

## 觳觫

按《特牲馈食礼》“主妇俎觳折”，《郑注》曰：“觳，后足。”《尔雅》云：“觳，尽也。”后足于体为末，故转训尽也。《说文》无觫字，应是悚字之讹。觳觫者，觳间悚悚然筋肉颤动，犹今人言股栗也。《十三经》传写失真，非圣贤之笔授，如此类者多矣。

## 疾首蹙頞

《集注》云：“頞，额也。”按：额，颡也；頞，鼻茎也。人即甚有愁苦之容，无能蹙其颡者，唯鼻茎蹙蹙耳。《集注》又云：“疾首，头痛也。”痛自因病，不因忧愁，或因愁致病，则且伏枕呻吟，管籥不得而听，羽旄不得而睹矣。疾首者，蓬发不理，低垂丧气，若病者之容耳。

## 刍荛

《集注》：“刍，草也；荛，薪也。”囿中非樵牧之地。君之薪草，甸人所具，山虞所供，且不取于囿中，而况民乎！按：刍，王刍也；荛，芜菁也。扬雄、陆玑皆以为尔。囿中有菜，自其应然。今上林苑嘉蔬署所掌菜畦，其遗制已。王刍今俗呼竹叶菜；芜菁，菘菜，俗呼扢搭菜。刍野生，往刍者采之；荛种艺而生，往荛者往种之；皆所以便民之菜食也。

## 明堂

明堂之说，古今聚讼，要出于公玉带之流因缘吕不韦《月令》文，以阴阳术数妄为拟撰，而班固《白虎通》、蔡邕《明堂月令论》增饰支离，以致拓跋氏盈廷揣摩，欲构一不方不圆、横斜空窈之屋，而形模乖错，乃令匠石无所施其绳削。其曰十二室者，据《月令》言之也，然四出皆三室，则每向九楹，当有三十六柱，而汉儒又以拟每方七宿之故，谓为二十八柱，于是有十二宫九室之说。以明堂左个即青阳右个，明堂右个即总章左个，玄堂右个即青阳左个，玄堂左个即总章右个；一室两向，自非仲月居太庙，则恒两月而共一室，特开户不同耳。夫一室两名既为苟且涂饰之说，而四旁八室幻为十二室，中央太室四响皆为檐壁所窒，天子何面以施斧依？诸侯百官，班列何室之阶？出入何室之户？说之不经，乃至于此。且非朝非庙，赘立一宫，远在国阳，百官府署不属于左右，天子舍其朝庙，日驾以往，旋转移居，有如嬉戏，先王未尝如是之迂诡也。况明堂之立在国之阳，一而已矣。泰山之下，巡狩偶至，无弥月之留，而何亦有之？且天子狩于五岳，各以其时，岱宗春事，则建青阳三室而已足，余九室何为而建？如使泰山之旁仅有三室，则宜名青阳，不名明堂矣。夫堂之为言非室也，室之基也。室虽九室，堂一而已，何为四方而各异其名耶？孟子曰“王者之堂也”，则亦天子巡狩之行宫而已矣，何尝繁曲纤诡，构此支离空洞不可居之室乎？且巡狩方岳而处明堂，为即明堂以居邪？抑别有宫而莅明堂以布政邪？既别有宫，则明堂为赘设。如即明堂以居，则四开八达之室，何以别嫌疑，谨守卫，蔽风雨哉？《礼·明堂位》序三公于中阶之前，侯于阼阶之东，伯于西阶之西，子于门东，男于门西，九夷东门外，八蛮南门外，六戎西门外，五狄北门外，九采应门外，外有应门，内有三阶，将室室而有之乎，则此九室者班列之众，位次之阔，门阶之备，壹如路寝之制，其延袤当何如，而何仅东西九筵南北七筵也？且东西南北位各因天子所立而定矣，使天子而居玄堂，岂不易北狄居南，西戎居东乎？即如三公位中阶之前、北面东上，使居青阳总章，则侧向天子，居玄堂则与天子背立矣，尤其说之不可通者也。《明堂位》又云：“太庙，天子明堂。库门，天子皋门。雉门，天子应门。”门堂相次而论，应门在明堂之前。《春秋》记雉门及两观相连，则明堂在应门象魏之内，非应门之外远处南郊别有明堂，审矣。明堂之前为应门，而明堂随月异向，其前皆为应门，则是有四应门，而路寝又有应门，何应门之多也！抑应门者南门也，东西北各有应门，则亦不适为应门矣。《考工记》云：“匠人建国，市朝一夫。夏后氏世室，堂修二七，五室，九阶，四旁两夹窗。”五室，谓五间六楹也。九阶，阶九级也。四旁两夹窗，谓四旁阿阁然，唯有南北牖也。“殷人重屋”，谓复檐也。“周人明堂，度九尺之筵，东西九筵，南北七筵，堂崇一筵。五室，凡室二筵。”庙中以几筵为尚，故度以筵。谓之明堂者，周庙之堂基，较夏之堂一尺、殷之堂三尺而尤高。高则明，故曰明耳。凡此皆言庙制在应门之内，故系之“市朝一夫”之下，而下即继以庙门、路门、应门之制。又曰“内有九室，九嫔居之。外有九室，九卿朝焉”，则明堂在王宫之内而即太庙之堂，审矣。自室而言，则曰太庙；自堂而言，则曰明堂；其实一也。盖古之王者即太庙为布政之所，故曰爵有德、禄有功必于太庙。言爵赏则刑政可知。路门之内虽有内朝路寝，而非班政教之处，故《周礼·司士》“王入内朝，群臣皆退”。若库门之外有外朝，则小司寇所掌，以致万民而询大故者，愈非政教之所自颁。是太庙即出治之所，明矣。《觐礼》“天子设斧依于户牖之间，衮冕负斧依，”即《明堂位》所谓“天子负斧依南乡而立”也。又云“诸侯前朝，皆受舍于朝”，郑氏注云“受舍于朝，受次于文王庙门之外”也。故《觐礼》又云：“乃右肉袒于庙门之东，入门右，北面立，告听事。”天子布政，布之于诸侯也，而见诸侯必于太庙，则以太庙者即天子之正衙，载祖考之威灵，而以孝治天下，示无专私，非若后世之有前殿以受朝贺而颁大政也。则明堂即太庙之堂，故曰明堂天子布政之宫也。天子居京师，则莅太庙户牖之间，以临诸侯、宣政教，而太庙在应门之内、路寝之左，即此以为明堂之位；巡狩方岳，则不能如王宫之备，内无九嫔之居，外无九卿之署，而载主以行，必于行宫寝室之左立庙以奉所载之主，则庙视太庙而堂亦谓之明堂，外立五门，一如王宫之制，则泰山明堂之所自设也。惟周之太庙其堂曰明堂，故鲁之太庙拟周之制，堂崇九尺，而《明堂位》曰“太庙，天子明堂”，虽为僭礼，而明堂之即太庙益可征矣。《孝经》曰：“宗祀文王于明堂以配上帝。”宗祀者，祖有功，宗有德，百世不迁，必时享也。配上帝者，上帝之祀与有天下相终始，而文王永为不祧之宗，与相埒也。祀文王于明堂，是明堂即文王之庙，与《觐礼》受次于文王之庙又相吻合矣。使拘《月令》之说而为四出九室十二宫欹零狭隘之屋，则祀文王又当于何室？岂唯仲夏祭于明堂之太庙，而青阳总章玄堂之有太庙，又何谓邪？一堂而四庙，人可以无定居，鬼可以无定飨与？后世不察，别建大飨殿祀苍赤黄白黑五帝，以祖配之，则沿郑玄拾《月令》《白虎通》之绪余，而附会之于谶纬，以启淫祀也。蔡邕不能据经以裁异说，而又合太学辟痈以乱之，不能证明堂之即太庙，而屈太庙以就明堂，虽博引旁征，说铃书肆而已。诬说之起，不韦倡之，刘安承之，公玉带之属淫之，蔡邕成之。折中以事理之安而参考之《三礼》，群邪其尚息乎！

## 褐宽博

《集注》云："褐，毛布"，盖误以褐为毼也，说详《诗稗疏》中。后篇云"许子衣褐"，使其为织毛之毼，许子安能常以为衣，不畏暑月之暍死乎？且布有精粗，毼亦有精粗，毼之精者，价倍纨绮，安得言毼而即为贫贱之服？且毼出北方，南土所无，自非富贵人，鲜有衣毼者。许行生长南楚，服用朴俭，舍其土宜之布而求毼于北贾，愈为不惮烦矣。精者曰布，粗者曰褐，皆枲为之。"宽博"云者，谓贫贱之夫，内无裘纩之衬，外披粗布，边幅不收，郎当阔大也。

## 蹶者

《集注》云："蹶，颠踬也。"颠踬者，固非心之过，抑非气之过，不得云"是气也"。且颠踬则形气交为之动，而不但动其心矣。按许慎《说文》："蹶，跳跃也。"故汉有"材官蹶张"，言能跳跃上车也。践地安而始举足曰步，流水步曰趋，跳走曰蹶。蹶盖趋之甚者。方蹶则心为之扬厉，方趋则心为之悚敏，故曰"反动其心"。赵注云："气闭不能自持，故志气颠倒"，殊为无谓。《集注》因之，过矣。

## 而勿正

《集注》云："正，预期也。"预期者躁于必得、即助长也。按《士昏礼》："必有正焉，若衣若笄。"《郑注》云："必有正焉者，以托戒之使不忘。"故又曰："视诸衿鞶。"然则正者征也，的也，指物以为征准，使必然也。故射侯鹄中有正，必欲矢之至乎是而不可移易也。集义者徙义以日新其德，而不倚物以为定据，故曰勿正。有事则有守，勿正则不执，勿忘则有恒，勿助长则不迫。上以事言，下以时言，自相互以起义也。

## 夫里之布

《周礼·载师》："宅不毛者有里布，无职事者出夫家之征。"但言有里布，则亦视一里之中各家所当出之布，而不以无丝枲捐之耳，非遂重困之，令出二十五家之布，如郑玄所云也。设使故为苛征以示罚，虽有其令，必不能行，徒以棰楚追求，致罢民之死，曾谓先王而有此已甚之政乎？征夫家者，谓征一夫之力役也。夫，口也。家，户也。夫家犹今言户口也。《周礼·遂人》"以岁时登其夫家之众寡，以起征役"是已。民无职事，则应不与夫家之力役，而必视有常业者以征之，亦可以警游惰矣。若如郑玄所云"百亩之税"，则当以九一输十一亩有奇之粟。每百亩准中农六人之食，以中岁准之，人月食三釜，岁食三十六釜，总六人为二百一十六釜，而九分之，当输二十四釜，为一百五十三斗六升。罢民何所得此粟以偿重罚耶？且孟子言"虽周亦助"，则有公田而无税粟，又何从立一税额以征之乎？又布之为义，郑众以为布参印书，广二寸长二尺以为币，则与后世钞法相似，既不经他见。郑玄以为泉，然考之周制，则亦无农民出泉钱也。之理，而税赋必视其地力所产，人功所为，则桑麻之税，输丝枲所织之布耳。故宅毛者税其布，而不毛者亦不蠲之。郑玄《周礼注》谓"口率出泉"，要以汉之横征论周制也。

## 三里之城七里之郭

《集注》云："三里七里，城郭之小者。"按古之城制，都城不过百雉，三丈为雉，百雉者周围三百丈耳。三百六十步为一里，步凡六尺，则一里该二百一十六丈，三里凡六百四十八丈，七里凡一千五百一十二丈。是三里之城为二百一十六雉，七里之郭为五百四雉，侯国之城参大都，而此郭几倍之，何得谓之为小？且此以地利言之，而曰"环而攻之而不胜"，则亦以城大不易攻为言，不当设言极小之城矣。抑孟子之言里，皆以开方言之，若"汤七十里，文王百里"之类是也。使其为方三里，则周围十二里；为方七里，则周围二十八里。秦汉以后，侈大其城，以至于今，逾益展拓。然如此者，非都城省会亦不数数也。小云乎哉！

## 兼金百镒

《集注》："二十两为镒。""虽万"镒注。赵注则曰"二十四两"。则百镒二千四百两也。按五金之属统名为金，唯黄金贵倍涯量，况云兼金，价倍于常者。薛，蕞尔国，安所得好金千二百两以馈游客哉？兼者，杂也，杂青金、赤金、白金可以铸泉布器用者也。青金，铅也。赤金，铜也。白金，锡也。《春秋传》："郑伯朝于楚，楚子赐之金，与之盟曰：无以铸兵。故以铸三钟。"则古者盖以铜、锡、铅为货贿相馈遗矣。故孟子于薛曰"故为兵馈之"，言以铸剑戟也。

## 葬于鲁

《集注》云："孟子仕于齐，丧母，归葬于鲁"，盖沿赵注之臆说也。使孟子以丧母归，则父没为母三年倚庐垩室，三年不从政，岂孟子无三年之爱，而葬毕卒哭，即舍以之齐？逾礼薄恩，亦至是哉！充虞曰"前日"，近词也。大夫三月而葬，则反齐在数月之内，去终天之憾无几时，而从容谈论于逆旅，殆无人之心矣。孟子曰"化者"，谓死为化达情而为简略之词。不从生而称母，又不从没而称妣，乃斥言之曰"化者"，又曰"无使土亲肤”，肤为谁之肤，而言之不恻，何其忍也！赵氏独据“俭其亲”之文，因臆度为母丧，而《集注》以鲁平公逾前丧之说，与木美相涉，遂信赵说，而孝子于亲，虽极天下之奉，不忍曰恔，而父母之前，虽圣人在天子之位，不敢自称君子，何弗之察也！盖言亲者非必己之亲也，苟有子，则固夫人之亲矣。按：此孟子丧妻，子幼未任家政，为之治葬耳。子在，故曰亲也。君子云者，以君子之道处其子也。唯妻之丧，故始死不奔，待葬而往。木者，椁材也。葬毕而反齐，以终其仕齐之事，不以私废公也。谓之曰“化者”，犹延陵季子之言骨肉归于土也。曰“恔者”，君子于其妻子，心安道尽而亦可以慰矣。而充虞“已美”之疑，亦勿嫌于伤仁孝之心矣。考之本文，无不冰释。此之不审，则不但诬圣贤仁孝之德，而归葬匆匆，旋即适齐就客卿之位，适以启李贤、张居正、杨嗣昌之口实，为名教之大害，可勿辨乎！

## 成𫖮

𫖮一作覸。齐之勇士，以力事齐景公，其言“吾何畏彼”者，以角力言耳。孟子借引以喻人之自强。《集注》云“彼”谓圣贤，未审。

## 且志

孟子之言“且志”者二。《集注》云“志，记也。”意以“志”为书名，而“且”者转语之助辞。乃“丧祭从先祖”，即上称“宗国”“先君”之旨；“枉尺而直寻”亦一见，则“大王”“小霸”之意。“且”者，较前说而更进一义之辞。今未尝别出一意，皆不得言“且”。抑滕人、陈代，两不相谋，向称“志”而必以“且”冠之，若出一口者然。盖“且志”者，古书名，杂编古今雅俗共称之成说以汇记之。谓之“且志”者，言不择而姑且志之，辑录之以听人引证也。后世著述有《可谈》《资暇录》《备考》《鸡肋》之类，皆此义也。故其言义味短浅，通于流俗。滕人、陈代皆苟且合俗之士，故以之为谈助。

## 五十而贡七十而助百亩而彻

《集注》以谓三代授田之制，乃求其多寡渐加之故而不可得。论者谓夏当洪水之后，田多未垦，故授田寡，似矣。然殷之于周，又何以赢缩益差邪？岂武王革商之顷，域中之田遽垦其十之三乎？洪水之后，污莱千载，一旦而皆成沃土，无是理也。《周礼》称上地不易，夫百亩；中地一易，夫二百亩；下地再易，夫三百亩。不知夏之下地兼田莱而百五十亩，抑二百五十亩而五十亩莱耶？孟子言百亩之粪，以中农为率，食六人耳。使夏果授田五十亩，则止食三人，仰事俯育，其何赖乎？授田之说曰：三十授田，六十归田。承平既久，生齿日繁，即谓死生盈缩固有恒数，抑必参差不齐。向令一井之中八家各生四子，则归者百亩，而授者四百亩。抑或邻近井里皆无绝亡，乃十井之中，三十年之后丁夫将盈数百，岂夺邻井之地，递相推移以及于远？而农不得服先畴，沟洫、场圃、庐舍、桑麻皆无固志，必且渐化为硗瘠矣。如择远地绝产而随授之，则父子兄弟离散东西，尤非善政。且子男之国，提封无几，使归田者少，授田者多，其能取邻国之田以授之哉？老不逮六十而田未归，少已逾三十而应授田，邻井他乡卒无可授，则当如今选法冗滞、立候选候缺之例，其将使此丁夫袖手枵腹，以候邻叟之老死与？抑岂多取良由，置之不耕，以候后来之授哉？以理推之，归田授田，千古所必无之事。其言一夫五十亩者，盖五十亩而一夫也；一夫七十亩者，盖七十亩而一夫也；一夫百亩者，盖百亩而一夫也。此言取民之制，而非言授民之制。也自杨炎两税以后，古制尽湮，易启群惑。大要古者以田从户，唐、宋以降以户从田，流至今日，遂有随粮带丁之事，一切以田为准，而户口皆为虚设。若古者之制，特致详于户口。《周礼》所谓“夫家”，夫者口，家者户也。虽以时登降，而有易户无增田，故《王制》载天子诸侯之提封皆有定亩，无损益也。夏后氏一夫则取其五十亩之税，殷人取其七十亩之税，周人取其百亩之税，或助而不贡，则公田有常所，因夫家而颁其助耕之力征耳。且使人益众则别授以田，假令有新增夫家盈于八口，抑更增公田百亩，抑不增耶？人日众，田日授，公田日增，不特封域有限，而公家亦当倍于往日之取，正孟子所谓“暴君污吏，慢其经界”者矣。以此知三代之取民，夏最轻，殷、周渐重，以质文渐降，国用益繁，非夏民之受田少而殷、周之民受田多也。且民之有田，自夏后氏始乎，抑自农、轩以降固有之矣？既为民所固有，则多寡不齐，皆已守其故壤。夏后氏其将夺力可耕数百亩者之田，以分给之罢惰者乎？是王莽之乱政也。且民之不耕者鲜矣，无田者少，而溢于五十亩者多，将取有田百亩者夺其半而使荒哉？尤不仁之甚者也。唯其为民所固有之田，故称其力之所可耕与壤之所有余，一夫而征其五十亩之贡额，设于任土作贡之日，而后勿问其在彼与在此。制一定而民可遵行之数百年，则所谓不易、一易、再易者，亦犹今之上则、中则、下则耳。或亩五分，或亩七分，或亩十分税，所谓“实皆什一”者。贡法以中岁折实起科，助、彻则公田无减，至于上下中地之既定，不复问其易与不易，特存其易不易之名而已。唯其为实征之数，故孟子承上取民有制而言，初不云授民有制。言授者，授之以一夫之名，授之以一夫之赋也，一夫承一夫之田，即承一夫之赋。虽人渐众，户口渐分，即有析产，而一因其旧立之夫家以为常额，彼此登降，听民自便，要使无弃土亦无罢民，不待屑屑然一予一夺，上劳下渎，开欺伪之门也。《周礼》大司徒则曰“以土均之法，制天下之地征，以作民职，令地贡，敛财赋”；小司徒则曰“经土地而井牧其田野，以任地事，而令贡赋”；乡师则曰“以时稽其夫家众寡，辨可任者，与其施舍者”；载师则曰“掌任土之法，以物地事，授地职，而待其政令”；遂人则曰“以岁时登其夫家之众寡，以颁职作事，以令贡赋”。自司徒以至于州、党、族、闾、鄙、酂、里、旅皆止于稽夫家以制贡赋，无有一官掌归田授田之政者。岂此极繁极大之事，听之胥史而官不与闻乎？盖先王日饬其取民之制，而犹恐滋奸伪、启污暴，必不能取九州之民与田若厨妪之计米而炊，以致简牍山积，陈乞纷填，候者争者倚耒经年而不得施其耕耨，其亦明矣。始则度田以立夫家之额，既则限夫家以立贡助之准，畛域沟洫各有经界，一如鱼鳞丈册而特画地为形埒，不似今之徒任故纸，可资奸欺飞脱耳。一夫即今之一户也，一井即今之一甲也，一里即今之一团也，散合鳞次，夫家皆有定限，而征赋从之。假令有方五十里之国，为田二千五百井，为夫二万，虽有乘除，不出此数，绝者补之，易者移之，上但无额外之征，而已足养民矣。若天之生人也无涯，而地之成壤也有涯，必欲齐一均平，天地且不能得，虽圣人其将如之何哉！或曰：生杀消长，天亦自有恒数然。或待之数十百年，通之四海战争饥馑疾疫之屡作，而后大概相去不远。但令一岁之中，一国而羡出十夫无田可授，则此十夫之八口已为道殣，况有甚于此哉！夫家者粮户之籍名也，余夫者今之未成丁也，户口定而田粮随之，今苗猺峒田犹存此制，一户派粮若干，责之户口而不任土地。盖远古之事，裔夷犹有存者，异于唐、宋之数改易，起好古不通者之惑也。后世任土地而略夫家，然先王之制犹有仅存于湮没之余者，盖古今此理必不可废。宋诸大儒见后代之苟简，遂谓先王之必大异于此，而以其谈理谈数、四破八分之说通之于事，幻立一瓜分缕析、商盐较米之王政，乃欲买田顷亩，私行之于一隅，遂谓可施之四海，行之万年，若张子之所为者，非愚之所敢知也。

## 饔飧

古者天子四饭，诸侯三饭，食必以乐侑之。饔飧者，庶人之食。庶人食力无算，而必以晨餔为节。许行之说，盖欲去三饭之礼，等晨餔之食耳。若炊爨之役，庶人亦妻代其劳，未闻其且耕而且炊也，《集注》未安。

## 蝇蚋姑嘬之

蚋本作蜹。《方言》谓秦、晋之间谓之蜹，楚谓之蚊；注云小如蚊而乱飞，或谓之瞀蜹，盖蚊之有翼者，《尔雅》谓之蠠。《集注》以为“蚊属”，未审。类蚊而小者蠛蠓也，雨止则聚飞，不集于腐秽，不嚼肌肉。宋祁谓蜹小虫，日中群飞，集人肌肤而嘬其血，亦非也。日中群飞者既不嘬人，且此未葬之骴骼，何从得血而嘬之乎？“姑”，且也，或以为蝼蛄，亦非。蝼蛄食土，故俗谓之土狗，不食腐肉。“姑”云者，言蝇蚋之集，且飞且下而嘬之，如尝试然也。

## 牲杀

畜牧曰牲，渔猎曰杀。特牲馈食用羊若豖，少牢馈食则兼用之，所谓牲也。鱼皆用鲋；腊，大夫用麋，士用兔；皆渔猎所获，所谓杀也。渔猎所获谓之杀者，有上杀，有中杀，有下杀。上杀以供祭祀，重在杀也。有田禄则有家，司马征起采地之徒众以听渔猎，无田则不能，故曰“不备”。

## 亳葛

亳有南亳、北亳、西亳之别。汤所居之亳，西亳，偃师也，故椒举谓汤有景亳之命。景亳者，西亳有景山，在缑氏西南，而《诗》言“景员维河”者是已。《皇览》云：偃师有汤亭、汤冢。杜预谓考城之薄县今归德有汤冢者误。汤之所居既在偃师，则葛与之邻，亦必非宁陵之葛可知已。《春秋》：“葛人来朝”，杜预曰：“葛国在梁国宁陵县东北。”或以其与北亳考城相近，因疑汤居北亳，不知夏末之葛以放而不祀为汤所灭，地入于商，何得至东周尚存？以《春秋》之葛为夏之葛，宜其谬已。按：亳之为言大也，犹言京也。周谓之京，商谓之亳，皆天子之都也。有三亳者，犹周有丰有洛，汉有长安有洛阳，皆称京也。汤未为天子，而所居已称亳者，犹公刘之称京师也。古者诸侯之都，皆自立美名，及有天下，因以名其畿内耳。商有天下，乃建南北二亳以配西亳；夏命未移，唯偃师称亳而已，无所谓南北亳也。葛伯之国大概在河、洛之间，春秋为周、郑之地。桓王与郑战于繻葛，疑即葛国之故墟。

## 今兹

《吕览》曰：“今兹美禾，来兹美麦。”古者谓收获之时为兹。今兹犹言今秋也。当敛获之际，租税方入，会计一年之国用而曰未能，非但训兹为此也。

## 洚水

洚本音户工切，与洪同音。许慎曰：“水不遵道也。”洪水者洪河，谓黄河也。当禹之时，河水骤涨，险阻淤塞，其上流则滞于龙门，横决晋地。已而畜极妄行，随处坌出，不循故道。河本东行，逆流而北，邢、魏、曹、濮之间，汇为泽国，故曰泛滥于中国。中国者，冀、兖也。大名、广平、沙碛平衍，尤为洚水之所潴。故《禹贡》云："东过雒汭，至于大伾，北过洚水，至于大陆。"洚水本为不遵道之水名，而以名大伾、大陆间之水者，以此为洚水之所尤聚也。孟子释《书》言"洚水者洪水也"，九州之水河为最大，谓之洪流，故申明洚水之所自，实河水之洪流也。禹治水凡二：一治洚水，专于河；一涤九州川浍，以行水利，节旱涝，则江、淮、汝、汉皆治焉。传注往往混合，愚于《尚书稗疏》言之详矣。绎孟子"洚水洪水"之旨，尤为显征。《集注》言洚洞无涯之水，则言洚水已足，又何劳孟子之释哉！

# 孟子下篇

## 为高必因邱陵为下必因川泽

《集注》云："为高下者必因之，则用力少而成功多，"盖以为筑台浚池之事。然未闻有筑台于山脊者，唯俯因洿下，则所谓下临无地，其高易见耳。况川泽既为水所潴，而复凿一坎以为深渊，将欲何为？且川泽之中何以施镬锄？王安石误听李垂，用浚川钯疏河，取笑千古。若欲池涧之深，必就滩碛高处壅筑陂堰，则因高不因下也。按此二语见《礼器》，上云"为朝夕必放于日月"，岂为朝夕者亦人开之使晓，闭之使昏乎？为者犹言有事，谓祀事也，故下云"因天事天，因地事地，因名山升中于天"。所谓丘陵者，圜丘也；川泽者，方泽也。因高祭天，因下祭地，必于其类，而求冀遇其精意，故以比为政而因先王之道，因其类而后可通其理也。

## 涕出而女于吴

《集注》谓"吴，蛮夷之国，景公羞与为昏"，非也。吴，周之伯父，《春秋》以其僭王夷之耳，当时诸侯不以夷贱之也。鲁且越礼为结昏，齐独耻乎？按《越绝书》称阖闾胁齐女以为质，后其女悲思，是以有望齐之门，卒以忧死，葬虞山之上，谓之齐女冢。然则景公生视其女充西施、郑旦之列，如之何弗涕！

## 沧浪之水

按《禹贡》："汉水东为沧浪之水"，《书》注及郦道元皆云今均州武当山下。汉流本清，方水涨时则沿汉溪涧自山而溢，推荡泥沙，下入于汉，因而浊耳。沧浪，楚水；其歌，楚人之歌。孔子南游楚，涉汉而闻之。屈原、渔父，亦楚人也，故其歌同。

## 北海 东海

北海，海在其北；东海，海在其东，犹《书》之言南河、北河也。伯夷让国，未尝远离父母之邦。孤竹在今永平府抚宁县，地滨于海，则伯夷之逃，亦如季札之退耕于野耳。古者公子去国，则仕于邻国不废君臣之义。伯夷遂不复仕，则为纣播恶于下国，天下无邦故也。已而就养西伯，乃终于首阳。太公亦四岳之后，世禄之家，传记称其贩缯于莒，亦以天下无道不仕。莒州东滨于海，亦就养而西之岐周，若钓渭之说，以孟子言之，知其妄矣。二老高洁，名著天下，文王自应远迎。

## 辟草莱任土地

《周礼》：一易之田莱百亩，再易之田莱二百亩。虽曰一易再易，而民力有余，可以粪治成熟，则亦听之而不入井赋。"辟草莱"者，坐莱田使垦辟，而一易再易皆如其亩以起征也。"任"者责也，《集注》谓"分土授民使任耕稼"，则三代之政亦必如此，而奚罪哉！盖古者任夫而不任田。夏后氏一夫税五十亩，殷税七十亩，周税百亩。田虽逾额，而但视夫家之常以定赋役。"任土地"者，一以责之田亩，有田则有税，而力役、车乘壹皆以田为科配，无尺寸之漏壤，而不守夫家之故版为登降。于是土无不征，而农民重困。不知人者王者之民也，土者天地之土也，私天地之土为己有，逆天擅地，失君人之道，于道悖矣。自战国大壤古制，故秦、汉以来无莱田之名，而不复知有任夫家不任土地之道。垂及杨炎，并庸调于租，而合为两税。后世虽有户口之名，而实重征地亩。浸以至于随粮带丁之说起，而民视先畴如荼毒，竞趋末业，无已则游惰犹愈于力耕，流亡接踵，盗贼因之。其为先王之罪人，固不容贷矣。

## 负夏

赵氏注及《檀弓》郑注俱谓负夏卫地。按舜虞幕之裔，后虽降处，而仍居故封，故谓之虞舜。舜生长于蒲州平陆之境，未尝一至山东濮、济之地。雷泽者雷首山下之泽谷也。河滨者蒲州沿河之境也。流传以历城为历山、定陶为雷泽，皆非也。历城、定陶去岐周将三千里，而孟子何言千有余里乎？诸冯、负夏与安邑之鸣条并言，则其皆在平阳，审矣。负夏盖河东之夏阳，《春秋》谓之下阳，累代为虞国地，后入于晋，去卫千里，足知言卫地者之妄。河东谓之东夷，河西谓之西夷。自蒲坂抵岐周适千有余里。孟子去古未远，考证自实后世传说附会之谬，如“卒于鸣条”既有明文，而云野死于九疑，以致列之祀典。何博而知要者之世乏其人也！

## 毕郢

郢，音以整切者，楚都也，未闻岐、丰之间别有郢邑。按此“郢”当作“程”。《竹书》称纣三十一年己巳岁西伯治兵于毕，三十三年辛未岁密人降于周师，遂迁于程。毕在丰东，程在丰西。言毕程者，举两界而言之也。武王既有天下，以毕封毕公高，以程封程伯休父之祖，皆为县内诸侯。毕、程去岐不远，故统云西夷。以此推之，诸冯、负夏、鸣条同在河东，审矣。

## 王者之迹熄

迹，辙迹也。王者时巡方岳，太史陈诗以观风。平王东迁，巡狩典废，车辙马迹绝于天下，列国风诗不贡于太史，故曰王者之迹熄而诗亡。若卫朔、郑忽、秦康、陈灵之事编为歌谣，天子不得而采之，夫子录之于传诵之余，谓之诗亡可矣。《集注》云《黍离》降而诗亡，于义未尽。

## 五世

周显王三十三年乙酉岁孟子至梁，梁惠王之三十五年也，时为齐宣王之七年。明年，梁惠王卒，子襄王立。周显王四十一年癸巳岁，宋王偃之元年。四十五年丁酉，齐宣王卒。慎靓王三年癸卯，宋自立为王。赧王元年丁未，鲁平公之元年，是岁齐伐燕，杀子之。三年己酉，燕始畔齐，立昭王。计孟子周旋魏、齐、宋、鲁二十五年间，与史为合。但自显王乙酉上溯孔子卒壬戌岁，为一百四十三年，据《家语》，孔子年十九娶于宋之开官氏，一岁而生伯鱼，是伯鱼生于昭公之十年己巳岁。史称伯鱼年五十，当卒于哀公十二年戊午。子思于时应已年逾弱冠。子思年六十一，其卒当于周定、考二王时，去孟子已百年。然则程子称笔《中庸》于书以授孟子者，误也。伯鱼生子思，子思生子上白，子上生子家求，子家生子京箕。孔子至子家为五世，伯鱼至子京为五世。子京生子高穿。子高与平原君同时。周赧王五十年丙申平原君始相赵，去孟子谏齐伐燕时五十年，则孟子正与子家、子京同时，适值五世之际，故曰"五世而斩"，忧其坠也。或以三十年为一世。计孔、孟相去之年，自孟子归而著书时，去孔子作《春秋》正百七十年也。

## 羿

古之称羿者不一。《庄子》《列子》《山海经》屡言羿者，皆非有穷后羿也。穷羿篡夏，身为天子，势不复与弟子角技，其死也自以寒浞之奸更相争夺，而不缘射。且以乱臣贼子，假手凶徒而膺天诛，孟子顾曰"是亦羿有罪焉”，何其舍大慭而擿微愆邪？谓逢蒙为“羿之家众”，亦臆词也。羿，上古之善射者，后世因其名以为氏，故尧时有羿，夏复有羿，穷羿戮而射师始不以羿名矣。

## 子思居于卫

子思仕卫当在悼、敬、昭三公之时，或出公反国之后。世传仕卫嗣君，则误已。嗣君元年当周显王四十五年，去伯鱼卒已百五十九年。子思年六十二，计其卒已百有余岁矣。司马公作《通鉴》，起威烈王二十三年戊寅岁，去伯鱼卒已八十年，而记子思答卫苟变二卵事于后，亦未谂也。《孔丛子》载苟变事，称卫君，未尝目言嗣君。其《巡狩》篇称子思游齐，陈庄伯与登泰山。陈庄伯者，田庄子白也。白相齐宣公，当周考王、卫敬公昭公之世，较为得实。但孟子言有齐寇，而悼、敬、昭三公无见伐于齐之事。独般师之变，齐伐卫，在鲁哀公十七年癸亥岁，计子思尚非强仕之期。或后有齐师，不系大故，史逸之耳。又孟子称子思为鲁缪公臣。缪公显之元年，皇甫谧以为壬申，徐广以为甲戌，盖威烈王十九年，去伯鱼卒已七十六载，不能无疑。而《孔丛子》载缪公卒，县子制服，子思不可。缪公卒以甲辰，去伯鱼卒已百有六年，尤不足信。岂缪公、穆公为两君，史失其一，或悼公之一谥缪公耶？大抵《孔丛》出于燔书之后，掇拾旧闻，多出附会，而史家采录杂说，往往自相矛盾，如子夏少孔子四十四岁，当生于定公二年癸巳，至威烈王时已逾百岁，而史家年表于威烈王十九年甲戌岁载子夏授经魏文侯。在谛考异同如司马温公者，误犹如此，其他又不足论已。

## 崇山

赵氏谓崇山在今澧州慈利县。慈利在舜封五岳之内，荆州之壤，不得为投四裔。且有庳之去慈利尚千余里，封弟于远，放驩兜顾于近乎？宋之问诗“崇山瘴疠不堪闻”，又云“北望衡阳”，愈知其非慈利矣。崇山在唐驩州境内。牂牁江亦曰驩水，自曲靖注田州，入南宁府。州曰驩州，水曰驩水，皆以驩兜得名，则驩兜所放之崇山在交、广之间，泗城之南，审矣。《大荒南经》有驩头之国，驩头即驩兜也。之问谪驩州而咏崇山，考据斯不诬耳。

## 百姓如丧平声考妣三年四海遏密八音

《礼》“庶人为国君服三月”，郑氏曰“天子畿内之民服天子亦然”。《周礼》且然，唐、虞质朴之制愈可知已。但言畿内，则五服之民不服天子矣。王者公天下而私其故封之国。天下者代易以为之大君，而国其所世守，虽失天下，不亡其国。故畿内之民亲于五服，而恩礼有加焉。礼必度其可行而与情相称。九州编氓于天子疏远阔绝，而为天子服丧，情既不称，而势亦不可行矣。百姓者，百官也。黄帝始制姓氏，皆天子赐之有爵者，或以官邑，或以字谥。庶人贱，无字谥，无官邑，不得有姓。“百姓如丧考妣”，诸侯、卿、大夫服斩衰也。“三年”连下为句。三年之间，四海之内，冠、昏、祭虽通而不作乐，下及乎侯国之大夫、士皆然。士无故不撤琴瑟，于斯撤矣。侯国唯君服斩衰，大夫、士则否，但撤乐耳，故下云“帅天下诸侯为尧三年丧”，明侯国臣民之不与也。

## 箕山

箕山有三：一在山西辽州和顺县，一在平阳府，一在河南府登封县。平阳之箕山，去禹都为近。益当食采其下，则其避启亦应于此。“南河之南”，偃师也。阳城，洛阳也。尧、舜、禹所都不同，舜、禹、益各有封邑。“避”者，去而归其国也。《集注》云“皆嵩山下深谷中”，是二圣同即嵩山习为退避之常所，二室且为受终之捷径矣。避天子位，自盛德事，固应从容以礼为进退，何至逃之无人之境，如避兵避仇之藏形灭迹也哉！逃而之谷而不得，则当逃而之窦，逃而之井，如狐猸之窜，蛇蝪之匿，人将熏掘而得之。此庄周迂怪之谈，非君子之言也。

## 外丙仲壬

赵氏以二年、四年为在位之年，盖殷道立弟，次及嫡长，子则太丁薨而外丙、仲壬踵立，以传太甲，其制然也。程子破其说，以年为岁。汤寿百龄，岂九十有八而生子乎？《竹书纪年》记外丙名胜，仲壬名庸。汤以甲戌崩，明年乙亥外丙立，丙子崩，明年丁丑仲壬立，四年庚辰崩，明年辛巳太甲立。《竹书》编年，甲子鳞次不乱，实三代遗文之可征者。邵子《皇极经世》不纪二君年世，皆折入于汤之末岁，而序次唐、虞、夏、商之年参差不齐，至周宣王而后与经史合，盖误以尧元年为甲辰，而不知甲辰为历之历元，而尧元年实丙子也。由此相差一百四十九年，而序次多舛矣。若夫太甲宅忧桐宫者，为之后者为之子，太甲嗣仲壬则为仲壬居丧如嗣子也。汤墓在桐，仲壬之墓亦在桐，古者墓兆以昭穆祔葬，无各为陵邑之制也。

## 司城贞子

“微服而过宋”，过者不留之辞，则未尝信宿而无所主矣。《集注》以贞子为宋大夫，据司城宋官耳。乃司城，司马位并六卿，贞子能亢桓魋以卫夫子，自可迎来送往，何须夫子之微服哉？如其不然，非魋之党，则孱弱葸畏之人，抑不足以为贤矣。孔子不得于鲁、卫，在定、哀之际，宋之六卿，未闻有贞子以贤著。自辰佗、弫大心之奔，皇、向二族分执宋政，皆魋党也，无可为圣人主者。且夫子既过宋矣，安得于宋复有主人？宋与陈皆三恪之后，建官略同。宋有司城，陈亦有之。陈有司败，亦有司城。陈地适当宋之南境，一免宋厄，即入陈地，他日履陈廷而来司败之问，其留陈明矣。贞子之为陈臣，亡疑也。乃陈自复封以后，唯有惠公吴、怀公柳、闵公越以迄于亡，无有所谓陈侯周者，周非陈侯之名，乃“周之则受”之周，其称臣者所谓公养之仕也。夫子遭厄，至陈而穷，暂为陈侯公养之臣，其不妄进亦见矣。

## 君十卿禄

《集注》引徐氏言：“大国君田三万二千亩，卿田三千二百亩，大夫田八百亩，上士田四百亩，中士田二百亩，下士与庶人在官者田百亩。”此据下士上推，而泥为之算也。且如大国地方百里，则提封万井矣，每井公田百亩，是通计公田得百万亩也。君田仅三万二千亩，三卿田仅九千六百亩，九大夫仅七千二百亩，二十七上士仅万八百亩，二十七中士仅五千四百亩，二十七下士仅二千七百亩，合计之仅田六万七千七百亩，通府史胥徒计之，约田八万亩足矣，不知自外九十二万亩将何庸也？即云戎、祀、职贡、邦交之用，不取给于君禄之中，君禄者仅以供君之服御膳羞也，然国用取之禄田之外，卿大夫之家用乃一取之禄中，仅有圭田五十亩之入以供祭祀，则养廉已薄，而冠、昏、丧、祀、宾客皆何所给，士大夫且有衣不蔽体、食不充腹之忧。抑下士仅得百亩者，不能躬亲牧养桑麻场圃之事，岂丝枲刍豢之永绝，即求为采荼薪樗之农人而不可得矣。孟子言其详不可得闻，固阙疑以待通识者之论定，而徐氏拘拘焉为确算而额限之，不已迂乎！按荀卿《礼论》云："有五乘之地者事三世。”三世，大夫之祀也。赋车五乘，则为田三百二十井，井公田百亩，是大夫之禄田三万二千亩也。上推卿，下推士，皆可知已。夫子为鲁司寇，下大夫也，且有九百之粟以与家宰。使仅得禄田八百亩，亦恶从得此哉！读《孟子》者，当原其意以通之于事理，不可固为之说也。

## 百亩之粪

《集注》云："加之以粪，粪多而力勤者为上农。”其说本之赵注，盖以粪为矢秽也。历考古人文字，无有呼矢为粪者。粪之为言除也，故《春秋传》曰“粪除宗庙”，《礼》云“为长者粪”。此言“百亩之粪”，系之“耕者之所获”之后，则是从获而计之，而非追论其既往力耕之事，且加田以矢溺，唯江南稻田有之，中土麦稷所无。朱子生长新安，宦游杭、闽，所知者其土农事而已。龙子曰：“凶年粪其田而不足”，岂凶年之矢秽亦不足乎？粪者除也，谓除种谷、馌食、敛零余剩而计其整数也。凡食若干人，整数也。古今使字用义，固不相若。呼矢为粪者，以矢秽必除去之，借用。孟子以除算为粪，犹今人言净数扫数，亦借用。执今人之方言以训古文，鲜有不滞者矣。

## 费惠公

历考春秋以来，无所谓费国者。《集注》云："费邑之君。"邑安得有君而称公？且既曰"小国之君"，明费为国而非邑矣。费本季氏邑。若疑季孙之后或僭称公，而哀公以后三家日弱，故孔子曰："三桓之子孙微矣"，则不得割鲁以自立为小国可知。子思所历事之国为鲁、卫，或疑费字乃鲁、卫之讹，而鲁有惠公在春秋前，卫有惠公朔也，子孙不得复谥为惠。按费地近郳，岂季氏衰微，费为郳夺，郳迁于费，因号为费，犹魏之称梁乎？郳至战国又改称邹，国名屡易，固不可得而考也。

## 杀越人

《集注》云："杀人而颠越之。"人既被杀，则自踣于地，奚待人颠越之乎，但言杀人，其罪已极，可勿论其越与不越也。按：越者逾也，行也；越人，越疆而行之商旅也。杀越人于货，律所谓拦路劫杀者是已。附近之人，虽挟重货，盗犹不敢肆其恶，唯越境孤客，杀之者易以灭口，是以凶人敢试其锋刃，而人尤为之饮恨也。

## 牿亡

牿亡之牿，从牛从告，牛马牢也，《费誓》曰："今惟淫舍牿牛马。"其从木之梏，则训手杻也。《集注》训牿为械，以牿为梏之失也。牢牛马者禁其动逸，如人之遏其仁义之心不使流动，自非桎梏之谓。

## 赵孟

《集注》云："赵孟，晋卿也。"当孟子时，赵已篡晋，且称王矣，不当复以字称。且赵氏唯赵武称赵孟。武柄晋政，亦未尝以贵人贱人之权势自居。此言赵孟云者，亦泛然之辞，犹今俗言赵甲钱乙张三李四耳，不必求人以实之。

## 狼疾

《集注》谓：狼善顾，疾走则不能。使果有“养指失背”之人，可谓其急遽而不能顾乎？狼性暴戾，有如狂者。狼疾，狂病也。犹言牛痫、鼠噎，以兽名疾。

## 曹交

赵注云：“曹交曹君之弟。”《集注》因之。按：曹于鲁哀公八年为宋所灭，至战国时，名其故都为陶；秦东略地，取之以封魏冉。不知赵氏所云曹君者，果何氏之君邪？按：郳、小郳皆曹姓，则交或二郳之后，又或曹既灭而其子孙以国为氏，流寄他邦，而交其后裔，要非有介弟之尊也。

## 胶鬲

胶鬲为殷之老臣，观孟子言辅相之与微、箕并列，可知已。《记》称武王甲子遇雨，恐纣以胶鬲视师之言不实而杀贤臣，则鬲之归周，与商容同在灭殷之后矣。或谓文王遣鬲为间于殷，说尤诡诬。胶鬲之举．当在纣父帝乙之世，未尝一日立于文王之廷。《集注》谓文王举之，误已。

## 血之流杵

《集注》云：“杵，舂杵也。”虽云《书》不足信，然言事亦必有其理而后成文。师行粮食，战则赍糗糒，守则输米以炊，未有挟杵臼以行者。如云居民庐舍中之舂杵，则甲子之师，陈于牧野非捣垒陷城，何至入民庐舍而杀人？按：杵本橹字之讹，谓盾也。凡为盾之木，材必轻而制必薄，故有可漂流之理。虽为已甚之辞，然亦后世尉缭、白起之兵所或有也。

## 袗衣

袗，玄衣也。王者衮服，上衣玄，象天；下裳黄，象地。《集注》云“画衣”。袗衣虽画，而袗不训画。且公侯之衣亦画，而不得名为袗衣，非玄衣故也。衮服十二章，衣八章，裳四章，日、月、星、辰、山、龙、华虫六章则画，宗彝、藻二章则绣，不皆画也。

## 杀人父兄

为人父兄，胥人也。杀人父、杀人兄者，亦杀人耳，当其杀之，岂择人之有子弟者而杀之邪？抑岂择人之无子弟者杀之而可免于报耶？又岂置其人弗杀而但杀其父兄邪？若均是人而名之曰人之亲，则孟子之言亦迂谬矣。盖杀人父兄云者，因其子弟而杀之，故以父兄称。此谓当时立参夷之法，以子弟之罪累父兄而杀之也。始置参夷之刑者，及以参夷之法论狱者，其人皆卒得参夷之祸，故孟子有感而言。《集注》未悉。

## 丘民

小山谓之丘，积物如山亦谓之丘。《易》“涣有邱”：大也，众也，积之众则大矣。四井为邱，亦取积多之义。楚人谓长嫂为邱嫂，亦言大也。邱民者，众民也，所谓天下之民归心也。若偶然获誉于陇首之农夫，而为豪杰之士所不与，亦何足以为天子！

## 榱题数尺

《集注》云：“榱，桷也。题，头也。”顾“数尺”之义未详。盖屋庳浅则溜短，屋高深则溜长。溜长则檐宇暗而瓦易下迤，于是于榱桷之外别加榱题，覆于榱上，使檐际昂起，则宇际轩敞，如鸟翼之张矣。然不施榱题者溜水顺下，既加榱题而有数尺之昂起，则溜水且逆上而溢漏，于是于瓦下榱上施薄板而以泥傅之，上为筒瓦，使溜水虽稍逆，犹下流而不中溢。既加薄板，施泥涂，载厚重之瓦，则一切欂栌楣栋皆必以巨厚之材承之，举一“榱题数尺”，而屋之壮丽宏邃皆可推已。以堂屋下基言之，则数仞之堂必有十仞之室；以土宇言之，则有数尺之榱题必有数十围之梁栋。不言宫室之壮盛，而自在其中矣。

《四书稗疏》全书终

# 四书考异

# 四书考异

许慎所引古文九经字义不同者。

## 菉竹猗猗

菉从草，本训王刍也，详《诗稗疏》。

## 赫兮喧兮

愃，况晚切，宽娴心腹儿。

## 瑚梿也

梿从木，本木器也。

## 文质份份

音义同彬。

## 誃予之足

誃，尺氏切，别也。多“之”字。“誃予之手”当同。

## 謧曰

謧，力轨切，说详《疏》中。

## 色艴如也

艴，蒲没切，变色貌。

## 趩如也

趩，音翼，趋貌。

## 紶衣长

紶，音亵。衣，今文作袭。

## 袉绅

袉，音义同拕。

## 不使胜食既

既，居未切，小食也。

## 公伯寮愬子路于季孙

寮从穴。愬乃“告愬”字。诉本《易》“诉诉终吉”之诉。

## 有何蒉而过孔氏之门者

何，胡可切，从人从可，人可负也；借为“谁何”字。从草之荷，菡萏也。蒉，苦怪切，草器。

## 深则砅

砅，音厉，履石渡水也。

## 友谝佞

谝，部田切，巧言也。《秦誓》“惟截截善谝言”。

## 以杖何莜

莜，徒吊切，盛草器。

## 櫌而不辍

櫌，从木，音义同耰。

## 曾西踧然曰

踧，才六切。踧然，愀然也。

**隸天之未阴雨**

隸，音义同迨。阴亦当作霒。山北曰阴。

**成见**

见，苦闲切。

**无然泄泄**

泄，余制切，多言也，与泄别。

**为不若是忿**

忿，呼介切，忽也，与恝别。

**竄三苗于三危**

竄，粗最切，塞也，谓禁锢之。

**源源而来**

源，鱼怨切，舒徐也。

**放勋乃殂落**

殂，昨胡切，死也。

## 瞉不畏死

瞉，眉陨切，昏冒也。

## 滰淅而行

滰，其两切，浚乾渍米。

颜之推曰："客有难主人曰：今之经典，子皆谓非，《说文》所言，子皆云是，然许慎胜孔子邪？主人应之曰：今之经典，皆孔子手迹邪？客曰：今之《说文》，皆许慎手迹乎？答曰：许慎简以六文，贯以部分，使不得误，误则觉之。孔子有其义而不论其文也。先儒尚得临文从意，何况书写流传邪？必如《左传》止戈为武，反正为乏，皿虫为蛊，亥有二首六身之类，后人自不得辄改也。"之推此说，诚为通论。自解散隶体，古文已隐，固不得舍叔重以为准矣。其未经《说文》引据者，今文率同俗书。谨以许慎、李阳冰、徐铉所定字，正之于后。

## 鸢飞戾天

鸢当作鸾，详《诗考异》。

## 居易以俟命

居当作凥。居，蹲居也，今人别立踞字。俟当作竢，或作糇。俟，大也，《诗》"儦儦俟俟"。

## 矧可斁思

矧从弓、从矢，作矤。古无矧字。

## 昭穆

昭当作佋，市招切，取义于昭明之昭，而形声固别。朱子谓因司马昭讳作韶音，非也。许慎无缘预为晋讳。

## 昆弟也

昆当作翼。昆，同也，又为昆夷之昆。

## 必有妖孽

妖当作祅。妖，好女也。孽当作蠥。孽，庶子也。草木之怪为祅，故从草。禽虫之变为蠥，故从虫。

## 载华岳而不重

华当作𠌶，音胡化切。华唯呼瓜、虎花二切。

## 庶几夙夜

夙当作㚢。解散作夙字，从凡，无义。

## 而民威于𫓧钺

钺当作戉，钺与鐬通。

## 小大粤之

粤字本如此，省弓不成字。

## 子贡

贡当作赣，赐也。名赐，故字赣。《乐记》《越绝书》俱正作赣。贡，献也，音同义别。

## 譬如北辰

辰当作曟。辰，大辰，心宿也。

## 不逾矩

矩当作巨，或作榘。《考工记》作萬。古无矩字。

## 退而省其私

省当作省，中自念也。私当作厶，背厶为公。私，禾也。

## 人焉廋哉

廋当作叜。“王曰叟”亦当作叜。叟，不成字。

## 呜呼

呜当作乌，或作于。从口，不成字。

## 吾不复梦见周公

梦当作寐。梦，莫红切，梦梦不明。

## 与之釜

釜当作鬴。从父、从金，既不成义，亦难下笔。省父从八，益不成字。

## 与之庾

庾当作斞。庾，仓之无屋者也。

## 郁郁乎文哉

郁当作彧。古无郁字；从阝、从卩，俱所不安。

## 诲人不倦

倦当作劵。从人、从卷，无谓。

## 饮水

饮当作㱃。古无饮字。

## 弋不射宿

弋当作隿。弋，橛也。《诗注》别作杙。又皁色也："愼夫人衣弋绨。"

## 如有所立卓尔

卓当作𥡴。卓，高也。𥡴，立貌。

## 巽与之言

巽当作顨，《易顨卦》从此。巽，具也，撰、選、僎、僎，字所从。俗书作巺，益谬。

## 与衣狐貉者立

貉当作貈，兽名。貉，莫白切，北方夷名。俗以貉为貈，解散貈旁作百为蛮貊，皆谬。

## 与与如也

与当作𢘊，趣步𢘊𢘊也。

## 沽酒市脯

沽当作酤。沽，水名，在渔阳，今直沽河。“沽之哉”亦当借用酤字，卖也。

## 迅雷风烈

烈当作颲。烈，火盛也。

## 不可徒行也

徒从土从辵。隶当作辻。解散古文作徒。

## 斗筲之人

筲当作箾。古无筲字。

## 谓之躁

躁当作趮。古无躁字。

## 孔子辞以疾

辞命之辞从舌，辞受之辞从受。古者见必有贽，不见则却其贽。辞而不见，自当作辞。若蔡伯喈以“齐臼”隐受辛为“好辞”之辞，则抑误也。

## 深耕易耨

耨当作槈，或作鎒。古无耨字。

## 数罟不入洿池

池当作沱。古无池字。

## 俯足以畜妻子

俯当作頫。古无俯字。从俯无取。

## 率西水浒

浒当作汻，古无浒字。

## 民目为将拯己

拯当作抍，或作撜，从丞不成字。

## 天下之商

商当作商，从商省、从贝，与商周、商量之商别。

## 虽有镃基

基当作锜。锜，镢柄也。基，堂址也。

## 民之憔悴

憔当作顦，悴当作顇。《左传》一作蕉萃。

## 饘粥之食

粥当作鬻，音糜。俗去鬲，读作祝，误。

## 负耒耜

耜当作相枱，不从耒。

## 许子必种粟

种植字本从童，种稑字本从重，后人两易之。

## 瀹济漯

漯当作湿。湿本音沓。水出东郡武阳入海，别无漯字。其燥溼之溼，本当作溼，“是犹恶溼而居下”。作湿者，相承之讹。以漯为湿，以湿为溼，其迷谬久矣。

## 域民不以封疆之界

域当作或，借为或者之或耳。从或、从土，乃古“国”字。

## 使契为司徒

契当作偰。契唯鱼既切一音，券也；无音私列切者。

## 或相什百

百当作佰，与什同意。十、百，数也。什、佰，十倍、百倍。

## 螬食实者

螬当作蠤，俗省。

## 诛纣伐奄

奄当作郁。奄，大也；又，奄宦。

## 其丽不亿

亿当作意，加人作亿，安也。从意之亿，不成字。

## 济人于溱洧

溱当作潧。溱，临武水名。

## 弥子

弥当作镾。从弓，不成字。

## 抱关击柝

柝当作欜。从斥，不成字。

## 刍豢

刍当作犓。刍，刈草也；又，王刍。

## 君子不亮

亮当作諒，亮不成字。

## 狐狸

狸当作貍，不从犬。

## 菽粟

菽当作茮，子萧切，辛果也，今俗作椒。

凡屡见者，但举其一，余皆可通。他如德不从彳，肰不从火，应膺从疒，深不从罙，斗当从門之类，流俗传写成熟，不能遍擿。

合外内之道也　今监本《四书大全》作“内外”。按外内、内外，随文先后皆可。古本相承作“外内”，不当改易。俗解谓合外于内，则纤迂矣。

“万章曰乡原一乡皆称原人焉”章　赵氏本“万章”作“万子”，想亦临文偶异。屋庐、乐正、公都既得称子，章亦可称。但赵注谓其不解圣人之道，故称“万子”美之以责之，斯迂谬矣。然遽改“章”字，亦非阙疑之道。当仍“万子”，自可不用赵说。

《四书考异》全书终

# 说文广义

# 发例

《十三经》《诸子》《史记》《汉书》皆在《说文》之先，而所有文字，《说文》多缺，不知许氏何以如尔其略。篆所本无，则六书所取，无可考质。兹奉六书为宗主，以广《说文》之义，诸不见《说文》者不及之。许氏始制，始于一，终于亥。今旧本部次无所从考。一以《集韵》为序，始于东，终于甲。每部一从平、上、去、入四声次弟为序，不能如今俗字书以画多少为序，而审之未精，增紊乱也。

《说文》音切，乃徐铉所增。许氏原有云"读如某字"者，古今异响，多不可通。所以注切不注音者，音有不可借者多矣，惟切为审。如：如劣切"热"字，春俱切"貙"字，式昭切"烧"字，更无同音之字，将何以音之？流俗字书注音者，十九舛谬。即令不知反切，或唇舌困于方言者，宁令阙其所不知，不敢导之入迷。

一字而发为数音，其原起于训诂之师，欲学者辨同字异指、为体为用之别，而恐其遗忘，乃以笔圈破，令作别音，而纪其义之殊。若古人用字，义自博通，初无差异。今为发明本义应尔，晓者自可曲喻，以省支离。若经师必欲易喻，一任其仍习旧读。至于俗书《篇海》之类，将上声浊音概读为去声，如"道"字无徒皓切、"善"字无裳衍切正音之类，则陋谬甚矣。

有义无字，假它字以通之曰借，又从所假之义更借而它用曰转，要之各有义焉。若"日磾"音密、"焉"氏音支之类，或夷语，或方言，莫可究诘，无容凿为之说。

语助皆有所本，如"之"为出生而往之义，"其"为有定基可指之类，皆有义存焉。同为语助，而用之也殊，此初学所必当通晓者，辄为发明所以助语成文之理。然此亦必自喻于心，则正用逆用，或增或减，无施而不可。知者不待释而晓，不知者多为之释而逾增其疑，殆聊以尽释者之惓惓尔。

篆有不能通于隶，如“㸚”“鬭”等字，难以下笔，虽不合六书，无妨通变。唯临池之士求妍美者，如“休”下箸“一”，“嗽”从“阜”“车”之类，则不可从。至吏胥市侩之类，‘準”作“准”，“验”作“騐”，及村塾蒙师撰圣、矣、观、学等字，昔人如《佩觿》集等书已为判斥，不待此之屑辨也。

岁在壬戌季秋月乙巳朔船山老农识。

# 说文广义卷一

## 巨

巨，本“规巨”之“巨”字。或作“榘”，今省作“矩”。其借为“大”义，与“细”对者，字当作“钜”。钜，大刚也。刚过则庞然自大，故可借为“大”训。然与“大”义微别：大与小对；钜，粗大也，与细对。

## 蚱

蚱，本古文“螽”字，食苗根虫，今俗用为“蜡蚱”字，借用也。

## 弘

弘，弓声也。宏，屋深响也。二字皆以声响洪壮为义，俱可借为“大”训。然言“宏远”“宏深”者，不当作“弘”。弘，开弓发矢声，故有开张、扩大之意。

## 彊

彊，有力也，与“弱”对。其从虫、从弘之“強”，乃虫名，本训云“蚚”也。今以“強”为“彊”，相沿从省耳。借作上声，训为不能为而勉为之辞，与本非所欲而迫之使然字，本作“勥”，或作“㢧”，与“勉”同意，故从“力”，本训迫也。人之为所不能为、不欲为者，非彊力堪忍，则为彊有力者之所迫也。今通用“彊”“強”字，省耳。抑“勉勥”之“勥”，亦音巨良切，不当读作其两切。经师多事，为破作上声。至于“疆域”之“疆”，从土，俗或作彊，则尤为大谬。

## 𨑢

𨑢，正音慈用切，随行也。无读平声者。從行、從军、從者、從父兄弟、從子、從学、從宦，皆本去声。其音平声、疾容切者，本作“从”，相听也。凡听從、依顺之“从”及两字相依成形之“从”，皆不当作“從”。相承互用，非也。若“從容”之從，本借用“舂”字。“放從”之從，本借用“縱”。“舂”者，其容缓缓然。“縱”，舍也，舍置之则放縱亡所顾也。抑借为“縱横”字，直行无所碍也，故自南至北谓之縱。皆不当省作“從”。

## 并

并字但俾盈切一音，无读去声者，与“竝”字不同。并，相从也；竝，相耦也；“併”字则与“竝”通，亦相耦也。“并”借为“兼并”“合并”者，此兼取之而彼相从，相从则合也。“并州”亦就此通之。

## 龕

龕，龙貌。今俗谓神座为龕，不知何所沿而云然。神座有覆有屏者，或可谓之“广”，音读如“俨”。音讹而字从之讹。

## 弭

弭，本“象弭鱼服”之“弭”，弓无缘，其杪可以解辔纷者，盖所谓小鞘弓也。若弛弓之“弭”，从弓从玺，相沿趋省，俱用“弭”字，非也，而世遂不复有“𢐀”字。兽耳下垂谓之“𢐀伏”，如弛弓不斗也。兽怒搏则耳张，畏遁则耳垂。𢐀兵、𢐀奸、𢐀盗，皆取诸此。

## 也

也字本释女阴也，今不复用。借为语助词，因其音似应声，与“唯诺”之“唯”相近，故以之结句，而用之各别：句止意尽而云“也”者，明上文之说已终也；以下释上而云“也”者，其义止于此也；业已然而云“也”者，与“矣”字相近。“矣”，从口从矢，矢口即然，其词决；“也”之词较缓，微有咏叹之意焉。称人之名而加之“也”者，有言其人而思惟之之意。自称名而加之“也”者，有反自省念之意。皆缓词也。自唐以下，借为“亦然”之辞，乃“亦”字转入声为上声，因讹用此字。或读杜诗“青袍也自公”为“夜”音，尤拘牵之妄。

## 雝

雝，本雝鶏，鸟名。借为“雝雝鸟鸣”之和声，因转借为“肃雝”“雝容”“雝睦”，皆“和”义也。加“广”为“廱”；“辟廱”，文王宫也。流俗相沿有“雍”字，省“广”作“亠”，省“邕”作“乡”，殆不成字。“雝和”之雝，无故加“亠”，“乡”非“纟”非“糸”，无从下笔。改篆作隶，日趋苟简，乃至用写《六经》《语》《孟》，后之人安所取正邪！至若“邕”字，乃塞水以环城邑。今俗有“壅”字，从雍从土，亦不成字。既以“雍”为“和”义，壅水岂土之和乎！“邕”从邑，城也；从巛，水流也。蔡邕字伯皆，取义于四面皆水，传写作伯喈，谓取“雝雝喈喈”之义，非也。凡“邕塞”“邕隘”“邕蔽”，皆当作“邕”。其“攡褎”之“攡”，俗写作“擁”，亦当改正。

## 雕

雕，与“鹏”通，鸷鸟也。大抵从鸟从隹之字，类可通用。徐铉谓“俗别‘雅’作‘鸦’，非是”。亦失之执。若“彫琢”之“彫”，本自从彡。彡，饰也。以“雕”为“彫”，传写之讹。

## 雅

雅，本“鸦”字，慈鸟也，音鸟加切，或音五马切。义本无异，皆肖其鸣声耳。借为“风雅”之雅；雅，常也，慈鸟所在皆有，人所常见，故有“常”义。古人因物立义，取义典正，以雅为常，不如后世愚俗以鸦鸣为怪。雅，又训正也，常者必其正也；素也，常者所素习也。故曰“雅尚”“雅慕”“雅习”。而言语、容貌、文字之有度者，亦谓之雅，与“俗”为对。盖常所习者，自然中度，如野人强学礼法，生涩周章，唯其非素习之有常也。

## 雇

雇，本“桑雇”之“雇”，籀文作“鳸”。《春秋传》“鳸”字从“鸟”，《尔雅》“雇”从“隹”，唯《诗·桑扈》从“邑”，传写讹也。扈，国名。俗书乃以“雇”为赁佣之名，读如“顾”。律有雇工人，俗字也。“顾工”，自当作“顾”，言顾视可否而赁佣之。

## 雔

雔，以生丝系矢射飞鸟，引而下之。从弋者，弋有系义。《论语》“雔不射宿”，《诗》“雔凫与雁”，皆当作“雔”。今文用“弋”字，省耳。弋，橛也，植木水次，以系船者。或加木作“杙”，非。

## 尸

尸，本训“陳”也。祭祀之尸，端居不言动，如陳设然，故以为名。因祭之尸专居尊位，遂有专据、主持之义，如云“君不尸小事”是也。又以其无所为而居尊，故借为无功居位之名，如云“尸位”“尸禄”是也。若死者骸骼，自作“屍”；或借用“尸”字，省文。

## 尼

尼，本训止也。孟子曰“止或尼之”，正音女夷切。或发“尼止”之“尼”为女乙切，读如“昵”者，非。鲁国泥丘之“泥”，字本从丘，音奴低切。孔子之字，盖取诸此。今作“尼”者，省。

## 居

居，本训蹲也。徐铉曰：“俗从足作踞，音九鱼切。”虽与“凥室”之“凥”音同，而义自别。凥从几，几，所以安凥也。凥与行对，坐谓之凥，因借为停止事物、凝承德位之名，如“凥货”“凥赢”“凥位”“凥德”“凥功”之类。凥必于室，故又借为“屋”义；屋者，所安处也。后世废“凥”字，以加足之“踞”为“蹲居”，“居”为“凥止”。相沿既久，六书之义不行，乃至以从九之“凥”丘刀切。写作“凥”字。传写经史者，实为乱始。

## 厶

“公厶”之“厶”字止如此。韩非言“自营为厶”，屈曲自营之象。其旁加禾作“私”者，禾也。背公之私，何取于禾！后人以“厶”字文不茂美，遂相承以“私”为“公厶”字。趋苟简者利于从省，贪茂美者妄欲从繁，字学之所以乱也。何怪乎俗子以“公厶”之“厶”为“某甲”之“某”乎！姊妹之夫曰厶，谓妇之厶亲，非夫家之公亲也。

# 憂

憂，本憂游之"憂"，和裕有馀之意。加人作"優"者，倡優也。其"悬戚"之"悬"，但作"悬"。"夊"者，行迟貌，心有悬戚，缓步消散，则和裕矣。故从悬从夊，为"憂游"字。優从人者，人为倡優，所以说人使憂游也。"悬"字久废，若写"憂游"字作"憂"，且为俗笑，亦末如之何矣。

# 省

省，《说文》作"眥"，从中从眉省。徐铉曰："中，通识也。"既于义未畅，从眉尤不可解。古文作"省"，从少从囧，于义为通。隶省"囧"作"目"，亦尚可通。少，微也；囧，通明也。察微以求明，省之义也。此字但音所景切。借为"节省"字，亦即省视之意，省视则自知其少而减损矣。唐中书、尚书、门下称三省，以其署为省察功过之所也。元置行中书省于各路，遂呼其所驻治之地曰省。洪武改布政使司，俗犹蒙省会之称，然亦必读如"省视"之省，音眚。俗分"省视"字音"醒"，"节省"字音"眚"者，非。省字无有音息井切者。

# 之

之，本训出也，草木出地之象。出实而入虚，出此而入彼，直行而无碍，故借为往也。转借为语助词，亦指在前所"之"者而言，有草木出地指空之意焉。凡目中、意中事理所在，前所已言，后所方说，皆可以"之"言之。或意有所喻、言不能详者，亦系之以"之"，使人自喻。盖"之"为出实入虚，无虚不入，故其用可广。若得失所因，欲明其自，亦先以"之"指之，使即所指者而思其故。以至乎此者必出乎彼，言其所出而后可求其所以至也。

## 而

而，本训颊毛也；又为鱼项背鬣。口辅动则颊毛张，鱼之动也以鬣，故借为语助辞、动转词也。语有转折，则系之以“而”，犹鱼欲回旋而鬣动也；或为加进之词，犹鱼欲进前而鬣动也。若《诗》言“乎而”，则疑其未然而固然，亦转词也。其用为“尔”“汝”之称者，则音与“尔”“汝”相近，方言清浊不同，故随借一字行之。

## 其

其，《说文》但有“箕”字，籀文作“其”。“其”即箕也，象形，音居之切。别有“丌”字，亦音箕，下基也，荐物也。二字本无“旗”音。借为语助辞者，宜用“丌”字。后人以“其”字字形茂美而借之，读之亦但当音箕。“之”，所指也；“其”，亦所指也。“之”者，从地下生出地上，其为词也，本此而达彼；“其”，本非地中之物，取置地上，以地为基而荐之，其为词也，指彼之在此也。故即事而指之曰“之”，指彼曰“其”。如《诗》：“子曰何其？”音基，自其本音。“彼其之子”，自如字读，不当音“记”。

## 靠

靠，相违也。人有非而告之，则必相违咈。故子路“人告之有过则喜”为不可及。今俗用为“倚靠”字，盖在前而倚曰“冯”，从后而倚曰“靠”，亦相背之义，庶几可通。

## 褱

褱，藏侠也。怀，念思也。“褱抱”“中褱”“褱私”“褱宝”之类，皆当作“褱”。藏之于心，思忆不忘，乃从心作“怀”。汉人用之自别。俗概作“怀”，误。

### 裵

裵，长衣貌。旋折则衣之长垂者回翔，故且进且却谓之“裵回”，俗作“徘徊”。徐铉曰：“俗书谬讹，不合六书之体。”其河东族姓字正作“𨚳”，以邑氏也。唐以来相承作“裴”，虽晋公之贤，不能自正其姓，而有“绯衣小儿”之谣。若此类亦不能遽改，但不可不知耳。

### 裁

裁，制衣也。借为断制、节减之辞，去其有馀以合度也。转借为乍然未久之称，谓初如此也。“裁”与“初”，皆截布为衣之始。衣始于裁，终于缝，故乍尔曰“裁”，终事曰“弥缝”。俗别作“纔”，非。

### 褰

褰，绔也。绔，胫衣也。古者之绔，中不缝合，其缝合者始于后世宫掖，谓之“穷绔”。“褰”字从寒省；寒气自下升，厚其下体，所以御寒也。借为“褰裳”之褰，摄裳上扱则露其绔也。绔从糸，音苦故切，俗或从衣作“袴”，非。其别作“裤”者，尤俗不成字。

### 褒

褒，衣博裾也。《礼记》谓礼之上服为“褒衣”，上服之裾宽博以覆中衣。上服，弁冕之服，以锡有功，故借为“褒贬”字，与“褫”同意。赏其功，则锡以褒衣；罚其罪，则褫其命服。

### 衰

衰，本“衰笠”之“衰”。上世草衣，人皆服衰，以莎草为之，故音与“莎”同。上有负版，下垂草不剪，后世丧服象之。古约今侈，丧服居约，亦犹古冠之为丧冠，非别制一衣冠以饰哀，哀岂有饰者哉！凡“衰笠”“齐衰”，皆音莎。俗于“衰笠”字从草作“蓑”，而读“衰服”为“催”，或加“糸”作“缞”，皆非。其借用为“衰弱”字，与“盛”对者，以居丧服衰，毁瘠而弱也。又借为“等衰”者，轻重之差，莫辨于丧服，降杀不可紊也。凡“衰弱”“等衰”，皆音初危切，俗读“衰弱”作“洒”平声者，非。

## 襄

解衣耕谓之“襄”，劳之甚也。《书》曰：“思曰赞赞襄哉！”劝其勤也。故相承为勤劳成事之辞。《谥法》：“辟土有德曰襄”，言如农之冒暑释衣，以务垦土也。后世有“劻勷”字，皆不典，正当作“匡襄”。

## 褎

褎本褎褎之褎。徐铉曰：“今俗作抱，非。抱与捊同。”按：《说文》无“捊”字，未审徐说何据。北方苦寒，褎子者皆解襟纳之怀中，故当从衣。南方温燠，抱子者两手拥持之，则可从手。俱于六书之义有取。借为“蕴褎”“褎志”“褎才”字，则宜作“褎”。若“抱持”之抱，无妨作“抱”，不必执古以非今，此类是也。

## 裔

裔，衣裾下垂者。步趋中度，则垂裾有襜如之容，故谓和缓之态为容裔。苗本在下，其末上出；衣领在上，其末下垂，故以“苗裔”称子孙，言其所生所垂也。

## 卒

卒，正训隶人给役者。步兵受隶于车上之甲士，故亦称卒。从衣者，兵卒之衣有题识，其部伍名号在衣也。正音臧没切。若“大夫死曰猝”之“猝”，则从歺，音子聿切；“仓猝”之“猝”，则从犬，犬暴出逐人也，音粗没切。今通作“卒”者，省耳。其借为终事之辞，本借“猝”字，有始有猝，死乃终也。古人无避忌，故“卒爵”“卒射”“卒业”之类，皆不妨以终始之辞言之。后人避忌去“歺”，因并“大夫猝”亦去之，此相沿之可哂者也。

## 圜

方圜之圜，从睘，音王权切。“圆”从员者，音王问切。圜，全也，谓圆成之也。二字义近而音异。《易》《周礼》“圜”皆从睘，不以“圆”字当之。若周全圜好之“圆”，自作“运”音。望夜月圆，及“蓍之德圆而神”，皆有圜而且全之义。圆者，缺之反也，自当音运。唐诗“长河落日圆”，为失韵矣。若“员”字，乃数物之名，若今称“官一员”是也。“员”与“圜”音同，而义不相涉。“圆”与“圜”义相近，而音各异。《孟子》“方员”字，传写讹也。伍子胥名员，本当作“圆”。胥，相也，相与圆全也，故字子胥，而《史记》读如运。其作伍员者，亦传写之省。

## 鲜

鲜，鱻，皆音相然切。“鱻”为新鱻之鱻；而“鲜”乃鱼名，出貉国。高丽之水名鲜，盖以出此鱼耳。今自《周礼》外皆用“鲜”字，传写者趋易而讹也。其发为上声、音息浅切者，亦当作“鱻”。陈陈相因则多，新鱻者少也。字或作“尟”。

## 鲝

鲝，藏鱼也。今俗作“鲊”，非。从差者，差择其鱼而醢之。若云从乍，鲝岂可乍为乎？《说文》无“鲊”字，后世有此字，音诈，今之海蜇。

## 且

且，有子余、千也二切，皆训荐也，陈几于地上以荐享也。今借为语助辞，音千也切者，则训暂也。又转语，又想像之词。荐者不知神享与否，且姑荐之，暂将诚敬耳，故为暂也。其为转语者，上语既然，而又有进焉，亦前姑且如此说之意，以“且”字结上文，而后更进一说也。其为想像发端之词者，如荐之求神于冥漠，遥为想像也。音子余切者，为咏叹之词，亦想像有馀之意。

## 與

與，从与、从舁。舁，共举也，故为“挡與”之與。凡两人相合、两物相凑共成一事，皆曰與。若“取与”之“与”，俱作与，不当从舁，后人以“與”字茂美，遂通用之。大抵书法之弊有二：一则府史书佣、市井簿券苟趋简便，故省多而之少；一则工书者欲上下相配，疏密长短相称，取同音茂美者以成章，而不顾六书之旨，或至“休”下增“一”，“林檎”为“来禽”，更作不典，但务整丽，后人因之不复能改。二者交乱，而六书泯矣！“與”字发为以诸切，疑辞也。其词缓于“乎”，急于“邪”。所以为疑辞者，以挡與之成，各私其类，以意气名利为合离，與彼與此，初无定向也。又为叹美词者，则又因疑辞而成叹美，欲加以美名而不敢决，故且疑且信以言之。其发音去声读如“预”，为“干與”之“與”，则以为之朋挡则相干與也。

## 亏

亏，气之舒也。盖心有不平而发声以舒气，本“于嗟”字，今俗作“吁嗟”，而读《召南》“于嗟乎驺虞”作况于切，非也。吁，惊词，非叹辞。其以“于”为指所在之语助者，知其所在则心舒而言畅，故“于某日”“于某地”皆言“于”。於，亦叹词，而亦为指所在之词。其义正同，而用之微别：固然在彼曰“于”，如《春秋》“盟于蔑”之类是也；用意经度、安措挹取於彼曰“於”，如“志於道”“兴於《诗》”之类是也。既指所在，而又推言之，如“于是”“於焉”之类，则于、於通用。盖“于”为舒气之词而缓，“於”为叹词而急。固然在彼，则缓言之，用意措彼，则急言之，以此微分。

## 夫

夫，本训丈夫也，别于童子之称。古者计夫定赋，犹今言成丁也。百亩一夫，而赋准焉。其为夫妇之夫者，以成丈夫而后有室，三十而娶，斯授田也。借音防无切，为语助词，或紬绎上文，或发端立义，皆以概事理而言。夫犹人也，谓人理人情之大概然也。

## 须

须，面毛也。俗加髟作“鬚”，非是。彡，毛饰也，须既从彡，何又加髟？髟，首毛，故“颡”“顑”皆不从髟。“须”之于人，若所不须有者，然必须此以成丈夫。事有见为非急而实不可无者，人之所必须也。故借为相待、相求之词，如云“寡君须矣”，言专心相待，而欲其入也。通为“斯须”者，犹言少待也；斯，此也，此一刻也。“须臾”者，须，待也，臾，欲之动也，少待而欲动之，顷也。其义辗转相通。

## 殿

殿，本训击声也。从屍从殳，以殳击屍有声也。《诗》“殿天子之邦”，整饬兵刑，以正乱邦也。军收后曰殿，反击在后也。古不用为“宫殿”字。《史·秦始皇本纪》乃言“作阿房前殿”。叶梦得谓屋殿吻者为殿，于义亡取。殿盖“坫”字之误。堂有坫序，因谓之坫，汉人与“堂”通用。《黄霸传》言“先上殿”，颜师古曰：“丞相所坐之屋。”至汉以下，始专为皇宫之名，臣下不得而称矣。佛、老之庐僭称之。

## 麤

麤，从三鹿，言如群鹿之奔突也。凡作事莽率者谓之麤。若精粗之“粗”，从米从且，谓舂米苟且不熟，故凡疏楛不精皆借用之。粗，音徂古切，读如“祖”。今人读粗为麤，以麤率为粗率，以粗疏为麤疏，皆误。俗或省作“麄”，尤不成字。

## 虞

虞，从虍从吴。吴，大言也。虞人疾呼以驱虎，故其文若此。本训为猎官之名。舜称有虞氏，虞幕，盖先益而为古虞官也。借用为虑也、度也者，以虞人逐禽，必虑度其踪迹，而追猛兽者有可忧之道也。《诗·驺虞》亦言虞人共职，韩婴、贾谊俱云然。毛、郑惑于祥瑞，谓是白虎黑文之瑞兽。《说文》据以立释，不足取。

## 乌

乌，本孝鸟之名，而借作“乌呼”叹词，以乌鸣有似悲叹也。其“恶有”“恶得”“恶能”，自借用“恶”字；或用“乌”字，俗讹也。“乌呼”之乌，加“口”作“呜”，亦俗。篆文“於”“乌”文相肖，“於”稍省耳。《诗》“於戏”即“乌呼”，“於”字从篆，“戏”字借也。其“於”字借作语助，与“于”通用者，“于嗟”“乌呼”皆舒气声，故通借为指所在之词，“於”急而“于”缓，必“於是”称“於”，固“于是”称“于”，为微别耳。“於此”“於焉”“於至善”“於道”之於，俱正音哀都切；俗读央居切，非也。“大夫於禁”，言禁依於地也。竹名“林於”，皆但作於。欲作“棜”“箊”，皆不成字。黄州有於姓者，登乡荐，自称其姓作“洿”音，得之矣。

## 焉

焉，黄鸟也。借为语助词者有三：句末之焉，结上文而有不尽之音；句中之焉如“於焉逍遥”之类，就指所言而迟回言之；句首之焉，与“岂”“何”通，为诘问之词，言既如此焉，而岂复如彼也。黄鸟之鸣，声有馀而仿佛不定，故皆可借用。要此字之旨轻而不决，不如“岂”“何”“矣”“也”“此”“斯”之意尽于言中。三义皆止有于乾切一音；训诂家分为烟、延二音者，非也。

## 亝

亝，本字但象禾穗形，以禾穗熟必均平，故训整也，平也。其下加⺼，乃腹齊也，俗或作“脐”，及齊字下减“⺼”作“月”者，皆不成字。齊当人之身中，上下均长，故亦可借为均平之辞。青州国名齊者，以其地有天齊水，其水出平地成渊，若腹齊之穴也。“分齊”之齊，发音在诣切，以配合均齊也。又为“约齊”之齊，训券平齊也。或加刀作“劑”者，俗增之。其发为侧皆切者，祭前迁坐变食也，亝一其心志，专于敬也。后用为“亝居”字，亝所迁居闲静之室也，亦但借用亝字；俗别从示作“斋”者，非。至“摄齋升堂”之齋，亝下从衣，衣下缝平亝，故从亝。“盄盛”之盄，亝下加皿，亝者禾麦，皿以盛也。“采薺”之薺，亝上从草，蒺藜也，《诗》篇首言《采薺》，因以名乐。“齋”音咨，“盄”亦音咨，“薺”音瓷，字音各别，传写皆作“亝”者，省文耳。

## 卥

卥，本训鸟在巢上也。字正作“卥”，亦工书者欲令整美而作“西”。日落兑方而鸟归巢，故以为“东卥”字。“卥宿”“卥止”字正当作卥，本义也。或从木从妻，木者，所归之巢；妻，同燕寝者也。其西傍加木作“栖”，于文为赘，盖俗增之。读“棲”作妻音，亦非。

## 才

才，本训草木之初也。木枝叶未全，初生之象，故可通为“方才”字，与“裁”通用。木初生，衣初制，皆始然无几时也。俗别作“纔”，非。若“性情才”之才，本言质之已成而可用，自当作“材”。木已成矣，而未经削治，为木工之始事，故从才。今通以才字书之，传写之省。

## 伊

伊，《说文》以伊尹治天下为本训。今按伊尹之前有伊耆氏，而《诗》言“伊”，皆与“惟”字义通，则定非因伊尹之名始制“伊”字，此《说文》之不可从者也。伊，从人从尹。尹，正也。伊亦正意，故通为“正惟”“正此”“正当”之义。或借用“緊”，緊乃赤黑色缯，于义无取。

## 何

何，本“负何”之何。从人，人所负也；从可，量人所可任而负之也。借为“谁何”之何，见负何者则问其人为谁，所负何物也。与“佗”同意。佗者，负物于背，因问其为谁物也。“负何”之何，亦但如字读如河。传注发为上声，俗读作“贺”者，皆非。俗加草作“荷”，尤谬。荷，莲叶也，无“负何”意。相沿而不可革，雅不胜俗，其孰与正之!

## 溦

溦，妙也。妙者，有“细”意，故又借为小也。细小者，殆于无，故又借为无也。凡“溦妙”“深溦”“轻溦”“溦末”及“溦管仲”之类，皆宜作溦。加“彳”作“微”，隐行也，如“微服”“微行”“隐微”“微行音杭小径也。”则作微。微与显对。《春秋传》称下士为“微者”，与《孟子》谓富贵人为“显者”义通。

## 儋

儋，负何也。背负曰“何”，肩负曰“儋”，从瞻省，儋负者必瞻顾乃不坠也。俗作“担”，非；儋物初不以手。今人一石为一儋，人力胜一石，言一人所儋也。会计之数，十斗为石，本如字音鼫。乃俗呼一石为一儋，又讹作“旦”音，乃至妄立“担”字，其陋悖有如此者。

## 伎

伎，与也，从人从支；支，与之也。音渠绮切，音与“纪”近。读如“芰”者，非。今北人谓与人物为伎，读如纪，较南人言“把”、言“得”者，雅俗悬绝，南人顾笑之。若“倡技”之“技”，字本从手。歌舞，技术也，习之者为技人。俗以“伎与”之“伎”为倡技，非也。若“妓”字从女，音同伎，乃妇人小物也，谓箴线细琐之物。俗以“女技”为“妓”，尤谬。

## 俟

俟，本训大也。矣，有叹美意。人而可以为人矣，不亦大乎！《诗》“儦儦俟俟”。若“徯待”之“竢”，从来从矣；或作“徯”，从彳从矣。矣，已然之辞。来矣，行矣，故可待也。若欲简省，正可作“徯”，不当作“俟”。

## 但

但，本“但裼”之“但”。“但踊”“但问”，字皆从人。其从衣作“袒”者，音丈苋切，衣缝解也，今俗作“绽”。但，本去衣露体之名，而借为“徒然”“仅有”之义，但裼去饰，仅露身也。又为转语词者，言大略不然，独有一说仅存，当别论也。其云“但令”“但能”者，他皆不恤，独此为得，如衣虽去而身存也。今人止知“但”为转语、仅有之词，不知

“但裼”之本训，乃以袒裂之“袒”为但衣，而别立“绽”字以代“袒”，皆非。

## 假

非真之谓“假”，通为假借之义。借者，非己所实有也。“徦”，至也。二字同音古雅切，则“徦于上下”及“王徦有家”，虽或读为古陌切，亦声之转尔。其字正宜作“徦”，从彳。而《说文》于从人“假”字下曰：“一曰至也。《虞书》曰：假于上下。”此《说文》之疵驳不可从者。

## 仰

举首之谓“仰”。举首求望于人，谓之仰望，本自下望上之词。今文移令下行之称仰，望其人为其事也。始则下求于上，继则施之平交，尚为谦抑。后上官以施之下吏，且及胥役。世降而日趋于杂软，亦可叹已。

## 偶

偶，刻木为人形也。借作“乍然”之词，如木偶之戏，乍尔能动，非固然也。又相似亦曰偶然，木偶似人也。此字本无“并立”义，不与“奇”对。奇耦之“耦”，从耒，古者耕必两人合耦，秉耒并行。

## 价

价，善也。人而可为介者，必习于礼，故为善也。今俗以为使人之称，彼字但当作“介”，本《春秋》“一介行李”之义。

## 佩

佩，从人、从凡、从巾。巾，所佩者。凡人皆必有佩，所谓“去丧，无所不佩”也。俗从玉作“珮”，非。佩兼有决、觿、管、燧、纷、帨之类，岂但玉哉！

## 徇

徇，辞闰切，疾也。“幼而徇齐”，齐敏也。从人从旬，人十岁而早敏也。“彶”，亦辞闰切，从彳从匀，行示也。刑人而行游之以示众，曰“斩以彶”。遒人以木铎且行且告，亦曰“彶”。从彳，行貌；从匀，均示之也。今俗写“徇齐”“彶示”字俱作“狥”，从犬从旬，大谬，不成字。其顺从于人而不恤己之得失安危，则当借用“殉”字，从旬，从死省，言死与之均也。俗亦作“狥”，又读为详遵切者，非。

## 倩

倩，美也。从人从青，言如木之方青荣美也。婿谓之倩，美之之辞。止有仓见切一音。今俗以借力于人为倩、读作七政切者，正当作“请”。“请”字自可作去声读之。

## 传

传，正音直恋切，本训递也。递者，驲递也。从人从专，专人于邮舍以待，命至斯行也。其读作平声者，传之行也。要亦无异义，自可概作去声读之。借为“经传”之传者，传所以递述经意，令通达也。国史纪人之行业初终，亦曰传，述其人以达于后也。

## 佚

佚，以证切，送也。凡送皆可谓之佚，不但为送女之辞，《楚辞》“佚予”是已。后专用为送嫁。又去“人”加“丹”舟加“女”，作“媵”，非正文也。以送嫁为媵，因谓从嫁之侄娣为媵妾，以未受礼迎，若送女而往，因留待尔。

## 僇

僇，音力救切，本训痴行僇僇，忽行忽不见也，频行而非有所往也。今马劳而牵之缓行曰“僇马”，本此。俗用“溜”字，而以僇为“戮辱”字，相沿之误。

## 佛

佛，见不明也，读与“拂”同，义亦相通。见不明，则必相违戾。《礼记》“献鸟者佛其首”，谓拂戾之也。或读如“弼”，大抵与“拂”互用。浮屠氏译为“觉也”，为其师之尊称，则见性不明而拂人之理，已自暴之矣。汤义仍谓一部语录止一翻字法门，盖见及此。

## 作

作，起也。“三嗅而作”，“舍瑟而作”，其本训也。借为“造作”之作，音侧个切。俗别立“做”字，非。人将有为，必从坐起，从人从乍，乍然而起，将有为矣。故缓曰“造”，急曰“作”。乍然而起，无所因仍，故创始曰“作”；乍为之，前未有也，故与“述”对。

## 偰

偰，乃尧司徒之名，或作卨。其不从人而作契者，传写省也。契自“契券”字，音苦计切，无音私列切者。《诗》“死生契阔”，契阔，勤苦也，音苦结切，字本作“挈”，谓挈持阔远，不得休止，传写作“契”，从省而讹。

## 借

借，正音资昔切，读如积。今通读为子夜切，乃北人不能有入声，以入作去耳。若“借重”“借权”之“借”，则“藉”字之转，省作“借”字，当音慈夜切。

## 僻

僻，避也，音普击切，盘旋让避也。今俗用为“邪僻”字者，谬。“邪辟”之“辟”，不从人，借用“法辟”字，假托礼法，外示公正，而居之不疑，无能匡正，以成乎偏诐也。唯“幽僻”之僻，则可作“僻”，幽僻之所，避人之壤也。

## 億

億，本训安也，从人从意。相沿从“意”者，误。意，十万也，本训满也。十万，满数也。音于力切，读如抑。今俗于“万意”字加“人”作“億”者，非。意从人者，居盈处盛，人乃安也。借为“意度”之意，亦宜作“意”。数至十万，难于按实而数，但意度之耳，不当作“億”；测度疑料，非心之所安也。

## 俜

俜，使也。《诗》作“荓”，《书》作“伻”，古文之异也。俗以孤孑为伶俜。伶，弄也；俜，使也。孤孑之人，为人所弄玩役使也。

## 侠

侠，俜也。游侠者，交游豪傑，以气势役使人也。俗有侠士之称，去游言侠，则失其义矣。若“豪侠”之“侠”，自宜作“傑”。侠、傑，音相近而讹耳。傑，傲也，才气有馀则傲世，故称“豪傑”。若俗有“杰”字，出《梁四公传》，不典。

## 俺

俺，音于业切，大也。俗或呼乙感切，或读如庵、训作“我”者，皆夷狄呼“我”不明，侏儒之语，与“喒”“咱”同。

## 辞

言辞之辞，从𤔔、从辜省。𤔔，治也，治理其辜也。决狱之爰书曰“辞”，讼者所诉及所供亦曰“辞”。又通为宾主相答之文，盖亦有分辨是非之意。若辤受之“辤”，从辛；辛不可多食，辤而不受也。蔡伯皆隐语“齑臼受辛”，误矣。唯宾主相让曰“敢辤”“敢固辤”，则或可与“辞”通用。让者，必有应对之言也；辞者，酬对喻说之文。若箸述、歌咏，则当作“词”。其一字为文，一句为辞，则辞、词可以通用。

## 频

频，本从涉、从页，隶书或省“涉”作“步”，水崖也。人至水崖，阻水不行，则频蹙。许氏说：“水崖，人所宾附。”今或作“滨”，而徐铉曰：“今俗作滨，非是。”频、濒、滨三字，下笔相似，而皆合六书会意之旨，徐说非也。频字借为“频繁”之“频”者，于义无取，当作“颦”，事繁则眉蹙也。今人独用“频”为“频繁”字，于“水频”必加水以分别之，皆是不达文义。

## 常

常、裳二字，一也，从巾、从衣，义相通用，与帬、裙同。巾，幅帛也。倍寻曰“常”者，裳下齐之广十六尺也。寻、常，皆近也，因近而易见，有平而无奇之义。常近而无奇，则无变；不变，则可久。辗转相因，皆自“衣常”之“常”通之，犹言不下带，言目前耳。后人曲为分别，专以从“衣”者为“衣裳”，从“巾”者为“寻常”“平常”“久常”，皆不审用字之本旨。假令写“寻常”为“裳”，人必笑之。避庙讳者，代“常”以“尝”，何如代以“裳”之不失本义乎！

## 帅

帅，与“帨”同，有所律、输芮二切，本训佩巾也，自不可通之戎事。若“将衔”“统衔”之“衔”，从行、从率。今废“衔”字，概借用“帅”字，或借用捕鸟毕率之“率”字，皆不合六书之旨。帅、帨，自有“率”音；若衔，则但音“率”，不可读之如“税”。流俗以“帅”为“衔”，乃呼“元帅”为“税”音，呼“帅师”“帅众”为“率”音，尤为灭裂。至俗读“元衔”作所卖切，如“洒扫”之“洒”，尤谬。

## 云

云，本古“雲”字，象雲气出岫回旋之形。借为所言之词者，以雲为山川之气所自吐，而辞气之出有序者似之。“云”与“曰”虽可互用，而“曰”者直述其言也，“云”有咏叹抽绎其言之意，或约略所言之要，不尽如其所言之词也。

## 霒

“霒晴”之霒，从云、从今；今始有云，尚未雨也。古文省作“侌”，“侌昜”字本如此。加阜作陰、阳者，则山南水北为阳，山北水南为阴，如岳阳、河阴之类是已。俗书概作阴、阳，非也。至“阴”字作“隂”，乃晋、宋工书人苟简以求整妍，尤不成字。

## 堇

堇，黏土也，从土、从黄省。黄者，其土色也。古人以涂肉炮之，见《内则》；并以封书版，二版相合，字在内方，以土涂合处，加玺印之。其后或用武都紫泥，至有用泥金者。今封书口用“堇封”字，犹存遗意。俗或加“言”作“谨封”，不通。“谨”者，言之慎；从堇者，谓如黏土封固，不泄露也。堇音勤，与“谨”音本异。其堇草之“堇”，从堇从草，俗以字形太长，省去“艹”作“堇”，音居隐切，则与“谨”同读。

## 斯

斯，本训析薪也，《诗》“斧以斯之”。今江楚人谓裂物而破之曰“斯”。借为“兹”“此”之辞，亦与“兹”“此”微别。兹，实指此也；此，概指兹也；斯，分析此之与彼异而言也。“此”之辞缓，“斯”之词急，如“斯其所取灾”是已。又借为语助辞，如“二爵而言言斯”，谓如此之形象也。又与“则”相近，而急于“则”，如“陶斯咏，咏斯犹”，谓已如此，则必如彼也。又与“之”相近，如“螽斯羽”，指此而言，皆有“此”义，而加急也。

## 所

所，本训伐木声。今借为“处所”字，与“居”意近，而“居”久、“所”暂，如行在所、王所、公所，皆暂所居止也。伐木剪草，权为居止，随地而处之义也。今人道号称“所”，犹之堂、轩，皆题其居止处。又转为语助辞，与“能”相对。能，在己之用也；所，在事之体也。凡有成形、成心、成功、成事一定之处皆曰“所”，实有其所而可有事也。

## 断

断，正音徒玩切，读如段，截也。借为丁玩切，读如锻。断断，断然决断，截然不可复合也。或发上声读如短，已断也。“断之”音锻，“已断”音短，因体用而别，若此类众矣。其始本一字一音，义类自可相该。后之经师，欲令学者易于分晓，加之分别，以体用分四声，如：风有“讽”音、道有“导”音、治有“稚”音之类，不可胜举。训多而离其本，亦文胜之敝也。

### 新

新，本训取木也，以斤斫亲为薪也。往樵曰“新”，樵所得木曰“薪”。借为“新故”之“新”者，以方斫取，木尚未枯槁，而薪为日给之用，不能久积，须每日更新取之也。

### 诸

诸，本训辨也。借为众辞，如诸侯、诸事之类，以分辨详列而言之，故又为大凡之辞，辨以其类也。其借为语助辞，乃“之于”二字之合，或为“之乎”二字之合，与“之焉”为“旃”、“不可”为“叵”同。意紧语急，临文趋简，合二字为一字，不必其意义之有取矣。

### 诒

诒，本训语相欺诱也，音与之切。传写经典者以作“贻赠”之“贻”，乃别用“绐”字为欺绐。“绐”音徒骇切，丝劳而敝也，本无欺诱之义。相沿失真，使有写“欺绐”作“诒”字，而读之如“怡”者，人争诮之矣。流俗迷真，大率如是。

### 让

让，相责谯也。从言从襄，襄，治也，以言相治也。借为“逊让”之让，谓自责不逮，逊美于人，如曰“孤不德”“寡人不敏”，皆自责以明让。

## 雠

雠，本训譍也，以言相对也。校书曰“校雠”，谓两人对读，是则譍也。《诗》“无言不雠”，犹言无言不答也。借为“怨雠”之雠，有怨则恶言相对也。今专以此作“仇雠”字，遂有谓校书者不容其误，如攻寇雠，穿凿可笑。唯不通于本训，遂增支离。

## 讹

讹，从言从为。人所造为，伪也；造为之言，讹也。或作“讹”，从化；化，变易也。化有为亡，化亡为有，讹言也，亦合六书会意之义。

## 证

证，谏也，以正言相谏也。“證”，告也，登进其言以上告也。借“證”为“征證”之义者，以上告君长，必有征据乃敢言也。转借为“病證”字，以病见于外，可征据为生死。俗以“證据”为“证”，“病證”为“症”者，皆谬。

## 譍

譍，对也，音于证切。“应”，当也，音于陵切。譍从应省者，所答与所问相当也。应从心者，心所见为当然也。传写经典者以“应”为“譍对”之“譍”，因省成误。从“鹰”省者，鹰攫鸟必当其处，与“準”之从隼同。

## 詧

詧，从言、从察省，本训云：“言微亲詧也。”凡“审詧”“访詧”“詧微”，皆宜作“詧”。“察”本训覆也，又大明也。徐铉曰：古者“祭祀必质明。明，察也。”覆察之义，后世不行，唯昭著大明之意而曰察，如“天明地察”“察乎上下”之察，则宜作察。其“审督”自当作“督”。唐以前史传文集，俱用“督”字，唯经典概写作“察”。盖史集流传不盛，或私阁所录，或通儒所传，故于字多审当。《九经》钞写，散在人间，学究塾师，各有传本，潦草务在速了，故经文不及史文之审。至于今日，经生逾趋苟简，恐“圣”“学”“观”“恶”之类，更百年而不可诘矣。

## 说

说，有失热、弋雪二切，义皆通用。“说怿”之说，可以失热切读之；“言说”之说，亦可音阅，更无分别。说，本训释也，从言从兑；兑，言之和也，和言以解释之也。和言以解释事理，则心为之欣怿；心意和怿，则所言必畅。二义辗转相因，故二音可互用。其长言巧辩以动人者，谓之游说，亦但和言以欣动人之意，并可以失热、弋雪二切读之。经师迁就初学，破析之令易晓记，专读“言说”为失热切，“说怿”为“阅”音，而又别立“悦”字，及读“游说”为“税”音，皆陋也。其“说驾”之说，亦释也，读如税，而或遂写作“税”，亦所不取。又或借为解释缚系之辞，读之如“脱”，既同一解释之义，何必更立“脱”音？若“脱”，从⺼、从说省，乃《内经》“大⺼已脱”之脱，病而消瘦也，不可借为“释缚”之义。

## 阇

阇，本读如都。闉阇，城内重门也。阇婆国及佛书“阇黎”，音食遮、书也二切，皆夷语，不足论。

## 閒

閒，古闲切，从门从月，门中见月，光居两扉之中际也。必从月者，夜暗则中际之光易见也。俗以从月者为“闲静”之“闲”，别从日以为

“间际”字，谬矣。閒，但音艰，更无“闲”音。闲从木，阑也，阑以止入兽，则中无喧扰，故借为静适之义。其“居閒”“为閒”“閒暇”“閒隙”“閒尝”，皆从月，音艰。“居閒”者，居两人之间也；“为閒”者，前后二际之中，无几时也；“閒暇”者，前事已竟，后事未起，中方暇也；“閒隙”者，两畔中之隙也；“閒尝”者，閒暇时尝为此也。唯“离閒”之閒与“閒谍”之閒，可读作涧，然亦从月从门，从日者不成字。若“閒居”曰閒，自与“闲居”不同。“闲居”，静处也；“閒居”，偶当无事之际而燕坐也，亦但音艰。至“嫺习”之“嫺”，从女从閒，则读如闲，女子閒暇，习学女工自熟练也。或作“閒习”者，省；作“闲习”者，讹。

## 旧

旧，本训“旧留”，鸟也。字或作“鸺”，鸺亦音臼，俗读如休者，误。传写相沿，以为“新旧”字，不知所借何义。谛考深思，不得其解。或但“久”字之讹？或可借用“臼”字？凡器用之可久者，莫臼若也。新，樵也；臼，舂也。樵日取给，而臼用经久，皆借物起义，故舅字从臼。舅从臼，久也；姑从古，亦久也，故皆为尊老之称。

## 毌

毌，古丸切，音与“冠”同，义与“贯”通。夏曰“毌追”，取笄穿冕之象。复姓毌丘者，此字也。传注家以“毌追”为“母追”，读如牟。而今姓毌者，本毌丘氏之后。魏有毌丘俭。比见有蜀人为兴宁知县，自呼其姓为“父母”之“母”。人不识字，乃至自昧其姓，良可哀也。

## 毕

毕，田猎之网也，毕宿象之。借为“毕尽”字者，以罔猎兽，无不毕得，非若弋获之有限也。

## 密

山如堂者曰“密”，从山从宓。宓，安也。如堂之山，四周整致而无危倾，故借为“周密”字。君子居心审理，周遍得宜而无或危殆，似山之密，故曰“洗心退藏于密”。道既上达，德已峻极，乃反而循守素履，细微必谨，安详周悉，无所疏漏，圣功之极致也。密与“疏”对，不与“显”反。浮屠氏以隐秘为密，闭户传心，隐语相印，其为邪妄明矣。君子之道，如日中天，何隐之有！此圣语、异端之大别，不可不辨。

## 当

当，本训田相值也，谓田之塍埒两相抵对，无参差者。通为适与相值、正与相敌、恰与相称之辞。心与理相当，理与事相当，事与时相当，职与功相当，刑与罪相当，皆曰“当然”，当之则宜如是也。当，正也；质，亦正也。故以物质金钱者，俗谓之当，谓所质之物与所贷者相值也。俗又有稳当、妥当之语，虽下里方言，亦取当然而当之义，皆宜如字音都郎切；俗呼丁浪切者，谬。又军阵距马、官署行马，俗呼“挡木”；“挡”乃“朋挡”之挡，俗省作“党”。若距马以“抵当”敌人，行马以“当距”行人，皆宜作“当”，如字读之，不作上声。

## 畜

畜，但丑六切一音，止也。从玄；玄，冬也，冬田止耕也。《大畜》《小畜》皆以止为义。通为长养之辞者，止之所以养之，使渐长也。若“畜牧”之“畜”，以鸡、豚、牛、犬须防闲止其放逸，故名曰畜。训诂家别作许六、丑救二切，皆凿也。至“蓄积”之“蓄”，从草，通为“含蓄”字，含而不吐，蓄而不用也。亦音丑六切。或作“畜”者，省。

## 畲

畲，三岁治田也，音以诸切。蜀人语浊，误读为“蛇”音，本无异文异音。别作“畬”，从入、从示、从田，谬舛不成字。

## 弜

弜，从弓、从纟。纟，丝省也。隶书以纟字不茂美，写作“弦”，令易下笔，实非。从纟，弓旁加纟弦也。纟既从糸省，不当复加纟。俗有“絃”字，徐铉曰“非是”。弓弦之弦，与琴瑟之弦，一也，皆约丝加缠而张之，叩之有声，固当无别。《周礼》《论语》“弦歌”皆从弓。

## 兹

兹，从二玄，黑色也。“兹”，从草、从兹省，草木多益也，通为益甚之辞。《春秋传》“三命兹益恭”，字正作兹。俗加水作“滋”，误。滋，水名，又润也。“兹”借为“此”也者，乃“则斯”二字之合，犹言“则此”是也，当用从草之兹，草盛则可指数也。

## 童

童，与妾同义，皆从辛。辛，罪也。罪人没入为奴，男曰童，女曰妾。童从重省里字上出。其“僮子”之“僮”，从人；人，美称也。今俗于“僮子”字省去人傍，已指良为贱；于“童仆”字反加人傍，尤为颠倒。凡字必不得已而从省，未有可妄为增益者也。

## 容

容，本训容受也。借为“容貌”字者，容本宽裕有馀之意，容貌之发，生于精神，志气内开，则辉光外见，若有浮出于形体言貌之外，令见者入其度内，而生敬爱，则容貌者，君子所以受夫天下也。又为“雝容”“春容”，则以舒徐宽绰而言，异于褊躁者之不能容物而自失其度也。

## 宀

宀，深屋也。女在深屋之下则“安”，女正位乎内也。借为“岂可”之辞者，与“宁”同意，谓讵可安然如此也。“安往”，何所往而安也；“安能”，岂能之而不待勉强也。求其所安而不得，故为诘词。

## 寍

寍，从宀、从心、从皿，本文如此。今或从丁作“宁”，虽异《说文》，然于谐声亦通。若此类，不必拘古可尔。借为“丁寍”云者，钲声也。钲一名丁寍，其声丁丁寍寍然，所以警告军旅，故通为劝勉详告之词。又借为岂然之辞，与“安”意同。若“寍馨”字音佞，乃晋、宋人方言，本不典雅。

## 宰

宰，从宀、从辛。辛，罪人也。罪人充役者多在外，唯庖宰在屋下。宰，庖人也，故从宀。庖宰本贱役，而冢宰、少宰以宰名官，则以其统治庖宰言之，犹司寇以“寇”名官耳。古之以罪人司庖者，屠割，恶事，先王不欲平人之习残忍，故贱之。宰犹隶也、寇也；冢宰犹言司隶、司寇也。后世相沿，呼相为宰，然则呼司隶为隶、司寇为寇可乎？周人去古，称谓已乱。《春秋》从时王之制，“非天子不考文”，故宰周公亦名曰宰。雅人临文，固宜分别，谓相为宰，非所宜也。借为“主宰”“宰制”者，亦以庖人专宰杀分割而拟之。若《春秋传》“宰木拱矣”，谓墓为宰，乃秦人方言耳。

## 寫

寫，本训置物也。从舄、从宀者，履贱，脱于户外，舄贵，置于室中，名得其所也，故有安置之义。借为“书”字之义者，以作字言之，一画一竖，必安置得所，而后成文；以属辞言之，一字一句，必位置得宜，而后成义也。绘画言寫，则工画者以寫字笔法绘之，所谓士气也，故言寫以自矜，别于匠作。攸县刘杜三自烨作画，自题曰“设”，本《周礼》“设色”字，较为雅当。

## 向

向，本训北出牖也，《诗》：“塞向墐户。”若嚮背之“嚮”，从鄉、从向；或作“向”及作“鄉”，皆省。其地名向与姓向者，音式谅切，于义未详。地从主人之呼，往往不知其音之何以异。如古人读“取虑”为“秋闾”“允吾”为“铅牙”，今人呼叙州为“瑞”、虹县为“绛”，俱不可晓。

## 州

州，从川。两川相夹，中有高丘曰州。徐铉曰：“今别作洲，非是。”禹承洪水之馀，以水所绕而不至之土，画为九州。以州为疆域之大界，自此始矣。汉、晋因之，犹为分土之统名。永嘉以后，华夷分裂，各侈其土，或三五郡而即名一州，不复因水土之大界。自唐而宋，降与郡等。今则受隶于府，而与县均。名实失据，莫斯为甚。而“州渚”之“州”，加水作“洲”，积讹相因，不能复正矣。

## 県

県，从断首倒县，刑之最重者也，音古尧切。军法“県首示众”字本如此。若“枭”，乃不孝鸟，且攫禽而食，故从鸟，据木杪以下视而攫搏也，故通为“枭雄”字。许氏磔首木上之义，不必从。

## 匈

匈，膺也，象形。或从月者，但作“胸”，今别作“胸”，而“匈”字但用为匈奴字，非是。獯，音近匈；鬻，音近奴。夷语无常字，匈奴盖即獯鬻。

## 剿

剿，子小切，绝也。用为“征剿”字者，灭绝之也，今作“征勦”者非。“勦”有子小、楚交二切，从巢从力，劳也，如鸟作巢，拮据卒瘏，其力劳也。《春秋传》“焉用勦民”，言劳民也。

## 刺

刺，本训直伤也，谓以锐刃直入而伤之也，音七赐切。“刺绣”之“刺”义同，则音亦同，以针直刺入缯帛之中也。以其深入洞彻，故通为“刺察”之刺，汉有刺奸将军及刺史，皆取此义。杀大夫称刺，传谓“刺得其情而杀之”。乃古者以断首为殊死刑，上刑也，大夫则不断首，以刃刺其要害。称杀为刺，二义并有，要皆音七赐切。训诂家读“刺绣”及“刺人而杀之”为“七”音，当缘误以翻切字母为本音。《说文》别有“剌”字，音漆，义与“刺”通。

## 副

副，与“疈”同，音芳逼切，判也，裂也。磔牲祭曰“副辜”。又《诗》“不坼不副”。借为“副贰”字，副犹二也，与正者判为二也。“副车”“副封”“副使”“副墨”，皆剖判别出之意，自宜如字读之。不知何所沿流，读为“富”音，又与富并误读为“赴”，与“妇”音阜。之呼“务”“母”音亩。之呼“姥”，均为缺舌，则又误中之误矣。若“副笄”之副，字本作“髶”，则音孚救切，传写从省作副，非本字如此。

## 则

则，本训等画物也，谓画物分之，使各为等，《书》称“则壤”是也。今人以较量斗斛权衡之大小轻重为“则”过，乃其本义。借为“法则”之则，等画分明，则可定为成法矣。转借为语助辞，以法则有一定之用，故为既然而必然不爽之词。其云“然则”者，言已然则必然也。若《孟子》“则之野”，乃继事之词，虽无必然之意，而亦承既然者言之。古人用字灵妙类如此。如《春秋传》“然而甲起于宫中”，亦非经生用“然而”之熟习。咏诵而沉思之，其义自见。腐儒不审而疑之，无惑乎其老死于章句也！

## 戏

戏，本训三军之偏也；又兵也。兵，谓交兵相击，如《春秋传》“请与三军之士戏”，犹言“士兵之”。汉文帝谓棘门、灞上“儿戏”，言如小儿之弄兵。其称“戏下”者，则以三军之偏言之，不敢指斥主帅，称其偏裨，犹称执事也。正音香义切，或读为“麾下”者，非。借为“戏謔”者，謔者以言相击，有交争之义，与謔从虐意同。

## 或

或，与“域”同，本音于逼切。邦或，疆境也。借音胡国切，为疑然不定之辞者，疆场之事，一彼一此，犹“场”以迁易为义，无定属也。又人之不称姓字者称“或”，贱词也。其人不足道，不复记其为何人矣，如疑孔子“不仕”，讥雍“不佞”，以问礼为“不知礼”，其人无定识，其言无定见，不知其为何许人矣。

## 穜

穜、種二字，古今相贸，与酢、醋同。以会意言之，先種后熟者，有郑重之意，“種稑”可从重；播谷为禾始生，“穜植”字可从童。以谐声言之，穜从童，宜音同，为“穜稑”字；種从重，宜音之用切，为“播種”字。古今各有取已。“播種”之種，借为穀母之名，读上声音肿；種者，所以種也，亦经师以体用分别耳。

**稘**

稘，一岁周也。禾一岁而一登，故从禾，与季同意。传写经典者作“期”“朞”，非也。期乃“期会”之期，从月，月之朔望有恒期也。稘，一岁也，于月奚取焉！稘，居之切；期，渠之切。

**穅**

穅，字本作“康”。康，谷皮也。借为“安康”字，以康承物则安也。

**程**

程，本训品也，谓品量之也。十发为程，其大如禾初呈之颖也。十程为分，十分为寸，析寸而百之为程，其分别精矣，故用为“程量”字。又借为行者道路次舍之名者，以道路远近品量之，以定邮舍也。世俗辗转假借，以馈饩为“下程”，供庀衾席为“铺程”，其因缘泛滥以立义，有如此者。

**称**

称，本训铨也，铨亦品量也；从禾，与“程”同意。以权衡审轻重曰“称”。《易》“称物平施”，《中庸》“既禀称事”，谓称量其事而厚薄之，皆如字读，俗作去声、音昌孕切者，谬。又俗谓衡为称，别作“秤”字，读去声，皆不成文字。其《书》“称尔戈”之称，举也，举起之也，则当作“偁”，从禾者，传写之讹。偁本训扬也，扬亦举也，举其人而扬之，如“偁尧舜”“民到于今偁之”“偁人之恶”，皆当作偁。唯《春秋传》“称爵”

“称字”“称人”之称，有品量之意，则可从禾。若均等恰适谓之相称，亦但品量得宜之谓，训诂家发为去声，亦赘。

**颖**

颖，禾也，借为秀锐之义。“锋颖”云者，在刃为锋，在苗为颖也。故处众而特见，幼小而英锐，皆谓之颖。若汝、颍之颍，从顷、从水。俗概作“颕”，从示，大谬。

**稺**

稺，幼禾也，从屖者，迟久而后长成也，借为童幼之称。俗或作“稚”，从隹，于声、义两无所取。

**穆**

穆，本训禾也。禾长亩茂盛，则其中幽深，故借为深远之意。南明北暗，古者大祖之庙西向，馀庙一南一北，以世分序。南向之庙曰“昭”，昭，明也；北向之庙曰“穆”，穆，幽也。谥有“穆”者，亦据庙而立号，故昭王、穆王，父子而谥相仍。

**朮**

朮，与“秫”通，稷之黏可为酒者。药草有苍茺，白茺，其字从草，方书作“朮”者，俗省。

**秩**

秩，本训积也。积禾者自下而上，有次弟差等，因借为“秩序”之秩。或通用“袠”者，非。袠，书囊，于“秩叙”无取。袠或作“帙”，亦俗。

### 秠

秠，禾皮也，音之若切，读如酌。《春秋》“狩于秠”字本如此。今传写者从示作“禚”，误。禚，不成字。

### 它

它，虫也。古人草居，相问：“无它乎？”后通用为意外之词。它，篆文与“也”字相近，“它”傍加“人”，有谁何之义，因误写作“他”。“佗人”之“佗”，转写成“他”，犹之可也，若意外有“它故”之“它”，既不从“人”，而亦作“他”，则舛甚矣。它但音托何切，俗读汤加切者，非。

### 車

車，古无居音，韵书两收之，不知所昉。大抵古今殊读，楚、夏殊音。魚、麻二韵，古相近而今相远，如“家”亦读“姑”，“苄”亦读“下”，《易》“枯杨生华”与“夫”字叶。聊两存之，未为害也。

### 轩

轩，本训曲辕藩车也。车有藩者，三面施茀，而阙其前，故乐县之三面设者，谓之轩县；屋之前无墙壁户牖者，亦谓之轩。开其前，有振起之势，故借为“轩起”“轩昂”字，与“掀”义近。

### 範

範，本训範軷也。或省作“軓”，或借用“犯”。车行祭，则範軷而行，陵轹菩棘及所祭之牲，示直行无回曲，故正道直行谓之“轨範”。若“规笵”“仪笵”之“笵”，从竹从氾。竹简，书刑法也；从氾者，杂氾罪名也。俗通用“範”，或作“箽”，皆非。《孟子》“範我驰驱”，则正“範”字之义。

## 转

转，但知恋切一音，运也，谓运载粮刍也。宋建转运使，正协字义。运有回旋之意，故借为“辗转”字。皆如字读，俗读上声者非。

## 辄

辄，本训车两傍也。借为乍遽之辞者，以车行回旋，马转轮移，则车箱自然遽旋，无所待也。转借为专擅之辞，以不待请命而遽行也。辗转相因，去本义益远，临文泛滥，下流莫纪矣。

## 辈

辈，军发车百两也。从非，象排比齐进之形。借为“等辈”字，犹言队也。俗写从北，非。

## 方

方，本训并舟也。谓二舟相并以渡，取其安也。大夫方舟，士特舟。通为“比方”之方，如二舟相并，长短相絜也。借为“方圜”之方，舟之制长，并则方也。“四方”云者，方则四维整齐分明，南北东西有定向也。转借为“方始”之方，以蹈行方隅者，甫离此隅，即正向彼，非如循环而行，有渐次也。又为“端廉”之称，与圜合相反。又为“方术”之方，以医卜有成法，犹四方有定在也。

## 匡

匡，本与“筐”同，方筥也。借为“匡郭”字，以匡之四隅必有阑柱，犹邑有郭也。又为“匡正”之匡，以匡之为器，厝置安而盛物妥也。

### 匪

匪，本“筐匪”之匪。“筐”可加竹，“匪”不可加。加竹作“篚”者，车笭也，与“匪”义殊。《周礼》“匪颁”，颁赏以匪盛之；训诂家读为“分颁”者，非。借为“匪匪”盛貌者，如列陈匡匪整齐也。传写《毛诗》者用作“非”字，盖古“非”字有上声，传写因误以此字当之。

### 匮

匮，篋也。今俗加木作“櫃”，不成字。“金匮石室”，字正作匮。金粟竭尽，谓之“匮乏”，匮中乏也，犹言廪竭囊空。不言“乏”，专言“匮”，以为空乏，然则囊空可但言“囊”乎？“告匮”之语，歇后不通。

### 亾

亾，本逃亾之亾。借为“有亾”字者，以“有𣞤”之“𣞤”从森从亾，后人省之，或作“亾”、或作“无”，皆用半字，如今市井人书“银”作“艮”耳。近世字书分“亾”“亡”为二字，以“亾”为逃亾，“亡”为有亡。“亡”字不成字，临池家解散笔法，令整好易书耳。逃亾、有亾，何异之有？

### 匃

匃本“乞匃”字，从勹从𣞤省，𣞤则曲躬求人也。《春秋》晋有士匃，古人命名质，犹陈乞、石乞名乞也。逯安云：“亾人为匃。”逃亾者不必皆匃。古诸侯大夫出奔皆曰“亾”，岂遂行乞乎？匃，俗作“丐”，谬。

## 长

长，本训久远也。久远者其途永，故不短曰长。借为“长幼”字者，长者先生，亦久意，犹舅姑之为故臼也。有馀之谓长，亦远也。生渐盛大之谓长，亦不短也。今以“长幼”“消长”字作上声读，而于“长一身有半”及“身外无长物”读如杖，皆训诂家异其音，以便人晓记耳。如“张大”之张、“张设”之张，与“张弓”义通，而“张楚”“供张”，读之如涨。直曰深，横曰广，亦深浅广狭之意，而读深为式鸩切，读广为古旷切。凡此类皆穿凿繁乱，自可如字读之。

## 镾

镾，从长，于六书为会意。俗从弓者，省而无义。益也，盛也，何取于弓！凡此皆晋、宋工书人随意增损以求妍整，不复成字。

## 亢

亢，正音古郎切，颈也。或加页作“颃”。《诗》“颉之颃之”，直颈貌。鸟飞竦上，则其颈直，故不屈者亦谓之颉颃，因此借为“亢傲”字。亢、颃本通，但如字读之，读如冈。若《易》“伉龙有悔”字则从人，耦也；内外皆乾，二龙耦居之象。其抗礼之“抗”，从手，扞也，扞格而不相下也。伉、抗则音苦浪切。

## 行

步趋曰“行”。道路者，人所步趋也，故路亦曰行，音皆同。凡一字之体、用、能、所，义相通而音不必异，明矣。“巡行”“行酒”，皆行而有事之辞，读作上声，亦赘。通为“行列”字，纵则步相踵，故谓之行，横则相并不移，故谓之列。又行有成迹曰行；言行、德行，皆就所行者而言之。又借为“行行”刚直貌者，行而又行，锐往不止也。凡此皆当如字读户庚切。其发“行列”为“杭”音、“言行”为“杏”音、“行行”为胡孟切读如桁者，皆经师曲为分别耳。

## 衙

衙，有语、牙二音，皆训行貌。其“衙门”“正衙”“押衙”，皆当作“牙”；辕门立双旌，皇宫建双阙，皆如虎牙并峙，人不得犯也。至俗呼官署内宅为私衙，郡邑佐贰为衙官，则不成语。

## 术

术，止食聿切一音，邑中道也。《月令》“审端径术”，注疏家读作遂者，非。“术”与“道”同意，借为法术、技术、经术，言各一道也。

## 参

参，但音所今切，读如森，本西方宿名。参，三星，一上二下，相间不齐，故借为“参差”字，言如参星之相差也。字或作“椮”，树杪不齐也。参立而不相下，故曰“与天地参”。二耦具，己往与焉，而居其间，犹参上一星介二星之中也。《礼》所谓“无往参焉”，故又借为参与、参知之参。两端具而更加折中，谓之参详。又转借为参核、纠参者，参详而周核之也。凡此皆从参星起义，辗转相借，俱宜如字音森。其别立“叅”字，与发作仓含切者，皆俗误也。唯参乘之参，本借用“骖”字，或省作参。驾三马曰骖，三人在车上亦曰参，则音仓含切。若人蓡之“蓡”，与参同音森，而字大别，方书简陋，不可施之文字。

## 静

静，本训审也；徐锴曰：“丹青明审也。”其动竫之“竫”，本从立，本训云：“亭安也。”相沿作“动静”，无与易之。唯《史记》谥“竫”者或从立。

## 仌

仌，笔凌切，冻也，象冻水蹙裂之形。但隶省“仌”作“冫”，难以下笔，故以“阴始冰也”之“冰”代仌字，而以“凝”字为严冰、冰聚之冰，此隶书之变也。俗别立“氷”字，则不成字。其盛矢之筒谓之冰，取冰受之意，自当音鱼陵切。

## 虚

虚，有丘如、朽居二切，音异义同，皆训大丘也。大丘之上，林莽芜旷无人居，故借为虚实之虚。俗于“丘虚”字加土作“墟”，音丘如切，专以虚为“虚实”字，音朽居切者，谬。虚既从丘，自然土地之名，何复加土？今岭南市集谓之虚，以虚场必居冈阜也。人求其义而不得，乃谓市散则空虚无人，亦迂谬矣。

## 求

求，本即“裘”字，古文省去衣，从倒毛、从尢省，谐声。求，毛下垂也。借为求索之求者，以寒则索裘，求之最切者也。今人分从衣之裘为皮衣，省衣之求为求索，亦迷其本矣。

## 犁

犁，本训耕也。古者人耕，后以牛代，人乃利焉，故从利、从牛。若《论语》“犁牛之子”，当作“黧”，传写省误耳。耕者之耒，或名之曰犂。陆龟蒙农具书云然，实即耒字。耒，力对切；犁，力奚切；反切之母相肖，故转读讹而字亦乱。凡字有传写讹而音随之讹者，有转读讹而字随之讹者，盖字学之坏久矣。

## 牲

牲，牛完全也；完全者，祭祀之牛无瘯蠡也。唯牛称牲，“郊特牲”，谓特牛也。百里奚自鬻于养牲者，养祭牛之官也。若羊、豕、鸡、豚及非祭祀之牛，但可谓之畜，不得称牲。

## 特

特，牡牛也。祭牛必牡，故谓祭祀之牛曰特。“格于艺祖，用特。”犹言用牛也。牛不备羊、豕而独荐，尊之至、敬之专也。故借为独出不群之辞，又通为专致无待之义。转借为语助辞，与唯、但意同而加切，言大概虽尔，唯此一义独不然，亦专用之意。

## 酋

酋，绎酒也。掌酒之官名大酋。其夷狄之长称酋者，自夷语，无所取义。

## 尊

尊，从酋，酒也，从又，手奉之也；尊盛酒而手斟之也。古者尊设于户牖之间，与人君南面听政之位同其高贵，故借为尊卑之尊。又设尊以致敬于鬼神宾客，故借为崇敬之辞。俗唯用为“尊卑”“尊敬”字，而于“酒尊”字加缶作“罇”、加木作“樽”，皆非也。转借为“尊节”字者，亦但如字读之，与斟酌意通，酌酒于尊，多寡有节也。或读作徂本切、加手作“撙”者，俗误。

## 俞

俞，空中木为舟也。今粤西有独木船，破大木而刳其中，盖上古刳木为舟之遗制。《虞书》用为应允之词，故今上命允行者，谓之俞旨。古今言语异，而古人文字未备，故不知字义之所自假借，如“俞”为“然”，“都”为“叹美”，“肆”为“故今”，皆以今文传古语，不可以意义测之。

## 般

般，音北潘切，象舟之旋回；殳，所以刺舟使般旋也。“般辟”，般旋而避也。“般还”“般乐”，般旋不已以为乐也。回兵曰“般师”，旋师也。皆如字读。俗读《孟子》“般乐”为“盘乐”，于“般旋”“般还”竟写作“盘”，既谬，又因般、班之音相近，遂写“般师”为“班师”，或又作“颁”，尤为舛讹。若俗一等相类为“一般”，则正宜作“班”；班，齐等也。

## 服

服，从般省，非从舟也。车之般旋，其用在服马，“地用莫如马”，故训用也。借为“衣服”字者，衣服附身，犹马服附车也，故着衣曰服。转借为服从之服，亦言其相附也，与“依”同意。其车箱称服，则以车箱与服马相当而立言，亦但如字音，不必音“负”。

## 矜

矜，矛柄也。《史》“锄櫌棘矜”，盖其本义。借为自大、自重之辞者，以矛柄孤直劲挺，犹言木强也。又借为“矜恤”之矜，徒柄无刃，无杀害之用，所以全其生也。转借为“矜寡”字，与“鳏”通用，则以矜、鳏音近，而老无妻，如独柄无刃，人不畏之，自读如字，不必音“鳏”。

## 幾

幾，本训微也。微则不能必存，故又为殆也。“不幾乎”，犹言不殆乎。“幾希”，幾于希也。“月幾望”，殆将望也。通为若干之辞，物微仅存，可约略数也。又借为“幾望”字，与“期”“覬”通，皆有“殆将”之意。凡此俱可如字读若“機”。或发音“几”及音“期”者，训诂家之赘也。

## 惟

惟，本训凡思也，言举其大凡而思之也，故为语起词，“惟天阴骘下民”之类是已。用为但然之词者，言大凡而思，仅此然也。与“唯”通用。“唯”正音以水切，应之速而决也；决然而更无疑，故可借与“惟”通。乃事之固然，但此而无疑，则用“唯”；审思而见其仅此，则用“惟”。自微有别，临文者不可不知。

## 慇

慇，本训痛也。“忧心慇慇”，如抱痛也。俗用为“慇勤”字者，非。“殷勤”字不从心。殷者，作乐之盛也，故借为“殷繁”字，殷勤繁劳也。

## 忻

忻，闿也。忻忻，言心开释也，与“欣”义别。欣，喜也。心先有所忧疑而得释为忻；本无所忧而遇可喜为欣。

## 儌

儌，古尧切，读如浇，幸也。“儌幸”“惠儌”字本如此，经传作“徼”者，传写之讹。徼，循也，循行边塞也。汉官有游徼。儌、徼音同而义别。若俗写“儌幸”字作“侥”，尤谬。侥，僬侥，小人也，音尧。

## 悠

悠，本训忧也，有思之不已之意；从攸者，心有所系而不忘也。借为“悠远”字者，德念深远而系于人心者，久而不已也。

## 簒

簒度之簒，从筹从心。筹者，投壶矢也，从竹，以竹为之；从寿，投壶行酒为人寿，与“酬”意同。“簒度”从筹者，如投壶必度量其可中也；从心，度之于心也。今“簒度”字作“筹”者，省；然如此类，从省亦可通。但言筹即有度量之义，犹但言矢即有陈列誓发之义，虽省去心，而义自具。簒字冗长，难于下笔，省之可尔。

## 恹

恹，安也。“恹恹夜饮”字本如此。今传写作“厌”，省。厌音壓，迫也。

## 惛

心不能知之谓惛。《孟子》：“吾惛，不能进于是。”字必从心。若“以其昏昏”字但作“昏”者，昏昏，夜也；昭昭，旦也，喻其明暗若旦夜也。今俗写“惛愚”字作昏，非是。

## 慊

慊，音户兼切，读与“嫌”同，疑也。别慊明微，字本从心。若从女之“嫌”，乃心怀不平之谓；嫌忌、猜嫌、憎嫌，字则从女。其从欠之“歉”，有女念、古协二切；岁不熟曰歉，少也，憾也。从心从兼者，心兼两端，疑不决也。从女从兼者，二女兼处则不相容也。从兼从欠者，一切皆欠之谓也。慊、嫌音同义异，慊与歉则音义皆殊，不可相通。传写经典者误以“慊疑”字作憾少之“歉”，又以“猜嫌”字作疑似之“慊”。流俗相沿，不复分别。其歉字但训憾少，并无快足之义。“此之谓自慊”，与“自欺”对。自欺者冒不善以为善，自慊者虽善犹疑不善，以求诚也。“吾何慊乎哉！”言何所疑也。皆如字读，与嫌同。

## 忿

忿怒之忿，敷粉切，其声清；愤懑之愤，房吻切，其声浊。近世不知上声有清浊之异，将上浊字皆读作去声，不知妄作。若《篇海》俗劣之书，为音韵蠹，辗转迷谬，读“忿”为“问”，“愤”为“粪”，夷语鸟音，于斯极矣！

## 憭

憭，力小切，读如了，慧也。“憭憭”“晓憭”，皆当作憭；今俗作“了了”“晓了”，省之尤陋者也。或又以“憭”为“无憀”之“憀”，亦谬。憀，赖也。俗又别作“无聊”，益不典。

## 惹

惹，人者切，乱也。恁，如甚切，安也。词曲家以“惹”为招致之辞，“恁”为如此之辞，浮屠语录亦然，皆委巷鄙猥之言，君子不道。

## 蕳

蕳，存也，从简省，从心，读与“简”同，谓书之于简者，皆存之于心也。“蕳在帝心”，存于天心也。借为减省不繁之词者，发则繁，存则约也。传写经文，相沿作“简”，误。简，册牒也。

## 忼

“忼慨”之忼，字本从亢，心亢而不平也。俗作“慷”，徐铉曰：“非是。”心已康矣，何慨之有！

## 惨

惨，七感切，毒也。憯，亦七感切，痛也。“愁憯”字皆当作憯，“惨酷”字则作惨，俗互失之。《老子》“兵莫惨于志”作“憯”，传写之误。

## 愈

愈，不成字，从俞从心，于义无取。其为胜也、益也之义者，则从辵作“逾”，舟行速越之意也，音俞。其为病瘳之词者，则从疾省，作“瘉”，音窳。其为喜也、忘也之义者，则从余作“悆”，音豫。天子有疾称“不悆”，见《逸周书》，犹言不快也，今或作“不豫”。

## 㤅

“惠㤅”之㤅，本但作㤅。加“夊”作“憂”者，本训行貌。今相沿以“爱”为“亲㤅”字，盖工书者欲其茂美增之。自钟、王以其巧易天下，而六书之义荡然，习久而难革矣。唯草书悳、㤅字无“夊”文，得之。

## 憲

憲，本训敏也。从心、从目、从害省，害至而心目交警应之，敏矣。原憲字思，思之敏也。《诗》所谓“无然憲憲”者，言时方艰难，当慎重详缓，勿夸敏速也。此则本无法则之义。若“先王成憲”及“憲老乞言”之憲，皆当作“献”。献者老成人，法所自出也。汉人口授六经，因以同异成讹。今谓法司为“憲司”，居是官者使人以“憲台”称己，以实求之，一哂而已。

## 怕

怕，普驾切，又匹白切，皆训安也。《老子》：“我独怕兮其未兆。”憺怕，安静也；憺，音徒敢切。今或作“澹泊”，亦非。词曲家以“怕”为畏惧之辞，乃金元夷语。心已白矣，则可安矣，何畏之有哉！

## 忽

忽，本训忘也。轻忽、傲忽，皆谓不足记忆也。借为“忽然”云者，妄其如此而遽如此也。

## 悳

悳之为言得也。外得于人为“恩悳”，内得于己为“心悳”，从直从心，所得者心之直道也。通为感人恩惠之辞，得于人者心不忘，亦直道也。加“彳”作“德”，升也。俗于德字横写直内目字，以便隶、楷，犹之可尔。于道悳、恩悳字以“德”字写之，则失六书之本。

## 恶

过恶则可恶，故转为憎恶之恶。心恶其然而惊拒之，故又为怪叹之声。训诂家发为乌路、哀都二切，实则一意之所转也。乃今人咈然之声如“垩”音，则知怪叹声不必音“乌”。至若“居恶在”之类，与乌、焉通用，不辨其谁何而诘之，与怪叹称恶同义。

## 息

息，本训喘也，谓呼吸之气也，从自。自，鼻也。息出于鼻，生于心，象人之息以喉，静以调之，使自心生，则息不戾矣。借为休息之息，呼吸一作一止，有所休止之象也。复借为息灭之息，止则灭矣。息本与消同义，而合言“消息”，则死为消，生为息，因有生息、长息之训。息者，所以为复生之几也，故于不生之中而见生，非如消之自有而之无也。既借为“生长”字，因谓子为息；己向老而子方长，子，己所生也。子谓之息，故子妇谓之息妇。妇乃有姑之通称，必言息妇，乃己之子妇。俗乃加女作“媳”，因不言妇，而但称媳，其大谬有如此者。息又借为音息、信息，及事之微有端者曰消息，则以呼吸之气微密，略可诊知，而借其义。若春秋有息国，汉有新息侯国，今为汝宁之息县，字本从邑作“鄎”，相沿省作息。考文正名，宜还本字。

## 意

意，从音从心，察言而知意也。则闻言而记、识之于心者，亦可曰意。今文有“憶”字，《说文》所无。意字已从心，更加以心，赘不成字。“记意”“意念”，皆当作“意”。一字而体用兼者多矣。思、意皆心之动几，而自体言之，思为心之灵，意为心之发；自用言之，思为推度紬绎，意为怀念记持。各兼两义。思无别字，意亦不当别作“憶”及读为于力切，明矣。

## 恰

恰，用心也，以心求合于道也。其恰合、恰好及适然乍尔之辞，皆当作“愜”。愜，快也。愜合则快愜尔。快，速也。作“恰”者，俗省误。

## 楚

楚，方书谓之牡荆，俗呼黄荆，其本丛生，故本训云：“木丛生者。”

古以作杖，扑有罪者，或用榎，或用荆，曰夏楚。楚地多黄荆，故楚始入春秋曰荆，后曰楚，一也。胡氏谓荆以州举，非也。借为痛楚、苦楚者，以罪人受扑言之。又楚楚，整齐之辞，以荆木丛生茂盛而齐也。谢朓诗“平楚正苍然”，正用此意。

## 鬱

鬱，木丛生者，从林、从鬯省。鬱鬯之“鬱”，从臼从缶；缶以贮鬱，臼，手奉荐之。鬱林人贡香草，筑为鬱，以合鬯酒。未成曰鬱，已成曰鬯。故借鬱为志未就而屈抑，鬯为志已行而舒遂。则鬱林州及“抑鬱”字皆宜作“鬱”，不当从“林”。

## 章

乐竟为一章，犹言一曲一阕也。文辞一段亦曰章，取法于乐章也。一章之中，一意相为始终，故一色成纯曰章，众色互成曰文。一色则其色明著，故借为昭著之义，或加“彡”作“彰”，义同。《易》“知微知彰”，亦成章大备之义，通作“章”，亦可。

## 竟

竟，乐曲尽也，故借为“毕尽”之辞。古者“疆竟”字亦但作竟，一国之封域止于此也。《说文》加土作“境”，音居领切，亦似赘。

## 臮

臮，众词与也。某臮某，犹及某也。俗省用“洎”字者，非。洎，以水灌釜也，故又为肉汁之名。

## 铺

铺，宫门上金铜饰也。其制：圜如覆杯，著扉上。本训云“著门铺首”者，谓此。以其表著于门，故借为张设之义。贾人铺货于肆，邮舍铺设于道，皆谓之铺。今俗从舍作“舖”、音普故切者，非。

## 鑪

鑪以贮火，非火用也。以金为之，从金。盧，瓦器，鑪形似之，从盧。或从缶作“罏”者，非，盧即缶也。从火作“爐”者，尤为俗谬。

## 钞

钞，楚交切，本训叉取也。从金者，以金为叉；从少者，不拣多少，尽叉收之。徐铉曰：“今俗作抄，非是。”“钞没”“钞掠”，皆当作钞。

## 镶

镶，作型中肠也。谓铸器模中有委曲，别为内窍以通金液者。以其嵌于型内，故凡嵌入者通谓之镶。今以金银饰器物填入陷中曰镶，义取诸此。

## 铯

铯，本音楚庚切，钟声也。“枪”，七羊切，距也。今俗呼矛曰枪。矛以距人于远，自当作“枪”，从金者非。

## 钉

钉，炼饼黄金也。今俗以铁戈贯物使固合者为钉，非是。或可借用“丁”字，象形。

## 刘

《说文》无刘字。许叔重汉人，略其国姓，殊不可晓。若云古本无此字，则“浏”字注又云从刘，何也？“卯金刀”之谶，汉初已然。而“镏”字训云“杀也”。既杀矣，又何留之有？徐锴曰：“屈曲，传写误作田”，是也。金刀，所以杀也。卯之为言，冒也。冒犯金刀，则被杀也。

## 鍼

鍼，贯缕以缝之铁也。上古草衣，以竹为箴刺缀之，故《礼记》作“箴”，《说文》亦曰“缀衣箴也”。后世衣皮帛，改用铁鍼，故字改作“鍼”。从竹者，志其始也；从金者，因时制也。俗或从“十”，殊不成字。徐铉曰：“俗作针，非是。”箴字借为“规箴”字，取刺入相成之义。若《春秋》“秦伯之弟鍼”，注疏家读为其廉切，不知何据？人名非有意义之不同，自当如字读之，而别立异音，经师以矜传授类如此。

## 銛

銛，息廉切，锸属，其锋利，故臿为銛刺字，锐而刺入捷也。今俗谓称物重而衡尾扬者曰銛，以衡杪昂起如锐刺也。

## 钀

钀，镌也。镌者，钻也。钀端锐而穿木，故俗通以锐而入两木之中者为钀。徐铉曰：“今俗作尖，非是。”“尖”不成字。

## 錢

錢，有昨先、子浅二切，皆训田器也。《诗》“庤乃錢镈”，自可以平声读之。字从二戈，平田塍之刀也。古者铸金为币，其形类刀，可以利用，可以充货，不虚为无用之物而宝重之。后世改为外圜内方之錢，盖古者錢首刀环，去其刀，犹名之曰錢，非錢矣。乃分读“錢币”为前，“錢镈”为翦，多岐而丧其真矣。若錢姓，乃籛铿之后，音翦，今读平声者，谬。

### 戉

斧戉之戉，从戈、从乚，象形。加金作“钺”，音呼会切，车銮声也。相承以钺为戉，别立“鏚”字为钺，而“戉”字废。古文不可复，类如此。

### 锭

镫盏曰锭，音丁定切，读如订。若金银成质之“铤”，自从廷，音徒顶切，今俗误用。

### 错

错，本训金涂也。金涂者，以金屑涂物，若今时流金然。古诗“金错刀”，谓涂金饰刀也。本训无“错鑢”之义，而“鑢”字训云：“错铜铁也。”则以鑢错铜铁成屑，使平匀者。本音仓各切。四声随方言而转，或读仓故切，一也。《史记》鼂错音措，非有异义，语音转尔。错以平不平而去之，故借为“举错”字。错去者，置之不用，故借为废置之辞。错置不用而置之以待用，故借为“错诸位”之错。错以治物而平之，故借为“安错”之错。鑢有龃龉，与金铁相拂戾，故借为“错谬”之错。鑢之错金铁，一往一来，故《易·乾》《坤》《坎》《离》《大过》《颐》《小过》《中孚》，阴往阳来，阳往阴来，为八错卦。一上一下曰综，犹织者之综也，故《屯》《蒙》以下二十八象成五十六卦为综。凡此诸义，去、入二声皆可通读。俗分“错置”“举错”“安错”为去声，“错谬”“错综”为入声者，强加分析，非音以义别也。

## 锡

锡有二义，不相为通。《说文》本训似铅之金，从易者，易治也，锡于诸金柔而易治也。经史言锡，则赐予也，从易者，交易授受也。以贝授曰“赐”，以金授曰“锡”。赏以金贝，因通诸车服、弓矢、纳陛、卣鬯之命焉。此二义不相假借，《说文》略其一尔。

## 猒

猒，从甘从肰。肰，犬肉也。古者燕饮，以犬为羹，烹犬而甘则饱，故为饱也。凡饥则嗜食，饱则否，故又为饱而憎弃之义，通为憎恶之辞，无馀味也。其加厂作“厭”，音一琰、于辄二切，乃逼窄也。久居山崖，猒而思去，则耳目如隘，而见为逼窄。《大学》“见君子而后厭然”，迫迮无所容之貌。《诗》“厭浥行露”，露浥裙裳，相为迫束。音魘、音靨，自其本义，与“饱猒”“猒憎”字，音义皆异。俗于“饱猒”“猒憎”加厂作“厭”，误矣。或猒加食作“饜”，从猒从食，愈不成字。若“懕懕”，安也，而《诗》“懕懕良人”“懕懕夜饮”，传写皆省作“厭”。“畏壓溺”字本从土，音乌甲切，而《礼记》省作厭，皆相沿之误。

## 燮

燮，从二火、从辛、从又，手执火以烹，而又益之以火则熟，故为大孰也。从辛者，本训云“辛者物熟味”，未是。凡烹调之事，已熟而后加以姜芥，若先加辛，则辛味散矣，故辛为大熟之候。借为“燮理”字者，谓调熟也。今俗写此字从言、从三火，大谬。

## 修

修，饰也。从攸、从彡。彡，画文也。饰以文者，去陋增美，故借为修身之修。“脩”肉脯也，治肉为脯，故从脩省，从月。今传写经传者，以束脩之脩为“脩治”字，误矣。脩字借为长也，与短对者，以脯切肉为长条也。汉淮南王安以父讳长，凡长短皆曰“脩短”，字则从⺼。

## 鬀

鬀，从髟、从弟。弟子，小儿也。小儿不任栉沐，故为鬀去其发。徐铉曰：“今俗作剃，非是。”从弟从刀，于义不通。小儿曰“鬀”，大人曰“髡”。髡者，刑人矣。

《说文广义》卷一终

# 说文广义卷二

## 只

只，语已词。上义已竟，而更无所疑，则以“只”字间之，如“乐只君子”是已。语竟而无咏叹之意，则以“只”字终之，如“母也天只”是已。以其为语止之词，故借为但此无它之义，今俗用之。

## 氏

氏，本巴蜀山名，本训云：“象岸欲堕。”乃古今通以为“氏族”字，与本训全无干涉。其字从“民”而省，当与“民”同意，必有所取。《说文》未之博考，因偏据一说。此《说文》之不可执者也。

## 是

是，本训直也，谓直如此也。直者是，枉者非，故与“非”对。直如此则非彼矣，故又与“彼”对。《庄子》“彼是方生”，犹言“彼此”也。此，本训“止”也，止如是也。“是”之辞缓，“此”之辞急；“是”之辞婉，“此”之辞倨，临文自酌之。

## 尟

尟，本“尟少”字，音苏典切。经传皆用“鲜”字，唯汉人文字作“尟”。《史》《汉》流传不盛，字较《九经》为确，无经师传授之讹也。乃间有写作“尠”者，亦误。尟，少也，而义亦微别。少者，于多析之而见少也；尟者，本少也。少与“多”对，尟不与“多”对；少可增，尟不可增。故曰专言尟则绝无可知。从是、从少者，确信其果少也，殆于无矣。

## 些

些，从此从二。此有止义，故为语终之辞，与“只”略同。今或传写此字从夕作“歨”者，不成字。沈括谓与梵语“娑婆诃”同，殊为牵强，华、夷语原不相涉也。金元以降，用为“些少”字。周伯琦收入麻韵，盖“屑”字之讹尔。北人无入声，呼屑字作平声，因以此字代之。些，自音苏个切。

## 豸

豸，池尔切，读如褫。兽长脊者，其行豸豸然，乃以状兽之行，非兽名也。虫无足者，行亦豸豸，故亦谓之豸。其獬廌之“廌”、音宅买切者，初不作豸，俗讹。

## 貈

貈，似狐之兽，音下各切，读如涸。“狐貈之厚以居”，字本作貈。貉，音莫白切，北方狄名。借为表貉之貉，音莫霸切，读如祃。貈、貉二字，《说文》相次，因而淆讹。传写者以貉为貈，而将貈旁之“舟”改作“百”字，妄立“貊”字以之为貉，舛错甚矣。

## 爾

爾，本训靡爾，犹言靡丽。“彼爾伊何”，正其义也。从“尔”得声，固与“尔”别。因其以状靡尔之态，故借以写有馀之声容，如“铿爾”“卓爾”是已。若“尔汝”之“尔”，自当作尔，作爾者讹。尔，词之必然也，指其人而定呼之，故称卑贱者曰尔。若云尔、但尔、徒尔、偶尔之类，则“而已”二字合呼。尔、爾、耳，皆而已切，可以通用。

## 旨

味之甜者，甘；适口有馀味者，旨。甘固旨，旨不必甘也。尊者之教命曰旨，言其适人心事理，而意味深长也。若意有所向在言语行迹之表者，曰“意恉”，则从旨从心，其概作“旨”者，省。唐宋候旨行者曰“听指挥”，使令必指示之，则借用“指”字为长。

## 甞

甞，口吮以知其味也，从尚从甘。尚，庶几也，庶几知其甘也。既尝之，则习知其味，故借为已试之辞。昔甞、间甞、甞闻、甞谓，言已历试而习知之也。

## 知

知，本训云“词也”。矢口者，言词也。通为明也、晓也者，凡矢口而即可言者，必其已明晓者也。知之明，则可以主持而任为之，故借为主也、任也、司也，“《乾》知大始”是已。今府、州、县长吏称“知”，主其所治而任之也。乃其源自宋人以京朝官差行州、县事，故曰知某州、知某县，尊摄卑之词。因仍不改，竟以知府州县为守令之职名，则名不正矣。若睿智之“智”，篆从知从日从亏，隶省去亏，传写省，又省去日，则益趋苟简矣。

## 矦

矦，本射矦之矦。以之为五等之爵名者，谓其为一国之所取正，若正鹄之设，使人知所射也。借为语助词，与“维”通者，立于其前之辞，若射矦在心目之前，而可指以有事也。

## 矣

矣，为语助辞，与“知”意近；从矢，疾急之意。矣者，已然之词，犹今方言之称“了”，急词也。从已，有已止之意，止此而无所待、无所馀矣。借用为叹美之词，如“皇矣”“美矣”之类；或为叹愧之辞，如“死矣盆成括”之类，决其已然也。既言“已”，又言“矣”，如“而已矣”之类，决之又决，深信其止此也。言“也”又言“矣”，云“也矣”者，绎思而决其然也。言“矣”又言“乎”，云“矣乎”者，决其然而咏叹其能然也。

## 射

射之为义一也。“大射”“乡射”“射夫”与“弋不射宿”之“射”何所别？而统言射则音食夜切，发矢射之则读食亦切，此吴越人唇舌所转，妄立同异尔。“仆射”以主射名官，则亦如字读，而《史》注读作“夜”，亦无故立异尔。凡无别义而有别音者，非承袭方言，则塾师破碎，不足道也。唯借为“射忘”之射，音羊益切。然所以借用者，以射者既发矢，则不复能审顾中否，一听之矣，如字读，义自可通。或因“无射”与“无斁”义通，遂呼“射”作“斁”音尔。

## 冲

冲，水涌摇也。“冲击堤岸”字本如此；今俗作“衝”，误。若盅虚之“盅”，从中从皿，器中空处，《老子》所谓“当其无，有器之用”也。

冲，从水从中，金、石、土、木皆可使其中虚，惟水中边一实，不容丝毫空隙，故《坎》象中满，水中何得谓之虚耶！盅为虚而待用之辞，故借以拟幼而未有作用者曰“盅人”。盅虽未有物，而具含容之量，故惟人君可以当之，不似“孤”与“小子”，上下可通称也。后人以“盅”字字形不茂美，以“冲”字代之，苟取易于布置，而六书义亡矣。今世尺牍后书冲字，亦盅也，与文移“空”字义同，乃俗笔讹而又讹，从“冫”作“冲”，尤为诬撰，雅人自宜改正。

## 泷

泷，本训雨貌，音力公切。广东罗定州旧为泷水县；自乐昌北上滩水名泷，亦以其水急流溅沫，如雨珠垂洒耳。而读音如“双”，盖粤音也。韵书收入三江，不复知其本音“龙”矣。

## 浓

浓，露多也，润浥湮透之辞。若“醲淡”之“醲”，则从酉。淡从水者，水之本味；水本不醲，醲何从水哉！凡待人厚、行赏丰，皆当作“醲”。

## 漯

漯，本“灅”字之省，音力追切。漯水出雁门阴馆，今大同山阴县。此水今名涞水，合桑干河，至直沽入海，与九河济不相属。《孟子》“瀹济、漯”，乃山东漯水。

## 治

治，东莱水名。又为平治之治，从水从台音怡。台，安也，水得所治则安。治水者，所以使水安流也。借为修事理物之通辞，正音直之切。训诂家以“治之”音平声，“既治”音去声，破碎使人易为晓记，初非本有二音。

## 渠

渠，本沟渠之渠，从水从榘省，以井画沟渠，方折如榘也。借为语助辞，如《张仪传》“宁渠能乎！”乃“遽”字传写之讹。至俗呼“彼”为渠，如释良价偈“渠今正是我”，则唐以来方言，初不可晓。

## 沮

沮，音子余切，水名，本训出汉中房陵。乃水之以沮名者不一：北直隶之保安州、陕西之阶州及延安宜君县、山东之兖州，皆有沮水。沮之为言疽也，灉之为言痈也，其水始出，或涌起，或陷下也，但读如疽。若沮洳之沮，水草杂泥滓也，字当作“菹”。

## 菹

菹，酿酸菜也。虀菜水浃柔挠，菹洳似之，故借用菹字，音侧鱼切。《诗》注音将虑切，亦非。至“阻滞”之阻，正当作“阻”，以与“滞”字相连，顺笔从水。晋、宋人欲作字工整，往往改易迁就，后人奉之为法，遂用传写经典，六书之义，不可复诘矣。

## 濡

濡，本训水名，出涿郡固安县。今固安之水，直沽也。凡水名皆先有所取义，因而名之。《说文》不求其制字之原，但据水名为正训，未尽六书之义。濡从需；需，待也，又与“耎”通，弱也，故为沾滞、耎弱之意，音儒。“儒”亦缓弱之称。固安之水，或以流缓得名，则沾濡、濡滞自其本训，《说文》之解固矣。

## 沽

沽，渔阳水名，今天津直沽河也。若酤酒之酤，字本从酉；从水者，传写讹也。酤为市买酒，凡买卖通借用之。

## 浯

浯水出琅邪，今山东沂州界古有此水，有此字，元次山取以名祁阳之溪尔。世传本无此字，次山撰之，非也。

## 洿

洿，浊水下流也，一曰窊下也，音乌。以其浊而下，故借为“含洿”“卑洿”字，与“隆”对。若“污”字，从亏，或减笔作“汚”，则音乌故切，小池也。《孟子》“污池”作“洿”，“洿不至阿其所好”作“污”，盖传写两失之。

## 泥

泥，本训水名，出北地，今陕西庆阳府之北坌江也。按此字从水从尼。尼，止也。水止土中，泞而成泥，则以水和土乃其正训，而水名因之。以泥涂壁亦曰泥，自可如字读之，或发音奴计切，亦赘也。水止土中，滞而不行，且泞淖难于践涉，故借为陷滞不行之辞，“震遂泥”“致远恐泥”是也。训诂家并发音“腻”，音“腻”者既为涂壁之义，于泥滞又奚取焉！如云一音可容二义，则音“猊”者独不可兼三义乎！

## 洵

洵，本训过水中也。从旬；旬，均也。水均平可信而后徒涉之，故借为信然之辞。水之深浅不可测，而津济之处信其可过而亡疑，不待涉而后知其无害，故决信曰洵，较信为尤确矣。

## 浑

浑，本训混流声也，音户昆切，读如魂。混流者，流之盛大者也。浑流之声，洪洪洞洞，大而不激，故有含宏厚重之意，借为“浑厚”“浑朴”“浑沌”字。天体曰“浑天”，亦所含者宏也。今俗谓“全是”为“浑是”，亦此义，皆当如字读之。或读胡本切、胡困切者，皆非。

## 溍

溍水出郑国，今新郑县，与洧合流。溱水出临武县，自连州至英德入南海。今《诗》及《左传》《孟子》以溱为溍，皆传写之误。二字俱侧真切，音同尔。

## 温

温，水名，本训云：“出涪南犍为。”今相沿用为“温燠”字。水性本寒，温泉固不恒有，不当从水。“昷燠”自当作“昷”，昷亦乌魂切，本训曰仁也。仁者，春之德；昷者，春之气也。“昷暖”“昷和”“昷厚”，皆当作昷。借为“昷习”字者，熟物以热汤顿之曰昷，谓义已熟而复寻绎之，使勿忘也。昷为春气，故春气所伤，其病曰“昷”，犹冬病曰“寒”，夏病曰“热”，所谓时疫也。字亦但作昷，俗加疒作“瘟”，乃巫医之陋笔。

## 涟

涟，本与澜同，大波也，音雒干切。徐铉曰：“俗音力延切。”宋有涟水军，及湘乡县之涟水，俗呼作“连”音，皆失之。

## 浇

浇，散水以沃物也。非雨非泉，不能湮透，其所滋润者浅矣，故借为“浇薄”字，音古尧切。寒浞之子名浇，旧云音窍，不知何据。

## 泡

泡，本音匹交切，水名，出兖州入泗。今俗以此为浮沤之名，读如奅，或读如暴，皆非。浮沤之“瀑”，本从暴，音薄报切，本训沫也。从暴者，水暴至、雨暴集则有浮沫也。俗读瀑布作“仆”音，亦谬。

## 洮

洮，本“洮洗”之洮，读如桃，《书》“洮頮”字本尔。《说文》音土刀切，训为陇西水名。大抵许氏于从“水”字类以水名为正训，不知水名亦必有取义，此其疏陋之失也。洮水近河，河浊洮清，唯洮水可资洗頮，故以名水。其音土刀切者，乃西北人语音不辨桃、韬也。今俗于“洮洗”字别作“淘”，非是。其《春秋》“会于洮”，乃曹、宋间水名，注疏家读之如“兆”。零陵有洮水，俗读如“道”，皆不知何据。

## 沱

沱，江别流也。沱有二：一在四川，一在湖广，皆江水岐出，至前复合。岐出之水，涨则盈，涸则竭，故潴水以灌田畜魚者，亦谓之沱。篆文“它”“也”字相近，故传写作“池”字。《春秋》黄池，今池州贵池，皆即沱字，俱音徒何切，而俗音“驰”者，其失久矣。今湖、湘间呼潴水之大者作“讬”音，别立“坨”字，俗陋不成字，实即沱也。凡穿坎以畜雨水者，为沼；筑堤以遏流水者，为沱。

## 洋

洋，本水名，出青州临朐，直达于海，接潮盛大，故今谓之巨洋河。因此谓出海曰出洋。而汪洋、洋溢、洋缅皆取义焉。本音似羊切，读如“详”，俗音羊者，非是。

## 凉

凉，本训薄也。春气发而昷厚，秋气敛而凉薄，故谓清爽之气曰凉。以其为薄也，故借为寡德无情之辞。河西土产微薄，正当兑方而应乎秋，故曰凉州。若“北风其飈”，从风从凉省，北风发貌，传写作“凉”，省误。北风雨雪，其寒甚矣，岂但凉而已哉！

## 泙

泙，苻兵切，谷也。谷中敞坦，水平流，故从水从平。今俗有“坪”字，如西岳青柯坪之类，皆宜作泙。从土者，俗误。

## 萍

萍，从水从苹，浮萍也。有绿、紫二种。本训云“水草也”，谓此；乃又云“苹也”，则误矣。苹，陆生之草，鹿所食者。《说文》如此类疏舛者不一，读者当广通而折正之。

## 淜

淜，皮冰切，音与“冯”同，本训无舟渡河也，谓浮水而渡，不待舟也。《易》《论语》皆作“冯河”，以音同而传写误尔。冯，马行疾也，马行冰上，不得不疾，畏冰释也。借为“冯依”字，马行疾则人必依鞍据辔以不坠，俗或加心作“凴”，误。俗又有“凭”字，于会意虽可通，要为俗字，词曲家用之，或读如“病”。

## 滕

滕，从朕、从水，本训超涌也。国名滕者，当以地有涌出之水。今俗但于“滕国”字从水作“滕”，而“滕涌”作“腾”，使有考正者书“滕涌”字，俗必哂其别讹。真伪淆讹，不可复辨，乃如此夫！

## 油

油，为水名，今公安县之油河也。其字从水从由，“由”乃直行貌。“油然作云”者，方旱之时，云虽起而蜒曲，则无雨；油然如水之得其道，而直行以向所雨之地，则雨矣。水名油者，地近大江，直行入江，无纡曲也。今俗以脂膏之液为油，汉以后方言也。古者桐、麻、蔓菁之液，通谓之膏。

## 深

深，本水名，出今蓝山县，入于潇，乃古今通用为“深浅”字。“突浅”字但作“突”，不从水，音与深同，谓室中邃远也。凡宫室自左至右曰“广”，自外至内曰“突”。凡幽远密藏之辞，皆借此义，字俱作突。唯水之不浅者，可从水作深。其“突广”字但如字读，于义自谐。或读深为式鸩切，广为古圹切，皆强析立异。

## 沈

沈，有直深、尸枕二切，其义一也，与“浮”相对。汝南有沈水，因以名国，后遂为姓。越嶲亦有沈水，亦名沈黎河。后沈姓者避“沈溺”之称，因专呼作“审”音，而别立“沉”字，为沉潜、沉溺。徐铉曰：“今俗别作沉。冗，不成字，非是。”辨之明矣。“冗”不成字。“烦冗”本作

“繁壅”，俗既妄立“沉”字，又撰“冗”字，雅人不当沿之。

## 淫

淫，本训浸淫也；一曰久雨为淫，久雨则水浸淫不已也。俗于“淫雨”字加雨作“霪”者，赘。乐音曼引而不止，谓之淫声，非谓其沉溺女色。乃以“郑声淫”之故，而谓《蔓草》诸诗为婬奔之诗，正缘不辩六书耳。“婬色”“婬奔”，从女从淫省，唯佛书犹存此字。

## 涵

涵，本训水泽多也。《诗》“僭始既涵”，犹言滥也。若“函养”“函蓄”，但当作“函”，如舌藏齶中不露也，不当加水。唯“涵泳”字可作涵，水多而泳游之，必沿洄迟久也。

## 潜

潜，藏也。汉水别出为潜，谓不从正道而旁出，如潜匿也。借用为取魚之罧，谓潜置水中也。汉水有二：其别出曰潜者，指东汉水，至承天为潜江也；其西汉水至顺庆别出者，字作“灊”，与安庆之灊山，字皆从鬵，音同字异。今概作潜，省误。

## 淹

淹，本训云：“水出越嶲徼外”，今之马湖江也。《说文》仅注水名。其字从水从奄，乃水多奄被之义，则“淹没”其本义也。借为“淹习”字者，记诵习熟而贯通，如水包物，无不透也。又借为“淹留”字；淹没者，水之留也。《孟子》则但作“奄”。本音阉，俗读如庵，非。

## 沾

沾，音他廉切，益也。徐铉曰：“今别作添，非是。”从占；占，视也，占视水而知其增益也。山西壶关县有沾水，亦如字读。俗音占者，讹。若“霑濡”之沾，从雨从沾，雨加沾则濡物也。《诗》：“既霑”“既渥”。俗以沾为霑，则以“添”为沾，辗转积谬，莫能正矣。

## 澒

澒，水银也，音呼孔切，今俗作“汞”，省耳。其“澒洞”字乃“洪洞”字，或以上声读之。洪洞，水盛流貌。水银非能盛流者，奚取焉！

## 汝

汝，本河南水名，以其流经女几山，故从女。或借为“尔汝”字，于义无取。古人“尔女”但作“女”，不从水，是也。“尔女”犹言男女，卑者之通称，音与尔相近，而字借用“女”。“女”犹子也，尊之则称子，卑之则称女，不应从水。

## 洒

洒，本音千礼切，本训涤也。今俗以“洗”为洒，而以洒为灑埽之“灑”，承讹久矣。洗，音苏典切，濯足也。《孟子》“愿比死者一洒之”，自洒字音义之正。《礼记》《仪礼》“盥洒”作“洗”，乃传写之讹。“灑埽”从麗，挥水麗地也。洗从跣省，跣足而濯也。洒从西，则谐声尔。灑音山吏切，俗读所卖、所买二切者，非。

## 济

济，正音子礼切，水出赞皇，今谓之白沟河。从齐者，其水下流入齐也。其水出自王屋山，为四渎之一者，则从㳘作㳘，音同字各别。今通以怀庆之㳘为济，真定之济为㳘，传写《禹贡》《春秋》《孟子》者，既皆淆讹，而又孰与正之！《九经》非圣门笔授，经师递传，固不足据也。其借为济涉之济，音子计切者，亦当作㳘，以王屋之㳘，自河北穿河而南，而有绝流而渡之象焉。转借为事功已就之辞，谓已出险而登岸也。又为拯救危困之义，谓渡人于危也。传写者以济为㳘，因并写“㳘涉”字从齐尔。

## 澧

澧水有二：一出南阳雉衡山，一出湖广施州卫入洞庭。今人但知有湖广澧水，而南阳之澧谓之沙河；《说文》但记南阳之澧，而不纪《楚词》“沅芷澧兰”之澧，两失之。若陕西豐水，本不从水。唐诗“豐水映园林”，从俗作“灃”，又省作“澧”，尤为妄陋。

## 準

準，所以为平者，今俗谓之“平水”，从水从隼。从水，以水取平；从隼，击鸟惬当不差也。借为“依準”字者，平允必从，如营室者依準定基，无改移也。故允人之陈诉曰“準”，使人依之而行曰“準此”。后世为长吏者，倨侮苟简，减省押判，既欲省去“十”字，又以其为淮水之“淮”，复减水作“冫”，谬造“准”字。敖惰陋笔，遂成法式，章奏史策，因仍不革。“仌”旁著“隹”，文义乖谬，至此极矣。

## 演

演，水长流也。衍，水行归海也。二字同音而义别。唯“派衍”之衍作“衍”，其借为“演习”“演说”“游演”，皆当作演，引其说而伸长之也。演习，如水长流不息也；游演，随流而游也。真西山作《大学演义》，引《大学》之旨而长言之，乃题曰“《衍义》”，误矣。若重出之文曰“衍文”，则“羡”字之误。羡者，有馀而不用之辞，音于线切。

## 潦

潦，本训雨水大貌。借为“行潦”字者，以大雨则道旁有停水也。

## 蕩

蕩，徒朗切，从水从募。水出河内蕩阴，所谓宕渠河也。借为广远之义者，以蕩水流于平原，入于广泽，其象浩淼也。转为动摇之辞者，水广远则波涛甚也。或作“动盪”者，非。盪，盪涤也。

## 浏

浏，本训流清貌，音力久切，读如柳。长沙浏水与濡、渌同以水清得名，自如字读，今呼作“刘”音，非是。

## 湛

湛，本训没也，谓沉没水中也。从水从甚，入水甚则没也。音宅减切。借为“湛乐”云者，沉溺于乐也。没于水中，有幽深之象，故又借为深也。乃其为深，幽暗不明之深也，非清澈入微之深也。浮屠氏以寂灭为道，欲其没而不欲生，欲其暗而不欲明，故以“湛”言妙。君子极深研几，而称虚明曰“湛然”，则亦误入于异端而不知也。

## 洞

洞，本训疾流也。洪洞无涯，水大而疾也。崖中有水，其流必疾，故崖亦曰洞。洞者，有水之崖也，无水但曰崖、曰岩。以崖有洞名，故借为深远之义。其曰“洞见”者，言见彻乎幽深也。若俗别有“峒”字，乃浅人不知洞字所由假借，谓崖洞当从山，不当从水耳。其空同山但作空同，或加山作“崆峒”，尤不成字。

## 泰

泰，本训滑也。借为安舒自得之辞者，滑泽无所留滞，其行快也。快行无所吝留，故又借为奢也。正音他盖切，一音他达切。字或作“汰”，徐铉曰“非是”。《左传》言“汰辀”，矢过舟而不留也，字正当作泰。今有淘汰、沙汰之说，正谓汰水使滑去其垢滞，亦宜作洮泰、沙泰。若水旁加太，则太字本不成文，何况加水！俗谓尊之尤者为太，盖即“大”字；太公、太王、太一、太极、太玄、太宰、太师，皆大也。大，徒盖切，与泰字音近，训诂师或点破“大”字发音，因而传写为“大”下加点之字，字形可笑，如铎含舌，雅人何效焉。

## 泄

泄，本音余制切，读如裔，江北水名，又缓流也。借为“泄泄”字，或自得貌，或怠缓貌，皆取象于缓流。字本无“薛”音，俗用为“漏泄”“泄泻”，皆“洩”字之讹。泄柳、泄公，皆如字音裔。

## 沛

沛，本训盛大貌，从市，与“芾”同意。辽东之小辽水及徐州丰沛，皆取水盛立名。《说文》以辽水为正训，亦一隅之说。

## 浍

浍，从水从会，水之会也。沟浍，所以合田间之水注于川也。山西有浍水，亦以会合众水得名。《说文》仅记水名，不详本义。

## 汛

汛，洒也。汛除宗庙，谓洒扫修治也。其“潮信”之“信”，本即“信”字，谓潮之来去有恒也，不知近代何以作“汛”。因此海防戍守、防寇之乘潮而入处，谓之汛地。乃至凡有戍守分任之地，通以汛地为名。施于符檄，传之史策，令后世不知其解。流俗传讹之弊，修史者改正作“信”可矣。

## 浚

浚，抒也。抒，舀也。《春秋》“浚洙”，抒干洙水以渔也。经义不明，以为疏而深之。凡以深训浚者，皆以《易》“浚恒，《象》曰：始求深也”而误。不知《恒》之上六，风雷震动之极，抒散其恒，故凶，所谓无恒也。“始求深”者，谓《恒》初所求者深，而后不继，虚而为盈，难乎有恒，若水日舀而必竭耳。若“疏濬”之濬，自当作“濬”。

## 灌

灌，本训注也。庐江有灌水，今谓之倒灌河，以其注于江而得名。《说文》但记水名，自其通失。至传写经典者用为“祼鬯”之“祼”，乃汉儒口授之讹。后之释经者，遂谓倾鬯于地，以乱典礼。流俗相仍，以倾沃不敬，施于尊亲之鬼神，无异呼蹴，于女安乎？字义不明，流弊如此，可不慎与！

## 瀳

瀳，水至也，《易》“水瀳至，习坎”，字本如此。从薦；薦，进也，进而益至也。俗省务从苟简，初则省廌作“存”，加草为“荐”，因而省去草字，水旁加存，用为“洊”字。施之《九经》，世奉为准，复何所取正乎！

## 漕

漕，水转毂也。今运水灌田及为水硙者，作大轮匽水以转之，即其义矣。故借为"漕运"字，谓匽水以转运也，音在到切。若《诗》"思须与漕"，字本作"曹"，乃"东处曹邑"之"曹"，传写加水者讹。

## 浪

浪，但音来宕切。沧浪之水，其波浪清沧，犹言清波也。辽东乐浪，地近海故也。并如字读。或发沧浪、乐浪作郎音者，非。成都浪水，字亦从良。杜诗"瀼东""瀼西"，从襄，乃蜀人别字，子美因之。"瀼"乃"零露瀼瀼"之瀼，音汝羊切。

## 瀞

洁瀞之瀞，从水从静，本训云："无垢薉也。"水动则浊，静则澄。俗省作"净"，不知自有净字，音士耕切，读如峥，鲁北城门池名；从争者，以形势所必争也。凡省而从简，本无此字，犹之可尔，既别有此字，何容互乱，假令省"天"作"人"，省"地"作"也"，其亦可哉？

## 溜

溜，水滴溜也。从留者，水滴县崖，迟留而后下也。郁林之水以溜名，取山溜下浸之义。《说文》但记水名，不详其义。

## 沤

沤，本音乌候切，久渍也。《诗》"可以沤麻"，则麻者必渍之经宿，乃可剥用。自唐以后，以为水瀑之名，别读如欧，其原出于浮屠氏之夷语，作诗者贪新巧而用之。

## 沁

沁，水深入也。浸，水浸淫也。上党之沁水，武安之浸水，缘此为名。《说文》但记水名，不详其义。

## 澹

澹，乃澹荡之澹，水摇也，音徒暗切。“淡”，清薄也，音吐敢切。“淡泊明志”，史误作澹。澹台灭明，正读如字，塾师读作谭，谬。

## 泛

泛、汎，音义并同，浮也。“泛泛若水中之凫”“汎舟之役”，可以通用。氾，音亦同泛而义别，滥也。“氾滥于中国”，字本从“㔾”，或作“泛滥”“汎滥”者，误。河南氾水县，以大河至此，初出山而下平沙之壤，乃淫滥为害，故名。《左传》注音“凡”及今俗读为“江有汜”之汜，皆误。氾有广及之义，故借为“氾爱”字，《论语》传写作“浮汎”之汎，讹也。若“泛交”之泛，谓初无深情，浮泛广交，可通用泛、汎，不作氾。

## 濁

濁，从水从蜀。“蜀”似蚕，不洁之虫，故不清谓之濁。山东有濁水，亦以其水不清，故名。《说文》但记水名，不详其义。

## 漆

漆，但为水名。陕西有两漆水：一出扶风县漆溪，径达于渭；一出邠州永寿县，至耀州入沮，乃达于渭。若木汁可以涂器者，字但作“桼”，不从水。桼雕得姓，当以先世为涂桼雕镂之工官，不宜作漆。

## 汩

汩从水，从“云曰”之曰。曰，与“聿”通，故音于笔切，为顺下之辞，与“聿”意近。楚辞“汩征”，犹聿征也。顺下而行，故本训曰“治水也”。治水者，使之顺就下也。水顺而行，其流迅，故《庄子》言“与汩俱没”，随水之迅下者没于水中也。若汨罗之“汨”，从日月之日，音密。

## 汔

汔，本训水涸也。水深难渡，以得至涸处为幸，故《易》言“汔济”。从气，与“讫”同意。借为觊幸之辞；《诗》:“汔可小康。”

## 溲

溲，沉也。沉则不复见，故借为泯灭无有之辞。若死谓之殁，字本作“歾”，一作“殁”，从歹、从没省。经史作“没”者，传写省讹。

## 决

决，本训行流也，谓开堤放水使流也。河自坏堤亦曰决，若有决之者也。借为必然之辞，若决水使行，势无反转也。论囚曰决，速断无留狱也。又借为临终告别之辞，自此不复相聚语，犹逝水之不留也。俗从言作“诀”，非。俗或从仌作“决”，尤不成字。

## 溺

溺，本音而灼切，读与弱同。本训张掖水名，其水力弱，不能载物。今《禹贡》但作“弱”字。而《九经》、史、传通以溺为沉没之辞，音奴历切。水弱则物沉，义亦可通。借为迷于货色之辞者，欲而不刚，则没入不反也。或借为“矢溺”字，音奴吊切，字本作“菌屎”，或避其不雅，借“矢溺”以文之。沉溺之溺，《说文》从人从水，作“休”。

**漠**

漠，塞外流沙之名，从水从莫，似水而莫有水也。本训：一曰清也。盅漠、淡漠，皆从莫会意；莫，定也，水定则盅淡也。借为茫不可见，又为了不相知与之辞，盖借沙漠远不见人之意。

**泽**

泽，本训光润也，草木得雨荣好之貌。故谓雨为泽，雨能泽物也。借为“恩泽”字，施恩润下也。又借为流水成川之名，川流以雨而盛也。坎，止水也；泽，流水也。两间自然之水曰坎，积雨成川之水曰泽。《兑》《坎》异象以此。山西泽州，则以地有濩泽也。

**测**

测，水深所至也，言度水之深也。从则者，深浅之则也。借为揣度之辞，测度事理，如探水深浅，虽不可见，而悉知之。

**濕**

以濕水之“濕”为干溼之“溼”，省濕作“湿”，其误久矣。濕者，河泲之支流，或伏或见，音他合切。溼，从一，从丝、从土，丝阴覆土也。

**夅**

“夅服”之夅但作“夅”。力屈而服于人，与强者胁弱使服从，皆曰夅。“降”字从𨸏，自高𨸏而下，若屈服然，故为下也，与“陟”对。今俗于“夅服”字作“降”，发为平声，反子为母，贪其茂美耳。

## 夃

夃，古乎切。市买多得为夃，有本非所期，而聊用为益之意，故借为夃且字。“我夃酌彼金罍”“夃舍是”“夃徐徐”，皆此夃字。又借为夃息，苟爱也，细人爱人，夃令休息也。汉人口授《九经》，遂传写误作“姑”字，而释《檀弓》者谓：“姑息，妇姑之爱。”文义尤舛。

## 㕘

㕘，力轨切，增也。十黍之重为㕘，“积㕘”字本如此。俗作“累”，非是。累乃俗省“纍”字，大索也，音力追切，传《论语》者误写作“缧”。借为“负纍”“牵纍”字，皆如字读。俗呼力坠切，非是。

## 処

処，从夂、从几。夂，至止也；几，所安止也，与“尻”同意。业所安処曰尻，乍来尻止曰処；自内出而坐曰尻，自外入而坐曰処。或加虍作“處”，谐声也。隶书引夂字右一笔横过几下，取其茂美，犹解散“辻”字作“徒”，令可观耳。借为“處分”字者，或處而坐据之，或分而敷散之也。“處置”者，犹言安置也。行法当罪而言處者，使就其所服之刑而處置之也。转为“處所”云者，所止之地也。体用异而音义本通，训诂家发为去声，亦赘。所處之谓處，犹所尻之谓尻。所尻之尻亦音裾，所处之处何独不可音杵乎?

## 止

止，本训下基也。“基止”字本如此，俗加土作“址”，非。止下一画，土也。足止在下，故通为“足止”之止，俗加足作“趾”，亦非。足从止，止安得更从足乎？止为下基，故谓所安处之地曰止。得所安处，则不行矣，故与“行”对。行，路也，而遵路以往亦曰行；止，所也，而即所以息亦曰止，其义一也。自止而不行，与止人而不使行，其为不行，一也，故借为留也，禁也。又借为但此无馀之辞者，崇高之屋尽于下基，七尺之身尽于足止也。其为必至于是而不迁之辞者，若人有所行，必至于不行之地，更无他往也。转为助语词，与“只”通用，亦其意止此而结之之词。

## 歬

歬，从止、从舟。本训不行而进谓之歬，谓人止舟中，不待行而与舟俱进也。所进者，所向也，故所向曰歬，所背曰后。引人而进之，“已”止而待人之进通曰歬，如“王歬”“士歬”之云，己不行而使人自进，如舟中人不行而所向之江山若进而近也。又借为已往之辞，与“先”通用。歬者，所见所知也；后者，所未见未知也；先此者，已见已知也，如“歬日”“歬辈”之类是也。此字俗隶省“止”作“䒑”，加“刀”作“前”，不知从歬从刀乃“歬伐”字。俗以“歬”为“歬”，于“歬”字更加刀作“剪”，尤为谬戾。其从歬从羽之“翦”，音虽同歬伐之歬，而本训羽初生也，或以为歬伐之歬，尤益舛错矣。

## 歫

歫，止也，谓止之使不前也。通为“歫绝”字，止之弗与往来，绝之也。两军相禁不前曰“相歫”，不听人言亦曰歫，皆禁止之也。跃上车而能止立曰“超歫”，既跃而复能止也。借为相去之辞，两止不进，中间相去也。字本从止，会意，俗从手作“拒”，不成字；或用“鸡距”字，从足，皆非。

## 断

齿根为断，语斤切。从齿从斤，谐声。俗作“龈”，讹。龈，啮也，康恳切。

## 齩

齩，五巧切，啮骨也。今俗作“咬”，非。齩以齿不以口。“咬”字，《说文》所无，“交交黄鸟”之“交”，或作咬。

## 歰

歰，从四止相距，前却皆止，惟其歰也。俗加水，从三止而不相距，作“澁”。既有水矣，何歰之有？俗有篆“漧”字，乾旁加水，为乾湿之乾，其谬亦同。湿滑从水，乾歰无水，亦皎然易知者。

## 聊

聊，本训耳鸣也。从卯者，虚羸耳鸣，多在旦也。借为“聊且”字者，耳鸣非固然之声，乍而不久之意。又借为语助词，《诗》“椒聊且”，方言耳。其无憀之“憀”别作“聊”者，俗讹。

## 耽

耽，本训耳大垂也。《易》“虎视耽耽”，虎欲噬，先伏而戢耳窃视也。借为欢说不止之义，兽耳下垂，其欲动不止时也。在兄弟则为美词，友爱不止则情固，在士女则为败德矣。或借为稽延致误之辞，耽乐则废事也。俗或从身，不成字。

## 聖

聖，从耳从呈；呈，本训平也，聽得其平，则通明矣。聽，从聖省、从悳。聽者，聖人之德也。盖聖狂之分，唯聽司之。故舜以“无稽之言勿聽”为“精一”“执中”之要。心已明知理之必然，而人言乱之，贤者不免，惟聖人审言而得其平，是为“耳顺”。后人不察，猥云“口耳王”之谓“聖”，口虽“好”“莠”之自，终非若妄聽之能乱德也。

## 壻

壻，本训夫也，从士、从胥。士，亦夫也；胥，相也，相为配耦也。本妻称夫之名。今妻父呼女夫曰婿，殊为失伦。俗写作“婿”，谬。

## 存

存，本训恤问也，通为持于心而不忘之辞。恒自省念，若恤问老弱疾病，惟恐其亡也。借为存亡之存，以恤问而知其存也。安全之亦曰存，“齐桓存三亡国”，使亡而复存也。

## 字

字，从宀、从子。子在屋下，未能下堂，须乳字之，故字为乳也。借为文字之字者，以在乳之子，口不能言，须乳母曲达其意；古今之隔，远近之差，有言不能相闻，须文字曲达之。通为“冠而字之”之“字”者，以文字分别之，使可见之简牍。童子之名，呼而已矣，字之乃始见于书。女子许嫁而字，故亦为许嫁之辞。

## 娩

娩、挽，皆音芳万切，读如晚，并训生子免身也。徐铉曰：“今俗作亡辩切。”徐锴曰：“《说文》无免字，晚、冕之类，皆当从浼省。”又曰：“疑浼字从娩省。”乃物之易生者兔也，则浼从兔，非从娩省矣。借为解也，罢也，亦但用浼字。妇人浼子，释其重累，故有解释蠲除之义，今俗作“免”，省耳。史例不以罪去官曰免，若其人不欲仕，幸而得释，君子辞也。以罪去官曰罢，罢敝而弃之，小人辞也。若丧者以布绕髻交额之“绕”，从糸，音亡运切，《礼记》作免，亦传写省讹。

## 巳

辰巳之巳，与已止之已，同音详里切。义亦相通。今俗读“辰巳”作“自”音，“已止”作“以”音者，皆谬。巳为蛇，故篆象蛇形。孟夏之月辰在巳，阳气无馀，成功者退，故为已止之义，犹亥之为言隘也，阴尽不行也。凡止而不为曰已，止之使勿为亦曰已。又既然曰“已然”，既往曰“已往”，尽词也。阳尽于巳，阴成于未，故与“未”对。转为语助辞，亦止词也，决其止于是而无复它也。“而已”云者，言如此而止，不能加也。“也已”云者，既然而信，其必止于此也。“已矣”云者，信其止此，绎思而必止此也。《尚书》用为转语词，乃古诏命文移简明之体；前之所言，既如彼而止，分疏段次，使人更听后命，知语意之各有所在，不相淆而致迷也。

## 里

里，本训居也；有田有土，乃可居也。古者方里而井，八家居之，疏密之节，相去一里而一家，故以里居之里为记远近广狭之名。古里百步，汉里三百六十步。法天之度，虽变古而近理。后世强豪兼并，苟避徭役，乃以十甲百家为一里，僻远州县，乃至有方数十里而谓之一里者，甚至一县而仅一里半者。一王之宇，曾无定法，于古“方里”“里居”之义，澌灭尽矣。州本广大，而以名邑，里本近狭，而以名乡，名实舛乱，曷有纪极哉！

## 釐

釐，家福也。“釐降二女”，犹言惠降也。《史》以为僖公之“僖”，盖古音相近尔。字从氂省得声；从里者，以安居为福也。其毫氂之“氂”，本从毛。氂牛之尾，其大一氂。十氂为分，十分为寸，以起度量长短，而不可以程轻重。一尾长短不齐，轻重何定乎？后世废铢絫之法，以度数之名加之权衡，十毫为氂，十氂为分，名实既爽，又讹氂作釐，始于吏胥之俗陋，且移于图籍章奏矣。

## 己

己，本戊己之己。借为自称之词者，己为中宫，彼在外，己在中也，有反循诸身之意。我者，以己加物之称；己者，置物反求之词。

## 属

属，但之欲切一音，俗或别读殊玉切者，谬也。从尾、从蜀。蜀，虫也，虫尾连身，不似鱼兽之尾别为一体，故通为同体相连之辞。言属官、属吏，官相联也；曰某某之属者，类相统也；借为召人而告诫之词，连合人而以言相结也；又为托也者，以己事托人，用彼连此之词也。俗或加口作“嘱”，为“嘱咐”“嘱托”字，俱不成字。吏人书此字从尸、从禹作“属”，尤省陋不堪。

## 虽

虽，本虫名，蜥蜴之大者，所谓守宫也。借为转语辞。蜥蜴之为虫数变，见其然而又不然，故事理之固如此而抑不可执者，以“虽”转之，与乌、焉、能、然，类皆借物以起意。

## 蚳

蚳，从氏，音巨支切，读若祁，蛙也。蚳，从氐，直尼切，读若迟，蚁子也。齐人名蚳鼃，当读若“祁鼃”，亦当作“蛙”，训诂家音迟，误。

## 蝯

兽之属皆从犬、从豸，独“蝯”字从虫。徐铉曰：“今俗别作猨，非是。从虫者，以蝯升木，纵送屈伸似虫然。既为兽类，则从犬亦可，不必定谓“猨”为非是。若此类，虽不泥古可矣。但从“爰”者，以其善攀援，故从援省。若俗从袁作“猿”、从员作“猖”，则不可。

## 蚩

蚩，虫也。蚩尤应以虫命名。借为无知之貌，言无知如虫也。愚蒙留恋曰“蚩”，昏猜不决曰“痴”，当分别用之。

## 蠲

蠲，虫名，腐草所化。借为择治之词者，择菜者拣去其小虫，故有捐恶从吉之意。择去虫薉，则洁矣，故又为除也，洁也。

## 螘

螘，从豈得声。今写此字作“蚁”，于义亦通，从义，亦谐声。而此虫有君臣之义，义不后君，则亦今文之贤于古者也。

## 螣

螣，神蛇也，音徒登切。其食苗叶之虫名“蟘”，或省作“蚮”，音徒得切。经传作“螣”者，传写之讹。神蛇能飞，故从腾省。蟦为贪应；贲取无厌，故从贲。

## 蜑

蜑，徒旱切，从延得音，与“诞”同。今俗或作“蛋”，省尔。蜑乃南方夷蛮之名，能入水采珠者。而俗以鸡鹜之卵为蛋，因流俗呼睾丸为卵，讳卵字，以其似弹丸也，而谓之曰“弹”。好异者舍“弹”，而以蜑字音同，遂假借之。即欲谐俗讳卵，自可作弹。

## 蠃

蠃，音力果切者，蜾蠃，细腰蜂也；一曰蜲蝓，则音力戈切。蜲蝓，篆壁虫。或有戴壳而行者，则谓之蜗牛，与田间水中所产有壳之蠃相与为类，故通谓之曰蠃。海中有大者，壳可为酒器，又或曰“蚝”，或曰“蛏”，皆蠃族也。《周礼》“豆实有蠃醢”，盖今青蠃之类，北方以田间小蠃为之。俗写此字作“螺”。注《礼》者不知蠃之即螺，乃谓蠃醢为蜲蝓。篆壁多涎之虫，其可食乎？

## 蛘

蛘，音于两切，肌肤淫淫然欲搔也。从虫者，以蚤、虱、蝨、蝇之类嘬人则蛘，风淫皮肤，亦如虫行蠕蠕不能忍。今俗别作“痒”，不通。蛘非疾病，又无长育之意，从疒从养，何居？

## 蜀

蜀，菜中虫也，似蚕。蜀地多此虫，故川西谓之蜀。今专以蜀为“巴蜀”字，别于蜀旁加虫作“蠋”，以为虫名，非是。传写《豳风》者，“蜎蜎者蜀”亦作蠋，其误久矣。蜀本音殊玉切，俗于蠋字读作独音，亦谬。

若《淮南子》有“抱蜀”之言，则“抱独”之讹。独，幽素也。训诂家不知，乃谓蜀为祭器，其荒谬可哂有如此者！

## 蝎

蝎，本音胡葛切，蝤蛴也。今俗读如歇，谓为屈尾螫人之虫，谬矣。螫人者，虿也，唐以下方言名之曰“蠍”，撰一从歇从虫之字，以虿乘人宿而螫之，于义亦略通。俗更省去“欠”字，以蝤蛴之名加诸毒虿，差以千里矣。

## 𧒽

𧒽，乃妖𧒽之𧒽，禽兽虫蝗之怪也。借为“作𧒽”云者，所行非法而害及人，如祆祸也。经传作“孽”，传写误也。孽，庶子之称。

## 黎

黎，从利从黍省，本训履黏也。履黏者，如今鞋帮用米面黏布为之。河北黎水及合黎水，皆借此为名，其水黏浊也。《尚书》《诗》俱有“黎民”之文，则黎之为言履也，犹言下民。《易》“履以辨上下”，民戴君、君履民，声义转而为黎。

## 吕

吕，古与心膂之膂通，脊骨也，象形。借为“律吕”字者，律阳吕阴，脊在背阴也。《老子》曰：“负阴而抱阳。”或曰两吕相接，有和谐之义，亦通。或又谓之“律同”；同，亦和也。若大岳之后，封为吕候，其国或名甫，或名许，一国数名，音相近。《说文》作“鄦”。而此又云：“大岳为禹心吕之臣，故封吕候。”义既纤巧，又自相背戾矣。

## 威

威，本训姑也。妇人谓夫之母曰威，从戌从女。戌，阴之老也，与姑字从古义同。借为“威严”字者，姑者妇所敬惮，父称严君，姑称威，“家人嗃嗃，终吉也。”妇人之威静正，故不动而物自畏之，曰威。若盛气陵人，则猛而已，虽厉物，物不畏之。

## 如

如，从女从口。女子从父从夫之命，故本训曰：“随从也。”借为相肖之辞，从其言则所行皆肖也，故与“似”通。似者形肖，如者神意肖，似者有不似，如者无不如矣。不能质言而仿佛叠言以肖之，若“申申如”“恂恂如”之类，皆随其神意以拟之也。又借为所往之辞，言从其道而往也。《春秋》内君大夫交于邻国曰“如”，所以尊内，若非有事，但循道路而往耳。又借为起语词，与“若”通用，所以类物而概言之，各随其类以相从也。又为假令之辞者，若有若无，而虚拟之，或似彼则将如何也。

## 姑

夫之母曰姑，父之姊娣亦曰姑。姑从古，舅从臼，皆长老之称。今流俗称少女以姑，妄相尊大之陋习也。若夃且、夃息，自当作夃。

## 姻

婿家为姻，谓女所因依也。妇家为婚，谓与之成昏礼也。若昏娶之昏，乃男子有室之道，不当从女。“婣睦”字，与姻通用。

## 奸

犯淫曰奸，读如干，言干犯女人也。行私曰姦，读如间，三女同处，必有阿私忮害之心，故借为怀私作慝之辞。今律于犯淫字作“姦”，而“姦诈”“姦细”乃作“奸”，互相谬乱。律令，天下之所准，不审从俗，欲以责天下之同文，难矣！

## 嫖

嫖，轻也；姚，易也。荡迭迅疾之意。汉嫖姚将军，言其往来轻捷，为奇兵也。本如字读，《史》注皆发作去声，读为漂耀，非是。杜诗“恐是霍嫖姚”，入萧韵，本得正音，诗话反疑其与出处音不合，保残守陋之成见也。

## 娱

娱，从女从芙，女人巧态也。今省从夭作“妖”，此隶之贤于《说文》者。夭，少好貌；芙乃草名，音媪，于声义俱无取。唯俗用为“祆怪”字，则不可。

## 妆

妆，从女从牀省，女坐牀修容也。今俗从米从庄，不成字。此妆字但施之妇女之容饰，若其他“庄饰”“庄严”，自作“庄”。

## 孃

孃，本训烦扰也，从女从襄。襄，劳耕也。男子劳耕不足，女子佐之，烦劳甚矣。又肥大也。襄有拓大之意。五胡乱华以后，乃以此字为母称，以烦劳、肥大之辞加之母，悖矣！称父为“耶”，称母为“孃”，皆夷语也。流俗字书又撰“娘”字，以孃为母，以娘为少女之称，辨析徒劳，不知其归于俗妄。

## 婴

婴，本训颈饰也。今俗有“璎珞”字，盖婴络也。借为“婴儿”字者，以小儿著婴于颈也。颈饰唯妇人小儿著之，从二贝，饰以贝也，不当从玉。

## 婾

婾，吐侯切，巧黠也。从女、从俞，女之黠者，闻言俞允，而实不然也。善窃者必巧黠，故谓之婾儿，俗因谓窃为婾，婾固非窃也。通为“婾薄”云者，质朴则厚，巧滑则薄也。俗从人作“偷”，非是。

## 婬

婬，从女从淫省；女放逸，如水之流也。“𡈼”与“䍃”别。从女从䍃之“媱”音摇，行而两肩动貌。

## 委

委，本训随也，顺随而下也。从禾从女，禾熟则下垂也，女以降下顺随为道也。有任随其下而不复收之义，故借为“委弃”字。又置于地曰委，委贽置地也；垂于下曰委，委佩垂至地也。通为“委积”之委，谓刍粟藉地而置也。顺于地者必曲，故转为“委曲”字。委曲皆知曰“委悉”，辗转起义，离其本矣。移罪过于人曰委者，置而不顾，使人任之也。今文移命属员任事曰委，使自治之，己不复问，若委于地，使举之也。《礼》注读“委积”作于畏切者，亦赘。俗或写“委过”字作“诿”者，亦非。诿，去声，累也，累及人也。其“逶夷”“逶佗”“逶迤”字俱从辵，邪行有态也，经传作委，传写之省。

## 嬯

嬯，徒哀切，迟钝也，从女、从臺，臺隶，贱者。女之贱者，举止蚩钝。俗谓钝而聒人不已为嬯，字本如此。俗不识此字，别撰“獃”字，读都哀切。

## 始

始，本训女之初也，盖言女工之初尔。从台者，台，和也，音怡。谓春和时也。蚕织之事，始于春，丝于夏，涚于秋，成衣于冬，故始从台，终从冬，皆以女工记岁时。始与“初”意同而有别：初，以制衣起义，一事之始也；始，通一岁而言，众功之初也。初近而始远。《春秋传》曰：“初者事之始。”凡草木花之先发者曰始华，正谓华盛实蕃之始，自如字读之。诗话家乃读之如“试”。晚唐、宋人拘牵音律，如“也”音夜，“相”音�，皆六书之蠹。

## 媆

媆，而沇切，又奴困切，少好也。从耎；耎，柔也。少则柔好，老则刚恶也。徐铉曰：“俗作嫩，非是。”嫩从敕，于音义俱无所取。

## 嫍

嫍怒之嫍，婞婞之婞，皆从女，与嫌、妨、妒、嫉同意，阳和而阴很也。俗书从心者，非。

## 妇

妇、负之音“附”，母之音“姥”，富、副之音“赴”，皆不知其所昉，习呼成讹，不可复正，仅存之诗赋耳。然则戊之音“务”，亦非因避重茂之讳，皆语音不正者为之俑也。

## 慢

慢，怠也；嫚，侮易也。自怠其事曰慢，无礼于人曰嫚，今概作慢，非。

## 好

美好之好，从女从子；爱玫之玫，从女从丑，呼报切。子，始也；丑，继子后也。子少而丑渐长，女少而美好，渐长而情好生焉。古人制字，自有深意。今概作好，发为两音，苟且相仍，忘其本旨。

## 姪

兄弟之女曰姪，音徒结切。从至者，姪为媵，与嫡俱至也。若兄弟之子，自曰从子，从女从至，于义不通。称从子为姪，称生存之大父曰祖，男而女之，生而死之，流俗相沿，雅人不免，可叹也！俗读姪作除栗切，或写从人作“侄”，皆谬。

## 媟

媟嬻，俗作“亵渎”。亵，燕居之衣也，于简忽烦屑之义何当！从女者，以妇人之媟婀待人，所以为媟嬻也。渎字从“氵”，尤为乖谬不成字。俗子临文，以女为讳，遂改易淆讹如此。

## 予

予，本训推予也，谓推其所有以与人也。予者以其所有予人，夺者夺人之有，皆有权力者之辞。上以施下，乃得言予；等辈相授，不可言予。通为嘉许之辞，推美于人也，亦惟位尊德盛者奖臣子，嘉后学，可云予耳。借为自称之辞，与吾、我通。予者，推之自己、由己及人之意，对人而言也。若不对人而自称，则但称吾、我。其字但读如“与”，俗读自称之予为“余”音，非是。

## 翁

翁，本训颈毛也，鸟项毛翁翁然。俗孙称大父、妇称舅为翁，乃妇人稚子语音不正，呼“公”字之讹耳。而艺文简牍，乃以道号上一字系之翁上为尊称，是以鸟毛视之，其鄙媟有如此者！

## 翰

翰，天鸡赤羽也。鸡曰翰音，以雄鸡羽赤，类天鸡也。羽有文采，故借为“词翰”字。撰文之官曰翰林。若“四国于翰”“大邦维翰”之翰，自“井榦”之榦，音胡安切，传写者误作“翰”。

## 翕

翕，本训起也，从合从羽；鸟将飞，先合其羽而后张。乐之始作，震起其音，曰“翕如也”。借为“翕聚”字者，就其羽方合之时而言，自非翕之本义，以释“翕如也”，不安，未闻乐始作而合奏之。

## 霓

霓，正音五鸡切，从儿得声，与倪同意。霓者，微雨映日所成，阴气稚弱之意。沈约以吴越之音读之如逆，“雌霓连蜷”，沾沾自喜，适为通人笑耳。俗或作“蜺”，后世有此蜺字，寒蜩也。

## 屚

屚，本屋穿水下之屚。尸，屋也；屋下有雨，斯为屚矣，不必更加以水。借为“疏屚”“屚泄”字者，屋有隙不谨乃屚，闻言不谨则屚泄，遇事不谨则疏屚也。其加水作“漏”，乃挈壶氏候时之漏器，以水注之，故从水也，涓滴而下如屋屚，故从屚。

## 丶

“丶”音与“㞷”同，有所绝止而识之也。塾师授句，以“丶”断之，今俗谓之点书是也。加“㞷”作“㞷”者，灯光一点也。“㞷”篆文上屈，象灯台盏。“丶”象光体。徐铉曰：“今俗作炷，非。”借为“君㞷”字者，以其为施明之宗，而膏火所聚，为众所归也。通为“宾㞷”字者、宾就㞷人，如人就灯光也。旅人所馆亦曰㞷，所就依也。转为“㞷张”“㞷持”者，事理所恃以不差，如灯光以明定人所适从也。又作木以栖神曰㞷，有虞㞷，有练㞷，灵爽所聚，如光聚于灯也。

## 封

封，本训诸侯之爵土也。封疆云者，所封之疆界也。古者封诸侯，授以大社五色之土，各如其方色，至国，筑坛而藏之为社。从二土。从土，藏所受之土也。古人书与简策合文内向，以泥涂其旁，加玺印泥上，谓之封，函藏之，若封社土也。后世以楮墨为书，粘黏而傅以朱印，亦谓之封，蒙其名尔。借为錮蔽之义者，封则不可见也。窆亦谓之封，藏之土中也，正可如字读之。窆与筑坟本一事，不必别为之名。《礼》注乃以封坟之封读如字，而下棺之封读之为窆。汉人传经，多为音释，以务秘授、炫门徒，往往如此。其始不过云封即窆也，后遂呼封为窆，专己保陋，莫之或辨矣。若《诗》“无封靡于尔邦”，借为大也者，与坟同义。坟封积土高大，故“牂羊坟首”亦训为大，犹大嫂谓之“丘嫂”。

## 塗

塗，本训泥也。以泥傅壁亦曰塗。《诗》“如塗塗附”，兼此二义。借为“塗画”“塗饰”字者，垩赭之类皆土属，水和之如泥，施之素上，如傅泥也。转为道塗之塗，道上遇雨则成泥也。其涂乃水名，出云南，入温水。经传或写道塗作“涂”，省尔。俗别作“途”，不成字。

## 堪

堪，地突也，谓地中高起而下有窟者。今俗写此字作“龛”者，谬。“堪”本无能胜其任之意。“能戡”之戡，自当从戈。戡，胜也，克也。

## 塞

塞，止先代切一音，本训隔也，与通相对。借为“边塞”字，隔绝胡、汉也。今俗于“边塞”字存本音，而读“通塞”为苏则切。去、入二声，方言乖互。北人呼入为去，越人呼去为入，此类多矣。

## 墇

墇，攤也。攤，土隔塞也。凡“墇碍”“亭墇”字皆从土。障，蔽也，障蔽不见，从𨸏。今俗概作“障”，废“墇”字矣。墇、障同音。

## 肁

肁，音治矫切，始开也，从户从聿。聿，始也；开户者，一日之始也。凡“肁造”“肁建”字皆如此。加戈作“肇”者，击也；开户而出，以戈击寇也。或从攴作“肈”，攴亦击也，与“肇”同。今俗写“肁始”字作肇，非。

## 氣

氣，馈客刍米也。或加食作“餼”，同。凡稟给刍米，皆可称“氣”，从乞从米，以米乞与人也。故工役稍食谓之“氣稟”，牢牲给刍谓之“氣羊”。若阴阳之动，生息之吹，其字本作“气”。但人之元气以谷气而昌，则从米亦可通，《内经》所谓“胃氣”，玄家所谓“后天氣接先天氣”也。或作“炁”，则方士撰出之字。

## 奴

奴，美也，加米作“粲”，乃舂熟米之名。汉罪人为鬼粲，舂粢盛。今废“奴”字，概用“粲”为美矣。不知言精美者可借用粲，言华美者则必作奴。“三英奴兮”“角枕奴兮”，从米，皆传写失真。

## 匹

布帛四丈为匹，马四亦为匹，合四为一之词也。晋、宋人临池矜巧，写令逸媚，以“疋”字写之。疋自音雅，酒器也。四丈为匹，一端之帛也；四马为匹，一车之马也。自其二二为四而言之，则耦合而为匹配之辞；自其一端一乘无馀而言之，则可借为匹夫之贱称。故婞婞自用，众叛亲离，谓之匹夫；孤守一室，识量不及远大者，谓之匹夫匹妇，田野之人仅有室家之恒称也。鹜虽群而不能容外至者，亦谓之匹，以其怙党而不容也。

## 乃

乃，篆本作“㇋”，隶书欲其整茂，加“丿”作“乃”。本训云：“曳词之难也。”其为语助之用不一：前已云然，而又有别说，难以一端执也曰“乃”，其字较“但”为轻，较“而”为重，有审思而疑之意；初不期然，后遂已然曰“乃”，虽为遂事之词，非其直遂而行者也，则亦难言之也；事不易然，必迟回郑重而后得然，或似不必然，有故而不得不然，皆曰“乃”。“有容德乃大”“乃作皋门”，言致此之不易也。《庄子》“是其所以乃”，言弗获已而必尔也。凡此数用，要为语气之难，故曰“曳词之难也”。唯称人之戚属曰“乃”，如“乃祖”“乃考”之类，则与“而”字意近，乃、而义本相近也。俗写此字或作“迺”，迺不成字。“卤”字从卤、从乃省，音仍，惊词也，经史传写讹耳。

## 施

施，本训旗动貌。旗动而风飐之，有飘扬自得之象，故“施施”，自得貌也。动旗所以命众，故借为“施命”“施教”之施。旗动则大展，故借为“施张”之施。有发扬麾散之义，故借为“施与”之施。俱如字读。或发“施与”为羊侍切者，赘。若“迆行”之“迆”，从也从辵，邪行也。借为草蔓邪延之辞，音移尔切。经传作施，传写之讹。

## 旃

曲柄旗为旃，通帛为旃。而借为语助词者，合“之焉”二字而为一也，与“之”字意通，而有结上文之意。或有“叮咛”之意，则兼“焉”字用也。反切之学，后代侈为浮屠之秘授，而“之乎”“之于”为“诸”，“之焉”为“旃”，“不可”为“叵”，古人已先有此法矣。

## 游

《说文》谓游从㫃、从汓音囚。非也。《周礼》“龙旗九斿”，初不从水。“斿”，旌旗之流，旗外小幅也，从㫃从子者，旗正幅为母，斿为子，如赤旗则黄斿，火生土之类是也。若云必从汓而后得声，则汓之从子，又何以谐声乎？旌旗之斿，字但作斿，加水作游，浮行水上也。浮水者攸扬自得，有旗斿飃动之象，故从斿。借为“游衍”字者，以其不沉溺而自得言也。“优游”“游泳”，皆此推之。游于艺者，涉也，习也。游水者，习乃能之，薄涉而不深入也。其从辵从斿之“遊”，乃闲行之辞，行遊者自得而非行役之苦也。《说文》谓遊即古文游字，尤自相剌谬。既曰游从“汓”得声矣，遊从子从辵，又何说乎？此类则《说文》之不可从者也。

## 军

军，五百人为旅，从㫃，所建之旗也。五百人众矣，故又为众词。借为行旅字者，卿行旅从，唯君行必有顿舍，卿以下皆寄宿也。《易》言“资斧”，所以伐木斸地，为营舍也。士庶商贾在外通称曰旅，僭辞也。

## 族

族，本矢上镝也，加金作“鏃”，则训利也。古者“剡木为矢”，其锐谓之族，后加金镝，谓之利兵。借为宗族之族及四闾为族之族，则以同姓聚于庙中，四闾聚而相保，若矢族之聚于韃弓也。又借为乐之节族者，节以纪分，族以纪合，节乐句、族乐章也。今专以族为“宗族”“族闾”字，而矢鏃加金，乃读“节族”之族为奏音，皆非本义。

## 中

中，本训云：和也。其字从口，而上下贯通，调和而无偏胜，适与相宜，故周子曰：“中也者，和也。”酌之以中，所以和顺义理，而苟得其中，自无乖戾也。中为体，和为用，用者即用其体，故中、和一也。东西南北之无倚，上下之皆贯，则居事物之里矣，故又为内也，与外相对。唯其在内，故不偏倚于一方，不偏不倚，必贯其内矣，其义一也。不偏而和，则与事物恰合，故又为当也，“发而皆中节”，当其节也，俗有“中用”之语，意正如此。举子合式谓之“中式”，皆如字读。塾师胥吏呼作“众”音，皆谬。又为平分三节而在二者之间之通称，故建子、卯、午、酉，谓之中冬、中春、中夏、中秋。一月三十日，而冬至等十二气曰中气，皆前后均分之辞。俗或写中冬等为“仲”，读直送切者，亦非。唯矢著正鹄及方书“中风”“中暑”之类，可作去声读之，以无和均恰合之义。从彼及此，自外以伤内，故借为“中伤”“中计”等义。投壶有“虎中”“鹿中”，刻木为之，以盛胜者之筭，因矢中而纳筹，可音丁仲切。

### 氐

氐，与“砥”同，砺石也，音纸。“底”，下也，丁礼切，读如邸。上曰盖，下曰底，至于底而止矣，故借为止也，至也。“伊胡云底”，言无所止也。行至其地曰“底某地”，归至家曰“底家”，舟泊曰“底岸”，皆谓至也，犹盛物者至底而安也。或作“抵”者，非是。抵，音纸，侧手击也。“抵掌而谈”，以一手侧击一手之掌也，又或作“抵”，尤谬。抵，挤也，挤则相值不释，故借为“抵当”“抵罪”字，音底。若“大概”谓之“大指”，自当作“指”，或作“恉”，言大意若此也，作抵、抵，皆讹。

### 厉

厉，本训旱石也，谓石无水而暴裂者，有热燥刚粗之象，故借为威猛之辞。威以自持，则为君子之严毅；猛以犯物，则为独夫之暴虐。美恶不嫌同辞，皆取象焉。

### 厥

厥，本训发石也，谓启石土中也。启石者，穷深以底其极，故借为极至之辞。方书“厥阴”，至阴也；“寒厥”“热厥”，寒热极也。转借为语助辞，与“其”通用者，登土取石而得石，指其所得而言之。

### 尨

尨，犬之多毛者，今俗谓之猱丝狗，音莫江切。借为“尨杂”字，毛多则杂乱，色不纯也。其加厂作厖，乃大石也。厖然大物，言如大石之顽大也。或写“龙杂”作厖者，非。俗或作“庞”，尤谬。

## 猶

猶，玃属。凡猿、玃、猴、狙之类皆类人，故谓相似曰猶，相等曰猶。又借为“猶是”之猶，与“仍”意近者，言其仍似前也。又“猶能”“猶可”，与“尚”意近者，谓相似者且可，何况其真也。又借为“谋”也者，以谋事、谋道，必比度其类以拟之，而参于似可似否之间以审之也。谋审则有功，故转借为“勋猶”字。其字或左犬右酉，或左酉右犬；临池之士因笔势之便，非有异。《周书》“王曰猷”乃发语辞，告下使审思之。诰誓如今文移，以一字兼数义，类如此。

## 猥

猥，犬吠声。借为鄙琐之词者，鸡鸣犬吠，巷陌之音容也。通为相近之词者，犬出外则不吠，其吠依人，故谓附近为猥近。

## 猤

猤，嗾犬厉之也。借为猤进云者，君子劝勉小人之词。人誉之而曰承猤，以自谦可尔。今旌表孝节、荐引属吏谓之曰猤，则是以嗾犬之道激厉乎人，言之不择，孰当改正之者！

## 獘

獘，从犬，忽然仆死也，一作“斃”。今但用斃死，而以“斃”为诬上行私之过犯，误矣。凡有无情蔽之“蔽”，正当从草，谓匿情作慝也。俗于獘字下从“廾”，尤为舛谬。

## 獻

獻，从鬳从犬。古者燕祭之羹皆用犬，以鬳煮犬，所以獻宾也。主人进酒曰獻者，羹以佐酒也。因通为以物致敬于所尊者之辞。而进文艺谋策以俟采纳者亦曰獻。又为文獻之獻。饮则先獻老者，故称老曰獻。转为法也者，老者之言，法则所在也。

## 独

独，犬相见而斗也。犬不能容，故借为孤特无侣之辞，“老而无子曰独”。不言人不容之，而以己不能容人为义，君子辞也。唯己专之，而人不得与，故人所不知、但己所觉曰独。借为语转词，与但、惟、特通用，谓他皆不尔，惟此一义孤异也。

## 默

默，本训犬暂逐人也，谓忽然潜出噬人而不吠也。故借为不言也，与“语”相对。而空静之中初无音响亦曰默。天不言亦曰玄默。俗或从口作“嘿”，不成字。“噘屎”之“噘”，不见《说文》，或亦此字通之，读如眉，未详。

## 甍

甍，音而兖切，柔韦也。俗有“柔软”字，乃此字也。甍字无难下笔，抑茂美可观，不知流俗何以废此字，而从车从欠，音义两无所取，殊不知其何从。

## 辩

辩说之辩，但从二辛。音愆。辛，罪也。二罪人相对，讼说是非；言不相下，辩说是非也。分辨之“辨”，从辡、从刀，俗省刀作刂，便于书写。刀，所以分也，二说相讼，从中剖之，是非析矣，故为别也、审也。其从言之“辩”，乃治也，折狱者治二人之辞也。“百官以辩”字则如此。今用辩为辩说，而废辡字，乃以辨别之辨为辨治，互相淆讹久矣。其“辦”字从力，致力也，乃“干辦”字，普苋切。

## 難

難，或作鷬，鸟名。借为“艰難”字，与“易”对，此鸟射不易得也。转为“阻難”“難说”“作難”字，阻则難前，作難则難平，难说令之难答，固可如字读之。发音那旱切者，经师便初学之晓记耳。

## 鸢

鸢，音与专切，鸷鸟也。《诗》“鸢飞戾天”，传写之讹，从弋作“鸢”，俗遂沿之。鸟、隹偏旁互用，鸢与“䧫”通，生丝缴矢以射鸟也。

## 鵻

鵻，即隼也，音思允切，鹰属。“翩翩者鵻”，与“公用射隼”之隼同。《诗》注音职追切，谓为短尾鸟者，非也。短尾鸟字但作“隹”。

## 凤

凤，或作“朋”。朋，本音扶贡切，鸾皇之属也。《庄子》“鲲朋”，即凤尔，传写加鸟作“鹏”者，赘。借为“朋党”字者，凤飞则群鸟皆集，故同门曰朋，四方学者同聚师门，如群鸟之类附于凤也。友朋、朋党，相沿读为步崩切，莫可卒易，唯谓别有大鹏之鸟，非即凤凰，则断不可。若二贝谓之朋，则“赒”字之讹，传写《周易》者误也。

## 了

了，本训尥也。尥者两胫相交，盖生而足曲不能行者。借为“止竟”之辞，谓不复能行也。了事，竟事也。若“晓憭”字作“了”者，俗误。

## 孑

孑，无右臂也。借为“偏孤”之义，《诗》“靡有孑遗”，犹俗言无半个人尔。

## 爰

爰，本训引也，与“援”同意。刑书称爰书者，引证佐以得情，引经律以定罪也。借为助语词，与于、曰通用。爰、于、曰，音相近，皆舒气之词，不必有义。此于六书为谐声，而假借用之。

## 乿

《说文》于 乿 字训云：“治也，幺子相乱，𠬪，治之也。”于“亂”字，训亦曰：“治也，乙治之。”是明乎乿为不治，须乙止而后治矣。若以乿为𠬪治，则业已𠬪治，不待乙止。𠬪者，果实落也。幺子争拾，哄乿之象，𠬪无治义，乙则止也。然则乿，不治也；亂，治乿也。二字音同义别。“乱臣十人”之类，当作乱；“天下大乿”之类，当作乿。

## 为

为，本训母猴也，以爪相干，好动不已，故借为“作为”字，与“能”意同。熊，可以有为者，乃恒蛰而不动；猴非大有能者也，而躁动不已。故能者或不为，为者未必能，天下之所以鲜实用也。转为代人任事之辞，音于伪切，代人为也。又为所因而起之辞，缘其所作之初意也。其

"乾为天，为君"之类，则就所作之成功言之。

## 孚

孚，本鸟抱子之谓，从爪从子，以爪反覆子抱之也。借为"信"也者，鸟伏雏必如期而成，不爽也。虽训为信，而抑有别：信，诚允于中也；孚，信浃于彼也。如鸟孚子，气相感通，自不爽信，故信之相感曰孚。

## 夭

夭，本训屈也。草盛而蔫屈曰夭，木高而樛曲曰乔，正音于沼切，并无"邀"音。借为殇死之辞，伤其屈而未伸也。或加歹作"殀"者，传写俗妄。若"枖枖"，少好之貌，从木从夭，则音于乔切。《论语》"枖枖如也"，谓容色和好，如稚叶初荣也，传写作夭者，省讹。

## 考

考，本寿考也，尽其天年而终，不必老寿，亦谓之考。"考终命"，死之福也，故父殁曰考，正其终也。通为正也、成也。令终，得正而成终也。宫室落成之祀曰考，成也。其"攷钟伐鼓"之"攷"，从考省、从攴，敂击。借为稽也、试也，皆"敂"俗作"扣""叩"，误。也，如"我敂其两端"之敂，击动以启之，而知其中藏也。有所攷则得其实，故转为"攷据"字。传写经传者概作考，经师口授之讹。俗有"拷问"字，亦即攷字。击掠而敂讯之，从手从考，不成字。

## 芪

芪，裳支切，读如迟。"芪母"，药名，方书别作"知母"，而以芪为"黄耆"字。技术家不达文义，如以"参"为"人蓡"，"门"为"郁冬"，皆不足深诘。“芪母”芪字，从草从蚳省，此草多根，屈曲多毛，如虫然。黄耆，则以绵韧不折，有老寿之义。

## 苴

苴，履中草也，以藉足者，故借为荐也，藉也。“土苴”，弃物之谓，谓如土如草，践踏捐弃之也。如字读之。俗读“蓋鲊”者，不通。其丧礼“苴杖”，当是“粗”字，与削杖之稍精者异。其“藉以白茅”之“藉”，从草从租。“苞藉”之藉义同，与苴同音，传写因省而讹。若水草之薮，自当作“沮”。从草之菹，乃腌菜而酸者，俗以为“沮薮”字，误。

## 莩

莩，本草也。葭芦及竹中白膜亦谓之莩。“葭莩之亲”，附于肉而薄也。玉“孚尹旁达”：孚，莩也；尹，筠也；莩内而筠外也。但作“孚尹”字者，传写省讹。从草、从孚，在中之义。此字但有孚音。或以为“饿殍”字，音婢小切者，亦传写之舛。

## 芦

芦，本训芦菔也，俗写作萝蔔者，非。又或作“来服”，谓其服来麰之毒，尤为牵强。若江洲似竹之草，苗可食，茎可簟可薪者，葭也，苇也。《吴越春秋》始谓之芦，汉人方言耳。方书以药草近根之茎为芦，乃以其中空似葭言之，殊为不典。

## 荼

荼，徐铉曰：“此即今之茶字。”盖据《尔雅》“荼，苦槚”而言之。然荼不一种，今之煮以为饮者，亦名荼耳，实则蓼类也。今之“茶”字，从人从木，不成文，音宅加切，抑不谐声。始产蜀西羌中，夷人为之名，因制其字，始见于王褒《僮约》，固不可深诘也。

## 茨

茨、薋，皆音慈。茅盖屋曰茨，从次，次弟其茅，以行水也。《诗》“墙有茨，不可埽也”，埽除盖墙之茅，则墙圮而内外无别矣。草多曰薋，从资。资，积也。《楚辞》“薋菉葹”，积恶草也。然盖墙屋亦积草相次，二字可通用。若草有名慈菰者，从兹从心，俗作茨，非。

## 莱

莱，蔓华也。凡引蔓而开花者，其类不一，皆可名莱。田芜则蔓草生之，故荒田谓之莱。古者中田二百亩，而百亩莱，下田三百亩，而二百亩莱，起科之法也，“辟草莱”，则尽税之矣。莱本荒草，与蓬并生芜秽之地。方士云有蓬莱山，谓荒野无人，苟全其生者之所居。唐人乃以名宫。芜草生于殿庭，安史之祸兆于此矣。

## 荪

芳草曰荪，读如孙。芥脆曰荃，读如筌。芥脆者，以汤瀹芥苗，令辛脆，俗所谓辣菜也。《楚辞》之荃，皆本荪字，传写别而注音思昆切，则字讹而音犹不失。

## 茄

茄，芙蓉茎，音加。今菜属有所谓茄者，俗呼求迦切，不知其所自始。既无别据，固当如字读之。

## 芒

芒，草端也。草端微芒不可辨察，故借为芒芒无所知见之辞。俗有“茫”字，为浩淼无际之貌，要亦即借芒字耳。渺芒，亦不可辨察也。俗又有“忙”字，从心从亡，则亦“忘”字耳。遽而不及待者，必芒芒无所知见，而素无知见之人，临事必迫遽，则“芒迫”“荒芒”亦但当作芒。“荒芒”荒字，俗作慌，亦非。

## 蒸

蒸，本训析麻中干也。麻干更无他用，仅可供炊，故通谓薪之小者为蒸，从草从烝，草之可供烝炊者也。借为众词，蒸蒸，繁多也，如小薪之丛积也。入湘之水名蒸者，水侧小木丛杂生焉，故名。若“烝饎”之“烝”，初不从草。通为冬祭之名，烝气盛上达也。冬祭物盛，上达冥漠，故曰烝。上淫曰烝，亦以热湿之气上达而言。俗概加草者，非。

## 菲

菲，土瓜也，正音芳尾切。其草茎叶薄恶，故借为“菲薄”字。转为“芳菲”，菲者，言芳气轻好不浓也。凡香以轻薄者为清，故《楚辞》云：“芳菲菲兮袭予。”菲菲，芳貌。而后世文人割裂作句，有“芳菲”之语，殊不成文。乃读作霏音，收入平韵，尤为乖错。芳菲之菲，自当如字音匪。

## 苦

苦，本五味之一，而《说文》但云“大苦苓也”，特据《诗》“采苦”释之，非苦字本义。苦从古者，古，故也、腐也、枯也，皆火熟已过之味。借为器之苦窳，材之不良，皆缘此义，甘美而苦恶也。正可如字读之。俗发“良苦”“苦窳”为古音，亦赘。大苦苓，今谓之甘草，而名

“苦”，甘草过于甘，故反名之。酢七故切。曰苦，酒酸，酒不良者也。

## 葆

葆，草盛貌。“如竹葆矣”，字本如此。今《诗》作“苞”者，传写讹也。苞音布交切，草名，可以织屦者。《书》“草木渐包”，亦当作葆。借为“羽葆”字，析羽蒙茸，如草之盛也。葆，盛也，而有聚意，故《庄子》以含明不散为“葆光”。

## 艸

艸木之艸字，从二中。艸下加早之“草”，本栎子也，一谓之橡斗，音自保切，读如皁。俗以草为“艸木”字，而写草作“皁”，或作“皂”，徐铉曰“皆无意义，无以下笔”是也。橡子可以染浅黑色，故谓黑曰草。今世以黑礬染色，遂名其礬曰草礬。而橡斗承实半截之圜甲、养马者盛刍粟之圜筒似之，故借为“草栈”字，而养马役夫亦名为草。草与隶，皆贱役也，因相沿名庶人在官之贱者曰“草隶”。今概作皂，又呼之如造作之造。使有写“草色”“草隶”作草者，人必非笑之矣，可若何！

## 蓋

蓋，本训苫也，以草覆屋也。古虽天子之室，皆以草蓋，后易用陶瓦，亦仍其名。通为上覆下之辞，故伞亦曰蓋，器之上覆者亦曰蓋。覆则蔽而不见，故借为揜也，没人之善、掩人之恶皆曰蓋。又借为罩压之辞，蓋居屋上，人物皆在其下，故气高者曰气蓋一世。又借为语助词，或申释上文，或概思其义而衍之，以下所言者，皆以此意蔽之也。其姓蓋者，或音盍，齐地名，因以为姓；或音沓，夷姓也。今姓此者，自读为丐，迷谬甚矣！

## 荩

荩，本草名，可以染赤者。《诗》“王之荩臣”，本“进”字，汉儒口授，传写作“荩”耳。后人好异，以前人之误为新奇，凡进忠、进言，皆用荩字。尤不通者，又作歇后语，不言忠，不言谏，而但言荩。又或颠倒言之曰“忠荩”，适足资一笑而已。

## 薦

薦，草也；荐，席也。薦从廌，廌所食也；荐从存，存，在也、安也，人在其上而安也。借为“荐举”字者，谓宾兴之典，设席与饮，而登进之。又进笾豆曰荐，亦进之神与宾之席也，字皆从存。世俗苟简，省难作易，不知者矫之，舍简趋繁，较之省者尤为可哂。如禾旁尔为“称”，藿下臼为“舊”，壹中减一为“壸”，方且诮人之简省。如此愦愦，亦末如之何也已。

## 藉

藉，神席也，谓祭祀所设之席也。王之缫藉亦曰藉，所以尊王也。有慈夜、秦昔二切，义并同。或因与席通，用为“枕藉”字。借为“冯藉”云者，几所冯，筵所藉，皆依之以安者也。故所依倚、所因仍，皆可曰藉。其狼藉云者，狼躁，其所寝处，草茅披靡也。若耤田之耤，从耒、从借省，初不从草。耤田者，借民力以终亩，其郊庙之粢盛，不敢言使民也。藉从草、耤，以耤田之稿为郊席也。经史“耤田”字从藉，传写之误。借作“藉令”“藉使”及《孟子》“助者，藉也”，皆假借之意，不当作藉。

## 蕴

蕴，积也，从草、从水、从昷，水草积则生湿热也。借为积中而藏之义，《左传》“薀崇之”是已。凡“薀畜”“薀含”“底薀”及“旱气薀隆”，皆此薀字。其“缊藉”之缊，自音缊。缊，绋也、绳也。藉以承玉，缊以系藉，所以藏玉而固之，故含藏深密谓之缊藉。今俗有蕴字，于“薀藏”“蕴隆”“缊藉”皆从草从缊，于六书之义奚取焉！

## 芼

芼，莫保切，读如卯，本训草覆蔓也。借为“芼羹”之芼，以菜和羹，菜覆羹上，如草覆蔓然。《诗》“左右芼之”，则谓荇菜柔脆，采得者恐日暴枯悴，左右取草覆其已得者，而更采也。

## 荔

荔，似蒲而小，根可作㕞俗作“刷”。月令所谓“荔挺”也。今俗呼木馒头蔓为薜荔，注《楚辞》者云然，未知所据。若岭外似龙眼之果，自名离枝，侧生枝外，不附枝也。世俗讳言离，遂作荔枝。

## 蔟

蔟，行蚕蓐也。蚕所丛集，有辏集之义，故用为“大蔟”字。正月三阳集，物蠕动也。字本音族，律书注音辏者，入、去二声相近，师传转易尔，不似“姑洗”之本音跣也。

## 菊

菊，大菊，蘧麦也。蘜，治墙，缘墙而生，方书谓之垣衣。蘜乃秋有黄华者。三字音同而各别。俗于“东篱采蘜”作菊字者，省误。

## 藐

藐，此草也，音莫觉切，本无轻忽眇小之义。其“听我邈邈”“说大人则邈之”，皆从貌从辵。邈，远也，远则不相亲，与己无与之意。藐、邈同音，俗概作藐，或妄读为渺者，当以注云“邈，渺也”，蒙师昏瞀，遂以义为音尔。

## 斮

斮，不从手，乃从二屮。草断为艸，斤断之也，故训断也，音食列切。断则分，分则有损，故通为分斮、斮耗。俗或读如哲者，非。近世以银钞抵粟丝绢布杂税，谓之斮色，以银钞轻而易赍，损减脚力也。其“塀裂”之“塀”，从土从“厗”，俗省厗作斥，与溡省为泝同。借为启函之辞，裂函发书也。俗从手、从斥作“拆”，不成字。

## 若

若，本训择菜也，一曰杜若，芳草。择则各从其类，故借为分类之辞，曰若某若某。择菜者以类相从，茎叶相肖而后留，故借为似也，与“如”通用。转为转语词，曰“若使”“若能”“若夫”之类者，择于彼而不然，别为一类之意。又借为顺也者，肖者顺，不肖者逆，顺从其类，必其择美而一致者也。宛转相借，用者不知其所自始矣。

## 薄

薄，本训林薄也，从草、从溥，草溥生也。鸟兽得林薄而安，故借为“栖薄”字。蚕筐曰蚕薄，蚕所栖也。借为不厚之辞者，草薄生，虽似密而不如林丛之厚也。其字或作“泊”，淡泊，淡薄也。泊，暂系舟也。暂泊者，情所不系，以拟用情之不固也。

## 荅

荅，小尗也。《颜氏家训》谓北人称豆曰荅。今无此语，因废其义，而以此字为对问之辞，转为酬报之意。不知其解，反覆思之，乃“对”字转呼入声，口授传写，因以此字当之，实但对字耳。俗又从竹作“答”，于义更为不通。

## 奇

奇，从大从可。事以适可而止，大可则异矣，故训异也。异者不与物群，故一曰不耦也。阳奇阴耦，不耦则孤而为馀，故有馀者谓之奇。凡“奇异”“奇邪”“奇耦”“奇零”之奇，皆音渠羈切。或读“奇耦”“有奇”为羈音者，非。

## 哥

哥，本古“歌”字，从二可，引可声而长之也。世俗呼兄为哥，于义无取，盖婴儿学语，随口出声，至长不忍变其孺慕，后欲施之文字，遂以此字当之。哥既为兄，“哥舞”字或作“歌”，或作“謌”，皆可。如哥、爹本音徒可切，今呼丁遮切。之类，不必守六书，而从草野之天性可也。

## 義

義，从羊、从我。从羊，与美、善同意；从我，義者，我心之制也。董子曰：“仁者，人也；義者，我也。”“仁義”之義，制之自我。“意谊”之谊，言之所宜，二字有可互用，有不可互用，经传无分，通人自宜酌之。若交義作交谊，情義作情谊，微言大谊作大義，俱所未安。

## 煖

煖与煗，皆温也，义同而音异。煖，况袁切；煗，乃管切。《孟子》“不煖不饱”，自音暄。俗废煗字，而以煖作煗音，舛矣。俗或写煖字从日，作“暖”，又或写“寒煖”字，从日从宣者，皆非。

## 然

然，火起也。俗又加火作“燃”，而以然为“然否”之然，曲为分别，妄也。然从肰者，古以犬肉为羹，煮羹须火烈也。字或作“難”从難者，乃从鬻省。鬻，肉糜也。《说文》误作“蘸”，传写讹尔。徐铉曰“重出”，草部蘸字音同肰，而本训草也。

## 票

票，从兴省、从火，本当作“㶾”。从西从示，俗省，不成文。音方昭切，读如飘，火飞也。今以下行之文移为票，盖片纸书字，不加黏封，飘扬速达之意。凡浮黏而不实封者，皆可曰㶾。故近制阁臣拟旨，以片纸书黏本面，谓之票拟。然与下行之令同词，亦媟甚矣。俗读去声，非是。

## 燎

燎，放火也。燎原，野烧也。音力小切。其“尞柴祭天”之“尞”，自不更从火，音力照切。尞，举火使高也，故庭中大烛曰“庭尞”。今概作燎，失之。㶾、尞、尉皆从火，俗从小，俱不成字。

## 尉

尉，以火申缯也，其贮火之器曰尉斗，音于胃切，读如畏。俗更加火作“熨”及读如运者，皆非。尉而得伸曰尉帖。俗读作郁，或读作乙者，皆沿夷姓尉迟、尉弗有此音而讹。借为丞尉之尉者，尉所以平也。故汉诏曰："廷尉者，天下之持平也。"持火而申缯，抑其不就理者而使之服之意。

## 㶳

㶳尽，火馀也，谓火焰已灭，犹有炧存也。徐铉曰："今俗别作燼，非。"盡字从㶳、从皿，本从㶳得音义，更以㶳为音义之本而加火，此谓子母倒置。

## 焅

焅，音苦沃切，旱气也，"焅热"字本如此。旱气逼人，人不得苏，草木当之，无不枯槁，故借为焅吏之焅，焅犹暴也。其从酉之"酷"，乃酒味厚也。酒以厚为美，曾残虐之吏而如美酒乎？芳香酷烈，则当作酷。

## 灼

灼，炙也；焯，明也。二字同音之若切，而义别。"或燔或灼"，及以焞火加龟上曰灼，则作灼。若《周书》"焯见三有俊心"之类，皆应作焯。焯从卓；卓，高也，举火高则所见者彻。经传作灼者，传写之讹。

## 骚

骚，从马、从搔省，扰也。搔马，则马扰动不宁，有乱意焉。离骚者，言己离此扰乱之世，而作赋以写忧也。王逸曰："骚，忧也。"非是。《离骚》本赋题，东方朔、刘向之徒，别为一体，名之曰骚，不统于赋。然则《通幽赋》可名曰"幽"、《述志赋》可名曰"志"乎？即欲别之赋外，名曰《楚辞》可尔。

## 骤

骤，马疾步也。大步骋曰驰，小步亟行曰骤。从聚者，聚足速行也。借为遽也、乍也者，速至速过，如马疾行也。转为频数之辞，如“赵宣子骤谏”之类，与亟同意，速往速来，必频数也。

## 验

验，本马名，于征验之义无取而借用者，不知何意。《说文》于验字无它释，而于“谶”字下云“验也”，则固以验为征验矣。其字从佥，或公共阅马之意。今文移有“照验”，但留上为案而不报，亦征验之义。俗省作“验”，不成字。

## 笃

笃，马行迟钝也。从竹者，加策而使行也。借为“笃实”字，速者恒轻浮，迟者恒慎重。“参也鲁”，而程子曰：“参也竟以鲁得之。”迟钝则敦谨也。通为“笃行”之笃者，勉于行，若策钝马使进也。其“笃生”“笃祜”字本作“管”，厚也。今概作笃，传写之讹。

## 骘

骘，本训牡马也。从陟者，牡马力健，能登陟也。《书》云“阴骘下民”。阴，阴之荫也；骘，阳之升也。言阴阳之化，覆荫升举以育万物也。《书》注之说未是。世有“品骘”之语，乃“陟”字之讹，以品定其升降也。俗书省作“骘”者，不成字。

## 甄

甄，匋也，谓烧土成瓦也。借“甄陶”为造就之语。转借为“甄别”

字者，犹言器使也。姓甄者，先世为甄陶之官，以官氏。正音居延切，或读如真者，非。宋林摅呼“甄盎”为“坚”音，反以不识字被褫，夫孰与正之！

## 瓿

瓿，苏对切，破也。细裂曰瓿，故借为“细瓿”字。从瓦、从卒者，瓦无不破之理，终于瓿必也。俗写此字作“碎”者，讹。瓿、碎音同义异。碎，磨也，石可以瓿物，而物不能瓿之，非若瓦缶之不终也。

## 豫

豫，象之大者。贾侍中谓“不害于物”者，言象庞然可畏，而实不搏噬也。以其大也，故“雷出地奋”，而为豫大之象。以其不害物，故为乐也，安也。又借为先事早图之辞，与“预”通，徐铉于“预”字注云：“经典通作豫。从页，未详。”盖取雷出地之义，开万物之先也。其“干与”“参与”字本作“与”；或作预，非。

## 兩

兩，二者并也。屦曰兩，屦必双也，车曰兩，服马二也，俱止作兩。其加“丅”古下字。作“两”者，乃二十四铢为一两，从丅，象衡。今概作两，而废兩字矣。借为“罔兩”字者，“罔兩”，景外之影，疑为怪者，二景也，俗作“魎”，非。其“车兩”“屦兩”，俗或作“辆”，“緉”及发音谅者，皆谬。

## 享

享、烹、亨，三字一也，皆作“亯”。隶书岐而为三。烹下加火，犹之可也；享从子，亨从了，何义乎？亯，献也，人献神，下献上，主献宾，皆曰亯。亯而所亯者受之，亦曰亯，故借为安受之辞。亨者，所亯之物也。亯则人神交绥，上下接欢，宾主合好，故为“亨通”字。三义相因，特音异耳。若“𦎫”字之左从𦎧、从享者亦不成字。𦎧音纯，从亯、从羊，羊易𦎫也。或省作“䵣”亦可。淳、醇字皆从𦎧。

## 罢

罢，本训遣罪人也，罪人而有能可议者，则罢免遣放之。正音薄蟹切。借为“罢免官爵”字，亦放遣之也。在有罪者则为幸词，在有位者则为不善之词。事止不为亦曰罢，意亦可通。今俗读作皮驾切，收入祃韵，正音之失久矣。又借为“罢民”字，谓其疲顽不任政教，罢之不登于民数，亦当如字读之。注《周礼》者发音罴，亦非是。俗有“摆列”字，本“捭”字之误，又有“䙓”字，衣两旁缀襟者，字皆不典，然以从罢，故音“捭阖”之捭，则罢字本音可知已。

## 网

网，本“网罟”字，隶书加亡，但谐声耳。借为无也、不也，欺有作无也。俗遂专用“罔”为无不之辞，而于网罟又加糸作“網”，义虽可通，去真远矣。又借为“网网”字，无而疑有也，俗作“魍”，亦非。

## 罪

罪，捕鱼竹网；辠，过犯也。秦始皇以辠字近“皇”，改用“罪”字，虽异于古，然有非而罹于网，则以为过犯，亦通，不必以出自暴秦，讥其不典也。然因此可见《九经》之文，皆汉人以李斯、程邈之字写之，非先圣笔授；苟其不典，勿妨改正也。

## 置

置，本训赦也。犯于法网而情直者，赦之不问，故通为废免之辞。释罪不问，有安之之意，故举之使安其位，建之使安其所，皆曰置。抑《说文》别有“寘”字，训云“置也”，从宀，有安处意。则“建寘”“安寘”“废寘”，当以寘字为宜。

## 上

上，高也、升也；下，底也、降也。有体用之分，初无异音。上，但音时掌切；下，但音胡雅切。今别发时亮、胡驾二切，以高也、降也为去声者，皆塾师支离之教。

## 茻

茻，从二艸，隶书正应作“卉”，“草卉”字本如此。“莽”字从卉、从犬，犬逐兔草中也。“卤井”云者，地若斥卤。若“卉秽”，宜作卉字。“莽求”“粗莽”，则借猎犬犷恶搜索之意，宜作莽。俗以莽字较茂美，遂废卉字。

## 莫

莫，日在卉中，本“旦莫”字，正音漠故切。更加日作暮者，俗陋。借为慕各切，训不为也。人有所为，皆于旦昼，向晦宴息，止而不为也。转为揣词，曰“莫有”“莫是”云者，莫夜无所见，疑其然耳。又借音陌、训作定也者，亦以昼动夜静，人得安定也。其“合莫”之莫，则正作“漠”，作莫者省耳。若“寂莫”之莫，正因莫夜意无见无闻，若夜之阒黯然，自如字音慕，不当音漠。

## 盧

盧，饭器也，盖盎盂之类，以盛饭者。从虐，虐亦器也。甾虐之器，烧土为之，皆黑色，故缁字从甾，与此意同。韩盧，黑犬也。盧沟、盧龙，黑水也。博者之盧，黑采也。皆言其色黑如盧也。

## 盛

盛，本氏征切，读与城同。食在器中为齍盛，其本义也。从成者，黍稷既成而荐之。借为“盛大”字，与丰同意。盛之满器，故曰极盛者难为继，满则倾矣。亦可如字读之。发为去声者，赘。盛姓乃周郕伯之后，音亦同成。

## 盡

盡，本训器中空也。器中本未有谓之盅，本有而空之谓之盡。竭其所有，不使有馀，故通为盡心、盡力、盡己、盡忠之辞。正音慈忍切。俗加人作“儘”者，非。“盡之”及“已盡”，皆如字读，或于“已盡”之盡发音赍者，赘。

## 盌

盌、盎字本从皿，或金或缶，或木或石，皆可为之。或作椀、碗、鋺、钵者，俗陋。然则以金为盌可作“鋺”，以木为盎可作“林”乎?

## 黽

黽，蛙也。借为“黽勉”字者，黽之跃起，有尽力勉强之象。越王式怒蛙，力虽不足，而气矜有馀也。

## 镃

镃，与鼐同，鼎之有盖者。《孟子》“虽有镃基”，注以为田器，非是。鼎者，国之宗器；基者，国之疆土。言国虽富盛，必待时而动也。

## 刱

刱，造法也。从井者，井田为法度之本也。“刱建”字本如此。“创”乃金刀伤也，相沿误用久矣。刱与荆皆从井，而俗书荆从开，刱从并，其爚乱有如此者。

## 徵

徵，召也，今借为“徵收赋税”字。本当作“征”，或讳征而以“徵”易之。然言“徵”亦通，往田间而索税，民以滋扰，为期会召之而使自输，以便民也。通为“徵验”字者，人之贤否，事之是非，不可遥断，召之至前，则得失有据而不妄矣。若《洪范》“庶徵”，则谓人事作于下，而天应于上，感召之所致也。五音之“徵”，相传音陟里切，字本无所取义，但以声分五音耳。徵音陟陵切与陟里切，皆舌抵齿而唇张，其音上行，则如字读为徵召之徵，亦宫下生而上生商之音，何事改发别音而后协哉！

## 久

久，本以抵距为义。《考工记》“久诸墙以观其挠”，字形象相撑距。借为“长久”字者，或以相抵距者历时而后验其力也。然于义终勉强，意者亦“九”字相传之讹耳。九，老阳之数也。陶元亮云：“端居爱重九之名。”则古人固以九为长远之辞矣。

## 酢

酢，醋二字，古今互易。以实求之，古义为长。酢从乍，乍变也。酢一曰苦，音古。酒苦恶也。酒乍变酸恶，则以为酢，宜为“酸酢”字。醋从错省，主人献宾于西阶，宾醋主人于阼阶，礼仪交错，酒行其间，宜为“献醋”字。相沿既久，非考文者不能复古矣。

## 配

配，训云：“酒色也，从酉从妃省。”配非不正之辞，妃非以色说人者，何言酒色哉！昏礼以合卺为交好之始，故卺亦从㔾。酒，所以合二姓之好也。配，合也。婚娶以共事宗庙，成室家，故借为合而有助之辞。自宋以来，谓流放充军为配，文移俗陋之言。

## 匋

匋，瓦器也。作瓦器者及穴土烧瓦者亦曰匋。加阜作“陶”，乃再成丘也。陶丘在山东兖州，尧尝居之，曰陶唐氏。今概用陶为匋，传写经传者之讹。匋与缶皆瓦器，流传混呼，读匋为缶者，误。若皋繇“繇”字，自不作陶。

## 不

不，正音方久切，与“否”同音，意亦相近。言之不允曰否。心所弗欲，力所弗任，事所弗成，行所弗为，物所弗然，期而弗至，欲而弗得，皆曰不，与“弗”意通；而“不”者，本所不也，“弗”则有相违拂之意焉。今呼此字皆作博木切，读如僕。原其始，上、入二声相近，转为方物切，读之如“弗”。浮屠诵其师说“不也世尊”为“弗”音，犹初变之音，辗转口授，遂呼为博木切，莫能革矣。

## 否

言而不允曰否。不允其言，则两意不相通矣，故为隔塞不交之象。天气上升，地气下降，各从其道，不相酬洽，上《乾》下《坤》曰《否》。《彖》曰："上下不交，"不相允也，正可如字读之。注《易》者作补美切，经师相沿，后学莫能辨也。

## 堕

堕，大篆从土、从隋。小篆从阜、从二左，作"隓"。今皆从大篆，"隓"字不行。堕，正音许规切，音近麾，《春秋》"堕郈""堕费"是也，败坏之也。徐铉曰："俗作隳，非是。"若"陊落"之"陊"，音惰，徐铉曰："俗作堕，非是。"至于"隋"字，本不成文。隋文帝去"随"字之辵，固为不典，而杨用修讥其以"陊落"之陊为国号，非深知六书者也。

## 除

除，本训殿陛也。借为除去之除者，殿陛常埽治，无宿秽也。今人以除去为正释，而别读"庭除"字为迟据切，误切也。拜官称除者，去旧任而就新职，惟迁擢者可言除；若释褐之初，当言授，不得云除。

## 陈

陈，《说文》但言"宛丘，舜后妫满之封国"，而徐铉言从木从日，以"太昊之虚，木德之始，故从木"，殊为支离。《诗》"胡逝我陈"，《毛传》云："陈，堂涂也。"堂涂者，登堂之涂，门内阶下之路。字本从东。登堂之涂有二，东方之涂向阼阶，涂之正也。借为国名，则以宛丘南北通道，而在王城洛阳之东，故以名其国，非因陈国而始创陈字，明矣。又借为"陈设"云者，宾祭之鼎，入设于阼阶下，升俎尊洗，皆在东方陈涂之间，尊俎陈设之地也。通为"陈力""陈言""陈情"云者，皆敷列进上之义。转为久也、故也者，陈设尊俎，酒清肴乾，不即饮食也。若军敶之“敶”，音直刃切，从陳从攴，陳列军士以相支击。经传作陈者，省，俗别作“阵”，王逸少之妄也。

**隐**

隐，本训蔽也。蔽则幽暧不见；可见而故蔽匿之，与本幽深而难见，皆曰隐。借为“恻隐”字者，中心藏痛，不能言也。《谥法》：不尸其位曰隐。居位不安，可恻隐也。若沈约卖国，其主恶之，谥之曰隐，以匿情不见为义，又别一意。藁城石公珤为当国所忌，谥曰文隐。忮人之毁，可憎哉！

**阿**

阿，大陵也，《诗》“我陵我阿”是也。一曰曲阜也，谓丘阜回曲处，《诗》“止于丘阿”是也。借为“阿曲”“阿私”“阿护”“阿谀”，皆取曲义。若《老子》“唯之与阿”，以为应声。或音呜何切，或呼乌可切，但肖其声耳。古以应“阿”为傲，今以应“阿”为恭。

**队**

队，音徒对切，与“坠”“磙”音异而义通，自高坠下也。借为“队伍”字者，如土石下坠分散，各为一堆。伍以聚言，队以分言。

**䭫**

䭫首之䭫，从旨从首，音康礼切，与稽留之“稽”迥不相同。俗写舛别，经传皆然，不复知有䭫字。

## 推

推，本音他回切，俗读如催者，误，排去之也。“推让”云者，推去不有，让以与人也。“推测”云者，推排之使分开，易以测也。举荐官吏谓之推，从众人中推出而荐之也。

## 拿

拿，牵别也；挐，持也。二字音同而义别。“纷拿”字从奴，牵引纷乱也。擒持不使逸及举物而持之曰挐，字从如。今俗以拿为“挐问”“挐物”字，失之。至于从合从手，乃“拾”字，而敕旨章奏文移皆写拿作“拿”，传之史策，令后世笑举国无人识字。

## 攘

攘，推也。攘臂者，掉臂作势，如推排状。借为有因而盗之辞，亦谓所盗之物在其前，攘臂而即可得，不待往窃也。“抢攘”者，扰乱之状，古无抢字，当即仓猝之“仓”，攘亦如字读之。好异者读为“峥能”，亦所不取。

## 捡

捡，巨今切，读如禽。从手、从裣省，急持衣裣也。或作“襟”者，从襟省。“捡拿”字本如此，俗作“擒拿”，不成字。若禽获寇盗，自当作“禽”，如猎之获禽也。

## 抍

抍，蒸上声，之郢切。或作“撜”，从登。登、升同义，上举也。通为“抍救”字者，本取抍溺为义，引援升之岸也。《易》“用抍马壮”字本如此。徐铉曰："今俗别作拯，非是。"传写《易》者，俗误之始。

## 扣

扣，苦厚切，读如口，牵马也。马之制在衔，故从口。伯夷、叔齐扣马而谏，牵戎车之马，迟留以申其说也。若敂击之敂自作"敂"。"敂门""敂钟""敂问"，俗写作"叩"，或作"扣"，皆非。"叩"不成字。

## 掩

掩，敛也；揜，覆也。音同义别。掩有藏戢之意，敛而不侈，善词也。揜，盖藏隐蔽，不使人见，恶词也。窆棺下土曰揜，自上蔽下也。鸟翼敛而相荫曰掩，左右相掩映也。俗多互讹。

## 据

据，本训杖持也。如人倚杖，恃以为安，握而不舍，故借为"依据"字。据城、据险，皆所挟持而恃之也。今文移依下所告报曰据，持彼之说以为凭也。

## 撎

举手而复下之曰撎，音于计切，读如翳，《周礼》所谓"肃拜"，膝不屈而首俯躬曲也。拱手箸胸，推之向前以延宾而进之曰揖。然则撎者今之揖，而揖者今之拱也。乃相沿谓撎曰揖，官吏庭参谓之作揖，亦世迷不复之一。

## 揭

揭，正音去例切，读如憩；一音居竭切，读如碣。音有二而义同，随读皆可，不必“浅则揭”之仅音憩也。“褰裳涉水”，高举其裳，与揭竿、揭榜同为高举之义。今奏疏上别有副奏，不请旨及抄录奏稿呈示各衙门者，谓之揭帖。揭亦举也，举以相告。故奏有揭而题无揭，题非举事以立言也。

## 按

按，本训下也，谓以手抑下之也。导引家有按摩法，按则体安，故从安。按抑者，压而下之，故借为“按压”字。“以按徂莒”，压密人之后而摧服之也。自上服下曰按，故巡按、按察以临察所部曰按。注《孟子》者，以《毛诗》“以遏徂莒”，遂发按为“遏”音。然《诗》传不一家，不必以《毛诗》强《孟子》而使同也。或去、入二声相近，可音案，亦可音遏耳。若据古立言、据情定法曰谨案，曰案问，自当作“案”。案，几属，所据者也，故借为据。爰书所定曰公案，犹言公据。

## 拚

拚，皮变切，拊手也。喜则拊手而笑，故借为“欢拚”字，俗作“忭”者，非。忭从心从卞。卞，褊急也。中心褊急，何喜之有！章表作“诚欢诚忭”，不典之甚。俗顾以“拚”作忭。拚字音潘，或音判，不知“判弃”正当作“判”。判，分也，分析之为分，外非己事己物也。

## 搢

搢，本训插也。搢绅，言搢笏于绅间，入朝对君之仪，故称廷臣曰“搢绅之士”。“缙”本训赤色帛。黄帝称缙云氏，以时有赤云之瑞也。今处州缙云县，以黄帝立名。俗写“搢绅”作“缙”者，非。《史》作“荐绅”，以音近而讹。

## 台

台，正音与之切，和说也，与怡义通。古以为自称之词，夏、商间方言，不知所取义。转为土来切，三台星也，《说文》无此音义。然骀、胎、臭、怠从之得声，则古有胎音，非仅音颐矣。三台或作三能，亦读如台。然能者三足鳖，参差象三星，则读奴来切，亦可。

## 哉

哉，本训云："言之间也。"居文句之间，为语助也。其声激扬，故为惊诧之词：以之赞叹，惊其甚也；以为不然之词，惊其不尔而诘问之也；以为危词，惊其异也；以为伤悼之词，惊其惨也。《尚书》借为"始"也者，盖"裁"字传写之讹。裁，衣之始也，与"初"同意，或作"哉"，或作"载"，皆裁耳。

## 和

和，本训相应也，音户戈切。盖唱和之和，本如字音禾。或发作去声读如贺者，非。凡相应者通谓之和。相应则协于中，心与理应，道与事应，文与情应，己与物应，无不惬合，故为天下之达道。若调盉之"盉"，本从皿，本训云："调味也。"五味均适，无先后倡随之分，如《易》"和顺于义理"，《庄子》"和之以天倪"，及释怨讲好、合众同心之辞，皆宜作盉。其"和同"之辨，晏子既以声言之，复以味言之，则和、盉皆可通。今盉字不行，概用和字，虽不相碍，终未尽六书之旨。

## 名

名，本训云："自命也。"从夕者，夕不相见，必自言其名，因此知暗夕问答，虽尊长于卑幼犹然。而无礼者于先生长者之前，亦自称我，顽鄙甚矣！君子不以名为谦；名，自命者也。夫子于门人自名，今人不肯自名，而吏胥呼唱唯诺恐后，念之能勿汗背？借为“名誉”字者，举其名而扬之也。“功名”云者，有功而名箸也。凡公移称无爵禄者曰若干名，既无官职，以名纪之也。名必有所自受。子生三月，而父名之。父名子，人名万物，虽曰自命，有命之者矣。

## 呈

呈，本训平也。借为显示之义者，物有洼隆，则有隐蔽，平则人皆见之也。今为下言情于上之词，谓其情明显，使上易知也。然取义迂曲，应亦本“陈”字，胥吏从省而讹。

## 喝

喝，音于介切，读如餲，渴也。音破者亦谓之喝，液不润咽，其声败也。恫疑恐喝者，以威胁人，令其失声也。浮屠氏始用此字为大叱之声，别音鞨，而俗因之。

## 噫

噫，音于介切，本训饱食声也，谓食伤饱而噫气也。今方书作“嗳”，乃此字之讹。《庄子》“大块噫气”，息之粗者也。借为不然而拒之之词，又为不平而吐气之词，其声皆与伤饱而噫同。“噫！斗筲之人”，拒之也；“噫！天丧予”，不平也。俗以为叹词，作意音者，谬。

## 呼

呼，与“嘑”同音而义别。呼，出息也，与吸对；嘑，号也，哭叫詉也。“呜嘑”自当作嘑，今概用呼，及读“式号式嘑”作火故切者，皆谬。

## 哨

哨，本训不容也，音才笑切，读如峭。《礼记》“枉矢哨壶”，古投壶不复跃出乃谓之中，激矢反出，恶壶也。今用此为“哨探”字，因以为防守侦探之名，读作所教切，非是。“哨探”当作“啸探”，斥候散出，以啸相号召。俗讹之妄，字与音俱失之。

## 𠂇

两旁之𠂇、𠂈，字本如此。“𠂇”加“工”则为辅也，“𠂈”加“口”则为助也。今废“𠂇”“𠂈”字，而别立“佐”“佑”字，加“人”以别之，取其茂美，弗能改矣。

## 禽

禽，本训云：“走兽总名。”凡经典言禽者，皆兽也。在野在牢曰兽；田猎所获曰禽，从今，今为已得也。见获曰禽，故弋获之鸟亦可称为禽。俗因以飞者为禽，走者为兽，非也。借为军阙俘获之名，如猎得兽也。然战而获曰禽，捕而执曰捡，二字音同义别，俗别立“擒”字，非。

## 禹

禹、离，皆兽名，从内；内，兽足也。夏后、虞司徒以为名，古人质也。离，或作“偰”。

## 万

万，虫也，或曰蜂子也。其类至多，故借为十千之名。又转借为“万舞”字者，万，羽舞也。羽舞者，左吹籥，右秉翟，且以羽翔且鸣，如蜂之飞而翼鸣也。

## 㫗

㫗，从反亯，下亯上分也。上反亯下，所以㫗下也。“㫗薄”字本如此。加厂作“厚”者，山陵深远重叠也。地之“博厚”、器服之重叠“增厚”，则宜作“厚”。若居心敦笃、用情深至，则宜作“㫗”。今概用“厚”字，㫗字遂废。

## 后

后，继体之君也。天子曰元后，诸侯嗣立者亦可称后，故加元以尊天子。后妃云者，后之妃也。《诗序》称后妃，不徒言后。《春秋》称王后，盖东周史官之词，或内主承祀，有君道焉，后世皇后之名始于此。后为继体之君，承前王而言，故可借与“後”通。《礼记》凡言“而后”皆作“后”，“然後”皆作“後”，意亦有别。“后”，自然相继之辞；“後”者，复起加功以增乎前也。“而后”者，既尔而后即如此也；“然後”者，能然乃复如此也。若“前後左右”，则必不可作后，以四维分立，後非继前也。

## 啐

啐，小饮也，谓举爵略饮之也。音所劣切，读如刷。《周礼》有“啐酒”，音义本尔。今传写作“啐”，误。啐，七内切，惊而拒之之词。

## 局

局，本训促也；《说文》云“从口在尺下”，言有量度，不得舒也。《诗》“不敢不局”，天高听远，言亦不敢肆也。天高何与于足？加足作“跼”，非是。通为博塞之枰，博局四周有阑，棋制五木不得出，亦促义也。今棋枰亦称局。借为局量之局，言所行所志之尺幅也。又为事有成模之称，亦谓其规量已定也。又为官署典工作者之名，以防闲出入而局促之为义。

## 哑

哑，但音于革切。《易》“笑言哑哑”，笑声也；李白诗“归飞哑哑枝上啼”，乌鸣声若哑哑然，亦如字读。俗以作“瘖瘂”字，大谬。若《史记》“喑哑叱咤”，哑字自音“好恶”之悉，淮、泗间方言尔，或作“噁”。

## 魁

魁，羹斗也。盖煮羹器可盛处为魁。柄，斗足也，魁，斗首也。故有渠魁、魁首之说。奎宿主文章，文士之媚神者或祀之，乃俗以“奎”作“魁”，因字从鬼从斗，遂绘一魑魅之形，拜而祭之。如“终葵”，本斧首也，古或设于门，以辟不祥，俗遂绘一陋狞进士，谓之钟馗。两者真堪绝倒。

## 斞

斞，量名。《论语》“与之斞”，本斞字，传写作“庾”，省讹。庾乃“仓庾”字，“与之庾”，岂举一仓之粟而与之乎？庾、斞同音。

## 斛

十斗为斛，其重则一石也。故或曰斛，或曰石，其实一也。古斗容今三升有奇，后浸加至五升。今官斛容今斗五斗，则增多以后之一石。强豪兼并，黠商污吏虐取农民，乃从而倍之，二斛为一石。石者，衡石也，以石为权，度其重。人儋二石，凡粟六斗，中人之力也。今二斛重百斤以上，非人能胜，何名为石？何名为儋？“家无儋石”，儋，二石，石，一斛也。流传谬乱，乃至呼儋作“旦”音，名实乱而法制益不可问矣。

## 品

品，众庶也，从三口，犹古“众”字从三人也。眾，庶类也，故借为“品类”字。《易》“品物流行”，庶类也；《书》“金三品”，三类也。类有不齐，而分别之，故借为“程品”字；官品尊卑，人品贤不肖，皆从其类程之。俗谓吹洞箫为品，则以萧有眾口，任指敛放，庶几象形之旨，后世立言之近雅者。虽非本义，吾从眾可矣。

## 禀

禀，本训赐谷也。凡工役之食，常给曰气，加赐曰禀。上赐之则下受之，故通为“禀受”字。人之才质，天所锡也，谓之禀赋。若禀命之禀，犹言受命。下请于上，待命而受以行，言禀可尔。乃言情者、参谒者，申状投刺，皆曰呈禀，则反以下求上为言。胥吏相沿，名实颠倒，乃至定为仪制，士大夫因之，不典孰甚焉。

## 函

函，本训舌也。借为中所藏畜之义者，以舌居口中，唇辅颊颔周护之也。耳、目、口、鼻皆可见，而唯舌藏，故借为铠甲之名，以甲护藏其身也。又以纸囊书曰函，藏书于中也。转为容受之义，如口能容舌，不相妨也。俗作“函”，不成字。

## 序

序，本训东西墙，然非墙之谓也。屋外周墙曰宫，于东西墙下各有廊屋曰序，故《说文》于“廊”字云：“东西序也。”古者射于庭中，而三耦待于廊，故曰：“序者，射也。”唯射宫及公宫有序，序当屋墙，在两阶之外。序附于墙，有止象，故《艮》之六三曰“言有序”，谓墙所闲止，无岐趋也。云“循序而进”者，入门，繇序升堂，不可耦行，循之渐进也，故借为“次序”字。门外或并行，或雁行，至序则尊卑长幼以次相蹑也。若历述次弟，则其字从“叙”。凡述作书之始末于简端，皆当作“叙”字，无容概以“序”言之。

## 府

府，所以藏文书者，有受而行之之意。故身中六府称府，皆有所输写，不似五藏之纳而不出也。徐铉曰：“今俗‘藏腑’字从肉，非是。”汉丞相署称府，以其出纳诏令章奏也。后相沿谓三公为府。都护、都督，因以官高均于三公而称府，府之称滥矣。唐立府兵，以其兵统于督护府而名之，其名尚尊，犹宋诸州之有禁军也。沿及唐末，军府散置，名府者益多。今则称郡为府，官秩不尊，军卫不统，天下之以府名者百五十有奇。无军府之实而蒙尊称，名实不称，后将安止！

## 广

广，殿之大屋也。通为宽大之辞。凡殿制，东西宽而南北浅，以故东西言广，南北言深，横曰广，纵曰深。本可如字读之，而训诂家读广作古亮切，深作式鸩切者，皆好异之过也。楚人谓兵车为广，方言尔，实无取义。楚之南为岭徼，其地曰广，因楚语也。粤之东西，负山濒海，幅员狭隘，何广之有哉！

《说文广义》卷二终

# 说文广义卷三

## 甫

甫，从用、从父省。男子以有用为美，故为男子之美称。子可以称父，天子亦称某甫。借为大也、美也，皆言其用之美大也。又借为方也、始也，本无所取。甫，方矩切，盖方字之转尔。

## 重

重，本训厚也。薄则轻，厚则重，故为轻之反也。又为复也、叠也者，厚则必其复叠者。轻重、重复，同一厚义，则皆如字音柱用切。而俗发重复事作平声直容切，亦支离矣。若初丧设重，以为魂依，其义无取，或以县两甎于木上，有重累之象。其推重、借重之重，即厚望之意，或读作之勇切，亦赘。

## 祇

祇，从氏，巨支切，地祇也。祗，从氐，旨夷切，敬也。祇借为“但然”之辞，以祗敬者，心所专向，故为“但如此而无他”之义。

## 御

御，祀也，祈神以弭灾之祭也。借为遏止之辞者，与“埅”同意。转为“禁御”云者，以宫禁之门埅止行人也。

## 祖

祖，本训始庙也。庙有七、有五、有三，最尊者祖也，故曰“祖有功”，谓始立功有家国也。又曰“始封必为祖”，在天子、诸侯则以始封国土者为祖，商祖契、周祖稷是已。大夫三庙，以初受爵者为祖，唯二庙者祖大父耳。今俗称大父曰祖，其上加以高、曾之名，非也。祖一而已，始祖曰祖考，大父曰显考，父曰皇考。生曰大父，没曰显考。大父已没，尚不得称祖，况生存乎！流俗不审，近而远之，生而死之，举世皆然，莫有觉者。大父可生称祖，父亦可生称考乎？其远行而祀曰祖者，祖之为言始也，始行而祭也。或曰：黄帝之子名曰祖，好游而死，故祀之，亦诞。

## 秘

秘，本训神也。《封禅书》“其事甚秘”，犹言甚神耳。乃相承借为“秘密”字者，神处于幽，有不可见之义焉。若秘书、秘阁，本非幽隐，但取慎密，则当作“毖”。

## 禅

禅，本训祭天也。郊以圆丘之地言，禅以禋祀之礼言，一也。汉人别立封禅之说，为妄而已矣。借为“禅让”云者，天子将让位与贤，必告祀上帝，示天命也。浮屠入中国，读此字为“蝉”音，以为寂静之辞。夷语本云“禅那”，译者以汉字音相近者写之。

## 亘

亘，从二、从回。二者，天地也；回，风动其中，故有旁行征召之意，抑有四散敷扬之象，故为亘召、传亘、亘扬、昭亘等义，音须缘切，与加宀作“宣”之宣同音。宣，天子之宣室也，故从宀。俗概以宣为宣，又省回作日，既不合六书矣，抑以省而从日之“亘”为“亘古”“横亘”字，尤为不经。亘古犹言常古，字当作“恒”，从心、从二、从舟，舟横二岸，不移之象。或可省心作“亙”，又或依古文从月作“亙”，为“如月之亙”亙字，《诗》注音居邓切。其字有胡登、居邓二切，通读无异义。从月、从舟，隶亦无别，与亘字则不相通。“桓”从亘，“恒”从亙，俗概省从日，不成字。

## 恒

恒，或从舟，或从月。舟之流行不定，而以泊止两岸为恒；月之亏盈不一，而以经天入地为恒。二者，两岸之象，天地之间也。人有恒心，月有恒度，义相通则音同，或音胡登切，或音居邓切，初无分别。注《诗》者曰：“恒，上弦也。”纤说不典。

## 亟

亟，有纪力、去吏二切，皆训敏疾也。敏疾则频数，故或为急也，或为屡也，义皆可通。今读急疾之亟为“棘”音，频数之亟为“记”音，亦强为分析耳。病危曰亟，亦疾义也。《礼》注读如“革”，亦赘。

## 自

自，本训鼻也，象鼻形。其称在己曰自，本作“白”，从自省。白字篆似“曰”，隶似“白”，世以与曰、白相乱，故概以自字代之。自者，己所言也。人之分别彼己者，以言白之，故以为在己之称。通为从此达彼之词，转为所因之意者，事物皆由己出，己者，万事万物之因也。己为子，因以事父，己为臣，因以事君，推之皆从己出，故自者本也，事所因也。自然者，有自而然也。浮屠氏分释之，以有所原本曰自，固尔如此曰然，义亦略通。有自而然，则不待更作之劳，故为不思不勉、生安合道之称。其所自者，性也；其能然者，理也。理全于性，性即理也。若物之必尔非待作为，事之必尔更无变易者，亦曰自然，言自己信之为然也。

## 者

者，见在之词也。或即事而指之，以绎其义；或上已言而复指绎之，以尽其旨；或事物不一而分指之，以显其别。又为称人之辞，即其人之名实、职司与其德而言之，如仁者、知者、长者、微者、宦者、谒者之类是也。以其为即人即事之词，故自宋以来之方言与"此"字通用，亦俗语之有义者，与他方言之不典者异矣。惟俗发作之夜切，又讹为知义切及别作"这"字，则大谬。

## 𢑚

𢑚，从二㣇。音异。㣇，豕也。豕有二则放恣，故借为放也。今隶作"肆"，于六书无取，俗字也。放则大，故借为大也；放则逸，故借为安也；放则张而不敛，故借为陈也。市陈百物，故称市𢑚。转为语助词故今也，遂也。放恣有自遂之意；遂者，昔然今故然也。宛转相借，远离其本，不可复诘矣。若文移以代"四"字，则但以同音而用之，与专壹为一，副贰为二，卒伍为五，陵陆为六，无齿捌为八，玖玉为九，拾取为十，但取多画，防奸吏之改窜耳。

## 比

比，本训密也，谓与相密附也，本音毗二切。水地之卦为《比》，水密附于地，五阴密附于九五之阳也。转为比拟之比，俗读卑迩切。凡人物密迩相形，则短长可见，亦比附之义通之。若比邻之比，本亦取密附之意，《周礼》“五家为比”，密迩相附以居者也。但当如字读之。或发作平声读如毗者，非。杜诗“天涯若比邻”，其为鼻音，明矣。《汉书》用为“疏比”字。理发阔齿之栉曰疏，其齿疏也；去垢密齿之栉曰比，其齿密也。今俗别疏为“梳”，不成字，而以俗“竹篦”字为比，愈谬。

## 𠷎

𠷎，从白、从寿，语词也，发端诘问之辞，音与田畴之畴同。《书》“𠷎若予”，字本如此。凡𠷎昔、𠷎能之类，皆宜作𠷎，俗作“畴”者，讹。

## 戴

戴，本训分物得增益也。从𢦏省、从异；异，分也。《谥法》有“戴”，得土地人民之多也。冠谓之戴者，冠则首增高，犹言加冠也。通为“戴天”字者，与“履地”同意，天在首上，如冠然。

## 未

未，象木枝叶上疏重茂之形，为六月所建之辰，于时木象然也。木成则味登，故味字从之。借为尚不、尚无之辞，木虽成而未获，味虽调而未食，至秋乃用，今尚未也。

## 𠅘

𠅘者，事有不善而鉴容之。从㐫，㐫，逆也；从京，京，大也。遇逆而能容，量乃大也。徐铉曰：“今俗隶书作亮。”盖俗省“京”，而解散“㐫”字作“冗”耳。“鉴亮”“亮宥”字本如此，或别用“谅”者，非。谅，小信也。俗呼光为亮，则“晾”字之讹。若“亮阴”“谅暗”，俱传写之失，本“梁庵”字：居丧之庐，以梁拄楣，覆草为庵也。

## 句

句，有古侯、九遇二切，皆训曲也。今分“句曲”字音钩，“章句”字音屦，亦强为分析耳。读所断处为一句，亦言一曲也。至下转为别句，又一曲矣。凡从“口”之字，俗多省为“厶”，如“對”“亂”之类皆然。俗因以省作厶者作“句股”之句，而以不省者为“章句”字，亦妄。若俗有“勾当”语，始于《宋史曹彬传》，则本“构”字，以避高宗讳，故史臣改之。

## 豈

豈，本从壴、从耑省，还师振旅乐也，故从壴省。《说文》谓从豆、敳省，非是。但音墟喜切。“豈乐”字亦如字读如启。俗读如愷，又或写作“愷”“凱”者，皆非。“愷悌”字本从心，而传写省心作豈。愷风，和风也，而别作凱，相沿之失久矣。“凱”不成字，或“覬”字之省讹。覬，讫也，亦非和乐之意。“还师奏豈”，定当作豈；“愷风”“愷弟”，定当作愷；凱不成字，废之为允。豈，本训：一曰欲也，登也。二义今不用，而借为期想而不必然之辞者，以豈欲也。心所欲则于不可得之中而虚想之，讵亦然乎！周公答史佚曰“豈不可”，意欲之而豈然，实则不可也。通为“豈得”“豈能”“豈敢”之类，与“不”相近，而语意自别，如云“则吾豈敢”。圣仁固孔子所欲，但期想而不即得，不似言“不”之决也。

## 尌

尌，音与“尌”同而义别。尌，立也，凡“尌立”“建尌”字皆作尌。加木作樹，乃木在山中未伐之名。俗概作樹，非是。

## 弟

弟，本次弟之弟，从古文韦省，从丿，以韦束物，相次缠之。凡事物之以次相承者，皆通借用。俗隶加竹作“第”，于六书无取。借为兄弟之弟，亦次弟之意。次兄而生，行辈有序，故谓之弟，犹言弟二、弟三也。“兄弟”字自如字音特计切，读如“递”，不当如俗别读作“体”音。其借为“弟宅”字者，唐为诸王建宅，以长幼次序名弟几院，贵戚相沿，皆僭称弟，杜诗言“王侯弟宅”是也。进士称“及弟”者，亦谓入班行次弟也。俗皆从竹，要之即弟字耳。又或借为转语词，与“但”通用，则本即但字。但、弟音相近，语转成讹。俗又加草作“苐”，逾不成字。若“孝悌”字则从心，能尽为弟之心则悌弟也。“恺悌”以“强教”“说安”，传写作弟字者，省讹。

## 罤

罤，乃“罤弟”字。周人谓兄曰罤。其日下加比之“昆”，虽与罤同音，而本训同也，日所照者相比同明也。今“罤弟”字皆作昆弟，传写经传之讹，相沿不改。

## 繇

繇，从䍃、从系。徐铉曰：“今俗别作繇，音余招切。”随从人役也，故为繇役之繇。俗或从彳作“徭”，不成字。借与甹同用者，甹，今省去丂，作上讳由字。所从也，繇亦所从也。所从者为所因；从之者，循之也。繇自可通为所因而起、从此至彼之辞，不必与甹同作“油”音。

## 弋

弋，本训橛也，象形，不须加木作“杙”。今传写经典者用弋为“隿射”字，而俗于“桦弋”“戕弋”字作“杙”以别之，非是。

## 贾

贾，但有公苦切一音，今韵收入马韵作古马切，分“商贾”字音古，而读公明贾、陈贾及姓贾者为假音。缘古者歌、麻二韵方言合混，如家姑、下户之类，互相出入，故传经者口授不一耳。其“價直”之“價”，自从人，或作贾者，省。

## 贡

贡，献功也；赣，赐也。子贡名赐，《乐记》作子赣是已，《论语》《左传》作贡，传写省也。贡、赣同音古送切。江西有赣水，因以名郡，乃传写授读，形声两失。省赣之“夅”而加以“工”，呼为“绀”音，且为之说曰：“章、贡二水合流而为赣。”不知所谓贡水者，即省赣水也；所谓章水者，赣水下流至豫章郡而名章江也。其以自汀州西来之水为贡水，以自南安北来之水为章水，皆妄为之名耳。以此分折赣字，横立绀音，乃至天府图籍、江西志乘，相率而殉之。虽博雅君子莫之能辨，良可叹也。

## 賣

賣，衒也，音余六切，从㚔省、从贝。“賫”，出物货也，音莫邂切，从出、从买。二字义同，而字异音别。今俗隶作“卖”，从士从买，賣不成賣，賫不成賫，苟取易于下笔尔。賣音同育，而经史或作粥，或作鬻，盖口授之讹。

## 质

以物相抵而货曰质，今俗所谓当俗音去声。也，正音之日切。互送子相质曰交质，子自相抵之义。注《春秋》者发为去声，读如致，传写《周礼》者加刀作“劕”，皆非是。借为“文质”字者，质以物实相抵，非但契券空文，故以实物行礼曰质，既非徒有其忠，亦不取乎文也。通为“质朴”字者，亦言实也。转为“才质”字者，受于天之实，非学习所增之文也。辗转相借，要皆与文为对。故皮曰质，毛曰文，皮实而毛虚也。又“质证”“质告”之云者，以实相证告，若执抵物而求偿也。

**椒**

椒，音苏旰切，分离也。凡分椒之及已离而不复聚之椒，体用分而音义不异。今以“分散”为去声、“椒离”为上声者，赘。其从肉之“散”，音虽同椒而义别，本训杂肉也，谓细切牛、羊、豕之肉杂和之，字从椒从肉，今作“散”者，省耳。散亦但去声，无繖音。方书屑药为粖、合配成齐谓之散，亦借杂肉之义，正音苏旰切。

**创**

创，音楚良切，伤也，谓刀刃所伤之金创也。徐铉曰：“今俗别作疮，非。然唯金创可称创，若疥癣痈疽之类，各有名目，不得称创。针刀刺劙之口谓之创口，庶可尔。借为“惩创”字者，劓刖之刑，割刺以惩恶也，亦如字读。俗读如创，用为“开创”字，大谬。

**茕**

茕，本训回疾也，谓鸟飞回翼疾速也。有惊飞不宁之意，故借为“茕独”字，所谓“出则衔恤，入则靡至”也。《诗》又作“惸”，心旁从孚。孚不成字，当以茕为正。

**专**

专，本训六寸簿也，一曰纺专。纺专者，《诗》注所谓瓦也。今人谓陶甓曰专，或从瓦作“瓨”，或从石作“砖”，皆俗笔增之。借为“专谨”“专壹”字者，以专之为物，质而不文，重而固，块然自为坯而不杂也。

转为“专擅”云者，亦坚据不柔顺之意。

## 将

将，正音即谅切，军主也。其发音即良切者，亦训诂家曲为分别耳。将为军主，有操持运动、统众从己之道，故借为持也。持以与人，持以自处，如将持兵柄而指麾之也。又借为送也，与所送者偕行，如兵将相从也。又借为请也，请人从己也。又借为大也，将统三军，势盛大也。若驾车曰将，则本以进退安危在己而言。凡此皆可如字读之，音酱。或发作浆音及七羊切者，皆赘。若借为且然之辞，意则迂曲，谓意之所欲，势之所会，已先立制事之本，而可成乎必然，若将审胜败之机，可先定其局势也。其《内则》以羊为将，音子良切，则本“牂”字之误。

## 暨

暨，本训日颇见也，既旦之际，日初出也。日始出云中，未能普耀，而云隙之晖，斜迤延长，故《书》曰“朔南暨”，言迤及也。若《春秋》“暨齐平”，自当作“臮”。汉儒口授，以音同而讹。

## 番

番，兽足也，或作“蹯”。《左传》“熊蹯”，从足从番，传写讹也。西戎称番，盖以兽名之，与蛮从虫、狄从犬同意。《书》“番番良士”，乃“皤”字之讹。番禺音潘，则所未详，特粤人方言耳。

## 親

親，本训至也，谓躬至其地也。从见、从亲，已至山而后见亲也。身至而实见之曰親切，故曰：“弗躬弗親，庶民弗信。”父母兄弟谓之親者，犹一人之身也。转为近也、爱也者，切附于身，身心相合也。必一本而后可谓之親，流俗称甥舅姻亚曰親，是二本矣。

## 观

观，本音古玩切，读如贯，谛视也。注《易》者以示人之观如字读，而读谛视之观为平声，非也。示人之观有仪象，使人可谛视，义原相通，因借为“楼观”字，本古“象魏两观”之制，县法楼前，以使人谛视。道士云“仙人好楼居”，故其庙曰观，亦取此义。

## 燕

燕，象玄鸟之形，因以命字。借为燕居、燕安云者，凡鸟处林木，不得安息，唯燕巢人屋，安处无惊，而入室栖止，有不出而接物之象也。以礼饮酒谓之燕者，安坐尽欢，异于大飨之劳也。其召公之国，从燕、从邑，字作郾，音于玄切；传写作燕者，省。

## 敩

敩，本古“学”字，篆文省去“文”，隶遂因之。《说命》曰：“敩学半。”乃“教”字之误。敩即学也，觉也，效也，如云“学学半”，不成语矣。注疏家不知传写之误，乃读敩作效，而训为教，是所谓守陋遂非者也。

## 告

告，无谷音，但音古奥切。本以横木加牛角上，告人使勿触犯为义，通为以言相谕之辞。加牛作“牿”者，牛马牢也。加木作“梏”者，手械也。牿、梏则音谷。《易》“初筮告，再三渎”，注疏家以叶韵，作牿音。初学习读，凡告皆作入声，谬甚。

## 最

最，本训犯而取也，从曰。曰者，蛮夷头衣，今俗所谓帽也。汉以斩馘首功为“功最”，言其犯敌取首之功，斩其首得其曰也。后遂相沿以“最”为功高之辞。与“殿”相对，因转为尤也，极也，如云“最者”“最美”“最大”之类，皆相承而失其本义。

## 覈

覈，实也。果实内藏仁坚壳也。谓之覈者，以其坚实在内也。借为考事而必得其实之辞，俗作“核”，非。核，古哀切，木皮篋也。

## 覆

覆，反覆也。反其背面曰反，再反之使还其初曰覆。一曰盖也，人居室中，在地上，盖之则覆在下也。二义皆音敷救切，无音馥者。“复”字则音房六切，本训云“往来也”，既往而又来也。要此二字可以通用。从上下而言，则一反一覆；从彼此而言，则一往一复，兼有重叠相继之意。唯“覆载”“覆帱”“覆藏”不可用复。复字如字读，自有重复之义，发作扶又切者，亦赘。

## 真

真，《说文》据会意而言，为仙人化形登天之名。乃古今文字皆用为“真伪”字。仙人登天，妄也，何得云真！“贞伪”字自当作贞。贞、真相近，传写差讹，遂有“真”字。方士假为之说，汉人附会之耳。《六经》《语》《孟》无真字。贞，正也，卜筮者所正，得之爻体也。故为正、为实、为诚、为常、为不妄，而与虚伪相对。考文者废真字可矣。

## 尗

尗，今之所谓豆也。叔，拾也，从又，以手取豆也。若从草之“菽”，乃今“椒”字。今以菽为尗，而借叔为“叔伯”字，相习而不可革矣。叔可借为“叔伯”字者，以伯，兄也，叔，弟也，耕事弟子服其劳，任拾获之事也。嫂称夫之弟曰叔，依兄而称之也。若父之弟曰叔父，必连父言之，流俗专言叔，以弟子之称加诸尊者，悖矣。

## 豆

豆，本笾豆之豆，在礼器则以盛肉，在食器则以盛羹。贫者以尗为羹，所谓“啜尗”也。尗为豆实，遂呼尗为豆，始于《汉书·杨恽传》。后遂知有豆，而不知其为尗矣。

## 吹

吹、聿、遹，三字同音余律切，而义别。聿，笔也，楚谓之聿，秦谓之笔。遹，回避也，奸不任事，谓之回遹。唯吹从曰从欠；曰，言也，欠，亦言也，故为发语词，与曰、爰、于通用。传写《诗》《书》者概以聿、遹代吹，吹字遂废。凡此类，皆因经师注音于本字之下，习者不审，以注音为本字，口授差舛，无有知其别者，乃至读聿、遹为律音，莫有考正之者。

## 敦

论字学者云“敦”有九音，非也。九字形声各别，概作敦者，传写苟简耳。敦唯都昆、丁回二切，怒也，诋也，谁何也。“敦彼独宿”，音丁回切，犹言何彼独宿，谓如何此独宿者也。其为怒诋也，敦本从𦎫从攴。𦎫，厚也；攴，击也。厚击之，必怒相诋也。其“惇厚”之敦，从心从𦎫，心𦎫厚也，《虞书》本作“惇”。若刀剑之脊、戈矛之镦音钝者，从金作“鏊”，或省作“錞”。“镧敦”之敦，盛黍稷者，音徒对切，从金作“镦”。“珠盘玉镦以奉牛耳”字如此。“浑沌”作“浑敦”者，本“屯”字传写之讹。“困敦”为辰名，古语不可解，借用今字耳。“有敦瓜苦”“敦彼行苇”音团者，当用“鷻”字，言县瓜蒂，如鸟集蔓上；行苇初生，叶随风动，如鷻飞也。既各有字，特以传写讹别，何得九音一字乎？集异说以矜博，而不核其实，非知字学者也。

## 攸

攸，本训行水也。《孟子》“攸然而逝”，鱼随水而去，如水就道也。借与“所”通用者，水得其所往乃行，故所往、所行谓之攸。其与“所”微别者：所兼体用，而攸但言用；所兼行止，而攸但言行也。字或作卤；卤，气行貌，与水行同意，俗写从辵作“逌”，非是。

## 数

数，正音所矩切，本训计也。数之则一、十、百、千具，故为多寡定名之辞，义原相通。今读“名数”之数为去声，训诂家为之也。转为频繁之辞者，一事而屡为之若数事，一言而屡称之若数言也，今发作“朔”音。又为迫促繁密之辞者，迫则重叠相仍，密则冗细不一也，今发作“促”音，要可如字读之。

## 故

故，从古从攴；攴有作为之义，古所为曰故。而《说文》训云：“便为之也。”古所已作，旧所尝习，为之便矣。然因其为故而便为之，非便为之之谓故也。通为因也、已然之迹也者，古者今所因，理者事所因，古人定之于前，事理定之于素，已成乎故，非创有此矣。“是故”云者，以是之故为因也。“何故”云者，何所因而然也。旧者新所因，循乎旧则持之有因矣，故与新对。故人、故国、故君，皆有新之辞。没而称故，嗣子定位于初丧，有新主矣。

## 扶

扶持之扶，从手；枎疏俗作梳。之枎，从木；榑音扶。桑之榑，从榑。今皆朦胧作扶。

## 斁

斁，厌也，解也，忘也。《诗》“服之无斁”，若《书》“彝伦攸殬”作斁，则于义不合。“彝伦攸殬”字自从“歺”，音当故切，读如妒，败也。

## 柧

柧棱棱从木，俗从禾作稜，不成字。之柧从木。觚从角，受三升，酒器也。“觚不觚”，言器不肖其成法，非谓毁方而圜也。今俗写“柧棱”字作“觚”，非是。觚非有棱者，见《博古图》。

## 柴

柴，本训小木散材也。小木散材仅可为薪，故谓薪为柴。徐铉曰：“师行野次，竖散木为区落，曰柴篱。后人语讹，转入去声，又别作寨字，非是。”王维辋川有鹿柴，鹿寨也。《史》有“砦”字，改柴从石，以塞上无木，或累石为之，故撰此字。俗音去声者，非。

## 权

权，黄华木也。通为“权衡”字者，古以木为称锤，后世改用金石，权木坚重，可为权也。《说文》云“一曰反常”，乃汉人之邪说，程子辨之审矣。权无定在，而为重轻之自定，随移而得其均平乃允，所谓“时措之宜”，以称量物理之重轻，而为不易之则也。

## 杜

杜，本训牝棠也，棠之不结实者，今海棠之类。蘅、若称杜，方言耳。或用此为塞绝之辞，乃后人会意而借用之。筑堤防者，以木遏之而加土，所以堙塞横流，亦可通。

## 欆

欆，本音俾小切，木杪末也，与本相对。借为曰“标建”字者，植木则其杪在上，有高举示人可观之象，故曰标揭，曰风标，曰标致。皆如字读，无有“飙”音，俗读失之。

## 梅

梅，枏也，字或作“楳”。《书》“用女作盐梅”，用梅字，为白花酸实之木名，相承用之，其实非也。“盐梅”字自当作“某”，从甘从木，音莫口切，本训云：“酸果也。”“某”虽酸果，调味和甘，故从甘。若或名梅、或名枏者，乃大木，可为栋梁，今俗别作“楠”者也。“某”借为列数人物名字之词，云某某者，春秋以来方言，于义无取。

## 桂

桂，百药之长，叶有三脊，皮香而花不香。《本草》所谓观俗作官。桂，菌桂也。今俗以木樨花为桂，缘桂为香木，《楚辞》称之。人爱木樨，因举美名以加之。如兰本今田野紫茎似菊之马兰，而以称叶长花香酷烈之草。牡丹本白术，而以称木芍药。芙蓉本荷花，而以称拒霜花。名实舛错，往往如是，不但人冒荣名也。

## 栽

栽，本音昨代切，读如在，筑墙长版也。《传》曰："水昏正而栽。"谓始竖板以筑也。借为种树之名，以竖植之，拥土筑其傍。自当如字读之。俗音哉者，其误已久，《唐韵》收入灰韵矣。

## 校

校，本音古孝切，木囚也。两木相交，囚人于中，今之所谓枷也。《易》曰："何校灭耳。"汉置校尉官，以司典刑狱立名。若"学校"及"犯而不校"，皆当作"较"，故曰"较者教也"，以较量人才而教之也。"鲁人猎较"，较多少而争功也。其字音角，车两藩也，有并立相比之义，故借为"较量"字。唐宋摄官曰"检校"某官，自当作"简较"。相承讹别，遂使万历中不识字之礼官，以梏械之名为熹宗御名。唯避两庙之讳者，改首领官名"检校"者为"简较"，虽一时权制，而简择较量，于义为允。检，书署也。

## 樸

樸，木素也，谓未经斫削者。朴，木皮也，药有厚朴，其皮厚也。同音匹各切，而义自别。樸为木素，可通为质素之义，朴不可通。若樸樕、樸樕，则以樕、樕小材，不堪斫削，故以樸称。

## 格

格，本训木长貌。木长则所至者远，故借为至也，通也。木长则植而上通，故通天曰格天。木长则仆而旁通，故通物曰格物。其曰"格其非心"者，言心之有非，藏于深隐，而能感通，警省其隐慝，无不彻也。又为格式之格者，言法立乎其至也。若扞挌之挌，从手从各，音虽同而字异。儒之驳者，谓《大学》"格物"为"扞挌外物以守寂"，字且不识，徒欲灭裂圣学之实功，何其无忌惮也！

## 极

极，栋也。栋下属地，上至屋脊，为群材所宗主，故借为“极至”“建极”字。以其居至高而无出其上者，故通为甚也。屋至于栋而止矣，无可进也，善则极善、恶则极恶之象也，故又为穷也。《洪范》“六极”，穷之灾也。

## 接

从手之接，交也。从木之椄，续也。交接彼己，相耦而相通；椄续上下，相承而相绍。各有其义，概作“接”者非。

## 麗

麗，本训旅行也。鹿好群行，故从鹿。昏礼纳币用麗皮，盖取诸此。借为“美麗”字者，麗皮外文，示美有文采也。若“附蘢”字，从草，音离。《易》：“离，蘢也。”今文传写作麗，省。麗音隶。“高麗”本“驪”字，则音离。

## 瞑

坐寐曰睡，卧寐曰瞑。瞑，音莫坚切。徐铉曰：“今俗别作眠，非。”死而目翕亦曰瞑，言如寐之合目也。瞑眩者，目眩而卧，不能起也。或读“死而瞑目”为冥、“瞑眩”为面者，皆非。今俗别有“暝”字，音莫迥切，本即“冥”字。“冥”本从日，昏不见日也，何更加日？《诗》“维尘冥冥”，自可读作上声，不待加日作暝而后音酩也。

## 相

相，但音湘，本训省视也。工之视木，倚目于木而省之精，故从目从木。转为人己与共之辞，相视而交合，或交争也。俗专以“相与”“相争”之类作平声，而别发“相视”为去声，非也。瞽之有相，不能自视，而代为之省视也。丧之有相，孝子哀毁，不能视事，代之视事也。人君收敛聪明，静治于上，辅弼之臣代之省察庶政，故秦汉以下，建相国、丞相之官，为君省视以助之。故相又有助义。舂者歌以助力，因谓之相。省视明则文饰著，故曰“金玉其相”。可省视者，貌也。在彼曰貌，自我视之为相，故通为“相貌”字。凡相视、相貌、相瞽、相礼、丞相、相国，皆读如湘，并无有音息亮切者，训诂家妄分析之。

## 督

督，本训察也。从叔，从目。叔，拾也，拾获者必察视，无怠无遗也。督察则劝惩施焉，故通为“督课”字。其方书奇经八脉有“督脉”，《庄子》“缘督以为经”，皆训中也。其字从叔从衣，作“裻”。裻，衣背缝也，当人之中，从上而下。“裻脉”自项至尻，正当其际。而《庄子》“善不近名”“恶不近刑”，亦循中之谓。

## 胥

胥，本训蟹醢也，经典通用为“相”也者，其字从疋从肉：疋，足也，蟹多足而味在胫，故以足立义。足之为用，废一不行。凡人之必两相待者唯足耳，目、手偏废，尚可用也，故有相义。通为“相视”之意，如“聿来胥宇”之类，则以相视相与，音义本通也。

## 臚

臚，本训皮也，音力居切。借为“陈列”之义者，皮敷设外布者也。

以为庭实陈于堂下，外文示美，故序立庭中谓之臚。《汉书》“臚传九傧”是也。班序之官名曰鸿臚，义亦缘此。但本音驴，今呼如卢者，非。籀文省皿作“膚”，今别音芳无切，亦不知何据。

## 胡

胡，本训牛颤垂也，谓牛项下垂皮朵朵也。人颤下须亦谓之胡，取牛颤而加诸人，野人之言也。俗别作“鬍”，不成字。借为大也者，牛有二种，垂胡者鸣吼大，故为大声。又借为“何也”者，胡、何音相近，而胡声浊，有惊愕不然之意。

## 朊

朊，但音荒乌切，无骨腊也。“乱如此朊”，言如去骨之肉，縻弱不堪也。借为肥美也者，亦以纯肉无骨拟之。“周原朊朊”，言土美无石砾也。注疏家别音文甫切，亦只求异。

## 胜

生肉曰胜，音桑经切。经典别作“腥”，传写者以茂美借用尔。腥，音苏佞切，豕肉中有小息肉，如米粒，食之伤人，其字从星，息零零如星然。《说文》云：“星见饲豕，则生息肉。”其说亦凿。若鮏膻之“鮏”，从鱼从生，鱼臭也。徐铉曰：“俗作鯹，非。”作腥膻者，愈谬。

## 膺

膺，本训胸也。借为承受之义者，领著于胸之谓也。转为拒却之辞，如“戎狄是膺”之云者，善斗者以胸拒人之击，所谓披襟当之也。

## 肎

肎，本训骨间肉也。《庄子》：肎綮執尝。肉附骨，乃扼要连系之处，故借为“肎要”字。转为欣然允可之辞者，谓切骨承受，无所不可也。俗别从止、从月，不成字。

## 胄

“甲胄”之胄，下从月；古冒字。“胤胄”之胄，下从肉。从肉者，与胤同意，骨肉之亲也。胄、胄皆从由得声，与油、宙、抽等，《说文》皆云从由声，是有“由”字明矣，而《说文》但有“甹”字，无“由”字，应是脱误。

## 胁

胁，肋也。借为胁持、胁制云者，拉其胁而制之，则不能动也。必合“制”与“持”言之，乃可成文，独言“威胁”者，讼魁吏胥下俚之词。

## 篚

篚，车笭也。俗用为“匡匪”字者，非。匡亦但作“匡”，象形，不从竹。

## 管

管，如篪，六孔。以竹为之，则从竹作“管”；以玉为之，则从玉作“琯”，其实一也。“筦”，本训筟也，谓截小竹筒以络維者。筦所以受络而总持之，故借为“筦辖”字。筦约丝，辖制车，其为枢要一也。今经典传写或以筦为“筦弦”，而唐制“总筦”及“筦理”“筦属”乃作“管”字，互相淆讹久矣。管仲亦或作筦仲，其得姓所自不可考，意先世为乐官管师，因以官命氏，则不当从完。

### 简

简，本训牒也。古者大事书策，小事书简，其制有大小、长短之别。汉人谓经史之外为短书。简之所载，事小文略，故借为略也，轻也，易也。若“柬选”字自当作“柬”，分别之也，或作“简”，或加手作“拣”，皆非。

### 互

互，与笠同。以小竹一纵两横，制若“工”字，以收绳者也。收绳者一左一右，一上一下，相转而交约之，故借为“交互”字，以彼此交错而同就也。祭礼有“枑”，以县肉，与行马、梐枑相肖，一横两纵而交叉之。或作“互”者，省。

### 算

算，从竹、从昇，数也。凡言“筹算”及云“无算”者，皆此算字。“筭”，从竹、从弄，所以筭算者也。古筭之制，如筹，削竹为之，涂以五色，计其总别，方田、治历皆用之。后世改为圆木珠子安盘中而上下之。凡筹计而言筭者，皆此筭字。从弄者，筭必频玩弄之乃熟晓也。借为料敌谋事之辞者，与筹同意。算，苏管切；筭，苏贯切。字殊而音亦异。

### 筒

筒，音徒弄切，通箫也。王子渊《洞箫赋》写作“洞”者，非。其截竹为筩之“筩”，音徒东切者，从甬。今俗邮筩、钓筩字作筒者，非。

## 节

节，本训云“竹约也”，谓竹间隔处中约量也。借为“节制”字者，有节则不可过，故与“文”对。节不可过；文，饰其未有也。节其过，斯俭矣。《易节》卦，言有制而俭也。通为贞臣、烈妇之称者，与廉同义。陛有廉不可逾，竹有节不可通，抱节者惟俭于利欲，故可存其略而不破。若《冯道》之流，唯淫佚于富贵而不知节耳。若《论语》“临大节”，则又一意：谓安危成败之介，如破竹者至节而阻，须奋迅乃通也。若天子所颁之卪为旌卪、卪钺，自当作“卪”，俗作节者，贪字形之茂美耳。

## 要

要，有于消、于笑二切，皆训身中也。今俗加肉作“腰”者，非。要居人身之中，但有孤脊，旁无辅骨，为上下动止折旋之制，故借为简要、切要字，不当别简、切之音为去声，身中之音为平声也。中道而邀人曰要，从中而制其行止也。击敌于中道亦曰要，厄险之地曰要害，皆谓如身中之要，为折旋之枢也。四肢百骸其用广，要居中而制之其用约，故约言之曰“以要言之”、曰“大要”。要以柔御气而运刚，故曰“要妙”。凡此皆如字平声，无去声。若今俗谓欲得曰要，乃“乐节礼乐”之乐，转读成讹。

## 剌

剌，从朿、从刀。刀不受朿，强朿之，则横相乖梗也。音卢达切，读如辣。无藉之僧、不肖之儒，称斯允矣。盖农、工、商、贾，皆可约朿，唯此二者，示以理法则益无状也。俗加口作“喇”，不成字。

## 足

足，但训手足之足。借为满而给用之辞者，人之一身，自上而下，至足而极，人用乃全也。增益以满其量亦曰足，无所缺少，而行不可穷也。节者，有不行也；足者，极行而无度者也。故行而无节亦谓之足，“足恭”是已。亦当如字读之，训诂家发为子遇切，亦赘。

## 距

鸡足胫后一爪旁出曰距。鸡斗则以此相抵牾，故借为“扞距”之距。俗别从手作“拒”，非。《孟子》“距杨、墨”，正用本字。音其吕切。

## 蹠

蹠，跳跃也。跖，足下也。盗蹠本名蹠，或作跖者，省讹。二字俱之石切，俗读之夜切者，乃北人不能有入声，而周伯琦辈殉之也。

## 曲

曲，器中受物处也。篆作，象形，隶变作曲，象器中有间隔也。借为一曲云者，一器所容有限量也。《中庸》“其次致曲”，《老子》“曲则全”，曲与全对，小大之分，不与直对，非屈伸之辨也。与直对者，篆作，隶作“𤴓”与曲同音，本训骩曲也。骩曲者，骨端回折处，屈而不直。凡曲直、委曲，皆当作𤴓，概作曲者，俗省。

## 理

理，本训治玉也。通诸凡治者皆曰理，与乱对，故为理国、理财，而治刑之官曰大理。理之则有理矣，故转为“理义”字，事之当然而行之顺也。玉浑然在璞而未有理，治之而文理见。事不治则理不著，治而后见其必然而不易焉，故曰“理在气中”。气有象而理无形。气之变动成乎理，犹玉之未治而理隐，已治而理著也。即玉即理，玉无不可为理也。自天而人，自物而事，无不含理，亦犹是也，在理之而已矣。通为“地理”云者，块然大地，而刊山浚川，区域以分，道路以辨，亦以治而理出也。

**琐**

琐，本训玉声也。八音唯石声隐，而玉尤清，故借为细也。琐琐，琐屑，皆言细也。细则烦，故为婑也。琐尾云者，琐细尾末也。宫殿交窗以青饰之，谓之青琐。交窗细密，故以琐名。

**瑞**

瑞，诸侯之命圭也。从玉、从耑。徐铉曰："耑，谛也。"谓审谛来朝之诸侯，以圭验之也。借为祯祥之辞，天子受命于天，以祯祥为验也。祥可名瑞，而瑞非即祥，"瑞征""瑞应"之语，皆不成文。

**㓹**

㓹，与刀、鱼字相似，以㓹形似刀，又类鱼也。鸟觜类㓹，亦似刀似鱼，故咮亦曰㓹。自可读如字，音古岳切。《诗》"谁谓雀无㓹"，与"屋"叶，古韵也。训诂家读为录，以合沈韵，因分兽㓹音觉，鸟㓹音录，又别制"角"字，皆穿凿不正之说。

**衡**

衡，本楅衡之衡，以大木横置牺牛角上，所以辟人，使无媟越。乘车辕端横木以任马者，亦谓之衡，以木横而加兽上相类也。所以称物者亦曰衡，今天平上横梁也，亦以与楅衡、车衡相似也。通为横木之总名。衡，所以平重轻者，故借为"衡量""衡鉴"字。斗之平星为玉衡，天文家以南岳上应玉衡，故称衡岳。衡者，轻重所自定，故两国争轻重之势曰争衡，如市买程物，锱铢必争也。转为"连衡"字者，东西亘合也。衡本横木，故与横通。"一人衡行于天下"，如横木排突也。自如字户庚切，不宜竟读为横。

## 班

班，分命圭以示诸侯也。命圭有等，尊卑之次，各视其所分之瑞，故通为“班序”字。而爵禄自王命者亦谓之班。其杂色辫驳之“辬”，从辡从文，俗省从王作“斑”者，省讹。

## 業

業，本“捷業”之業，所以悬钟磬者。借为“功業”字者，以業为大版，建设众乐而集其成也。又借为“業業敬慎”之词者，以業高出而有齟齬，有居高而危之象。其“菐”字从丵、从巾，今写作“僕”，则训烦嫸也，音蒲沃切，读如仆。《孟子》“僕僕尔亟拜”也。業字本不从人，今文传写差讹。

## 日

太阳之精曰日。乃一昼一夜谓之一日者，日一昼夜一周天，故以日纪，犹二十九日有奇，月一合朔、以月纪，谓之一月也。通昼夜谓之日，从天言也。对夜而言，则昼谓之日，人昼乃见日，从人言也。近日之事谓之日者，谓不足于岁月，可以日计也。卜期之人谓之日者，其术虽猥多，一以太阳为准也。金日磾之日，音密，乃夷语，而马日磾效之，真变于夷矣。

## 時

時，本四時也。古以天统纪历，自至向分，自分向至，往返以黄道为次舍之限，故時从寺，寺犹舍也。通为适得其会之辞，生长收藏，温凉寒暑，当其時而不爽；物之所会，事之所就，人之所为，愜如其当然，则如天時之适也。转为“是”也者，适在其時也；是者，日之正，正此日也，义自相通。若俗以一日十二辰为十二時，于义乖舛。辰可谓之時，日可谓之岁乎？

## 昏

昏，从日、从氐省。氐，下也，日入地下则昏也。借为“昏昧不明”者，与冥同意。转为“昏娶”云者，古昏礼必以夜，阴礼也。或从民者，谬。其加女作“婚”，乃婿称妇家之辞，俗用为“昏娶”字，非是。

## 昌

昌，从日、从曰，本训美言也。苦雨者闻人言日出则欣跃，故为美言也。一曰日光，《诗》“朝既昌矣”，司晨者告日之出也。借为光明盛大之辞，亦以日出之意通之。

## 普

普，本训日无光也。今俗以光不宣著为普，是已。徐铉曰：“日无光则远近皆同，故从竝。”因此借为同也。然“普同”非美词，所谓同昏也。若周遍广及，自当作“溥”，《孟子》引《诗》“普天之下”，与《诗》本文作溥者异，义亦可通。“普天之下”，同昏之世也。“率土之滨”，率，网也，不能离网罗也。盖怨愤之辞也。俗承浮屠氏之妄，因为广大周浃之辞，萧梁取以纪元，不知释氏以昏昧不察善恶、不辨亲疏为教，故普为美词。君子昭明德于天下，奚取焉！

## 晤

晤，本训明也，从日从吾。吾与日相对，则明无不睹也，本无邂逅相见之义。今人有“晤对”之语，字当作“寤”，所谓“相对如寤寐”也。

## 晏

晏，本训天清也。陶诗“日晏天无云”是已。借为“早晏”字者，日初出，天色昽昽，日出既高，乃清朗也。要所谓晏者，在日出后良久尔，若禺中、亭午以后，则不名为晏矣。古者辨色入朝，日高则失其常度。“康王晏朝”，“冉子退朝何晏也”，皆以辰、巳言之。

## 㬥

㬥者，日出𠬞米而晞之，但音薄报切。今俗更加日作“曝”，又音普木切，皆非。借为表见之辞者，若丽物铺列日光之下，令人无不见。又为白也，出其中情以示人，明白著见也。皆如字去声。又借为“㬥虐”字者，如为炎日所晒，酷热难堪也。其字从日、从出、从𠬞、从米，俗省作“暴”，日下著恭，不成字。孙曰恭以此不得居进士之首，可资一笑。若“𣊫疾”之“𣊫”，从㬥省，从夲音叨。夲，进也，日始出而亟进，其速甚矣。“𣊫风”“𣊫怒”，字自当作𣊫。俗概用㬥字，非。

## 昝

昝，古“腊”字。籀文加从肉。昝，上象残肉形，日以㬥之，故为干肉也。借为“今昝”之昝者，昝，故也；今，新也。干肉，故肉也。今写腊必从肉，专以昝为“今昔”字，莫知二字之本同。其写作“昔”者，俗省。

## 率

率，本捕鱼有柄网也。借为大率、率尽云者，与毕同意。鱼入率中，鸟入毕中，拾尽无馀矣。转为彀率之率，彀弩机率，受弦施机处，控弩者至是而力毕，不能更进也。自可如字读之，注疏家发音“律”者，非是。又罚锾称率，及《汉书》“口率钱”，皆毕取无遗之义。如字自通，而注发音“刷”，亦只求异，非音义之果有别也。若“衛循”之衛，自“衛”字，或作“帅”。“衛性”“衛由”作率者，传写之讹。

## 乾

乾，本有渠焉、苦寒二切，从倝得声，则音干者，其正声也。《说文》云：“上出也”。但从乙会意，未尽立字之旨。倝，日始出光也，自有高明健行之意。此字自兼有燥、健二义，故《易》曰“为乾音干。卦”，凡物湿则柔濡不进，燥则刚劲，二义相通。或音虔，或音干，一也。俗篆“乾湿”字作“漧”，俗隶作“乹”，以别乾坤之乾，俱不成字。

## 勿

勿，州里所建旗，象形。《礼记》“旗物”字从牛，传写讹也。本训云：“所以趣民。”故借为“勿勿”字，迫遽之词也。流俗误作“匆匆”，读如聪，不成字。其借为禁止之辞，与毋、弗相通者，以勿趣民就役，麾使不得纵逸，有禁令之意。毋、勿、弗，义相近而有分：毋者，女有奸而止之，急词也，严词也；勿，有劝有止，止其不从令，而劝其从令，词稍平；弗者，拂意，本所不安，因而止之，词益缓。

## 戉

“斧戉”字，从戈、从𠃋，𠃋音橛。既谐声，亦象形。加金作“钺”者，音呼会切，车銮声也。俗传写两失，以“钺”为铁戉，而銮声作“鐬”，皆讹。

## 戚

戚，戉也，《诗》“干戈戚扬”。其“慽慽”之慽，则从心，与怂、忍同意。心怀戈戚之加，忧可知也。传写作“戚戚”者，省。转为相亲之辞者，以亲故相忧恤也。然“慽慽”本非佳字，以称姻亚，亦自不雅。

## 曰

曰，所言之词也，与“云”同意，皆以气出为义，所谓“出辞气”也。乃曰者，直述其言也；云者，或约略其立言之要，或咏叹其言也。曰，又为历数之辞，又为发端之语，与粤、欥通用，皆直述而指言之。

## 殊

殊，从歺、从诛省。殊，死刑，斩首也。古者大辟，刎之而已，其尤者乃殊之。殊则身首异处，尤可骇异，故借为尤也，异也。要此字但可施之不善之词，如人之尤恶、事之大不然者，乃可云殊。若以为卓绝奇特、尤美大辨之辞，则不可安。晏同叔以殊为名，亦不识六书之过。

## 奚

奚，本训大腹也。方书小儿丁奚病，腹大青筋是也。奴称奚者，王者无废人，小儿病奚者必尫，收养之供洒扫之役，故因以为奴号。借为何也、岂也者，奚，贱者也，其行不可任，其言不可听，其人不足纪，故从而诘之。奚，诘词也。

## 孔

孔，本训通也；又曰：“乙，请子之候鸟也。乙至而得子，嘉美之也。”两义本不相通。训通者，以谐声为义。孔音近空，空则无所窒塞也。转为大也，甚也；通而无碍则大，大则甚也。训为得子而嘉美之者，以会意立义，孔父名嘉，郑公孙嘉字子孔，后因氏焉。其训通者，又为穿也；或曰，合窟、窿二音而为孔。其转训大也，甚也，本美其甚大之词。殊，恶之尤也；孔，美之甚也。《诗》“亦孔之丑”，及“殊美”“殊绝”“殊快”之云，皆于文义左矣。

## 乳

乳，从乙从孚。乙，玄鸟，孚，菢子。本鸟菢子之名，而人生子亦曰乳者，以玄鸟为生子之祥也。兽生子曰产，乃人生子或亦谓之产，则野人语耳。养子者谓之乳母者，鸡鹜之类所抱之子，或有非其所生者，生初生之，乳养之于生之后，故养子者有母道焉，而曰乳母。若妇人胸间两房所有汁以食子者，其名曰湩，俗以乳母以之食子，遂呼为乳，名实乖谬，下里之言也。兽有湩，鸟无湩，乳以玄鸟抱子为言，何得名湩为乳乎！

## 公

背厶为公，公之本训，无私之谓，故又为共也。天子三公，王者之后称公者，公乃可以统众，故为诸侯之长，百官之总也。孙称大父为公者，群子弟之所共尊也。人相称曰公，尊莫尚焉。乃末俗相承，始于尊者滥于卑，如：公与翁，大父之称也；足下，秦汉以称天子者也；门下，以称师者也；臺下，晋、宋、齐、梁以称朝廷者也。递降而以施诸尊贵，又降而施之卑幼，柔巽亡纪，名实相悖，亦孰能挽其流哉！

## 余

余，本训语之舒也。自《楚词》始以为自称之词，世习用之，盖南楚之方言耳。

## 分

分，别也。刀，所以剖物者；一析而二，二析而四，四析而八，剖析之均者也，故从八。邵子之学本此。既分之，则各得其所分，不相侵越，所谓分定也。或读作去声扶问切，以体用分耳。义通则音可同，“名分”字，何不可音纷耶！

## 曾

曾，本训词之舒也。舒者，不能决然而姑疑之之词。曰曾是，曰曾谓，曰曾可，皆舒迟诘问之语词。“曾”与“余”同为舒缓不决之词，则“余”之为言，即今发“与”字为平声者，非予、吾之称亦明矣。“曾”借为曾祖、曾孙云者，以远而不可必见，故为仿佛之语，舒缓以言之，自如字读昨棱切，不当音增。“增”“層”字皆从曾；層累、增高，皆辽远不可必之词也。若今俗以“曾”与“尝”通用，谓何尝为未曾，尝已为已曾，则以“曾”虽疑其未然，而实已固然，非今所为而昔所为，追忆之语，亦有仿佛之意。

## 介

介，本训云：“画也。”画者，分别界限之谓，故本训又云“人各有介”，犹言人各有节也。不逾其限，则人与禽、夏与夷、君子与小人，各保其贞而不乱，故《易》曰：“介于石。”孟子曰：“不以三公易其介”。借为使副之称者，宾主相接，介居其中，不相媟也。《左传》言“一介行李”，使尊介卑，谦言不敢当其遣使而云介尔。《孟子》“一介不以与人”，言人已分界，各有应得，不逾所画之间也。又“介然”为俄顷之词者，介犹间也，两际相接之顷，无几时也。自当如字读之。经师发音为“戛”，只以求异耳。其借为“贰”也，若“介圭”之类者，画分界则成二，非专尊也。又借为“大”也者，其字当作“价”，《诗》《易》“介福”字，传写省讹。

## 尚

尚，本训庶几也，曾也。训“曾”者，犹言尝也，犹也，如云“尚得谓之某乎”，“尚可以为某事乎”，皆疑而决之之词。借为“加”也者，亦与“曾”同意，词之舒则必其更有加焉者也。又为上行也者，庶几仰望之词，幸其得附上以行，若“舜尚见帝”及娶公主称“尚”是已。又为典司之词，若尚书、尚食之类，则亦“庶几”之义所通，谓尚可以任此事也。若尚左、尚右、尚玄、尚白之类，可转为“风尚”字，则尚左者，左手加右；尚右者，右手加左；尚玄、白者，以其色牲币加诸他牲币之上。乃文士相沿谓时俗所好者为风尚，则辗转相因，逾离其本矣。

## 卷

卷，本训厀曲也。借为“卷屈”字，与“舒”相对厀，可舒可屈，其用在曲骨也。屈而敛之曰卷，俗加手作“捲”者，讹。“捲”音权，有气势也，《诗》“无捲无勇”字本如此。书终篇称“卷”者，古用缣素为书，每篇连幅卷之为一轴，后人易以册簿，而仍其名也。若河南旧有卷县，音邱园切，则地从主人，其方言然尔。

## 令

令，号令也。以言者谓之命，以简策符卩者谓之令。从今省、从卩；令不可留，今日奉符卩，即今日行之也。借为“善”也者，君子出其言善，而后千里应之，号令所仿戒，人莫不以为善。犹今上所答下曰旨；旨，美也。令以使人，故通为“使令”字。初无异义，自当如字读之，或发作“伶”音者，赘。

## 卻

卻，从欲省、从卩，节欲也。为屏远声色货利之辞，故谓不受曰卻，所馈者固可欲者也。人来见而辞不见，亦曰卻；人欲见，己卻之，逆其欲也。借为与人有隙之词，谓相卻而不相交也。又为退避之辞者，与前相对，受之则前，卻则退也。若《庄子》“批卻”之卻，则但取“卩”义，恐即“卩”字之讹。晋大夫卻姓，亦如字读，或读作“郄”者，非。别有郄姓，音隙。其俗写卻字从去、从卩，大谬。苟去其卩矣，不可受而亦受之，何卻之有！

## 颔

颔从含，心然之而含意不言，以页示之而已。“顉”，从金，色如黄金也。乃《说文》云：“颔，面黄也。”“顉，低头也。”盖传写《说文》者，二字相次，互相淆讹耳。《春秋传》：“迎于门，颔之而已”，字正作颔。颔，胡感切；顉，五感切，《说文》亦互讹。今俗谓病者之容曰“清顉”，或作“清减”者，谬。若下颐曰“颐”字，从函。《汉书》“燕颐虎头”作颔，亦误。

## 颠

颠，本训顶也，从真、从页；真，仙人也，仙人之貌，在人顶上也。“颠倒”云者，倒则首向下也。谓仆曰颠，歇后语耳。若病狂曰“瘨”，字自从疾省、从真；人而求仙，病狂而已矣。又为腹张病，《诗》“卒瘨”，腹张也，服金石以求仙者，多腹张而死。俗写“颠狂”字从“页”者，谬。

## 颂

颂，本训皃也。皃，籀作“貌”。从公者，容貌人所共见，故曰“颂之为言容也”。借为王者郊庙乐歌之名，形容功德，与天下后世公好之。

## 願

願，与硕俱训大头也。硕借为美大之称。願又为志欲也者，願从原，高平曰原，故原有高义。仰首而其容高者，有所望也。願者志所望，此会意立言，抑《说文》之所未备。

### 顿

顿，下首也，言拜者之俯首也。借为遽然之词者，与“顷”同意。顿，下首；顷，侧首。皆乍尔而不能久，故为乍也，速也，与“渐”对。其以次止为顿，置物不动曰安顿，驻师不进曰顿兵，于从“页”无取，盖即“屯”字之讹。屯者，吐芽未舒，故在外而止曰屯，虽发音豚，亦与“屯蒙”字无别。若岁在午曰顿牂，或作敦牂，则上古方言，后人以同音之字写之。凡岁甲月支及律吕之名，不可以今文音义求者，必为之说，则凿矣。

### 空

空窍、空乏，皆可如字音苦红切。空，正训窍也。转为虚也者，窍中虚也。转为乏也者，虚则乏也。义本相因，而俗读“空窍”为孔，“空乏”为控，皆训诂家之琐说。司空主治沟洫宫室，沟洫从穴地行水。古者穴居，穿地以为宫，故从穴从工，用工穿穴也。

### 盇

盇，本训覆也，以巾覆祭荐之血也。上“太”象形，加草为蓋，蓋亦覆也。借为“何不”之辞者，与“何”意同，见覆蓋者未知何物，故从而诘之，犹诘何负者之为何物也。俗写从去作“盍”，不成字。

### 屯

屯，从屮，音彻。贯土而出，草木初生艰难之象，故与“亨”相反。难则有聚而不行之意，故《易》曰“屯其膏”，积聚而不施也。以此借为“屯聚”字，积刍粮曰屯，食所聚也；军垒久次曰屯，兵所聚也。皆如字陟轮切，俗读兵食之屯为“豚”音，当由军中讳言屯难，改作别音。

## 每

每，本训草盛出土也。草盛非一种，故借为分类历言之辞。但一种则有一种之形性，但一事则有一事之条理，但一人则有一人之措置。分而言之，每，各别也；合而言之，每每，皆类也。故每为分别，每每为频繁。

## 乘

乘，本从入、从桀，今古书犹有作“椉”者，俗省作“乘”。桀，黠也，以黠而入，乘人于危之词也。故伏兵以邀人之虚曰乘，其本训也。通为“乘时”“乘势”字者，巧伺其便而入之意。借为“乘车”云者，登车者超越便儇而入也。转借音食证切，为车一两之称，犹骑马而言马一骑也。转借又为两双者，一车四马，故四谓之乘。

## 迻

“迁迻”之迻，从多从辵。好迁者不一而止，故从多。迻风易俗、迻民、迻粟，字皆作迻。其从禾从多之“移”，乃禾盛而相倚之谓。楚人谓多为“夥”，夥本移也，《史》作“夥颐”，传写误尔。经典“迁迻”字作移，经师口授之讹。

## 徒

徒，从辵、从土；隶解散书之令茂美，亦云巧矣。本训步行也；乘车则行不履地，步行则践土而行也。借为“徒众”字者，兵车一乘，甲士三人，则步卒七十二人，步卒众也。庶人在官贱者曰徒，从车而行者也。以其贱也，故借为流辈之称，而加贱焉。通为但然之词者，乘车则有贰从，步行一人而已，故为无馀、无能、无功而但尔之辞。

## 过

过，本训度也，谓度越之也。正音古禾切，则过不及之过本音戈，无有作去声音个者矣。借为咎过之过，过者欲为善而失其则，故过可赦，罪不可赦。过者，不知止也；不知止者，情也，才也，力也。刚柔有过，而道义无过，但有不及。以刚柔行道义而度越事物之则，斯成乎过，亦逾量之谓也。通为“经过”云者，至其处而又越之他往也。又为“过从”云者，欲他往而经其处，因止相见，行将更他往之谓。如专相就见而云过，乃近世诗人简傲之词，要皆音戈。

## 造

造，本训就也，而“就”有二义：即也，成也。往而至曰造，即也；作而完曰造，成也。则造至、造作，义本相通，俱如字音七到切。或读“造作”为昨到切者，非。

## 逆

逆，与“迎”义通，但音异耳。故本训云：“关西曰迎，关东曰逆”。《春秋》“逆女”，《诗》《礼》“亲迎”，读写各随其师授，其实一也。迎、逆皆如字，或读逆女为迎，亲迎为鱼度切，皆只为异耳。逆借为不顺之词者，送则随行，顺也，迎则彼来而此往遇之，彼之途顺而此之途逆，欲其来而我故往，皆拂违而不顺也。《庄子》言“迎随”，犹言“逆顺”也。子事父、下事上，顺而已。彼意欲然，而我往触之，虽终与偕合，犹非顺也。极至于篡弑而止名为逆，忠孝之枢，人禽之介，在用意往来之间，可不省乎！

## 𩫏

𩫏，从高、从𠂤省；既高且𠂤，城𩫏之象。《说文》云“两亭相对”，其说未是。“城𩫏”字本如此，今加邑作“𩫏阝”，乃古国名，其君善善不用、恶恶不去而亡。今通用“郭”为“城𩫏”字者，以俗隶省𩫏作享，又以“祭亯”亯字从子乱之，故概加“邑”以自救其纰缪。

## 埶

埶，本“种埶”字。右旁作丸者，俗隶不成文。徐铉等《序例》云：“后人加‘草’‘云’作‘藝’，无所取。”又有虽不加“云”而加“草”作“蓺”者，或有从丸、从禾而作“秇”者，皆不成字。埶从丮音戟。持也；从坴，土也。持种而播之土，埶之义著矣。借为治也者，埶以治地，故通为习治也。习《六经》者称六埶，治经术者滋培吾心义理之种而去其稂莠，如耕者之事也。若技术工匠称其事曰埶，则僭词。

## 孰

孰，本“生孰”字，俗作“熟”，徐铉等所谓“俗书谬讹，不合六书”者也。借为习知便行之辞者，如烹饪成而食之快也。通为谁何之辞，较谁何而更决，盖习知其不然而故诘之，令孰思之，而审其定为谁何也。

## 疾

骤病曰疾，疾困曰病。疾从矢，急也；病从丙，明也，病证明见，不易瘳也。疾可憎，故借为憎恶之辞。疾猝起，故借为速也。病可忧，故借为忧不可释之辞。病伤人不已，故借为害也。若称疾又称病者，言疾而至于病，危殆之辞。

## 畫

畫，本训界也。从聿；聿，笔也，以笔畫田四界，如今鱼鳞图册，乃古绘事之始也。其后绘山水、人物、花木者，俱缘此而兴。字但音胡麦切，读如获，无有音胡化切者，北人无入声，语转讹耳。借为自限不进之辞，言如畫疆者，不复及广远也。

### 夢

夢，从瞢省、从夕。目既瞢矣，而又当夕，夢然益无所见矣，故训云：“不明也”。音莫忠切，或可作去声读。《诗》“视天夢夢”，其正训也。江南之泽为夢，水气山烟，迷历夢夢也。若“寢寐”之“寢”，从宀、从牀省，经典概作夢，传写讹省。

### 夤

夤，从夕、从寅，本训敬惕也。寅者始旦，人初起时尚能自摄，至夕则弛矣。自寅达夕，其度不改，敬惕至矣。凡“夤畏”字，皆当从夕；经传但作寅者，传写省尔。寅，髌也，膂端也。“艮其限，列其寅”。《艮》三阳居二卦四阴之会，为膂端之象，字正作寅。今写《易》者加夕作夤，讹也。阳从下起，至膂端为三阳之位，故律中太蔟之月为寅。若“夤缘”之夤，谓小人惴惴葸畏以相攀附，故借用“夤畏”字，犹言“象共滔天”也。

### 礳

礳，石磑也，音模卧切。隶作“磨”，省尔。以石碎物使细之通称。故以粗石加玉石之上而硴之亦曰磨。本无平声，《诗》与“磋”叶者，古韵平去互用，其常也。因此遂于凡磨字俱读作魔，俗儒之陋也。犹《大学》注偶叶“硕”为时灼切，陋儒因概读“硕”为“若”，迷不知改久矣。借为“磨勘”“照磨”字，皆取细研文理、按摘其不法之义，亦宜如字读之。

## 彼

彼，本训云："往有所加也。"谓往与物遇而与之相接也。故《庄子》曰：非我无彼。自我而外谓之彼，然自我彼之，我之所彼也。从皮者，有加被之意，与我有相困相敌之势，我有以处之乃可。曰彼己者，我之私也；彼者，物之偏也。皆非大公之辞。故又为远之、轻之之词，于己之外有彼，我可施之以治，而不在我函受之中也。又为指物而论赞之语，如云"彼茁者葭"之类，亦我所指拟而见其然也。

## 彵

彵，音词闰切，本训云："行示也。《司马法》：'斩以彵。'"《礼》："遒人以木铎彵于路。"从彳，行也；从匀，均示也。今俗写作"狥"，旬有匀义，从之尚可，变彳从犬则大谬。此字从无屈己从物之意，凡殉物之"殉"，自当作殉。若《史》称黄帝"少而侚齐"，从人、从旬，今亦作狥，非。

## 亦

亦，本与"掖"通，象人两掖。徐铉曰："今俗别作腋，非是。"掖，以手持人也，一曰臂也，夜行而以手持其亦曰掖。借为语助词，与"又"意近。又，手也，亦，臂也，皆为然而此复然之词，或相仍也，或相匹也，盖以两手臂之在身，彼此相侔而同用，取义既尔，字形亦然。

## 夾

夾，从二人、从大，古洽切。夾，从夾篆"亦"字。加二点，失冉切。夾，持也，二人交任大事以持危，所谓"夾辅王室"，周公、太公交相持也。夾，两亦掖也。各有所藏，窃物而置之掖下也。今律有夾带、怀夾，当读为陕西之陕，而俗呼为郏鄏之郏，误矣。欧阳永叔以夷陵陕州、音郏。

弘农陕州印篆互淆为言，而谓“夾”从二入，“夾”从二人，亦未合六书本义。夾音闪。从四点相倚。

## 易

易，象蜥易之形。以蜥易能变，故为阴阳变化之义，而《周易》以之立名。通为更也，移也。借为治也者，以古有一易、再易之田，更岁而耕，治之则美，故曰“易其田畴”。又为市买、为交易者，以所有换所无，彼此变置，所谓“贸迁有无”也。凡此皆读如“亦”。转为顺利之意，与“难”相对，发音以豉切者，以道途起义，治则平，不治则险，平则行之无难，险则行之劳倦而不即达，故居易与行险相反。易治、难易，以体用分入、去二声，义固相通。俗读居易为“亦”音，犹之可也，读“交易”“易治”为以豉切，则必不可。若陋儒谓二字下笔不同，则野人之语而已。

## 辟

辟，正音必益切，读如璧，本训法也，从口。用法以卩治辛音愆，与君同意，故又为君也。卩治辛者，刑法也，死刑曰大辟，皆如字读。其“闢户”之闢，借为闢地、闢田者，开也，音毗益切。“譬喻”之譬，从辟、从言，以他物为法而求肖也，音匹义切。“辟治”之辟，从井，芟理之也，借为“辟邪说”“辟行人”字，必益切。“便嬖”之嬖，从女，卑义切。“邪僻”之僻，从人，普击切。“匿避”之避，从辵，毗义切。经史或概用辟字，省尔。因而读者多失其音，不可不辨。

## 纵

纵，音宗者，从從省，车马饰也。其从從不省者，自音足用切，本训缓也。凡治人之道，急则受约，缓则放恣，故通为“放縱”字。縱人而不教，縱欲而不节，皆缓过也。一曰舍也；舍，置也，置其罪而不问，縱释之也。借为语词者，即也，任也，谓姑放言之、缓言之，即從彼情势所或然而亦不然也，故曰縱使，曰縱令，曰縱谓，皆姑从從彼说也。若“從横”之從，初不从糸，自音才用切。從，随也，随之自去则直，曳之使折则横，故南北为经谓之從，东西为纬谓之横。《诗》“横從其亩”，《史》“合從”，皆不从糸，俗音足用切及作“縱”者，皆非。

## 维

维，车盖维也。所以系盖而持之，使不从风攲侧也。通为维系、维持者，盖扶危定倾所藉也。借为语助词，曰“维某年”“维某人”“维某事物”者，亦系也，《春秋传》所谓“以月系时”“以地系人”之意，言此事、此人系之于其时其地，犹今文移“係”字。

## 纯

纯，本训丝也。以麻为细布，其功繁，以丝为之，其功简，故曰“纯俭”。以其简俭而不劳人力，故为“纯朴”之纯。布之纯，木之朴，皆质也，文杂而质壹，故通为“纯一”字。转为衣缘之称者，在《说文》本训无此释，而于“缘”字训云“衣纯也”，则纯固有“缘”义矣。《礼》注音之允切。衣或麻或丝，而缘必以丝，以其柔而不折也。缘以丝，故缘谓之纯。然则衣缘之纯如字读音淳，亦奚不可！

## 缊

缊，本训绋也。绋者，乱丝也，丝枲纰乱不可理者。贫贱者无绵以充袍内之箸，故袍有箸者谓之缊，音温，字从昷，衣之而暖也。借为中藏之义者，袍有表里，缊箸表里之中，不见而充实，故体物而用不显，实为用之所储曰缊，所谓“《乾》《坤》其《易》之缊邪”。其赤黄之间色曰缊，音于粉切，字当作“藴”；藴者，积草久而黄赤之色也。又《易》曰“天地絪缊”，本作“壹壸”，其作“缊”者，皆传写失之。

## 纷

纷，本训马尾韬也。兵车之马，恐尾摇飏乱人目，以丝束而韬之。借为“纷䡙”字者，以纷总尾毛，繁多之象，故纷䡙杂乱也。其“䡙”字从员、从云。员，物数也，云，古云字；物数如云之倏生重叠也。俗顺纷字左旁之糸，并䡙字从糸作“纭”者，不成字。

## 纶

纶，但音古还切，并无“伦”音，读为“伦”者，不识字人以偏旁朦读耳。本训青丝绶也。绶者，所以系韨，盖绳纽之属，合众丝为之。故分谓之经，单丝为织综也；合谓之纶，合纽众丝为绶也。《易》曰“弥纶”者，弥，长也，纶，维也，延亘天地而维系之也。纶以青丝为之，异于组之五色，故凡青丝双纽，通可云纶，“纶巾”是也。俗但知纶巾之纶音关，而不知“经纶”“丝纶”“弥纶”之本音关，收入真韵，何以谓之识字！

## 缪

缪，本训枲之十洁也。绪多则结，故借为固结之义。曰“绸缪”者，丝麻直曰绸，曲曰缪，一直一曲，结之固矣。结则不理，谚所谓乱如麻也，故以之为恶谥。亦应如字读之。注疏家或读为穆，或读为谬，皆非。但音武彪切。

## 纔

纔，本训雀头色，一曰微黑色，如绀。纔，色之浅者，以有浅义，故俗借为方然之辞。然其字本音士咸切，读如谗，俗呼作“才”音则谬。方然曰裁，义可通，音不可混也。

## 纸

纸，本训絮，一苫也，谓纳絮于衾中满一盖也。至汉蔡伦始以鱼网为纸，代简牒缣素之用。或用茧，或用楮，或用竹，以其平铺而匀白似衾中之絮，故借名为纸，而本训隐矣。

## 绐

绐，音徒乃切，本训云："丝劳即绐。"劳者，理之急也；绐，屈结也，则是绐者乱也。史以此为虚言相欺之辞，盖"诒"字之讹。"欺诒"字自音颐，不从糸，亦不音詒，盖两失之。

## 缅

缅，本训微丝也。借为"缅邈"字者，缅微而邈远，皆不易见之辞。通为"缅想"云者，思古念昔，在若有若无之间，如微细之丝，略可仿佛而已。

## 繫

繫，但有古诣切，一音读与"继"同，维繫连缀之也。与"係"字别，係音胡计切，束也。凡繫属于某之繫，俱作繫；束缚则作係。今俗省系作係、读繫作胡计切者，辗转入妄。胥史之苟简，而士大夫因之，亦可伤也。

## 缘

缘，正音以绚切，衣纯也。古人朴而慎，衣之周回皆缘之。后世针工巧，乃缝合之，去缘。衣缘循衣四周，与俱上下，故有循历附著之义。借为循也、因也、附也。缘附衣与正幅相循而相就，辏合以成制，故事得附天人之会以就曰“有缘”。皆当如字读如“掾”。俗发作平声音“铅”者，非。

## 赓

赓，古文“续”字，从贝、从庚，而不从庚。徐铉曰“今俗作古行切”，不知谁为始误者，而古今弗能改也。皋陶“赓歌”，相续和也，犹次韵言次，联句言联也。流俗已成，使有读皋陶“续歌”者，世将非笑之矣。至俗写作“赓”，从廖省，则谬舛不成字，尤不足道。

## 絜

絜，本训麻一端也。麻十絜为缪，多则不理，一端为絜，少易理也。《大学》言“絜矩”者，麻屈而纠之则乱，引而伸之则治，就其端而理之则直。絜，治麻之事也；矩，治木之事也。譬理民者，如絜之直，如矩之方，直方而天下之理得矣。絜本无比量之意，注疏家不知分析二字，谓絜比其矩，不知矩何比之有哉！

## 納

納，本训丝，湿納納也。丝湿则黏结而不理。杜诗“納納乾坤大”，唐人犹有此语，乃忧乱之作，谓乾坤如乱丝也。传写经传者用为“出内”之内，亦贪茂美而从音立字之失。入之于中之谓内，屏之于外之谓出，《大学》“外本内末”，正其义也，不当从糸。

## 恁

恁字，《说文》凡两见，而徐铉等不言重出，疏矣。心部“恁”字训云“下赍也”，谓以物馈下也；食部“恁”云“亦古文‘饪’字”。心部音如枕切，食部音如鸩切，乃二义俱于从任、从心之义无取。按：恁本思也，任心为用，所谓“心之官则思”也。而宋、元以来语录、词曲训为此也、是也，音于禁切，则方言俗字耳。

## 食

食，从亼、从皀。亼，集也；皀，米香也。凡米皆可作饭，故取合集馨香之义，皆即饭也。食与饭皆一字而两义，食之与所食者，饭之与所饭者，皆可如字读之。古人体用字皆不分，后世经师增益，分别食音寺，饭音反。若此类者，成为格律，亦徒荧人听睹耳。若“以食食人”其字音寺者，则从食从人之“飤”，经典传写作食者，省耳。如《孟子》“治于人者食人”之类，皆“飤”也。粮饷所以飤师徒者，故本训云“粮也”，如《论语》“足食足兵”，亦飤也。食之者养之，故古人有名食我、食其与“己”通，取义于子之能养己，亦本“飤”字，音祥吏切，读如“寺”。而《左传》《史记》注音羊侍切，读如“异”，亦非六书之本然。

## 餽

餽，从食、从鬼，故训为祭也。饋，从食、从遗省，故训为饷也。二字音同而义别。《礼》“特牲饋食”，本当作餽；《孟子》“君餽之粟”，本当作饋，传写两失之。

## 胜

胜，正音识蒸切，读如升。本训任也，谓堪任之也。通为战而克敌之名者，凡用兵力足以当敌则胜，力弱于敌则败。胜者，力相当也，与“克”意近。又妇人所戴金玉彩缯为花者，谓之“花胜”，人日剪彩为人，谓之“人胜”，言其堪肖生物也。西王母戴“胜”，此之谓也。鸟有似鹁鸠而头有丛毛者，名曰“戴胜”，皆取此义。俱如字读如升。或读作诗证切，而以“胜任”字发作平声者，非是。

## 北

北，本训乖也，从二人相背，与“从”相反。故兵败走曰北，言背敌而反走也。其为南北之北者，天体大圆，无有方所，以人为主，以日为正，中国在赤道之北，日恒在南，北方背日，故名为北。向明而治，北所当背也。

## 黱

黱，音徒耐切，本训画眉也。从“朕”得声，与腾、螣同从“朕”会意，与“花勝”之勝同。从黑，以黑画也。俗从“代”，虽谐声而无义。古之画眉以黑，汉以下乃易以青，而字仍从黑，因呼石中曾青为螺子黛，蓝汁之沫为青黛，名实爽矣。

## 黨

黨，从尚、从黑，本训云“不鲜也”。尚，加也，黑而加黑，其色黯矣。今俗用为“乡黨”字，于会意、指事，杳不相及，乃古今相沿以五百家为黨。或言字中从里，似矣，里下加火，益不成文。惟邑部有“鄗”字，音与黨同，而本训邑也，五百家成乎小邑矣。盖传经者，师口授而弟子笔记，因以成讹。俗字与《说文》六书相左，未有如此之差异者。

## 舍

市居曰舍，正音始夜切。古者耕而在野，所居曰庐，休而在市，所居曰舍，故借为止也、休也、置也。凡“用舍”“取舍”“舍离”，皆如字读。“不舍昼夜”者，流不止也。“舍之则藏”者，休置不用也。“舍己从人”者，置己也。捐物不取曰舍者，止而不取也。通为语助词，如“舍皆取诸其宫中而用之”，亦谓止取之宫中，不他求也。又施舍之舍曰舍者，亦止息其私利之心，置之与人也。若《诗》“舍命不渝”，则谓安置其身心于正命也。凡舍字皆止音赦，若音书也切之“捨”，从手，本训赦也，与舍字原不相通。

## 合

合，本训侯阁切，会合也。两相协同，则固合矣。不同者而联之使同，所以合也。初无异义，不得异音。《唐韵》以合并、合成、联合为“阁”者，非是。其量数在升之下、勺之上者，字本作“龠”，音以灼切。龠，三孔笛也。古以乐器为量，所谓万事起于黄钟也。一龠所容十勺，十龠则升。后人从省，惮龠字之繁，减画为合，乃吏人写“钱”作“𫝀”“氂”作“厘”之恶习。而呼作“阁”音，亦呼“石”为“旦”之陋俗耳。大雅其屑从之乎！

## 那

𨚗，从冄、从邑。隶省作“那”，乃地名，在安定。初无别义。而《诗》“受福不那”，训为多也；《左传》“弃甲则那”，训为何也。盖皆古者方言，初无定字，随用一同音之字加之尔。此字但音诺何切，今俗有奴个、奴驾、奴假三切，皆市语。

## 邪

邪，从邑。琅邪，地名。借为语词，与“乎”相近，而缓于“乎”，盖亦古人方言，借音不借义也。自汉以下，北人俗谚称父为邪，又解散字画，从耳、从邑，造为“耶”字，流俗更复加父作“爺”，形声乖陋，上下施行之，乃六书之大蠹，莫可如何者也。若“衺正”字本从衣，音徐嗟切，与邪音以遮切本相县隔。经传传写，以邪为衺，艺苑相承，邪僻、奸邪，无有能知本字者，亦无从诘其所自讹矣。若《诗》“其虚其邪”，则疑而不行之意，盖即语助之邪通之。而注疏家又发作“徐”音，亦叶韵之过也。

## 郎

郎，从邑，鲁地名，今鱼台县。自汉以下，忽以为称人之词。妻呼夫曰郎，因而子呼父亦曰郎，乃小儿因母称也。妻父母呼婿亦曰郎，因女称也。其始盖“良人”二字语急之讹，后遂为美称。仆从以之称主，而人因以称人之子。汉命官不正其名，遂有“尚书郎”等官，施及于今矣。或亦古者以子、男名爵之意与？要于本字从邑之旨，了不相涉。

## 既

既，本训小食也。小食者，朝饔夕飧之外有馀食，则间食之也。借为尽也者，馀食以小食毕之，则无馀矣。故《春秋》：“日有食之，既。”食无馀也。通为已事之辞者，尽则已矣。终一日之食，明日乃复食，终一事之功，他事乃复起，故为竟事复起之辞。工役之禀食谓之既，犹《周礼》言“稍食”。大享以养君子，小食以饮工役，不丰之谓也。既从皀，与食同意；从旡，与气近。故既禀或作“饩”，而《中庸》作“既”，正宜如字读之，不当音“气”。

## 卽

卽，本训卽食也。徐锴曰：“就也。”卽食者，食不以饔飧之常，随便辄食也。食不以时，故从卩，欲使节之也。就者，就便之意，便则就之，故相迩曰相卽。就便者无待，故无所待而急应曰卽。卽日者，就此日也。卽事者，就此事而言之也。两相就则合而为一，故二名同实曰某即某，辗转相借尔。

## 师

二千五百人为师。师，众也。借为所受教者之称。君、父、师，皆至重者也。然君有定尊，父一而已。善无常师，三人必有，学日进则师日广，不以专家之学为止也。通为相效之词曰师，师者随众效俗之谓。

## 報

報，本训当罪人也。言罪人已服，使之即当其刑也。士师上刑书于司寇，司寇上于王，王使即刑，爰书上下允行之谓報。通为覆奏允行及属吏急告监临之词者，刑尚速决，无留狱，故相告速决，皆借之为言。又为军中情形胜败驰告之辞，亦谓急告也。但報非善词，今迁除贡举，以喜相告而亦曰報，则失实而不祥矣。又《礼》“報葬者報虞”，亦言急也，训诂家读为赴，亦非。又为施報云者，本以報仇起义。報仇者正当其怨。因转为“報德”“報礼”字，义取相当，实亦不类，不如言“酧”之为得也。若下淫曰報，言罪在必刑尔。

## 甲

甲，象木戴孚甲之形。孚甲者，草始出土，戴种壳而出，以御风雨，故借为铠也。又借为十干之始、木王之长者，木始生时也。以为十干之始，故借为甲族、甲第、甲科、里甲，皆以弟一等言之。

《说文广义》卷三终

《说文广义》全书终